한국경제의 이해

강문성 · 강인수 · 김태준 · 박성훈 · 박태호 · 송백훈

송유철 · 유재원 · 유진수 · 이호생 · 채　욱 · 한홍열

韓國經濟의 理解

박영사

머리말

2020년은 인류역사상 영원히 기록될 그야말로 특별한 해였다. 코로나 바이러스라는 유행병으로 세계경제가 멈춰 섰고 한국경제도 예외는 아니었다. 2021년 새해를 맞이한 현 시점에서도 코로나 바이러스는 세계 곳곳에서 강한 위력을 떨치고 있다. 이번 코로나 바이러스 사태는 세계경제에 일시적 충격을 주는 데에 그치지 않고, 인류의 생활방식과 각국의 산업구조, 국가 간 생산네트워크에 지속적인 변화를 초래할 것으로 예견되고 있다.

경제 생태계가 변한다고 하더라도 과거의 모든 것이 송두리째 부정되고 없어지는 것은 아니다. 충격이 가져오는 변화는 상당기간을 두고 과거의 제도나 관행 그리고 정책의 틀에서 진화하기 때문이다. 한국경제의 현황을 정확히 점검하고 문제점을 짚어보는 것은 그래서 매우 중요한 의미를 갖는다.

한국경제가 지난 60년 동안 기적과도 같은 역동적 성장을 거듭해 왔다는 사실은 누구도 부인하지 않는다. 양적인 측면에서 뿐만 아니라 질적인 측면에서도 한국은 소위 말하는 선진국의 범주 안에 들 정도로 크게 성장했다. 1960년대 초 일인당 GDP가 100달러 미만에서 이제 3만 달러가 넘는 세계에서 7번째의 30−50클럽 국가가 되었으니 그러한 평가를 받을 만도 하다.

한국경제의 특징을 한마디로 표현하자면 단연 역동성일 것이다. 그만큼 한국경제의 변화 속도는 매우 빠르다. 대외의존도가 높아 세계경제환경의 변화에 민감하게 반응하기도 하고 새로운 정부가 들어설 때마다 개혁적인 정책들이 쏟아져 나오기 때문이다. 실제로 지난 10여 년만 돌이켜 보더라도 한국경제에 영향을 미친 대내외적 사안은 무수히도 많다.

대외적으로는 2008년 미국발 금융위기가 세계적 경제 불황에 이어 유럽의 재정위기로 발전하면서 세계경제는 장기간 침체의 늪에서 헤어나지 못했다. 미국 경제를 중심으로 세계경제가 가까스로 회복되어 가는 시점에 영국이 유럽연합(EU)에서 탈퇴하는 브렉시트(Brexit)가 단행되었고 미국 트럼프 행정부의 등장과 함께 자국우선주의 및 보호주의가 고조되었다. 기술굴기를 앞세우며 고도성장을 거듭하던 중국경제는 미국의 강력한 견제를 받으면서 급기야 미중무역전쟁의 소용돌이에 휘말려 들었다. 도하라운드 협상의 사실상 실패로 그 위상이 급격히 저하된 세계무역기구(World Trade Organization: WTO)는 기능의 효과성에 대한 미국의 불신과 미중무역전쟁, 그리고 주요국들의 보호주의적 무역정책으로 존립의 위기에 몰리기도 했다. 더욱이, 2020년 초반부터 전 세계로 확산되기 시작한 코로나 바이러스는 글로벌 가치사슬(global value chain)의 구조에도 상당한 영향을 미칠 것으로 예상되고 있다.

대외의존도가 높은 한국경제가 이와 같은 세계경제 환경의 변화에 직간접적으로 영향을 받은 것은 자명하다. 이에 더하여, 국내 정치 환경의 변화 역시 한국경제에 상당한 충격을 주었다. 한국은 새 정부가 들어설 때마다, 특히 이념적 성향이 다른 정부가 들어설 때마다 적지 않은 정책적 변화를 겪었다. 하지만, 한국의 경제정책 기조를 가장 크게 바꾸어 놓은 것은 2017년 문재인 정부의 출범일 것이다. 문재인 정부는 이전 보수정부는 물론이고 과거 진보정부에 비해서도 훨씬 분명한 이념적 성향을 보여 주었다. 예를 들어, 소득주도성장을 정책의 핵심 지표로 설정하고 최저임금제의 급격한 인상, 주 52시간 근무제의 시행, 법인세 인상, 비정규직의 정규직 전환 등 그 이전 정부의 관점에서 보면 대단히 파격적인 정책들을 내놓았다. 최근에 입법화된 공정경제 3법 및 노동법 개정 등은 한국경제의 구조적 변화를 더욱 가속화시킬 것으로 예상된다.

한국경제를 조망하고 이해하는 데에는 이론과 현실간의 괴리, 이념적 차이 등으로 다양한 의견이 있을 수밖에 없다. 이는 곧 본 저서를 집필하는 동안 저자들이 수많은 회의와 토론을 거친 이유이기도 하다. 저자들은 우선적으로 현존하는 자료와 사실에 기초하여 기술하고 가장 객관적인 의견을 담기 위해 최선의 노력을 기울였다.

머리말

　　본 저서는 2005년과 2008년에 교보문고에서 출판된 적이 있으나 그로부터 10년 이상의 세월이 흐르고 그 사이 한국경제에 수많은 변화가 있었기에 부득이하게 그 내용을 전면적으로 다시 정리했다. 기본적으로는 한국경제에 관심이 있는 학부 학생들을 대상으로 한국경제의 발전과정, 현재의 제도 및 정책적 현황, 앞으로 나아가야 할 방향 등을 최대한 객관적으로 설명하고자 했다. 그러나 또 한편으로는 대학원 과정이나 그에 상응하는 프로그램에서도 참고자료로 활용될 수 있도록 기술적 또는 전문적 용어를 사용하되 주석이나 용어해설을 통해 이해를 돕고자 노력했다는 점도 밝혀 둔다.

　　한국경제가 현재 어떠한 상황에 있으며 앞으로 다가올 환경의 변화를 어떻게 받아들이고 어떠한 선택을 해야 하는지에 대한 검토는 한국경제의 미래를 결정짓는 데에 중요한 역할을 할 것이다. 본 저서가 포괄적 선도국가로 나아가는 한국경제를 위해 중지를 모으는 데 일조할 수 있기를 바란다. 일부 미진하거나 오류를 범한 부분이 있을 경우 전적으로 저자들의 책임임을 미리 밝혀 두면서 독자 여러분들의 냉철한 지적과 서슴없는 조언을 부탁드린다.

　　본 저서의 출간을 맡아 수고해 주신 박영사의 안종만 회장님과 안상준 대표님, 전채린 과장님을 비롯한 편집부 여러분에게도 깊은 감사를 드린다. 저자들은 앞으로도 한국경제에 대하여 계속 고민하고 탐구할 것을 약속드리며, 독자 여러분들의 변함없는 성원과 지도편달을 기대한다.

2021년 2월

저자 일동

PART 01 한국경제의 현재

PART 02 글로벌시대와 한국경제의 구조전환

차례

PART 03 선진경제를 위한 한국경제의 도전

CHAPTER 08
전환기의 노동시장 · 209

CHAPTER 09
양극화되는 소득분배 · 243

CHAPTER 10
불안정한 부동산시장 · 273

차례

PART 04 한국경제의 미래

한국경제의 현재

CHAPTER

01

기로에 선
한국경제

코로나19 가 심각한 경기 침체를 유발

경제 활동이 크게 약화되었다. 한국 정부가 바이러스 확산을 막고 경기를 유지하기 위해 신속한 조치를 취했음에도 경제 성장률이 낮아지고 있다. 다만, 다른 OECD 국가에 비해서는 성장률 감소폭이 매우 적다. (중략) 세계 경기침체로 회복이 더딜 것이다. 국내 대상 경제활동은 점차 정상화되겠지만, 세계 경기침체로 인해 코로나19의 2차 확산이 없다고 가정하더라도 수출과 투자가 위축될 것이다. 2차 확산이 발생할 경우에는 소비와 수출의 회복이 지연되고 투자가 더욱 위축되면서 실업률이 증가할 것이다. 세계 무역의 영구적인 침체는 경기 하방 위험 요인이다. 수출 지향 경제구조를 가진 한국은 해외수요의 추가적인 위축과 글로벌 가치사슬의 장기적인 붕괴에 취약하다.

삶의 질(well-being)과 포용성 강화 요구

지난 수 십 년간에 걸친 놀라운 소득 증가에 비해 삶의 질은 높지 않으며, 특히 주관적 건강수준, 환경의 질, 일과 삶의 균형 영역에서 삶의 질 수준이 낮다. 임금 양극화와 제한적인 재분배 정책으로 소득불평등도가 상대적으로 높다. 노동시장 이중구조와 대기업-중소기업, 제조업-서비스업 간의 생산성 격차로 인해 심각한 임금 불평등이 초래되었다. 대부분의 OECD 국가들에 비해 조세 및 복지정책을 통한 소득 재분배가 취약하다. 여성 고용률이 상대적으로 낮고 성별 임금 격차는 OECD국가 중 가장 높은 수준이다. 코로나19로 인한 피해가 노동시장 지위가 가장 낮은 이들에게 집중되면서 불평등이 심화되고 있다. (중략)

고령화와 디지털화는 도전이자 기회

한국은 급속한 고령화를 겪고 있지만 디지털화로 생산성을 높일 수 있다. 2060년 한국의 노인부양률은 OECD 국가 중 가장 높은 수준에 이를 것으로 전망된다. 한국은 첨단 IT 기술을 기반으로 혁신을 강화하고 생산성을 높일 수 있는 잠재력이 있다. 최근 발표된 한국판 뉴딜 정책은 디지털, 그린, 역량투자를 확대함으로써 녹색 경제 활성화와 포용성 확대를 통한 경기 회복에 도움이 될 잠재력이 있다. (중략) 경제의 부문별 생산성 격차가 크다. IT 제조업을 포함한 제조업 부문의 생산성은 높은 반면, IT 서비스업을 포함한 서비스 산업의 생산성은 낮다. 대기업과 중소기업 간 생산성 격차 또한 높은 수준이다. 경제의 부문별 생산성 격차를 완화하는 것은 경제 전체의 생산성 향상을 위한 열쇠이다.

원문보기: http://www.oecd.org/economy/surveys/Overview-2020-economic-survey-korea-korean.pdf

1. 한국경제가 당면한 새로운 도전

　1953년 한국전쟁이 쓸고간 자리는 참담하였다. 한국은 세계에서 가장 빈곤한 개도국으로서 미래에 대한 희망은 눈 씻고 찾아보려야 찾아볼 수 없는 정도였다. 그럼에도 불구하고 한국은 선진국으로 발돋움하는 데 성공하였다. 이러한 사례는 세계 경제발전의 역사상 유례가 없다고 평가받았다. 한국의 일인당 국민소득은 1960년 79달러에 불과했으나, 2018년에는 32,047달러를 기록함으로써 지난 60년 동안 약 400배로 확대되는 경이로운 경제성장의 성과를 나타내었다. 일인당 국민소득의 연평균성장률은 1960년대 10.4%, 1970년대 22.8%, 그리고 1980년대 12.9%을 기록하여 30년 동안 고도성장을 시현하였다. 그 결과 한국은 매우 빠른 기간 내에 빈곤퇴치에 성공하였고, 반도체, 자동차, 조선 등의 산업분야에서는 세계적으로 손꼽히는 경쟁력을 확보하게 되었다. 1960년대 초반부터 추진하였던 산업화정책이 고속 압축 경제성장에 큰 역할을 하였다. 그 과정에서 한국의 기업들이 신기술·신제품 개발을 통해 국제경쟁력을 지속적으로 확대함으로써 수출확대에 의한 소득창출 및 고용증대가 가능했다는 점과 이를 뒷받침하는 한국 국민들의 근면성 및 전반적인 교육수준 제고 등이 중요한 요인으로 작용하였다.

　이러한 장기간에 걸친 추세적인 경제발전에도 불구하고 한국경제는 크고 작은 다양한 도전에 직면하기도 하였다. 1970년대 두 차례 나타난 석유위기(oil shock)는 유류가격의 급등을 초래하여 천연자원이 부족한 한국경제에 심대한 충격을 가하였다. 1997년 발발한 외환위기는 국내 대기업들의 과잉 중복투자와 높은 부채비율, 그리고 이들에 신용을 제공한 금융기관들의 유동성 부족과 그에 따른 외환부족 등의 다양한 원인들이 복합적으로 작용한 것이었다. 한국경제는 IMF의 구제금융을 제공받는 전제조건으로서 금융, 기업, 공공 및 노동 등의 4대 분야에서 대규모의 개혁정책을 실시하였다. 2008년 발생한 글로벌 금융위기도 대외의존도가 높은 한국경제에 적지 않은 파급효과를 가져 왔다. 미국, EU 등 주요 선진국들이 일제히 양적완화 정책을 통해 자국의 경제를 안정화시키기 위해 국제적인 공조정책을 취하였으며, 한국경제는 미국, 일본 등과의 통화스와프를 통해 한동안 불안했던 외환시장을 안정화시킬 수 있었다. 2020년 초반부터 세계경제에 커다란 충격을 가하기 시작한 코로나19의 파급효과는 여전히 한국경제의 진로를 불투명하게 하는 요인이 되고 있다. 본 장의 도입 글상자에 수록한 「2020년 OECD 한국경제보고서」가 분석하고 있듯이 코로나19 팬데믹의 초기 단계에서 다른 선진국들에 비하여 한국이 상대적으로 선방하기는 하였으나, 여전히 다양한 불확실성에 처해 있는 것이 사실이다.

이러한 몇 차례의 경제위기들은 한편에서는 위기가 진행되는 기간 중 한국경제의 여러 부문에 충격을 가하기도 하였으나, 다른 한편에서는 역설적으로 한국경제의 체질을 꾸준하게 개선시키는 요인으로 작용하기도 하였다. 이는 특히 1990년대 말의 외환위기 이후 한국기업들의 재무건전성이 크게 개선되었으며 한국의 무역수지가 지속적으로 흑자를 시현하고 있다는 사실에서 압축적으로 표현된다고 하겠다. 외환위기 직전 약 60억 달러에 불과했던 외환보유고가 2020년 4,000억 달러를 초과함으로써 향후 또 하나의 금융위기가 발생할 가능성을 크게 축소하는 결과가 나타나기도 한 것이다.

이렇게 한국경제는 지난 60년 동안 커다란 부침을 겪으면서 발전해 왔다. 2019년 기록한 32,000달러대의 일인당 국민소득은 적어도 외형적으로는 한국이 이제 선진국으로 도약했다는 자부심을 가지게도 한다. 그런데 과연 '한국이 실질적인 의미에서 선진국이 되었는가'라는 질문에 대해 과감하게 '그렇다'는 답을 줄 수 있을지는 아직도 의문이다. 선진국이 단지 한 국가의 OECD 가입(한국은 1996년 가입)이나, 일인당 국민소득 3만 달러 달성 등의 지표에 의해 결정되는 것은 아니기 때문이다. 한 국가를 선진국으로 부를 수 있기 위해서는 사회가 전반적으로 성숙해야 하고, 경제개발의 과실이 어느 정도 골고루 향유되는 사회복지 체계가 구축되어 있어야 하며, 이에 기반하여 사회적 갈등을 합리적으로 해결할 수 있는 제도의 정비도 필수적으로 요구된다고 하겠다. 이러한 측면에서 볼 때, 한국사회는 선진국으로 불리기에 아직도 부족하다는 평가를 내릴 수 있다. 본 절에서는 한국경제가 대내적으로 당면하고 있는 다양한 도전을 분석한다.

약해지는 성장엔진

최근 수년간 한국경제의 잠재성장률이 꾸준히 하락하여 성장엔진의 약화 현상이 두드러지게 나타나고 있다. 잠재성장률이란 원래는 '한 나라의 경제가 보유하고 있는 자본, 노동력, 자원 등 모든 생산요소를 사용해서 물가상승을 유발하지 않으면서도 최대한 이룰 수 있는 경제성장률 전망치'를 뜻한다. 즉, 자본,

노동, 자원 및 기술 등 생산요소의 투입량과 그 질적 수준이 잠재성장률을 결정하는바, 각국의 정부는 잠재성장률을 끌어올리기 위해 많은 노력을 기울이고 있는 것이 현실이다.

그런데, 최근 한국경제는 노사관계의 악화, 경제정책의 일관성 부족 등에 따른 경제여건의 불안정성이 확대되면서 국내 설비투자가 정체되어 있는데, 이는 경제성장의 중요한 한 축인 고정자본의 형성을 위한 여건이 악화되었음을 의미한다. 이러한 국내투자의 부진은 한국기업들의 지속적인 대외투자 확대에 주된 요인이 있는 것으로 판단된다. 반면, 외국기업들의 한국에 대한 투자는 최근 확대되고 있는데, 외국인직접투자가 국내투자의 부족분을 메꾸어 주는 역할을 하고 있다고 하겠다. 국내투자의 부진은 최저임금의 급격한 상승과 주당 최대 52시간 근로시간제도의 도입 등 2017년 이후 최근 2~3년간 추진되고 있는 경제정책의 전환과도 관련된 것으로 분석된다. 또한 최근 수년간 OECD 회원국을 통틀어 가장 최저수준으로 집계되고 있는 합계출산율이 지속적으로 하락하는 등의 요인으로 잠재성장률의 중요한 요소인 노동공급도 감소하고 있는 실정이다. 뿐만 아니라, 우리 경제의 기술수준은 일부 대기업들이 보유한 고급기술을 제외하고는 미국, EU와 일본 등 선진국에 의존하는 경우가 많고 기술개발을 위한 R&D 투자가 일부 업종에만 집중적으로 이루어져 경제의 전반적인 생산성을 제고하기에는 부족한 실정이다.

 "일본 닮아가는 한국, 지금이라도 벗어나야" … 한은의 경고

활력을 잃어가는 한국 경제의 모습이 일본식 장기침체 흐름과 비슷하다는 한국은행의 진단이 나왔다. 고령화 여파로 노동력이 훼손된 데다 중국을 비롯한 경쟁국 수출 역량이 강화되면서 수출 증가율이 둔화되고 있다는 점이 비슷하다고 평가했다. 일본식 장기침체에서 벗어나기 위해 생산성을 끌어올리는 등 구조개혁이 절실하다고도 했다.

한은은 (중략) '일본의 잃어버린 30년과 한국 상황 평가' 보고서를 통해 "글로벌 금융위기를 겪던 2009년 후 한국의 성장세 둔화는 그 원인 측면에서 일본의 잃어버린 30년과 일부 유사하다"고 평가했다. 한국의 연평균 성장률을 보면 1991~1999년 7%, 2000~2009년 4.9%, 2010~2019년 3.3%로 꾸준히 내려가고 있다.

일본 장기침체 배경은 고령화에 따라 생산연령인구(15~64세)가 줄어든 영향이

작용했다. 생산연령인구가 줄면서 민간소비 · 설비투자 등 내수가 위축됐고 성장 잠재력도 갉아 먹었다. 일본의 고도성장을 견인한 수출이 한국 · 중국에 밀린 것도 영향을 미쳤다. 일본의 상품수출의 연평균 증가율(실질기준)은 1995~2010년 5.5%에서 2011~2019년 2.1%로 낮아졌다. 자산가격 폭락에 따른 디플레이션도 일본 장기침체를 부른 '기폭제'로 작용했다. 2001년 9월 일본의 주가가 자산거품이 정점이던 1989년 12월보다 4분의 1 수준으로 폭락했다. 자산가격이 폭락하자 디플레이션(지속적 물가하락)도 나타났다. 자산가격 폭락으로 소득과 소비여력이 줄어든 가계가 소비를 줄이자 제품 가격이 지속적으로 하락한 결과다.

한국도 2017년을 정점으로 생산연령인구가 감소하고 있는 데다 수출 증가세가 둔화되는 것 등이 일본 장기침체와 닮은 꼴이라는 분석이 나온다. 연평균 상품수출 증가율(실질 기준)은 2001~2010년에 10.6%에서 2011~2019년 4.1%로 낮아졌다. 잠재성장률도 꾸준히 낮아지고 있다. (중략) 한은은 자산가격 폭락과 디플레이션이 현실화하지 않은 만큼 한국 경제가 반드시 일본식 장기침체로 향하는 것은 아니라고 평가했다. 하지만 한국 자산시장에 거품이 끼고 있는 데다 저물가 양상이 고착화되는 점을 고려할 때 일본과 다르다고 단언하기도 어렵다는 지적이 나온다. (중략)

이 보고서를 작성한 이용대 한은 조사국 과장은 "일본식 장기침체에 직면하는 것을 방지하기 위해서는 생산성 제고 및 신성장동력 창출을 위한 구조개혁이 필요하다"고 평가했다.

자료: 한국경제신문, 2020.10.19

그 결과 한국기업이 보유하고 있는 세계시장점유율 1위 제품의 수가 지속적으로 감소하고 있으며, 다른 나라와의 비교해 보아도 압도적인 1위를 차지하고 있는 중국에게는 물론이고 독일 미국 일본 등 다른 선진국들에게 크게 뒤지고 있다. 종합적으로 평가할 때, 오랜 기간 꾸준하게 고성장을 구가했던 한국경제의 가장 대표적인 상징이라 할 수 있는 다이내믹한 경제성장의 엔진이 최근 수년간 그 동력을 잃고 있는 것으로 분석된다.[1]

---

1) 본서의 <표 3-4> 참조.

삶의 질 향상과 포용성 강화에 대한 요구 증대

이러한 경제성장동력의 상실이라는 현상의 이면에는 한국 사회의 전반에서 나타나고 있는 양극화 현상도 한 몫을 하고 있는 것으로 보인다. 우선 우리 경제의 발전과정에서 두드러진 현상이었던 대기업과 중소기업 사이의 격차 확대, 즉 기업 부문의 양극화가 아직도 수그러들지 않고 오히려 심화되고 있다. 중소기업은 대기업들의 하청기업 수준에서 벗어나지 못하는 경우가 많다. 물론 국제 경쟁력을 가진 중견기업으로 성장한 기업들이 없는 것은 아니지만 그 수는 제한적이다. 양극화는 산업 간에서도 나타나고 있다. 우리 경제의 간판이라고 할 수 있는 전기 전자 자동차 조선 등의 대표적인 수출산업은 꾸준한 성장세를 보이는 반면, 여타 산업의 국제경쟁력은 여전히 뒤처져 있으며 내수산업의 생산성도 개선되지 못하고 있다. 예를 들면 각종 서비스산업에서 정부의 지나친 규제는 기업들의 경쟁력을 강화하는 데 커다란 걸림돌로 작용하고 있다. 반도체와 자동차 관련 산업의 수출이 각각 우리나라 총수출의 17%와 12%를 상회하고 있으며, 20대 수출품목의 수출합계가 총수출의 85% 정도를 차지하고 있는 통계에서도 이러한 산업 간의 양극화 현상의 일단을 볼 수 있다.

뿐만 아니라 소득과 고용 측면에서 나타나는 양극화 현상은 이제 우리 사회가 해결해 나가야 할 중요한 문제로 대두되었다. 소득의 불평등도를 측정하는 지니계수(Gini coefficient)[2]의 경우 외환위기 이후 지난 20년 동안 꾸준히 악화되는 추세에 있다. 이는 고소득층이 크게 늘어남과 동시에 저소득층도 확대되어 전반적인 소득불평등이 심화된 데 기인하는 것으로 해석된다. 또한, 소득수준의 격차 확대는 고용 측면의 양극화와도 무관하지 않은 것으로 보인다. 정규직/비정규직 등 직업형태별로, 그리고 청소년/중장년층/고령자 등 연령별로도 고용 조건 및 고용률에 큰 차이가 있으며 이를 치유하기 쉽지 않은 것으로 평가된다.

특히 이러한 다양한 양극화 현상이 성장엔진을 약화시키는 이유는 문제의 해소를 위해 소요되는 자금의 규모가 지속적으로 증가함으로써 한편에서는 생산

---

2) 소득분배의 불평등 정도를 나타내는 지니계수(1에 가까울수록 소득분배 불평등이 큼)는 외환위기 이전인 1997년 0.283을 기록하여 비교적 양호한 소득분배 상황을 나타내었으나, 외환위기 1년차인 1998년에 0.316으로 상승하였으며, 그 이후에도 지속적으로 증가하여 2006년 0.337, 2011년 0.418을 기록한 이후 완만하게 개선되고 있는 것으로 나타났다. 가장 최근인 2018년의 지니계수는 0.402를 기록하였다. 많은 관측가들이 이러한 소득분배의 양극화 해소가 국가정책의 최우선 과제임을 지적하고 있다. 파이낸셜 뉴스 2007.12.20 참조.

적인 부문으로의 자금유입을 저해하고, 다른 한편에서는 국가재정을 압박하기 때문이다. 중장기적으로 안정적인 경제성장을 위해서는 소득과 고용의 양극화를 완화시키는 것이 필요하다. 최근 OECD를 중심으로 한 선진국들과 선발 개도국에서는 취약계층에 대한 배려와 동시에 경제성장을 추구하는 '포용적 성장(inclusive growth)'을 위한 다양한 시도가 이루어지고 있다. 싱가포르, 한국처럼 외형적으로는 이미 선진국으로 발돋움한 국가들에서는 국민들의 전반적인 삶의 질을 개선하기 위한 사회적 요구가 확산하고 있으며, 이에 대응하는 정부의 정책도 지속적으로 증가하는 추세에 있다. 즉, 양극화 현상이 심화될 경우 사회적 불안이 야기되고 이는 한 국민경제의 지속적인 성장 및 발전을 저해하는 요인이 될 수 있다는 점에서 이를 균형적으로 해결하려는 정책노력이 경주되고 있다고 하겠다. 한국도 이러한 추세에서 예외가 아니다. 앞에서 살펴 본 양극화 현상을 단기간에 해소하기는 어렵지만 확대되는 사회적 요구인 삶의 질 향상과 포용성 강화는 앞으로 보수와 진보를 막론하고 모든 한국정부의 기본적인 정책방향으로 자리 잡을 것으로 예상된다. 다만 양극화 완화를 위한 정책이 야기할 수 있는 긍정적·부정적 효과의 균형적인 평가에 기반한 정책의 입안과 집행이 필요한 것이다.

저출산과 고령화

우리나라가 당면하고 있는 또 다른 문제점으로서 저출산-고령화 현상을 들 수 있다. 우선, 출산율의 저하는 외환위기 이후 미래에 대한 경제적 불안이 증가한 점, 자녀 교육비 증가, 개인 라이프 스타일에 대한 중시, 여성의 경제적 지위 향상을 뒷받침할 사회적 여건 미비 등 다양한 요인들에 의해 영향을 받는 것으로 알려져 있다. 그런데, 한 여성이 가임기간 중 낳는 평균 자녀 수를 지칭하는 합계출산률에 있어서 우리나라는 1980년대 초반까지는 2.0 이상을 기록하였으나, 1984년 처음으로 1.74를 기록하여 2.0 이하로 하락한 후 지속적으로 하락하는 추세에 있다. 특히, 2018년 0.98에 이어 2019년 0.92를 기록함으로써 OECD 내에서 가장 낮은 수준을 기록하였으며, 이에 따라 신생아 수와 사망자 수의 차이가 8,000명에 불과하여 이제 실제로 인구의 자연감소를 나타내는 '인구절벽' 현상이 본격적으로 나타나기 시작했다고 볼 수 있다.[3] 0.92에 불과한 합계출산률은 2019년 OECD의 평균인 1.65에 크게 뒤지는 한편, 한 사회가 현재의 인구

구조를 유지하기 위해 필요한 인구대체율인 2.1에도 크게 미달하는 수준이다.

한편, 고령화 현상에 있어서도 문제의 심각성이 드러나고 있다. UN은 고령인구 비율이 7% 이상일 경우 '고령화 사회', 14% 이상일 경우 '고령 사회', 그리고 20% 이상일 경우 '초고령 사회'로 부르고 있다. 우리나라는 2000년에 전체 인구 중 65세 이상의 인구 비율을 지칭하는 고령인구 비율이 7%를 넘어 UN이 정의하는 '고령화 사회'에 진입하였으며, 2019년의 경우 고령인구 비율이 15.6%를 기록하여 이미 '고령사회'에 진입하였다.[4] 고령화 현상은 거의 모든 선진국에서 나타나는 일반적 현상이라 할 수 있는데, 이 현상이 우리나라에서 특히 심각한 것은 고령화의 속도가 다른 어느 선진국보다도 빠른 속도로 진행되고 있다는 점이다. 한 연구에 의하면, '고령화 사회'에서 '초고령 사회'로 이행되는 기간을 비교해 볼 때, 프랑스의 156년, 영국의 92년, 미국의 86년, 일본의 36년에 비해 우리나라는 26년에 불과할 것으로 예상되고 있는 것이다.

우리나라가 당면하고 있는 저출산과 고령화는 많은 사회적인 문제점을 야기하고 있는데, 특히 성장잠재력의 약화와 국가 재정에 대한 압박이 가장 심각하다고 하겠다. 특히 연금보험 등 각종 사회보험에 대한 재정 부담이 가중되고 있다. 연금제도를 예로 들자면, 생산활동에 종사하는 사람들이 내는 연금보험료를 재원으로 정년 이후의 연금생활자들에게 일정한 금액을 지급하는 것이 일반적인데, 저출산 현상에 따라 생산활동에 종사하는(그리고 종사하게 될) 청장년층의 숫자는 지속적으로 축소되는 반면, 고령화에 따라 연금수령자의 수는 지속적으로 늘어나고 있는 것이 문제의 핵심이다. 즉, 근로자 1인당 부양해야 할 연금생활자의 숫자(고령인구부양비율)가 지속적으로 확대됨에 따라 그들이 부담해야 할 연금보험료가 과중하게 되고, 이를 보전하기 위한 정부의 재정출연도 현저하게 늘어나는 등 생산활동에 투입되지 못하는 재정규모가 대폭 확대되고 있는 것이다. 이뿐만 아니라, 앞에서 언급된 바와 같이 저출산과 고령화는 잠재성장률을 결정하는 한 요소인 노동공급의 절대적인 부족 현상의 중요한 요인이 되고 있다.

---

3) 한겨레신문, 2020년 2월 27일자 [합계출산율 역대 최저 0.92명 기록…올해부터 '인구절벽'] 기사 참조.

4) 중앙일보, 2020년 1월 12일자 [노인 800만명 시대, 평균 연령 42.6세 … 대한민국이 늙어간다] 기사에서는 행정안전부의 자료에 기초하여 65세 이상의 인구가 800만명(총인구의 15.6%)을 기록하였음을 보도하였다.

안보불안의 경제적 비용

우리가 위치해 있는 동북아 지역에서 아직도 안보불안이 상존하고 있는 점도 우리 경제의 성장엔진을 약화시키는 중요한 요인으로 작용하고 있다. 북한의 핵개발에 따른 위협, 일본의 간헐적인 제국주의화 경향 등에 대비하기 위하여 한국은 국방비용을 지출해야 하며 그 규모는 증가하고 있다. 또한 표면에 나타나 있지는 않지만 뚜렷하게 감지되고 있는 지역 내에서의 일본과 중국의 주도권 경쟁, 그리고 미중 무역전쟁을 통해 첨예하게 드러 났듯이 두 나라 사이의 글로벌 패권경쟁 등이 넓게는 동북아 지역의, 그리고 좁게는 한반도에서의 안보상황을 불안하게 만드는 요인으로 작용하고 있다. 특히, 2018－2019년 기간 중 여러 차례 실시된 북한의 핵무기 및 미사일 실험은 동북아와 한반도의 안보지형을 크게 흔드는 한편, 역설적인 측면에서는 미국과 북한 사이의 세 차례 정상회담을 극적으로 성사시키는 데 기여하기도 하였다. 그러나 서로 다른 목적을 가진 미국, 중국, 일본, 러시아 및 북한에 둘러 싸인 한국으로서는 동북아와 한반도의 평화를 유지하고 공동번영을 가능하게 하기 위하여 적지 않은 비용을 지불하고 있다. 특히, 북한의 핵개발과 관련된 많은 이슈들은 우리의 재정을 비생산적인 방향으로 사용하게 만드는 중요한 원인이 되어 왔다. 잠재적인 도발가능성을 약화시키기 위한 인도주의적인 재정지원, 핵개발 및 확산을 방지하기 위해 체결한 각종 국제협약에서 규정한 재정출연(예를 들면, 한반도에너지개발기구(KEDO)에의 출연), 그리고 만일의 사태에 대비한 군비증강을 위한 지출 등 실로 다양한 형태의 비생산적 재정사용이 안보불안 때문에 행해지고 있는 것이다.

이러한 대내적인 도전과제들에 더하여 다음 절에서 논의될 급변하고 있는 세계경제의 환경요인들은 한국경제가 헤쳐나가야 할 또 다른 파도이다. 한국경제는 안팎으로 커다란 도전에 직면하고 있는 것이다.

2. 높아지는 글로벌 파고

1990년대 초반부터 등장한 "무한경쟁 시대의 개막", "지구촌 경제의 도래" 등의 표현들이 말해 주듯이 국제경제환경이 급변하고 있다. 또한 2010년을 전후

해서는 글로벌 금융위기의 파급효과로 발생한 유로존 재정위기, 그리고 그와 무관하지 않은 영국의 EU 탈퇴가 상징하는 자국이기주의와 고립주의가 점차 확대되고 있다. 급기야, 2017년 출범한 미국의 트럼프 행정부는 중국과의 경제안보 분야의 패권경쟁의 일환으로 미중 무역전쟁을 유도하고, NAFTA, 한미FTA 등 이전의 행정부가 체결한 여러 건의 무역협정을 재협상하도록 상대국을 압박하는 등 보호무역주의의 성격을 강화하였다. 물론 트럼프 행정부가 도입했던 정책 방향이 2021년 1월 20일 새로이 출범한 바이든 행정부에 의해서도 지속적으로 적용될 것인가에 대해서는 강한 의문이 제기되지만, 대외의존도가 매우 높은 한국경제는 이러한 다양한 도전들과 대외여건의 불확실성에 대해 항상 대비하고 있어야 한다. 한 나라의 국민경제를 바다에 떠다니는 배에 비유한다면, 글로벌화 시대의 도래 및 이의 반작용으로 나타난 경제적 고립주의, 자국이익중심주의 및 보호무역주의 등의 새로운 현상들은 넘어야 할 파고가 그만큼 높고 커졌다는 것을 의미한다. 이렇게 높아지는 글로벌 파고를 한국경제의 측면에서 관측할 때 대략 다음의 네 가지의 특징적 현상으로 요약할 수 있다. 현재 한국경제는 이러한 파고를 넘어서서 태평양과 대서양을 자유자재로 넘나드는 "초호화 크루즈선"이 되느냐, 아니면 큰 바다에 홀로 떠다니며 외로이 두려움에 떠는 "일엽편주"로 전락하느냐 하는 절대절명의 기로에 서 있다고 하겠다.

무한경쟁 시대의 개막

무한경쟁 시대의 개막은 많은 요인들에 의해 촉발되었는데, 대략 다음의 세 가지로 설명할 수 있다. 첫째, 국제무역 분야에서 나타나는 현상으로서 1947년 출범한 관세 및 무역에 관한 일반협정(GATT)이 1995년 세계무역기구(WTO)로 발전함에 따라 국제무역규범이 포괄하는 범위가 한층 확대되고 규범의 구속성도 강화되었다. 예를 들어 종래 세계무역체제의 관할범위 밖에 있었던 농업과 서비스 분야의 무역이 WTO의 관할체제하에 놓이게 되었으며, 각국이 비교적 자유롭게 운용하고 있던 보조금을 통한 산업정책이 새로운 규범하에서는 더 이상 유효하지 않게 되었다. 즉, 개별 국가들의 자율권은 크게 제한된 반면 WTO라는 초국가기구가 관할하는 글로벌규범이 강화되고 확산된 것이다.

둘째, 투자 분야에 있어서도 개방화와 자유화의 커다란 물결이 뚜렷하게 확산되어 왔다. UN무역개발회의(UNCTAD)가 발간하는 세계투자보고서(World Investment

Report)는 세계 각 지역의 외국인직접투자(FDI) 추세 및 특징을 분석하여 매년 발표하는데, 특히 1980년대 초반 이후부터 2000년대 초반까지 세계 각국의 FDI 관련 정책들이 뚜렷하게 자유화되다가 2008년 글로벌 금융위기 이후 그 추세가 일시적으로 둔화되었음을 보여 주고 있다.[5] 그러나 일시적인 투자자유화 둔화 추세에도 불구하고 투자자유화의 거대한 흐름에는 큰 변화가 없을 것으로 예상된다. 이러한 추세적인 자유화 정책의 도입에 따라 1960~1970년대에 관찰되었던 외국자본에 대한 반감 또는 거리감을 가지는 국가들의 수는 크게 축소되었으며, 많은 나라들이 자신들이 직접 하지 못하는 투자의 상당부분을 FDI 유치에 의해 충당하는 방향으로 자국의 FDI 정책을 변화하고 있다. 다음의 글상자에서 소개하고 있듯이 아일랜드, 싱가폴 등 일부 국가들은 이를 활용하여 경제의 부흥에 커다란 성공을 거두기도 하였다. 글로벌 파고를 지혜롭게 넘어가는 수단으로서 많은 나라들이 외국기업의 투자도 적극적으로 활용하는 "산업입지경쟁(locational competition)"에 뛰어 들고 있는 것이다.

 외국인직접투자를 활용한 산업입지경쟁의 승자 사례: 아일랜드

아일랜드는 1950년대까지만 해도 유럽의 조그만 농업국이었으며, 1980년대 초반 마이너스 성장을 계속하는 가운데, 국가부채의 급증으로 인하여 국가재정난을 겪었다. 아일랜드는 1987년까지 1인당 국민소득이 1만 달러에도 못미치는 유럽의 소국에 불과하였다. 이와 같은 경제의 어려움은 정치상황이 불안정하고 성장을 이끌 국내산업이 취약한 데 기인하였다.

그러나 아일랜드는 1988년 1인당 국민소득이 1만 달러를 돌파한 이후 매우 높은 성장률을 기록하며, 1996년도에 2만 달러, 2002년도에 3만 달러를 달성하였다. 아일랜드는 1991~2000년 기간 중 약 9% 가까운 성장률을 기록하였는데, 이는 OECD 국가들의 평균에 비해 3배에 가까운 수치이다.

---

5) UNCTAD(2019)에 의하면 2003~2018년의 16년 동안 세계 각국은 총 1,731건의 FDI 관련 정책을 새로이 도입하거나 수정했는데, 이는 연평균 108건의 정책변경을 의미한다. 이 중에서 FDI에 비우호적인 정책변경은 총 443건으로서 전체의 25%를 차지하였다. 즉, 전체 외국인투자관련 정책 수정에 있어서 75% 정도가 우호적인 정책변경이었던 것으로 나타났다. 이러한 집계는 1992~2006년 기간 중에 기록되었던 90%의 우호적인 정책변경과 비교하여 비우호적인 정책변경이 눈에 띄게 늘어났다는 것을 의미하는데, 특히 2008년 글로벌 금융위기 및 그 파급효과가 확산하면서 조성된 반세계화 성향의 증가에 기인하는 것으로 해석된다.

이와 같이 빠른 경제성장은 경제성장에 대한 국민적 합의를 바탕으로 외국인 투자를 적극적으로 유치하였기 때문에 가능하였다. 국민적 합의의 중심에는 노사정 대표로 구성된 국가경제사회평의회(NESC)가 있었다. 국가경제사회평의회는 1987년 국가전략으로 "A Strategy for Development"를 제시하였으며, 여기에서 제시된 비전을 바탕으로 사회연대협약이 그 이름을 달리하여 매 3년마다 체결되어 현재까지도 계속되고 있다.

사회적 합의가 아일랜드 경제성장의 밑거름이라고 하며, 실제로 아일랜드 경제의 성장을 가져온 것은 활발한 외국인투자였다. 1995~2004년 기간 중 아일랜드에 대한 외국인직접투자 총액은 1,393억 달러인데, 이는 OECD 국가 가운데 11위에 해당하는 금액이다. 아일랜드가 인구 380만명(2002년 기준)의 소규모 국가인 점을 감안하면, 아일랜드에 대한 외국인투자가 매우 활발하게 이루어졌음을 쉽게 알 수 있다.

자료: 유진수 외, 2006, "선진통상국가 실현을 위한 중장기 통상전략 연구: 선진경제의 통상정책과 시사점", 대외경제정책연구원, 연구자료 06-05에서 발췌.

셋째, 금융 부문에서도 무역과 투자에 못지않은 커다란 변화가 나타났다. 예를 들어 국제금융시장에서 단 하루에 거래되는 총거래 규모는 국제무역 분야에서 일년 동안 수출되는 규모에 육박하고 있다. 즉, 컴퓨터 및 관련 네트워크 기술의 비약적인 발달에 따라 한 자리에 앉아서도 컴퓨터 단말기 한 대만 있으면 다른 여러 나라에서 거래되는 각종 금융자산들을 한번의 "클릭"을 통해 사고 팔 수 있는 시대가 도래한 것이다. 이에 따라 세계 각국의 금융시장들이 하나의 끈으로 연결된 것처럼 같은 방향으로 움직이는 "동조화" 현상이 나타나게 되었다. 예를 들어 미국의 주식시장 변화는 그 다음날 아침에 개장되는 한국의 주식시장에 바로 영향을 미치게 된다. 미국에서 반도체 경기가 살아나 반도체 기업들의 주가가 오르면, 특별한 다른 요인이 없는 한 한국에서도 삼성전자, 하이닉스 등 반도체 수출기업들의 주가가 상승하는 현상이 거의 일반화되었다.

2008년 미국에서 발생하여 세계경제 전체에 파급효과를 가져왔던 글로벌 금융위기 이후 금융시장 통합에 대한 반성이 없는 것은 아니지만, 기술의 발달과 이를 활용한 생산성 향상을 적극적으로 활용하려는 금융기관들과 선진경제들에서는 보다 선제적으로 소위 '핀테크'로 대표되는 혁신적 금융기법 및 상품을 도입하기 위한 경쟁을 하고 있다. '암호화폐'의 도입을 둘러싼 규제 관련 논의 등도 이와 궤를 같이 하고 있는 것이다.

세계경제지도의 변화

최근 관찰되는 커다란 세계경제의 환경변화 중에서 두 번째로 꼽을 수 있는 것은 선진국과 개도국 사이의 판도변화가 매우 뚜렷하게 나타나 세계경제지도가 바뀌고 있다는 점이다. 사실 이와 유사한 변화는 제2차 세계대전 후 일본경제의 재건, 1970년대 한국, 대만, 홍콩, 싱가포르 등 아시아의 신흥수출국의 부상 등에서 볼 수 있듯이 꾸준하게 진행되어 왔다고 할 수 있는데, 최근의 변화는 상대적으로 더 큰 규모로, 그리고 보다 광범위하게 진행되는 특징을 나타낸다. BRICs로 불리는 브라질, 러시아, 인도, 중국 등 거대한 신흥시장들이 오랜 잠에서 깨어나 경제적 도약을 준비하고 있거나 이미 세계경제의 중요한 일원으로 부상하였다. 특히 이 네 나라는 규모가 작고 자원이 부족한 공통점을 보였던 아시아 국가들과는 달리 대규모 인구를 보유하고 있고, 자원도 풍부하면서, 국제정치, 외교 분야에서도 매우 강력한 영향력을 행사하는 국가들이다. 그런 점에서 이전의 판도변화와는 차원을 달리하는 커다란 변화의 물결을 일으키고 있다. 특히, 아시아에 위치한 중국과 인도는 이미 세계경제의 선도국의 일원으로 부상했다고 해도 과언이 아니다. 중국은 이미 세계 최대의 수출국으로서 세계 제2위 경제규모를 자랑하는 경제대국으로 대두하였으며, 인도 또한 오랜 기간 동안의 폐쇄적인 국가운용에서 탈피하여 보다 능동적으로 세계와 소통하면서 비약을 꿈꾸고 있다.

이러한 선진국과 개도국 사이의 판도변화에 따른 세계경제지도의 변화는 여러 가지의 다양한 파급효과를 가져오고 있다. 우선, WTO 등 국제무역 분야에서 종래 선진국들이 자유화의 범위 및 수준을 대부분 결정해 왔지만 이제는 개도국들의 영향력을 무시하지 못하게 되었다. 아직 많지는 않지만 개도국들이 정책결정을 주도하는 경우도 생겨나고 있으며, 중요한 무역회의 등 다양한 국제회의 무대에서 "개발" 문제가 매우 중요한 의제로 대두되기 시작하였다. 예를 들면, WTO가 출범한 이후 첫 번째의 다자간무역자유화협상인 도하개발아젠다(DDA)가 2001년 개시되었는데, 그 공식명칭에서도 알 수 있듯이 자유화를 행하면서도 경제개발을 위한 정책적 고려가 꼭 있어야 한다는 점에 국제사회가 동의하였다는 점에 주목할 필요가 있다. 그만큼 개발도상국에 대한 정책적 배려가 국제적으로도 중요해진 것이다. 또, 종래 서방 선진7개국 회의로 불리던 G7 회의와는 별도로 2008년 글로벌 금융위기 이후부터는 통상적으로 신흥국으로 불리는 영향력 있는 개도국들이 함께 참여하는 G20이 매우 중요한 경제포럼으로 부상한 것도 이러한 판도변화를 상징적으로 표현해 주고 있다.[6]

거대신흥시장의 부상과 이들의 영향력 확대에 따라 주요 선진국들이 이들과의 협력체제를 확보하기 위한 경쟁을 전개하고 있다. 이러한 대개도국 협력에 있어서의 선진국간의 주도권 경쟁은 특히 21세기 세계경제의 성장중심으로 간주되고 있는 동아시아 지역을 중심으로 전개되고 있다. 이와 관련하여 1990년대 중반 미국과 유럽연합(EU)이 각각 채택한 정책들을 음미해 볼 필요가 있다. 미국은 1994~1995년에 걸쳐 대외전략의 우선순위를 결정하는 데 있어서 거대신흥시장들(Big Emerging Markets: BEMs)의 전략적 중요성을 적극적으로 고려해야 한다며, 속칭 "BEMs 전략"을 채택하였다. 이에 대응하는 차원에서 EU는 1994년 동아시아를 중심으로 하는 광역아시아 지역의 경제적 역동성에 주목해야 한다면서 이들과의 협력을 강화할 목적으로 "대아시아 신전략(New Asia Strategy: NAS)"을 채택한 바 있다. 특히, 미국의 BEMs 전략은 1980년대 말과 1990년대 초반에 걸쳐 아시아와 북미를 연결하는 아시아－태평양 경제협력체(Asia－Pacific Economic Cooperation: APEC)의 출범과 긴밀한 연관성을 가지며, EU의 신아시아 전략은 1996년 아시아와 유럽을 연결하는 협력체인 아시아－유럽정상회의(Asia－Europe Meeting: ASEM)의 출범에 중요한 단초를 제공했던 것이다. 이러한 미국과 EU의 정책변화는 세계의 경제지도가 빠른 속도로, 광범위하게 바뀌고 있는 현실에 주목하면서 선진국들의 개도국을 보는 관점에 적지 않은 변화가 있음을 시사하고 있다.[7] 또한 2010년대 들어 중국이 야심차게 추진하고 있는 일

---

6) G8은 미국, 일본, 영국, 프랑스, 독일, 이탈리아, 캐나다 등 서방 선진 7개국(G7)과 러시아로 구성되어 있는데, G8 회의란 이 8개국의 재무장관과 중앙은행 총재가 매년 2~3차례씩 정례적으로 회동하여 세계경제의 향방과 정책협조에 관한 의견교환을 하는 국제회의를 의미한다. 이와는 별도로 매년 1차례씩 각국 대통령과 총리가 참가하는 G8 정상회담도 개최된다. G8는 오랫동안 서방 선진 7개국만 참여하는 G7회의의 형태로 개최되던 중 1998년 러시아가 정회원으로 합류하면서 G8회의로 확대 발전되었다. 2014년 러시아의 크림반도 병합에 따라 불거진 국제분쟁으로 2020년 현재 러시아가 제외된 G7 회의만 개최되고 있다. 글로벌 금융위기 이후 미국의 제안에 의해 신흥국가들을 포함하여 대략 20개 정도의 세계적으로 영향력 있는 국가들이 참여하는 G20정상회의가 2009년부터 출범하여 '최상위경제포럼(premier economic forum)'으로 활동하게 되었다.

7) 프레스토위츠(2006)은 중국, 인도 등 거대신흥시장으로 경제적 권력이 거대한 흐름 속에서

대일로 전략(Belt and Road Initiative: BRI)도 세계경제지형을 크게 바꿀 수 있는 잠재력을 가지고 있는 것으로 관측된다. 중국은 유럽과 아시아를 연결하는 인프라 건설을 추진하면서 인프라 주변에 위치한 많은 개도국들에 대한 경제적 영향력을 확대하고 선진국들과의 경쟁구도를 구축하고 있다. 미국, EU 등 선진국들은 이러한 중국의 영향력 확대에 다양한 방법으로 대응하고 있다. 트럼프행정부 하에서 미국이 중국을 대상으로 벌였던 무역전쟁도 이의 일환으로 해석할 수 있으며, EU가 2018년 9월 발표한 '유럽 – 아시아의 연계(Europe – Asia Connectivity)' 전략도 이에 대한 EU 차원의 대응으로 평가할 수 있다.

자국이익 중심주의의 확대

1990년대 후반이 경제의 글로벌화 현상이 가장 뚜렷하게 나타난 기간이라고 한다면, 2010년대 중반 이후는 급속한 글로벌화 현상에 따른 역작용들이 현실화되면서 점차 경제적 고립주의 및 신보호무역주의를 포함하여 '자국이익 중심주의'의 경향이 대두되기 시작한 기간으로 평가할 수 있다.

우선 경제적 고립주의는 영국이 유럽연합(European Union: EU)으로부터 탈퇴한다는 결정을 내린 브렉시트(Brexit)에 의해 대표된다. 영국은 유럽 국가들이 통합을 시작한 1950년대 초반 지역통합에 대해 유보적인 입장을 취했다가 1973년에야 유럽연합에 가입한 바 있다. 유럽연합 회원국의 일부가 유로존 재정위기로 2010년부터 재정난, 고실업 등의 경제적 어려움에 처하게 되자 영국은 EU탈퇴에 대한 국민투표를 실시하여 불가역적인 탈퇴결정을 내렸는데, 이는 영국 국민들이 가지고 있는 '영국은 유럽대륙과 다르다'는 우월의식과 '다른 나라의 재정난을 우리 세금을 써서 해결하는 것은 반대'라는 고립주의적인 입장이 작용했기 때문이다. 이에 자극받은 스페인 카탈루냐 지역의 독립을 위한 움직임도 이러한 고립주의의 전형적인 사례라고 할 수 있다.

신보호무역주의와 자국이익 중심주의는 매우 긴밀하게 연결된 상호작용하에서 나타난다. 즉, 보호무역주의를 정책노선으로 선택하는 국가들은 국내산업의 보호가 고용확대, 소득창출 등 자국의 경제적 이익에 도움이 되리라는 기대하에 그러한 정책결정을 하게 된다. 우리가 관찰했던 미국과 중국 사이의 무역전쟁이

이동하고 있음을 "부와 권력의 대이동"이라고 표현한 바 있다.

이러한 새로운 움직임의 대표적인 사례라고 할 수 있다. 트럼프 행정부는 중국 상품에 대한 고관세 부과 외에도 중국에서 생산활동을 영위하는 많은 미국기업들에게 미국으로 돌아와서 국내에서 부가가치와 고용을 창출하라는 메시지를 강하게 던지고 있다. 즉, 1940년대 말 GATT 체제가 출범한 이후 지속적으로 심화되어 온 '비교우위에 의한 국제적 분업관계'에 따른 중장기적인 이익보다는 단기적인 국내 생산활동 증가, 고용 확대, 소득 창출 등에 관심을 둠으로써 유권자들의 마음을 얻으려는 정치가들의 속셈이 나타난 것이라고 할 수 있다. 미국의 자국이익 중심주의는 아래의 글상자에서 볼 수 있듯이 지구온난화 방지를 목적으로 수년간의 협상을 통해 합의에 도달한 '파리기후변화협약'에서 미국이 탈퇴한 데서도 드러난다. 미국 트럼프 대통령은 단기적인 자국이익을 위해 중장기적으로 지켜야 할 더 높은 가치인 국제적 공조를 매몰차게 포기함을 통해 자신의 정치적인 입지를 강화하려는 목적을 추구한 것이다. 2021년 1월 트럼프에 이어 제46대 미국 대통령으로 취임한 바이든은 첫 업무로 파리 기후변화협약 복귀를 위한 행정명령에 서명했다. 미국의 다자주의 중시정책이 부활할 것인가 그리고 이를 통해 미국의 세계경제적 지도력이 회복될 수 있는가에 깊은 관심이 쏠리고 있는 상황이다.

 파리협정 탈퇴, 근시안적 자국중심주의로 봐야

도널드 트럼프 미국 대통령의 파리 기후변화 협정 탈퇴 선언은 예상은 됐어도 놀랄 만한 사건이었다. '미국 우선주의'(American First)를 기치로 내세운 트럼프 대통령의 근시안적, 그리고 자국의 이익만 챙기려는 욕심만 앞섰을 뿐 온실가스 배출을 왜 줄여야 하고 지구 온도가 더 올라가지 않도록 해야 한다는 것과는 상관없는 철저히 근시안적 선택을 했다. (중략) 선진국이 온실가스를 많이 배출하는 개발도상국까지 참여를 독려할 수 있도록 해야 하는 1997년의 교토의정서보다 부담이 덜 한데도 미국은 탈퇴를 선언했다. 미국 내 일자리 운운하는 것은 설득력이 떨어진다는 지적이 많다.

인터넷 매체 복스(Vox)의 데이비드 로버츠는 이를 트럼프의 '부족중심주의' 혹은 '종족애'(tribalism)의 발현인 것으로 풀었다. 자국중심주의 혹은 민족주의 (nationalism)라 해석해도 무방할 것 같다. 지구 온난화를 비롯한 기후변화에 대처하기 위해선 전 세계적인 노력, 이를테면 세계 시민주의(cosmopolitanism)가 필요한데 미국의 이익만을 위해서 현명하지도, 도덕적이지도 않은 선택을 했으며 현재의 인류와 미래 세대에 대해서도 최악의 선택이란 지적이다. 로버츠는 20세기 말까지는 세계 시민주의가 진전을 했지만 혈연 중심의 부족/종족주의 움직임이 일면서 후퇴하기 시작했고 점점 국가마다 이기적으로 변했다고 진단했다. 그리고 이 부족주의는 인간의 기본적인 본성으로 자신과 다른 사람들에게 장벽을 침으로써 그 범주를 좁히는 것이라고 지적했다. 확장성을 가진 세계 시민주의와 부족중심주의는 역사적으로 계속 대립 관계를 보여 왔고 현재 미국에서 발호하고 있는 보수주의 지향은 이 부족중심주의에 포함된다고 봤다. (중략)

로버츠는 중국은 신재생에너지 개발에 박차를 가하고 있고 유럽연합(EU) 국가들은 기후변화를 막기 위해 연대하고 있는 가운데 미국만 이런 후퇴를 보이는 것은 결국 기후변화뿐만 아니라 미국을(이미 파리협정에서 빠져있는) 시리아나 니카라과처럼 외교적인 고립을 가져오게 하는 일이라고 지적했다. 그는 "트럼프 대통령은 당장은 부족중심주의에서 승리를 거뒀지만 세계시민주의가 이런 경쟁에서 이겨야 하며(현재 결정에 대한) 대안을 고려해야만 할 것"이라고 조언했다.

자료: News1 2017.06.02

팬데믹이 초래한 새로운 '뉴노멀'의 대두

2020년 발생하여 세계경제를 크게 위축시키고 있는 코로나19 팬데믹 현상 또한 한국경제가 당면한 커다란 도전이다. 특히, 무역 및 투자 측면에서 글로벌경제에 대한 의존도가 매우 높은 한국경제로서는 코로나19에 따른 세계무역의 축소, 리쇼어링 확대 등 글로벌가치사슬의 새로운 변화와 '언택트'로 상징되는 새로운 생활습관 및 전반적인 행동양식의 변화, 그리고 보건장벽에 따른 국경간 인적·물적 이동의 제한 등이 가져오는 파급효과가 매우 클 것으로 예상된다.

우선, 코로나19는 세계경제의 성장궤도를 크게 후퇴시키고 있다. 팬데믹이 초래한 인적 물적이동의 위축이 대표적인 요인으로 거론되고 있다. 특히 세계무역의 축소와 경제성장의 후퇴는 서로 맞물리면서 서로에게 부정적인 영향을 주는 요인이 되고 있다. 즉, 지난 70년간의 무역자유화 정책이 세계경제의 성장에 크게 기여한 것은 주지의 사실인데, 경제성장에 의한 소득의 증가는 거꾸로 무역에 긍정적인 영향을 미치는 선순환구조를 형성해 왔던 것이다. 이러한 선순환

구조가 팬데믹에 의해 크게 위축되었다는 것이 일반적인 관측이다. 이러한 관측은 무역의존도가 상대적으로 큰 한국경제에 가해지는 충격이 실로 작지 않을 것이라는 예측을 가능하게 한다. 특히, 이러한 팬데믹 충격이 미국과 중국 사이의 무역분쟁과 기술패권경쟁에 따른 부정적인 충격 등 다른 글로벌 환경변화와 함께 추가적으로 가해지고 있다는 점에서 한국경제의 향후 진로에 대한 불안감이 확대되고 있다.

코로나19가 과연 1990년대 중반 이후 세계적인 현상으로 자리잡은 경제활동의 세계화와 글로벌가치사슬(global value chain: GVC)에 어떠한 영향을 미칠 것인가에도 주목해야 한다. 1990년대 후반부터 본격적으로 가속화되었던 세계경제의 글로벌화는 자동차, 전자, 화학 등 주요 제조업 분야의 다국적기업들이 '다른 나라의 기업에서 저렴하게 생산된 소재 및 부품을 자국(또는 타국)의 공장에서 완성품으로 생산'하는 가치사슬을 매우 적극적으로 활용해 왔음을 의미하는데, 코로나19에 의해 일시적인 공급단절을 경험한 기업들은 필수적인 소재·부품들을 한 국가(또는 기업)에서 공급받기보다는 여러 곳에서 공급받는 형태로 변경하여 위험을 분산하거나, 심지어는 핵심 소재·부품의 경우 생산공장을 아예 자국으로 회귀시키는 리쇼어링(reshoring)을 단행하려고 하기도 한다. 물론, 이러한 가치사슬 변화가 어떤 규모로 어느 기간동안 진행될 것인가에 관해서는 관측자마다 의견이 다르지만, 글로벌가치사슬에 적지 않은 변화가 일어나고 있다는 점은 사실이라고 하겠다.

이에 더하여 보건방역의 중요성이 부각되면서 기업인 등 인력이동에 커다란 제한이 가해지고, 언택트 행동양식의 확산 및 보편화가 예상됨에 따라 이에 대한 새로운 대응이 요구되고 있기도 하다. 즉, 코로나19 사태에 따라 대두되고 있는 새로운 '뉴노멀'은 기존의 세계경제 환경에 대한 대응방식과는 판이하게 다른 대응전략을 요구하고 있는 것이다.

3. 한국경제의 새로운 이정표를 찾아서

앞에서 논의하였듯이 한국경제는 안팎으로 심각한 도전에 직면하고 있다. 과연 한국경제가 이러한 글로벌파고를 넘어서 실질적인 선진경제로 진입하는 것을 가능케 하려면 어떠한 방안이 필요할 것인가? 한국경제의 새로운 비전은 무엇이고 이를 달성할 수 있는 전략은 무엇인가? 한국과 이웃한 중국은 이미 세계 최대수 출국이자 세계 제2위의 경제대국으로 부상하여 미국과 맞먹는 국력을 보유하게 되었다. 이전 20년간의 추세가 지속된다면 중국이 미국을 제치고 세계 최대경제 대국이 될 날도 머지 않은 것으로 전망되는데, 우리는 중국의 부상을 어떻게 인 식하고 대응해야 할 것인가? 지난 1990년대 초반부터 발흥하기 시작한 지역주의 의 거대한 흐름에 편승하여 이미 미국, 중국 및 EU등 3대 경제권과 FTA를 체결 한 한국으로서 앞으로 지역주의를 지속적으로 추구할 것인가? 아니면 DDA의 실패와 보호무역주의의 발흥 현상을 막아내지 못함으로써 크게 약화된 WTO체 제의 부활을 위한 국제적 노력을 선도해야 하는가? 또한 이와 관련하여 지난 수 년간 10여 차례 협상을 진행하면서도 쉽사리 결론을 내리지 못하고 있는 한국, 중국, 일본 3국간의 자유무역협정은 어떤 방식으로 처리해 나가는 것이 바람직 한가? 이러한 대외환경의 변화는 높은 대외의존도를 통해 한국경제의 대내적 문 제와도 연결된다고 하겠다. 특히, 우리경제의 당면과제인 '약화되고 있는 성장엔 진에 새로운 활력을 불어 넣는' 작업은 수출에 크게 의존하고 있는 한국경제의 지속적 성장을 위해 필수적으로 요구되는 정책활동이다. '성장과 복지를 어떻게 하면 병행할 수 있는가' 하는 고민, 그리고 '저출산과 고령화에 대한 효과적인 대응을 위해 해야 할 선결과제는 무엇인가'라는 문제제기 또한 세계경제가 공통 적으로 겪고 있는 문제들이다. 즉, 대외의존도가 높은 한국경제의 경우 대내외 의 문제점들이 서로 얽혀 있어 개별적으로 해결하기 어렵다고 하겠다. 이처럼 우리가 해결해야 할 문제들은 실로 어마어마하게 많다. 우리는 이 모든 문제들 에 대해 방향을 설정하고 우선순위를 정하여 하나하나 추진해 나가야 할 것이다.

현재 한국경제를 들여다보면 이러한 미래 비전과 전략이 아직까지 뚜렷하게 정립되어 있지 않은 것처럼 느껴진다. 한국 정부는 '신남방정책'과 '신북방정책' 으로 대변되는 경제외교의 틀과 '한반도평화프로세스' 등 외교안보의 비전을 제 시하고 있으나, 미중무역전쟁, 미북정상회담, 한일외교갈등 등의 경제적, 정치적 인 현안에 매몰되어 아직까지는 별다른 진전을 보이지 못하고 있다. 이러한 비 전들에 대한 국민적인 공감대가 형성되었는지가 사실 의문스럽기도 하다. 우리 와 처한 환경이 비슷한 아일랜드, 네덜란드 등 선진국들을 벤치마킹하기 위한 다수의 연구들이 2000년대 초반 추진되기도 하였으나, 정권교체와 함께 이를 활용하기 위한 실행방안을 도출하는 데는 실패하였다. 무엇보다도 우리나라에서 급격하게 진행되고 있는 정치적인 변화의 속도가 너무 빨라 한국경제의 미래를 가늠할 수 있는 방향설정에 차질이 빚어지고 있으며, 이에 따라 우리 경제의 미래가 매우 불투명해 보이고 있다는 시각이 많다.

이러한 현실적 제약에도 불구하고 구체적인 미래 비전을 제시하고 이를 국민적 공감대하에서 일관성 있게 추진하는 작업은 무엇보다도 필요하다고 하겠다. 특히, 둔화되고 있는 한국경제의 성장동력을 회복하여 새로운 활로를 찾는 정책이 시급하게 요구되고 있다. 이를 위해 다음 두 가지 점에 유념할 필요가 있는 것으로 판단된다. 첫째, 전통적으로 대외의존성이 강한 한국경제는 국내문제들의 치유와 해외시장의 개발 및 확충에 동시에 관심을 기울여야 한다. 앞에서도 지적되었듯이 한국경제는 지금까지 급변하는 대외환경에 비교적 잘 적응해 왔다. 그러나 차원을 달리 하면서 드세게 몰아치는 글로벌 파고를 넘어 서기 위해서는 한층 고차원적인 대외전략을 채택할 필요가 있는 것이다. 여기에서 "통상전략"의 중요성을 지적할 수 있다. 둘째, 한국경제의 성장동력을 회복하는 데 있어서 과거 1960~1970년대 그러했던 것처럼 정부가 주도하는 산업정책을 위주로 하기 보다는 민간부문의 창의력과 기업가정신이 마음껏 발휘될 수 있는 환경을 조성하는 것이 더욱 중요하다. 지난날 정부가 주도했던 경제발전모형은 21세기에 와서는 이제 구시대의 유물이 될 수밖에 없다. 그만큼 정부의 역할은 각종 국제규범에 의해 제약받고 있기도 하다. 따라서 시장경제 원칙이 한국경제 전반에 일관성 있게 적용되도록 정부정책이 수립되고 집행되어야 한다. 이러한 과정에서 한국경제를 선진 경제로 변화시키는 주역은 어디까지나 기업과 노동자를 중심으로 하는 민간임을 명심해야 할 것이다.

정부는 모든 국민이 납득할 수 있는 한국경제의 비전을 제시하고 이를 민간의 힘을 적극 활용하는 가운데 달성할 수 있도록 최적의 여건을 조성하는 일에 전념해야 한다. 이제 세계화 현상의 지속적 진화, 중국, 인도 등 개도국의 부상에 따라 나타나는 세계경제지도의 변화 등으로 상징되는 대외환경변화와 성장동력의 둔화, 사회적 갈등 심화 및 이의 반작용으로 나타난 포용성 강화에 대한 사회적 요구 확대, 북핵문제와 남북문제, 우리의 빈약한 천연자원 등 대내여건 등을 감안하여 21세기 한국경제의 비전을 제시해야 한다. 또한, 코로나19가 가져온 심대한 파급효과를 새로운 기회로 만드는 미래지향적인 국가비전이 필요하다. 국제적인 관심의 대상이 되고 있는 'K-방역'의 장단점을 철저하게 분석하는 한편, 특히 최빈국이나 일부 개도국들이 활용할 수 있는 형태로 변형하여 글로벌 차원의 방역노력에 기여할 수 있는 방안도 모색할 필요가 있다. 또한, 한국의 의료산업이 코로나 진단키트, 치료제, 백신 등의 개발 및 활용 분야에서 경쟁력을 확보할 수 있도록 정부의 정책적 노력도 요구된다.

한국경제의 앞날은 순탄치 않다. 그런 만큼 한국경제의 청사진은 명확하여야 하고, 국민 모두의 동의를 얻을 수 있는 구체적인 것이어야 한다. 또한 정해진 목표를 달성하려면 냉철한 현실이해와 구체적인 행동이 절대적으로 필요하다. 본서는 주요 정책분야를 중심으로 한국경제의 과거를 돌아보고, 현재를 분석 및 평가하는 한편, 나아가야 할 미래방향을 조망하게 된다. 즉, 한국경제가 안고 있는 주요 분야별 현황과 문제점들을 개별적으로 분석 및 검토하고, 그 해결책을 모색할 것이다. 학문에 왕도가 없듯이, 이러한 과제가 말만으로 달성될 수 있는 것이 아니다. 그렇다고 해서, 우리경제가 위 문제들을 해결할 능력이 없다고 예단할 필요는 없다. 온 국민이 자기에게 주어진 일을 충실히 지속적으로 해나가고, 정부의 여건조성 노력과 정치지도자들의 지도력이 뒷받침할 때, 한국경제의 새로운 미래가 열릴 것이다.

[부록] 세계 속의 한국경제

구분	단위	한국	세계비중(%)	1위	2위	3위
국토면적 (2018)	천ha	9,972(109)	0.07	러시아	캐나다	미국
인구(2018)	천명	51,635.3(27)	0.68	중국	인도	미국
명목GDP (2018)	십억달러	1,720(10)	2.03	미국	중국	일본
1인당GDP (2018)	달러	33,320(28)	–	룩셈부르크	스위스	마카오
교역규모 (2018)	십억달러	1,140(9)	2.9	중국	미국	독일
수출(2018)	십억달러	605(6)	3.1	중국	미국	독일
수입(2018)	십억달러	535(9)	2.7	미국	중국	독일

구분	단위	한국	세계비중(%)	1위	2위	3위
서비스수출 (2018)	십억달러	95(17)	1.6	미국	영국	독일
서비스수입 (2018)	십억달러	123(13)	2.2	미국	중국	독일
무역의존도 (2018)	%	66.3(67)	–	홍콩	싱가포르	베트남
외환보유고 (2018)	십억달러	403.1(8)	–	중국	일본	스위스
경제성장률 (2018)	%	2.7(113)	–	리비아	에리트레아	르완다
외국인투자 stock(2018)	백만달러	231,409(25)	0.7	미국	홍콩	영국
해외투자 stock(2018)	백만달러	387,591(18)	1.3	미국	네덜란드	중국
세계시장점유율 1위 품목수(2017)	개	77(12)	–	중국	독일	미국
반덤핑조치누계 (1995-2018)	회	279(2)	7.3	중국	한국	대만
선박건조량 (2018)	천CGT	21,462(2)	25.3	중국	한국	일본
조강생산량 (2018)	백만MT	73(5)	4.0	중국	인도	일본
자동차생산 (2018)	천대	4,029(7)	4.2	중국	미국	일본
1일원유정제 능력 (2018)	천bbl/일	3,343(5)	3.3	미국	중국	러시아
해외취득특허건 수(2004)	건	3,142(20)	–	독일	미국	일본
석유소비 (2018)	천bbl/일	2,793(8)	2.8	미국	중국	인도
원유수입액	백만달러	80,393(5)	7.0	중국	미국	인도

구분	단위	한국	세계비중(%)	1위	2위	3위
(2018)						
전력생산 (2018)	TWH	594.3(8)	2.2	중국	미국	인도
TOEFL IBT 점수(2018)	점수/120	84(80)	-	아일랜드	오스트리아	네덜란드
초고속인터넷 가입자수 (2018)	인구백명당	41.2(6)	-	스위스	덴마크	프랑스
인터넷이용자수 (2017)	인구천명당	860(16)	-	싱가포르	노르웨이	미국

자료: 한국무역협회 국제무역연구원, 2019, "세계 속의 대한민국 2019"에서 발췌.

CHAPTER
02

잊혀져가는 성장신화

어떤 나라가 빈곤에서 탈피하여 경제성장을 이루는가

제2차 세계대전 이후 독립한 많은 개도국 중 성공적으로 경제성장을 이룩한 사례는 찾아보기 쉽지 않다. 한국의 경제적 성취를 '한강의 기적'이라고 부르는 것은 그만큼 빈곤의 덫을 벗어나기가 힘들다는 말이다. 그렇다면 한국은 어떻게 경제성장에 성공하였고, 다른 국가들은 실패하였는가? 또 무엇이 부국과 빈국의 차이를 가져왔는가? 이에 대한 설명으로 각각 지리, 문화, 그리고 제도적 요인을 강조하는 가설들이 제기되었다. 이 중에서 경제학에서는 제도, 즉 사회가 스스로를 조직하고 개인과 기업의 인세티브를 형성하는 방법의 차이가 가장 중요하다는 주장을 설득력이 있다고 본다. 『왜 국가는 실패하는가』라는 책에서 에이스모글루 (D.Acemoglu)와 로빈슨(J.Robinson)은 지리나 문화가 비슷한 남북한의 경제적 운명이 달라진 것은 제도의 중요성을 보여주는 사례라고 주장한다. 한편, 똑같은 한국 사례를 놓고 제도보다 인적자본이 더 중요하다는 주장이 제시되기도 한다. 1950년대에는 독재체제에 억눌려 있던 수많은 빈국들이 있었는데, 유독 한국이 성공한 데에는 분명 다른 이유가 있다는 것이다. 인적자본 수준이 높은 국가는 그렇지 않은 국가에 비해서 두 배나 빠른 경제성장을 하였고, 취학률이 높은 국가가 민주화 등과 같은 제도적 개선을 보다 빨리 성취한 것으로 밝혀졌다. 민주주의나 사법제도의 독립성과 같은 제도적 여건은 경제성장의 원인이라기보다 결과에 불과할 수 있다.

한국이 이루어낸 경제적 성과를 설명하는 데 높은 교육열을 빼놓을 수 없을 것이다. 하지만 인적자본에 대한 투자도 인센티브가 주어지지 않는다면 이루어지기 힘들 것이다. 한국의 경제 기적 역시 강도높은 노동과 미래를 위한 저축, 그리고 활발한 투자를 가능케 하였던 제도적 뒷받침 없이는 불가능하였을 것이다. 여기서 제도란 사유재산권이라든지 법과 질서, 사적 계약의 허용과 이행, 새로운 사업과 직업에 대한 진입 허용 등을 포괄한다. 선진국의 경험을 보면 경제성장을 뒷받침하는 제도는 영구적인 것이 아니다. 낡은 제도는 창의적 기업정신과 혁신적 도약을 가로막는 장애물이 될 수 있다. 오늘날 한국경제가 겪고 있는 여러 문제도 지난날 고도성장을 뒷받침하였던 제도가 고착화되면서 질곡으로 작용한 탓이 아닌지 되돌아 볼 필요가 있다.

1. 고도성장의 기억

한강의 기적

2014년 개봉된 '국제시장'이란 영화를 보면 독일(당시 서독)에 광부와 간호사로 일하러 간 사람들을 보여준다. 1960년대 초 한국은 외국에서 자금을 빌리려고 해도 빌려줄 나라가 없었다. 간신히 서독으로부터 1억 4,000만 마르크를 빌리기로 하였는데, 그들이 필요로 하는 간호사와 광부를 보내주고 그들의 봉급을 담보로 잡혔다. 그렇게 독일로 간 간호사들은 병들어 죽은 사람의 시신을 닦는 일부터 시작하였고, 광부들은 지하 1,000미터의 깊은 땅 속에서 뜨거운 지열을 견디면서 열심히 일했다. 1964년 한국의 국민소득은 100달러로서 세계에서 가장 못사는 나라 중 하나였다(그림 2-1 참조).

[그림 2-1] 한국의 일인당 국민소득 추이

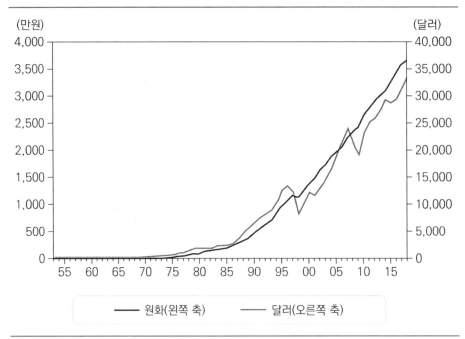

주: 명목 국민총소득 기준
자료: 한국은행, 경제통계시스템(ecos.bok.or.kr), 2020

그 당시 우리와 비슷한 경제구조를 가지고 있던 나라가 필리핀이었다. 필리핀과 한국은 인구가 1960년대 초에 각각 2,800만 명과 2,500만 명 정도였고, 그 중 약 30%가 수도인 마닐라와 서울에 거주하고 있었다. 양국의 산업구조를 보면 필리핀은 농업과 제조업이 국내총생산의 26%와 28%를 점하고 있었고, 한국의 경우에는 각각 37%와 20%를 차지하였다. 수출구조에 있어서도 전체수출에서 차지하는 1차 산품의 비중이 필리핀은 96%, 한국은 86%에 달하였고, 공산품의 비중은 각각 4%와 14%에 불과하였다. 대학진학률은 한국은 겨우 5% 수준이었고, 필리핀은 이보다 높은 13%를 기록하였다.

이후 60년이란 세월이 흐르면서 필리핀과 한국의 소득격차는 엄청나게 벌어졌다. 세계은행 자료에 따르면 1962년 필리핀과 한국의 일인당 국민소득은 명목달러기준으로 각각 220달러와 120달러로서 필리핀이 한국보다 상당히 높았다. 그러나, 2019년에는 필리핀이 3,850달러 그리고 한국이 33,720달러를 기록하여 한국의 소득수준은 필리핀보다 무려 8.7배나 높아졌다. 1960년대만 해도 아시아에서 일본 다음으로 잘 살았던 필리핀과 최빈국이었던 한국은 처지가 역전된 것이다.

한국의 고도성장은 기적이라 불러도 전혀 이상할 것이 없다. [그림 2-1]의 일인당 명목국민소득 추이를 살펴보면 1970년 9만원에서 출발하여 1980년에 103만원, 1996년에 1,074만원, 그리고 2006년 2,070만원 그리고 2014년 3,095만원으로 빠른 성장을 보였다. 달러표시 일인당 명목국민소득 역시 1970년 286달러에서 출발하여 1994년 1만 달러 수준에 달하였다. 1997년 외환위기에도 불구하고 2006년 2만 달러수준을 넘어섰고, 2008년에 발생한 글로벌 금융위기로 잠시 주춤하였다가 2017년에는 약 3만 2천 달러를 기록하였다. 명목소득의 증가세는 물가상승을 반영하기 때문에 실제 구매력이 그만큼 빨리 성장한 것은 아니라고 해도, 상당기간 고도성장이 지속된 것은 틀림없다. 한국경제의 실질성장률(GDP기준)은 1970년대 10.5%, 1980년대 8.9%, 그리고 1990년대 7.3%를 기록하였다. 이렇게 빠른 경제성장은 세계 어느 나라에서도 유례를 찾아보기 힘들다.

수출과 수입 규모 역시 빠른 속도로 증가하였다. 1962년 한국은 5천 6백만 달러어치의 1차 산품과 경공업 제품을 수출하고, 4억 2천만 달러어치의 원부자재와 최종재를 수입하였다. 2000년대가 되면서 한국은 세계 10위권의 교역국으로 부상하였고, 수출이 수입을 앞서는 무역수지 흑자국으로 변모하였다. 수출품

[그림2-2] 한국의 수출 및 수입 추이

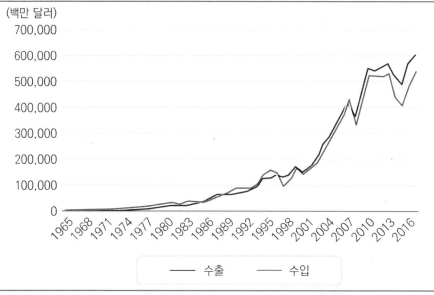

주: 관세청 통관기준
자료: 한국은행 경제통계시스템(ecos.bok.or.kr)

의 구성은 1960년대 섬유나 가발과 같은 경공업제품에서 조선, 철강, 반도체, 자동차과 같은 중화학공입제품으로 고노화되었다. 글로벌 금융위기이후 세계무역 증가세가 둔화되면서 한국의 수출입도 어쩔 수 없이 충격을 받았다. 하지만 다시 가파른 성장세를 회복하면서 2017~2019년 기간중 무역규모는 매년 1조 달러를 넘어섰다. 또한 전세계 무역규모순위는 2013년 이후 7년 연속 9위를 유지하였다([그림 2-2] 참조).

한국경제의 고도성장의 분기점을 제1차 5개년 경제개발계획이 시작된 1962년으로 보는 데는 별다른 이견이 없다.[1] 자연자원이 부족하고 국내시장 규모가 작은 대신 상대적으로 좋은 교육과 훈련을 받은 양질의 노동력이 풍부했던 당시 경제상황을 고려하여 정부는 수출주도적 성장전략을 구사할 수밖에 없었다. 환

---

1) 경제계획은 설정된 목표를 효율적으로 달성하기 위한 자원배분이 그 핵심이라고 할 수 있다. 한국의 경제계획은 자립경제 달성을 목표로 하였는데, 발전단계가 높아지면서 그 구체적인 내용도 다음과 같이 바뀌게 된다(박진근(2000)).
자립경제의 기반구축(1차)→자립경제의 확립촉진(2차)→자력에 의한 성장추구(3차)→자력 성장 구조의 실현(4차)→자력성장지속과 복지증진(5차)→자력성장지속과 경제사회의 균형적 발전(6차)→구조조정과 자율 · 성숙경제로의 이행(신경제)

율상승 및 고금리정책과 수입제한 등 모든 경제정책이 수출증대에 맞추어졌다. 다수의 은행 등이 국유화되었고 산업은행과 수출입은행 등 특수은행들이 신설되었다. 정부는 이러한 금융기관을 통해 희소한 자금을 수출증대를 위해 배분하였고, 수출기업에게 세제 및 금융 등 다양한 형태의 특혜가 주어졌다. 수출실적이 좋은 기업에게 더 큰 규모의 지원이 이루어졌던 만큼 기업들은 치열한 수출실적 경쟁을 벌였다. 정부는 대통령이 주재하는 수출실적 보고대회를 정기적으로 개최하고 매년 수출목표를 정해 기업들을 독려했다.

　그 결과 한국경제는 놀라운 고도성장을 달성했다. <표 2-1>에서 보는 바와 같이 정부는 1962년부터 모두 7차에 걸쳐 경제개발 5개년 계획을 추진하였다. 1996년 제7차 5개년 계획이 끝날 때까지의 경제성과는 그야말로 놀랄 만하다. 1962년부터 1996년까지 30년이 넘는 기간 동안 한국경제는 그야말로 환골탈태에 성공하였다. 우리나라 경제가 이처럼 눈부신 성장을 할 수 있었던 것은

[표 2-1] 경제개발 5개년 계획의 목표와 실적

지표		제1차 1962~66	제2차 1967~71	제3차 1972~76	제4차 1977~81	제5차 1982~86	제6차 1987~91	제7차 1992~96
경제성장률(%)	목표	7.1	7.0	8.6	9.2	7.6	7.2	7.0
	실적	7.8	9.5	9.1	5.7	9.8	10.0	7.0
투자율* (GNP대비, %)	목표	22.6	19.0	27.6	26.2	31.6	30.7	36.4
	실적	17.0	26.1	27.1	30.7	29.8	29.6	35.2
국내저축율* (GNP대비, %)	목표	9.2	11.6	19.5	24.2	27.4	32.3	35.5
	실적	8.8	16.1	20.8	23.5	27.2	36.2	35.5
해외저축율* (GNP대비, %)	목표	13.4	7.5	5.4	2.0	4.2	-1.6	0.6
	실적	8.2	10.2	6.7	5.9	2.6	-2.3	1.7
경상수지 (백만달러) (계획완결연도)	목표	-246.6	-95.8	-359.0	1,172.0	-3,600	4,000	6,500
	실적	-103.4	-847.5	-313.6	-4,464.0	4,600	-8,700	-23,008
수출(백만달러) (계획완결연도)	목표	137.5	550.5	3,510.0	20,242.0	53,000	54,400	131,600
	실적	250.4	1,132.3	7,814.6	20,670.8	33,900	69,600	130,000
수입(백만달러) (계획완결연도)	목표	492.3	894.0	3,993.0	18,872.0	55,500	49,600	126,100
	실적	679.9	2,178.2	8,405.1	24,299.1	29,000	76,600	144,900

주: * 6차와 7차의 경우 GNDI(국민총처분가능소득) 기준
자료: 조순(1996). 제7차 실적치는 『조사통계월보』 각호 참조.

수출주도적 성장전략을 택한 정부 정책도 중요했지만, 앞에서도 언급했듯이 풍부한 양질의 노동력과 위험을 무릅쓰고 세계시장을 개척한 기업가정신이 한몫을 했다는 점을 간과해서는 안 될 것이다. 또 하나 빼놓아서 안 될 것은 당시 세계무역 환경이 우리나라와 같은 개발도상국의 수출에 매우 우호적이었다는 점이다. 주요 선진국들이 지속적으로 무역자유화를 추진하던 시기가 한국의 수출위주 성장전략과 잘 맞아떨어졌다.

대외지향형 성장전략

그렇다면 한국의 고도성장에 있어서 견인차 역할을 담당한 것은 무엇인가? 그것은 두말할 필요도 없이 수출이었다. 한국과 같이 개방도가 높은 경제는 국내총생산에 대한 총수요에서 해외수요가 차지하는 비중이 높다. 따라서 수출이 원만하게 이루어지지 않고서는 경제성장에 필요한 자본재를 제대로 수입할 수 없다. 미래 소비를 위하여 현재 소비를 희생하는 투자 역시 최종재에 대한 수요가 확보되지 않고서는 이루어질 수 없다. 또한 원활한 수출은 국제수지 균형을 결정하는 중요한 요인이 된다.

<표 2-1>에서 볼 수 있는 바와 같이 한국의 경제개발 계획기간 동안 상품수출은 제1차 개발계획의 마지막 해인 1966년 2.5억 달러에서 제7차 경제개발계획의 마지막해인 1996년에는 1,300억 달러로 500배 이상 성장하였다. 수출은 국내생산에 대한 수요를 제공한다는 의미 이상으로 경제성장에서 상당히 중요한 의미를 갖는다. 세계 수출시장을 겨냥할 경우 국내수요의 부족을 극복할 수 있고, 경쟁을 통한 경쟁력 제고 효과를 기대할 수 있기 때문이다. 국내 시장이 작고 부존자원이라고는 양질의 노동력 밖에는 없는 한국경제로서는 수출촉진 전략을 택할 수밖에 없었다. 한국의 고도성장이 대외지향적 성장전략에 기초하고 있다는 데 대해서는 일찌감치 합의가 이루어졌다. 한국을 비롯한 아시아 신흥개도국의 성공 사례는 남미 국가들뿐 아니라 아시아 후발개도국 역시 앞다투어 대외지향적 성장전략을 채택하는 데 큰 영향을 주었다.

대외지향적 성장전략은 상품 및 서비스뿐만 아니라 자본 및 노동 등 생산요소의 자유로운 이동과 기술이전의 이점을 강조한다. 반면에 대내지향적 발전 전략은 해당 국민경제에 적합한 기술의 자체 개발과 국내시장을 겨냥한 산업화의 중요성에 주목한다. 전자가 다국적기업에 대하여 호의적이라면 후자는 적대적이

며, 전자는 자유무역주의에 그리고 후자는 보호무역주의에 더 가깝다고 할 수 있다. 한편 산업화와 관련하여서 대외지향적 발전 전략은 수출촉진을, 그리고 대내지향적 발전 전략은 수입대체를 근간으로 한다. 수입대체 전략은 기존의 국내 유망산업과 경쟁 상대가 되는 수입품에 대해 관세·비관세 장벽, 외환규제와 같은 각종 정책 수단을 동원하여 불이익을 가하는 것을 의미한다. 수입대체론자들은 국내산업의 보호·육성이 단기적으로는 자원배분의 왜곡을 초래하지만 장기적으로는 학습효과로 인하여 생산비가 감소하고 국제경쟁력을 확보함에 따라 충분한 보상이 이루어질 수 있다고 주장한다.

수출촉진은 세계시장을 겨냥하여 전통적인 1차 산품과 공산품의 수출을 장려하려는 전략이다. 이를 위하여 모든 수출산업에 대하여 보조금을 지급하는 방안보다는 전략적인 부문에 선별적으로 보조금을 지급하는 정책이 선호된다. 한국도 홍콩, 싱가포르, 대만과 같은 경쟁국들과 함께 1차적으로 노동집약적인 경공업제품의 수출을 촉진하고, 다음 단계로 중화학공업제품 중심의 수출로 구조변화를 도모하였다.

투자, 성장의 또다른 원동력

한국의 경제성장에서 수출과 함께 성장의 중요한 요인으로 볼 수 있는 것은 투자의 증대라고 할 수 있다. 제1차 5개년계획 기간중 GNP 대비 투자율은 17% 수준에 불과하였으나, 제2차와 3차 기간중에는 25%를 넘어섰고, 제4차 기간에는 30%를 넘어서기에 이르렀다. 또한 제7차 기간에는 투자율이 35%에 달하는 놀라운 실적을 기록하였다. 투자의 증가는 자본축적을 의미하는데, 한국의 경제성장의 원천으로 자본축적의 중요성을 강조하는 것은 당연하다고 할 수 있다.[2]

때로는 투자가 경제성을 무시하고 너무 많이 이루어져서 문제가 될 정도였다. 소위 과잉투자 문제는 1970년대 이후 끊임없이 논란의 대상이 되어왔다. 그

---

2) 높은 투자율은 높은 저축률에 의하여 뒷받침되었는데, 이는 고도성장기의 일본 및 아시아 신흥공업국들의 공통적 현상이라고 할 수 있다. 저축은 자금의 원천에 따라 국내저축과 해외저축으로 나눌 수 있다. 국내저축률은 국민가처분소득 중 소비되지 않고 남은 부분을 국민가처분소득으로 나눈 값을, 그리고 해외저축률은 해외차입을 국민총가처분소득으로 나눈 값을 의미한다. 한국의 국내저축률은 제6차와 7차 계획기간중 연평균 30%를 훌쩍 상회하였다. 그 결과 해외저축률은 감소세를 보여 6차 기간중 평균 −2.3%, 그리고 7차 기간중 1.7%를 기록하였다.

대표적인 예가 제1차 원유파동 직후부터 추진된 중화학공업화라고 할 수 있다. 정부는 1973년 중화학공업을 집중육성하기로 결정하였는데, 이는 취약한 산업구조를 고도화하고 국가안보를 위해 필요하다는 판단 아래 취해진 조치였다. 중화학공공업화의 대상에는 조선, 자동차, 철강, 석유화학 등이 포함되었다. 정부는 이들 산업에 세제상의 특혜를 제공하였고, 외국으로부터 자금을 조달해 주었다. 특히 자금이 부족했던 한국 기업들은 국제적으로 신용도가 높지 않았기 때문에 정부가 지급보증을 서 주기도 하였다. 중화학공업화는 한국의 산업구조를 고도화하여 만성적인 무역수지적자를 청산하는 데 크게 기여하였다. 선박과 철강제품, 그리고 자동차와 같은 중화학제품의 수출이 크게 늘어나면서 가발과 합판, 그리고 섬유 등 경공업 수출 품목들을 대체하기에 이르렀다. 그러나, 중화학공업화를 추진하는 과정에서 정부는 투자를 유도하기 위하여 일부 대기업에게 각종 금융 조세특혜를 집중적으로 제공한 결과, 소수 재벌에 의한 경제력 집중현상이 나타나게 되었다. 또한 중화학공업화를 추진하기 시작한 1970년대 중반 이후 큰 폭의 경상수지 적자가 누적되고 한국의 외채 규모가 급속히 증대되면서 때마침 발생한 남미국가들의 외채위기에 감염될 수 있는 위험이 증가하였다.

1980년대 중반 세계경제환경이 바뀌면서 나타난 '3저 현상(금리하락, 원유가 하락 및 엔화대비 원화 가치하락)'은 한국의 경제에 커다란 행운을 가져왔다. 원유가의 하락은 원유수입금액의 감소를 가져왔다. 또한 1985년 플라자 협정으로 인한 일본 엔화가치의 상승은 한국의 수출을 증가시키게 되었다. 그리고 국제금리 하락은 해외자금 조달을 용이케 하고 국내기업들의 투자비용을 감소시켜 투자를 활성화하는 효과를 가져왔다.

호사다마(好事多魔)란 말이 있다. 좋은 일에는 방해하는 일도 많다는 말이다. 3저현상은 한국에 예기치 않은 행운을 가져왔지만, 그 후유증도 만만치 않았다. 제7차 5개년계획 기간중 투자율이 35%에 달한 것은 자동차, 조선, 철강 등 주요 수출산업에서 막대한 투자가 일어난 결과이다. 그러나, 투자자금의 대부분을 외부차입에 의존한 결과 상당수의 대기업들은 수익성 저하에 직면하게 되었다. 1997년 한보와 기아의 부도는 비효율적으로 과잉 투자가 행해진 결과라고 할 수 있다. 결국 대기업의 부도와 금융기관의 동반 부실화, 그리고 누적된 경상수지 적자는 대외신인도의 하락을 초래하여 1997년 발생한 외환위기의 원인이 되었다.

압축 성장

한국의 고도성장은 정상적인 발전과정을 양적·시간적으로 압축시켰고, 이에 더하여 경제성장에 수반되는 제반 적응과정을 생략했다는 의미에서 '압축 성장'이라고 부를 수 있다. 압축 성장은 기술이나 자본을 해외로부터 수입하고, 협소한 국내시장 대신 해외시장을 겨냥하는 발전전략을 채택하였기 때문에 가능하였다고 볼 수 있다. 그러나 기존의 국내 부존자원과 시설에 수입된 자원과 기술을 결합한 외연적 성장모형으로는 더 이상 고도성장이 불가능한 시점에 도달하였다.

압축 성장을 주도한 정부의 역할 역시 재정립되어야 한다. 독재시절 정부는 원하는 모든 경제조치들을 마음먹은 대로 실행에 옮길 수 있었다. 그러나 이런 절차는 매우 부적절하였다. 한국정부는 독재시절 동안 누적되어 온 관습과 함께 관료주의적 관행을 타파하여야만 한다. 정부는 스스로의 능력에 대한 과장된 견해를 버림으로써 국민들 사이에서 신뢰를 확립하여야 한다. 정부는 낡고 가상적인 짐을 벗어버리고 장기적 성장을 촉진할 수 있도록 새롭고 현실적인 책임을 떠맡아야 한다. 여기에는 자유경쟁가격체계의 확립, 중소기업의 장려를 통한 경제구조의 균형 회복, 기회균등의 제공, 전문화를 통한 재벌들의 경영초점의 명확화, 조화로운 산업문화 확립, 인적자원개발을 돕기 위한 교육체계 개선 등의 방식으로 제도를 확립하는 작업이 포함된다.

자료: 조순, 『한국경제개조론』, 1996.

2. 느려지는 성장시계

드디어 넘은 선진국 문턱

한국은 1960년대 중반 이후 1990년대 중반까지 고도성장을 계속하면서 전 세계의 주목과 부러움을 샀다. 1996년에는 부자 나라들의 클럽이라고 불리는 경제협력개발기구(Organization for Economic Cooperation and Development : OECD)에 당당히 회원국으로 가입하기에 이르렀다. 그러나 곧이어 불어 닥친 외환위기로 한국은 호된 시련을 맞게 되었고, 한국의 고도성장은 막을 내리게 되었다.

[그림 2−1]로 돌아가면 한국의 1인당 국민소득은 1996년 1만 달러 수준에

도달하였으나, 외환위기를 겪으면서 큰 폭으로 감소하였다. 국내경제가 침체되면서 생산과 소득수준이 줄어든 탓도 있지만, 원화의 대미달러화 환율이 상승하면서 원화표시 국민소득을 달러로 환산할 때 불리해진 것도 한 가지 이유이다. 달러 표시 일인당 국민소득은 2003년이 되어서야 1만 달러 수준을 회복하였으며, 2007년에는 2만 달러, 그리고 2017년에는 3만 달러 수준에 도달하였다.

경제성장에 관한 비교연구로 1971년 노벨 경제학상을 수상한 쿠즈네츠(Paul Kuznets)에 의하면 경제성장의 시대는 18세기 후반 북서부 유럽에서 처음 시작되었다고 한다. 근대 경제성장이라고 명명된 새로운 경제적 변화는 19세기 중에 유럽 전역으로 퍼져나갔으며, 19세기 말에는 러시아와 일본에까지 파급되었다. 이렇게 근대 경제성장에 성공한 국가들이 바로 지금의 선진국들이다. 이들 국가들은 개략적으로 1세기 이상 매 10년간 15%의 성장률을 유지하였다. 이런 속도라면 50년 정도가 지나면 소득수준이 2배가 된다. 한국은 1960~90년 기간중 연평균 6%의 경제성장률을 기록하였으니 소득이 2배가 되는 데 12년밖에 걸리지 않았다. 문제는 앞으로 이러한 높은 성장률을 기대하기 어렵다는 점이다.

한국은 2019년 10월 WTO에 1995년 우루과이 라운드에서 인정받은 개도국 지위를 포기한다고 통보하였다. 일인당 국민소득, 경제규모나 무역량의 기준으로 보면 한국을 개도국이라고 지칭하는 것은 더 이상 타당하지 않아 보인다. 그러나, 국민들의 다수는 한국을 선진국이라고 부르는 것에 동의하지 않을 것이다. 왜냐하면 선진국이면 응당 보장되어야 하는 삶의 질에 대한 기대수준이 상당히 높기 때문이다. 명실상부한 선진국이 되려면 한국은 지속적이고 안정적 성장을 실현하는 동시에 그 혜택이 구성원들에게 골고루 배분되어야 할 것이다.

그렇지만 한국경제의 현실은 우리 기대와는 사뭇 다르다. 1997년의 외환위기 이후 한국의 경제성장률은 예전 수준으로 회복되지 못하고 다소 회복되는가 싶으면 다시 떨어지면서 하락하는 추세를 보이고 있다. 2008년 글로벌 금융위기이후에는 성장률의 하락 현상이 더욱 두드러지고 있다. 일각에서는 선진국의 경험에 비추어볼 때 한국의 성장률이 낮아지는 현상은 지극히 정상적이라는 주장이 제기되고 있다. 그러나, 한국은 아직 좀 더 빠른 성장이 가능하고 또 그래야 한다는 반론도 만만치 않다.

떨어지는 잠재성장률

경제의 성장잠재력을 측정하는 지표로 흔히 잠재성장률이란 개념이 사용된다. 잠재성장률은 노동, 자본 등 생산요소의 완전고용 상태에서 달성할 수 있는 성장률을 의미한다. 외환위기와 글로벌 금융위기, 그리고 코로나 사태를 겪으면서 경제성장률이 하락하는 추세를 보이고 있는 것은 단순히 경기가 나쁘기 때문이 아니라, 잠재성장률 자체가 낮아지고 있는 결과라고 보여진다.

1987년 6월 민주화항쟁 이후 우리경제는 민주화의 소용돌이에 휩싸이게 되었다. 노사분규의 급격한 증가 속에서 경제과실의 공정한 분배에 대한 목소리가 높아졌다. 정부는 부동산 투기로 인한 불로소득을 환수하고 부동산의 효율적 활용을 촉진한다는 취지하에 택지소유상한제도, 개발이익환수법, 토지초과소득세법을 제정하여 실행하였다. 한편 민주화의 여파로 임금은 경쟁국보다 빠른 속도로 상승하였고, 부동산가격의 급등과 높은 금리 역시 국제경쟁력을 약화시키는 요인으로 작용하였다. 우리 기업들이 동남아시아와 중국으로 싼 임금을 찾아 생산기지를 이전하면서 해외투자도 활발하게 이루어지기 시작하였다. 1990년대에 들어 우리 경제에 활력을 불어넣었던 3저 현상이 사라지면서 한국의 수출과 경제성장 역시 확연히 둔화되기 시작하였다.

[그림 2-3] 한국의 실질성장률 추이(1960-2019)

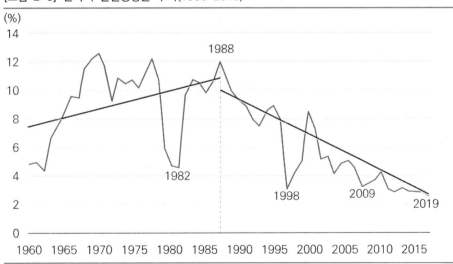

주: 실질 국내총생산의 3년간(2년전부터 당해연도) 평균성장률 표시.
자료: 한국은행 경제통계시스템(http://ecos.bok.or.kr).

<그림 2-3>은 한국의 실질국내총생산의 평균 성장률과 그 추세를 보여준다. 전반적으로 한국의 경제성장률은 1960년대 중반 이후 확연하게 높아져서 1980년대 중반까지 연평균 10%의 고도성장이 지속되었다. 이러한 결과는 우리 국민들 모두의 피나는 노력의 결과였지만, 운도 따랐다. 앞에서 언급한 '3저현상' 이외에도 1980년대 초 국내정치적 혼란과 2차 원유파동으로 인한 심각한 경기침체를 성공적으로 극복한 것을 예로 들 수 있다. 그러나, 1980년대 말부터는 성장 추세가 감소하는 경향이 확연해졌는데, 특히 1987년을 기점으로 성장 추세는 감소세로 돌아섰다. 여기에다가 1997년 외환위기가 한국의 중장기 성장률에 부정적 충격을 준 것은 틀림없다. 이러한 성장률의 하락 추세는 잠재성장률이 하락하고 있음을 보여준다.

요약하면 한국의 잠재성장률은 외환위기이후 계속 하락세를 보이고 있다. <표 2-2>는 한국의 잠재성장률 수치를 보여주는데, 2001~2005년 5.1%로부터, 2006~10년에는 4.2%, 2011~2015년에는 3.2%로 계속 하락하고 있다. 2016~2020년 기간에는 2.8%를 기록하여 잠재성장률의 하락추세는 계속 될 것으로 전망된다. 저출산과 고령화가 빠르게 진행되는 가운데 혁신과 생산성 증가가 부진하다면 머지않아 잠재성장률이 1%대로 떨어질 것이라는 우려도 현실이 될 가능성이 크다.

〈표 2-2〉 한국의 잠재성장률 추이 (단위: %)

기간	1981~1985	1986~1990	1991~1995	1996~2000	2001~2005	2006~2010	2011~2015	2016~2020
잠재성장률	7.7	7.5	6.8	5.7	5.1	4.2	3.2	2.8
실제성장률	9.5	10.6	8.6	5.9	5.0	4.3	3.1	2.7

주: 2019와 2020년 수치는 전망치를 이용.
자료: 1) 잠재성장률:1981~2000 기간은 한진희 외(2002), 2000년 이후 권지호 외(2019) 참조.
   2) 실제성장률:1981~2000 기간은 한국은행 자료를 이용하여 필자 계산, 2000년 이후 권지호 외(2019) 참조.

마지막으로 코로나19(COVID-19) 사태 이후 한국의 성장전망은 어떤지 살펴보도록 하자. IMF는 세계경제가 2020년 큰 폭의 역성장을 보였으나, 2021년에 V자 회복을 보인 후 정상적인 성장궤도로 복귀할 것이라고 예측하였다. 이러한 전망은 조만간 코로나 감염증이 극복될 것이라는 낙관적 시나리오에 기초하고 있다. 2025년 세계경제의 성장률은 코로나사태 이전인 2018년 수준과 비슷한 3.5%를 기록할 것으로 전망하고 있다. 한편 선진국은 이보다 낮은 1.7%, 그리고 신흥시장국 및 개도국은 4.7%를 기록할 것으로 내다보았다.[3] 한국은 2025년 2.4%의 성장률을 기록하여 세계평균치를 밑돌 것으로 전망된다. 한국의 성장률이 세계평균치에 미달하는 현상은 2011년부터 나타나기 시작하였다. 앞으로 상당기간 한국의 성장률은 선진국 평균보다 높지만 신흥시장국 및 개도국 평균에는 미달하는 상황이 지속될 것으로 보인다.

[그림 2-4] 전세계 경제성장률 추이 및 전망(1980-2025)

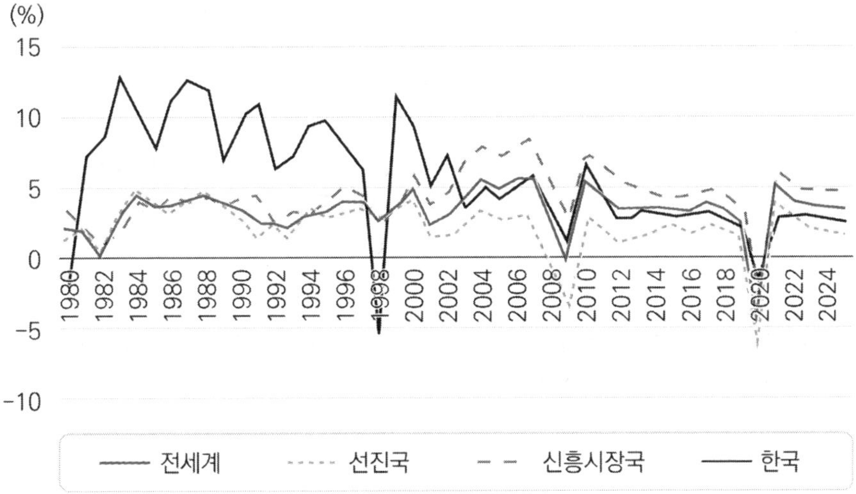

자료: IMF, World Economic Outlook Database, 2020.10.

---

3) 선진국 그룹에는 G7(미국, 독일, 일본, 영국, 프랑스, 캐나다, 이탈리아), 유로화를 사용하는 EU국가들, 그리고 고소득 아시아 경제들(대만, 대한민국, 싱가포르, 홍콩 등)이 포함되어 있다.

1997년 발생한 외환위기는 "한국전쟁 이후 최대 국난"이라고 불릴 만큼 엄청난 충격으로 다가왔다. 수많은 금융기관과 기업들이 문을 닫았고, 중앙은행의 외환보유고가 바닥이 나 국가파산의 상황까지 이르게 되었다. 한국은 빠르게 위기에서 벗어났지만, 그 후의 한국경제 모습은 이전과는 매우 달라졌다.

그동안 외환위기의 원인에 대하여 많은 연구가 이루어졌으나, 아직 명확한 합의에 이르지 못하였다(이제민, 2017). 동아시아 외환위기를 월스트릿으로 대변되는 국제금융자본의 음모로 해석하는 견해가 있는가 하면, 다른 한편에서는 재벌기업의 불투명한 회계와 지배구조, 노동시장의 경직성, 그리고 관치금융 등 한국경제의 내부취약성을 원인으로 지적한다. 외환위기 이후 추진된 기업이나 금융부문의 개혁에 대해서도 한국경제의 체질개선에 기여하였다는 긍정적 평가가 있는가 하면, 비정규직 증가와 노동분배율의 하락 등 노동자들의 일방적 희생만을 강요하였다는 비판도 있다. 재벌 개혁도 마찬가지여서 재벌 규제를 지지하는 쪽에서는 아직 공정경쟁의 틀을 마련하는 데 크게 못 미친다고 주장한다. 다른 쪽에서는 재벌의 지배구조개혁이 외국자본의 영향력 행사를 용이하게 만들어 국부유출을 초래하고, 결국 분배의 원천이 되는 파이를 줄였고 투자와 고용이 줄어드는 악순환으로 이어졌다고 비판한다(신장섭, 2017).

현재 한국경제가 고민하는 여러 가지 문제들, 예를 들면 저축률 하락과 투자부진, 가계부채 급증, 소득불평등 악화 등은 외환위기를 빼놓고서는 설명할 수 없다. 외환위기의 성격규명이 제대로 되지 않았다면 당연히 추가적인 연구가 이루어져야 한다. 그러나, 이러한 연구가 원인규명에서 그친다면 그야말로 탁상공론이 아닐 수 없다. 한국은 1997년 외환위기 이후에도 2008년 글로벌 금융위기와 2020년 코로나19와 같은 글로벌 위기를 연거푸 맞았다. 그런데 위기가 거듭될수록 새로운 성장동력을 확충하려면 무엇을 어떻게 해야 할 것인가라는 고민을 찾아보기 힘들다. 그 대신 정부는 확장적 통화정책이나 재정정책을 통한 단기적 경기부양책을 되풀이할 뿐이다. 한국경제를 되살리려면 위기의 원인에 대한 정확한 진단과 함께 과감한 구조개혁을 추진해야 한다.

3. 성장잠재력은 고갈되었나?

'동아시아의 기적'에 대한 논쟁

세계 은행은 1993년 '동아시아의 기적(East Asian Miracle)'이라는 보고서를 통하여 1965년부터 1990년까지 기간중 일본과 아시아 7개국(대만, 대한민국, 말레이시아, 싱가포르, 인도네시아, 태국, 홍콩)은 고도성장과 빈곤 및 불평등의 감소를 동시에 이룬 가장 성공적인 국가들로 평가하였다. 동 보고서는 이들 국가들의 번영이 독재정권 덕이라는 가설을 부정하고, 기초적 인프라 정비, 국내 투자와 인적 자본형성의 빠른 증가, 그리고 높은 저축률을 성공의 원인으로 지적하였다. 또한 이들 국가들이 특정 산업을 목표로 자원배분을 집중하는 정책을 추진한 것이 효과가 있었는가에 대해서는 회의적이면서도 거시경제 안정과 인적·물적 자본의 발전 없이는 극적이고 지속적인 성장이 가능하지 않았을 것이라고 주장하였다.

그런데 불과 4년이 지난 1997년 아시아 외환위기가 발생하면서, '동아시아의 기적'에 대한 찬사는 이들 국가들에 있어서 지나친 정부개입과 도덕적 해이에 대한 비난으로 바뀌었다.[4] 이미 1994년 미국의 경제학자 크루그만(Paul Krugman)은 「성장의 신화」라는 논문에서 아시아 '네 마리 용(대만, 대한민국, 싱가포르, 홍콩)'의 고도성장은 사상누각과 같다고 주장하여 파란을 일으킨 바 있다. 1980년대 말 소련이 일거에 무너진 것과 같이 이들 아시아 신흥공업국들도 종이호랑이로 전락할 위험이 크다고 덧붙였다. 왜 하필이면 소련인가? 1960년대 초 소련과 미국이 우주탐사 경쟁을 벌일 때까지만 해도 소련 및 동유럽 국가들의 고도성장은 서방세계에게는 놀라움과 동시에 두려움으로 다가왔다. 그러나 이들 국가들은 1970년대 이후 성장률이 급속히 떨어지기 시작하였고, 1980년대 말에는 결국 무너지고 말았다. 크루그만이 강조한 것은 구소련의 국기에 그려진 망치와 낫만으로는 선진국 경제와 경쟁할 수 없다는 것이었다. 소련의 붕괴를 공산주의의 종말로 받아들이던 당시로서는 아시아 신흥공업국과 소련이 다를 바 없다는 주장은 가히 충격적이었다고 하겠다. 그러나 크루그만의 주장은 정치적 구호가

---

4) 도덕적 해이(moral hazard)란 용어는 원래 보험에 가입한 사람들이 보험계약을 체결하고 나면 보험에 가입한 자산을 전처럼 성실하게 관리하지 않는 현상을 일컫는 말이다. 크루그만은 이 개념에 금융기관의 대출에 적용하여, 암묵적인 정부 보증 때문에 대출위험에 대한 심사가 제대로 이루어지지 않아서 결국 부실화를 초래하였다고 비판하였다.

아니라 경제적 분석의 소산이었다. 즉, 그는 아시아 신흥공업국의 경우 기술진보가 거의 이루어지지 않았거나, 선진국에 비교하여 형편없이 낮았다는 것을 강조하였다.

경제가 성장한다는 것은 더 많은 생산요소를 투입하거나 또는 기술이 향상됨으로써 가능하다. 즉, 어떤 국민경제의 총생산량 증가는 생산요소인 노동과 자본 투입의 증가, 그리고 총요소생산성의 증가에 기인한다고 볼 수 있다. 총요소생산성은 여러가지 생산요소가 결합하여 얼마만큼의 생산이 이루어지는가를 결정한다. 총요소생산성의 증가는 기술진보, 경영혁신, 노동숙련도 향상, 그리고 노사관계의 개선 등에 의하여 이루어진다. 라우(L. Lau)의 추계에 따르면 1960∼1990년 기간 중 한국의 경제성장은 89%가 생산요소 투입의 증가에 기인하고, 나머지 10% 정도만이 기술향상에 기인하였다. 영(A. Young) 또한 1966∼1990년 기간 중 한국경제의 연평균 성장률 10.4% 중 1.6% 정도만이 생산성 증가에 기인하였고, 싱가포르의 경우는 생산성의 기여도는 전혀 없었다고 주장하였다.

'동아시아의 기적'에 대한 논쟁은 현재 진행형이다. 1997년 외환위기 이후 아시아 주요국의 경제성장은 상당한 차이를 보이고 있다. 그러나, 크루그만의 예측과 달리 아시아의 '네 마리 용'의 일인당 국민소득은 일부 선진국들과 비슷한 수준에 이르거나 오히려 추월하기에 이르렀다. <표 2−3>은 세계 주요국의 1인당 실질국민소득(2011년 기준)을 구매력 기준 달러로 나타낸 값을 비교하고 있다. 아시아 국가들은 1980년에는 선진국과 격차가 상당하였지만, 갈수록 격차가 줄어들고 있다. 싱가포르나 홍콩의 경우 최근에는 일인당 실질국민소득이 선진국을 앞지르고 있다. 한국의 경우를 보면 2000년 1인당 실질국민소득이 2만 달러, 2010년에는 3만 달러를 넘어섰다. 2020년에는 코로나 사태가 없었더라면 4만 달러에 근접하였을 것으로 예측되었는데, 일본과 별 차이가 없는 것을 보면 대단한 성과라고 볼 수 있다.

눈을 돌려 한국을 동아시아에 이웃한 싱가포르와 홍콩, 그리고 대만과 비교하면 이야기가 달라진다. 한국과 싱가포르의 일인당 국민소득은 1980년에는 5천 달러 수준으로 비슷하였고, 한국이 약간이나마 앞섰다. 그러나, 2000년대 이후 싱가포르의 성장은 두드러져서 2010년경이 되면 5만 9천 달러에 달하여 홍콩을 따라잡게 되었을 뿐 아니라, 주요 선진국들도 능가하게 되었다. 대만의 경우도 2010년 3만 9천 달러를 기록하여 실질구매력 면에서 한국을 계속 앞지르

[표 2-3] 1인당 실질국민소득의 국제비교(1980-2020)　　(단위: 2011년 구매력기준 달러)

국가	1980	1990	2000	2010	2020*
미국	29,136	36,750	45,640	49,414	54,586
캐나다	27,843	31,427	37,555	40,760	44,638
독일	26,199	32,010	37,526	41,468	47,344
프랑스	24,901	30,211	35,778	37,995	41,638
호주	24,403	29,108	36,469	42,601	46,910
일본	20,769	30,607	33,875	35,883	40,086
영국	20,547	26,981	33,531	36,926	41,234
홍콩	15,763	26,564	33,781	47,917	56,950
대만	8,063	15,546	27,239	39,389	48,977
한국	5,200	11,897	21,119	31,632	39,764
싱가포르	5,005	12,763	23,853	59,334	69,150

주: 1인당 실질 국내총생산을 구매력을 고려한 대미달러화 환율로 나눈값(2011년 기준).
　　* 코로나 사태 이전인 2018년도 자료에 근거한 전망치임.
자료: IMF, *World Economic Outlook*, October 2019.

고 있다.5) 1980년대초를 시작점으로 볼 때 한국의 일인당 국민소득이 아시아 '네 마리 용' 중 가장 낮았기 때문에 지금 격차가 나는 것은 당연할지 모른다. 그러나 2000년 이후 한국과 이들과의 격차는 더욱 벌어지고 있다. 싱가포르나 홍콩은 경제규모가 한국보다 매우 작고 무역 및 서비스산업 위주의 산업구조를 가지고 있다는 점에서 직접적인 비교에는 무리가 따를 수 있다. 그러나, 확연하게 다른 성장궤도를 보이고 있는 이유가 무엇인지 면밀한 검토가 필요할 것이다.

---

5) 2020년 아시아 주요국의 달러표시 일인당 명목GDP는 한국이 대만보다 높을 것으로 보인다. 코로나 사태로 인하여 피해가 가장 큰 국가는 싱가포르로 예측되었다(대만: $26,910, 싱가포르: $58,483, 한국: $30,644, 홍콩: $45,178).

개선되어야 할 생산성

1997년 외환위기와 2008년 글로벌 금융위기를 거치면서 한국경제의 성장세는 확연하게 하락하였다. 이제 그 이유를 좀 더 자세하게 살펴보도록 하자. 성장은 요소투입의 증가와 생산성의 향상으로 나눠볼 수 있다. 노벨 경제학상을 수상한 솔로우(Robert Solow)에 따르면, 경제성장률은 일인당 자본축적량이 커질수록 낮아지게 마련이다. 그렇기 때문에 선진국일수록 지속적 성장은 총요소생산성의 향상에 의존할 수밖에 없다. 즉, 기술향상으로 자원을 얼마나 더 효율적으로 활용할 수 있는가가 성장의 핵심이라고 할 수 있다. 노동 및 자본투입이 둔화되거나 감소하고 있는 한국경제에 대하여 시사하는 바와 크다고 하겠다.

한국의 경우에는 고령화가 급속히 진행되고 있어서 새로운 인력의 투입에는 한계가 있다. 따라서 취업자 증가율은 크게 하락할 것이며, 이는 취업자들의 고학력화에 따른 인적자본의 향상에도 불구하고 성장률을 낮추는 방향으로 작용할 것이다.

자본투입의 경우 최근 수년간 설비투자가 부진하기 때문에 분명 문제가 있다. 그러나 중장기적으로 투자율이 회복되더라도 외환위기 이전 수준에는 도달하기 힘들 것으로 전망되고 있다. 외환위기 이전과 같은 과잉 중복투자가 어려울 뿐 아니라 저축률이 점차 낮아지기 때문에 투자재원의 조달에도 원천적인 한계가 있을 것이기 때문이다. 실제로 글로벌 금융위기이후 고정자본에 대한 투자는 크게 위축되었다.

최근 성장률 하락에 대한 연구 결과들도 자본 및 노동 투입 기여도 하락을 성장률이 떨어지는 가장 큰 원인으로 꼽는다. <표 2-4>는 1990~2018년 기간중 한국의 경제성장률과 요인별 기여도를 보여준다. 한국의 성장률은 1990년대 7.0%에서 2010년대(2011~2018) 3.0%로 하락하였다. 외환위기 이후 설비투자의 둔화에 따라 자본기여도는 1990년대 3.8%에서 2010년대에는 1.4%로 하락하였다. 노동투입의 경우도 노동시간 감소로 인하여 1990년대 1.0%에서 2010년대에는 0.8%로 감소하였다.

생산요소의 투입을 늘리는 데 한계가 있다면, 성장률을 높이는 방법은 무엇인가? 그것은 바로 생산요소의 생산성을 높이는 것이다. 즉, 혁신과 개혁을 통하여 생산요소의 효율성을 높이는 내연적 성장으로 나갈 수밖에 없다. 그러나 문제는 생산요소 투입에서 일어나고 있는 어려움을 상쇄할 총요소생산성의 향상이 눈에 띄지 않는다는 점이다. 총요소생산성의 기여도는 1990년대 2.0%에서 2010년대에는 0.7%로 오히려 감소하였다.

일인당 성장률 추세도 앞에서 살펴본 실질 성장률 추세와 유사하다. 노동투입의 기여도가 상당히 낮은 수준을 유지하는 가운데 자본투입의 기여도 역시 빠르게 하락하였다. 이를 보완하려면 총요소생산성이 향상되어야 하는데, 실상은 정반대이다. 총요소생산성 기여도는 1990년대 2.0%에서 2000년대 1.6%, 그리고 2010년대 0.7%로 꾸준히 감소하고 있다.

총요소생산성이 떨어지는 이유로는 제도, 자원배분의 효율성, 교육 및 인적 자본 등이 개선되는 속도가 둔화되었을 가능성을 들 수 있다. 이에 추가하여 글로벌 금융위기 이후 세계경제성장이 둔화됨에 따라 해외수요증가가 부진한 것도 또 다른 이유가 될 수 있을 것이다. 코로나 사태이후 세계경제의 성장세가 둔화된다면 총요소생산성 증가가 빠르게 회복될 것으로 기대하기는 더욱 힘들 것이다(권규호(2019)).

〈표 2-4〉 한국의 경제성장률과 요인별 기여도 추이(1991-2018)

	실질 GDP 성장률			1인당 GDP 성장률		
	1991~2000	2001~2010	2011~2018	1991~2000	2001~2010	2011~2018
성장률(%)	7.0	4.4	3.0	5.8	3.8	2.4
노동투입(%)	1.0	0.8	0.8	0.7	0.7	0.9
자본투입(%)	3.8	1.9	1.4	3.2	1.5	0.8
총요소생산성(%)	2.0	1.6	0.7	2.0	1.6	0.7

자료: 권규호(2019)

잠재성장률에 대한 요소별 기여도 분석은 실제 성장률의 경우와 약간의 차이가 있으나 크게 보면 유사한 추세를 보이고 있다. 앞에서 소개한 바대로 잠재성장률이란 물가상승을 초래하지 않으면서 노동 및 자본투입량의 증가와 함께 총요소생산성의 향상에 의해 성취할 수 있는 성장률의 최대치를 의미한다. <그림 2-5>는 한국은행이 추계한 2010~2020 기간중 잠재성장률과 요인별 기여도 추이를 보여준다. 잠재성장률은 2001~2005년 기간중 5.1%에서 2016~2020년 기간에는 그 절반에 가까운 2.7%로 하락하였다. 이러한 잠재성장률의 하락 추세는 자본축적이 둔화되고 있을 뿐 아니라 총요소생산성의 기여도가 감소하기 때문이라고 보인다. 노동의 기여도는 크게 줄어들지 않았다.

종합하면 한국은 고도성장단계를 훨씬 지나서 성숙단계에 들어섰다고 볼 수 있다. 그렇다고 한국의 일인당 소득수준이 선진국수준에 근접하였거나 이제 더 이상 성장이 필요하지 않다는 것은 아니다. 앞에서 살펴본 싱가포르 사례는 한국의 잠재성장률 하락을 자연적 현상으로 받아들이기보다는 어떻게 하면 잠재성장률을 다시 되살릴 수 있을지를 고민하여야 함을 시사한다.

[그림 2-5] 한국의 잠재성장률 및 요인별 기여도 추이(2001-2020)

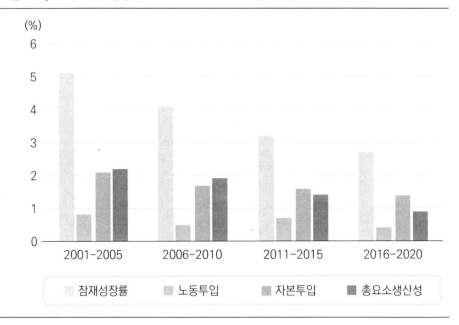

자료: 권지호 외(2019)

일본의 잃어버린 30년

1989년 일본 닛케이 평균 주가는 역대 최고인 3만 8,915엔을 찍었다. 평균 임금인상률도 5.2%로 5년 만에 최고치를 갱신하였다. 일본 경제에는 장밋빛 전망이 넘실댔다. 그러나 1990년대 들어 거품이 꺼지고 1997~1998년 불량채권 문제로 촉발된 금융 위기 후유증을 겪으며 '잃어버린 30년'이란 장기침체 수렁에서 허덕이게 되었다. 장기침체의 근본 원인은 기업들이 혁신을 통해 새로운 고부가가치 상품·서비스의 창출에 실패하였기 때문이다.

경제성장률 1%대라는 저성장 고착기에 들어선 일본으로선 새로운 상품·서비스 창출에 매진하여야 한다. 인구가 줄어도 경제가 성장하면 상품·서비스 단가는 오르고 소비 총액이 확대되므로 기업에 새로운 기회가 올 것이다. 유니클로와 니토리 같은 신흥기업의 성공비결은 단순한 가격 파괴 전략이 아닌 차별화된 상품·서비스로 혁신을 일궜다는 데 있다.

2012년 12월 출범한 아베정부는 침체된 일본경제를 되살리기 위하여 확장적 통화정책, 유연한 재정정책, 그리고 구조개혁을 추진하였다. 그러나, 확장적 거시경제정책은 미 금리 인하와 엔저라는 특수한 상황에서 기업 실적을 개선시키는 데 그쳤을 뿐, GDP의 60%를 차지하는 소비부문의 위축은 여전히 개선되지 않고 있다. 성장동력 확충을 위한 구조개혁은 말만 무성하였지 실제 이루어진 것은 거의 없다.

일본은 한국보다 먼저 초고령사회에 진입하였으며, 인구 감소로 인하여 경제가 마이너스 성장의 늪에 빠질 위험에 처해있다. 일본과 마찬가지로 고령화·저출산 문제로 고민하는 한국은 출생률을 높이기 위한 방안을 최우선적으로 강구해야 한다. 더불어 저출산·고령화 자체보다 이로 인해 일어나는 사회 격차 확대에 주의를 기울여야 한다. 마지막으로 생산가능인구가 줄어드는 상황에서 일인당 소득을 끌어올리려면 그 원동력을 혁신에서 찾아야 할 것이다.

자료: 조선BIZ, "일본 잃어버린 30년," 2019.4.26

4. 또 한 번의 도약을 위하여

증폭되는 글로벌 충격

한국은 1997년 아시아 외환위기를 겪었고, 2008년에는 글로벌 금융위기를 겪었다. 전자가 주로 국내나 동아시아지역에 내재한 문제에 기인하였다고 하더라도 후자는 분명 글로벌 충격에 감염된 결과라고 할 수 있다. 2019년말 발생한 코로나19 감염증도 한국의 성장궤도 자체를 바꾼 글로벌 충격으로 기록될 것이다. 코로나 사태는 심각한 인명피해는 물론 대공황에 비견할 만큼의 경제적 충격을 주고 있다. 코로나 사태가 어떻게 세계경제를 바꿔놓을지는 좀 더 두고 보아야 하겠지만, 세계화의 둔화 내지 퇴조가 심화될 조짐이 나타나고 있다. 세계경제가 큰 폭의 역성장을 보이는 가운데, 국제무역의 위축은 더욱 두드러지고 있다. 또한 트럼프 행정부 출범 이후 본격화된 미중무역분쟁과 기술패권경쟁은 쉽게 해소될 기미를 보이지 않고 있다. 이러한 세계경제환경은 대외의존도가 높은 한국경제에게 악재임이 틀림없다.

글로벌 금융위기이후 유행하였던 '뉴 노멀'이란 용어처럼 코로나19 시대에는 총수요와 총공급의 동시충격으로 세계경제의 침체가 불가피하다. 설사 코로나 사태가 극복된다 하여도 총수요와 총공급 양쪽 모두 부정적 요인들이 우세하여 이전의 성장궤도로 복귀하기는 어려워 보인다.

우선 총수요 측면에서 소비, 투자 및 수출 등 총수요를 구성하고 있는 요소들이 개선될 여지를 찾기 어렵다. 소비는 코로나19로 인하여 전세계 대부분 국가들이 감소세를 보인 가운데, 장기적으로도 소득불평등이 악화되면서 소비성향이 높은 저소득층과 중산층의 소비가 위축될 것으로 전망된다. 투자는 경기침체 및 영업환경악화로 인한 현금흐름의 감소를 반전시킬 새로운 돌파구를 찾을 수 있을지 불투명하다. 수출도 세계경제의 성장세 둔화에 더하여 신보호주의적 무역환경으로 인한 부정적 영향이 증대시킬 것으로 전망된다.

총공급 측면에서도 어렵기는 마찬가지이다. 미중무역분쟁으로 대변되는 무역환경악화는 코로나사태 이후 더욱 악화될 조짐을 보이고 있고, 글로벌 가치사슬이 분절되면서 효율성 하락이 우려된다. 기대를 걸어볼 수 있는 것은 코로나 사태 이후 4차산업혁명이 가속화될 가능성이다. 하지만 4차 산업혁명이란 3차산업혁명의 연속에 불과하며 새로운 생산성 증대가 획기적이지 않다는 반론도 만만치 않다.

코로나 사태는 세계무역에 직격탄이 될 것으로 전망된다. WTO는 세계 모든 국가들이 글로벌 금융위기와는 비교될 수 없을 정도로 심각한 무역감소를 겪게 될 것이라고 예상한 바 있다. 각국의 정책대응이 유효하다면 세계무역량은 단기간에 회복세를 보일 수도 있다. 그러나, 세계무역량의 증가세는 이전과 확연히 구별될 정도로 둔화될 공산이 크다.

풀어야 할 과제

한국은 가까스로 선진국 대열에 합류하였다. 그렇다고 국민들에게 선진국에 걸맞은 윤택한 삶이 보장되는 것은 아니다. 같은 선진국이라도 선두주자와 후발주자간의 소득격차는 아직도 상당히 크다. 한국이 진정한 선진국으로 우뚝 서려면 하락하는 잠재성장률을 다시 끌어올리고, 총요소생산성을 향상시켜야 한다. 이를 위해서는 전반적으로 고비용－저효율 구조를 타파하여야 한다. 이는 수출의 부가가치 제고, 기술혁신환경의 개선, 그리고 산업구조의 고도화 등의 세부과제와 밀접하게 관련되어 있다. 이 밖에도 다른 장에서 다루겠지만 저출산·고령화 등 인구구조 변화에 대한 적극적이고 포괄적인 대책을 강구하여야 한다. 구체적으로 우리경제가 풀어야 할 과제는 다음과 같다.

고비용-저효율 구조의 타파

외환위기 이후 시장기능의 불완전성 및 제도적 미비에 기초한 우리 경제의 고비용－저효율 구조를 바꿔야 한다는 논의가 무성하였다. 그러나, 금융부문의 구조조정과 기업의 지배구조 개선이 조금 이루어졌을 뿐 공공부문이나 노동시장의 개혁은 별로 이루어진 것이 없다. 이렇게 핵심적인 구조조정이 미루어지고 있는 상황에서 우리 경제의 경쟁력은 마냥 뒤쳐질 수밖에 없을 것이다.

IMD(International Institute for Management Development)는 매년 '국가경쟁력'에 관한 보고서를 발간하고 있다. IMD의 국가경쟁력 순위는 매년 조금씩 바뀌지만, 미국, 싱가포르, 홍콩이 선두를 다투는 양상이 오랫동안 지속되고 있다. 한국은 1997년 30위에서 외환위기 직후인 1999년 41위로 하락하였다가 2000년대에는 대략 20대 후반순위를 유지하였다.[6] IMD는 국가경쟁력을 "자국 내에서 활동 중인 기업들이 국내적, 세계적 경쟁력을 유지하는 데 필요한 환경을 제공하는 국가의 능력"으로 정의하고 있다. 이러한 정의가 적합한지에 대해서는 많은 논란이 있을 수 있다. 그러나 부가가치 창출의 주체가 기업임을 고려한다면 한국의 기업환경이 주요 선진국들은 물론 아시아 신흥시장국 중 대만, 말레이시아와 태국, 그리고 중국에도 뒤진다는 점을 주목하여야 할 것이다.

한국의 성장잠재력을 확충하기 위해서는 획기적인 비즈니스 환경의 개선이 필요하다. 기업하기 좋은 환경이 주요 경쟁 상대국에 비하여 파격적으로 유리한 인센티브를 제공한다는 것을 의미하는 것은 아니다. 그보다는 글로벌기준에 부합하도록 국내 제도와 관행을 개선하여 나가는 작업이 더 중요하다. 기업경쟁 시스템의 선진화를 도모하고 금융산업의 경쟁력을 강화하며, 효율적인 노동시장의 구축 및 재정개혁, 공공 부문의 혁신을 추진하는 것이 시급한 과제일 것이다.

한편으로 한국은 자본, 기술, 전문인력 등의 시장을 포괄적으로 개방하여야 한다. 개방은 다국적기업들이 한국을 동북아 지역의 부품조달, 금융, 디자인, R&D 거점으로 활용하도록 유도하는 데 필수적 조건이다. 또한 외국인 기업의 유치를 위한 투자유인제도의 개선은 물론 사회·문화, 교육 및 생활 등에서 외국인에게 친화적인 투자환경을 조성하여 확대해 나가야 할 것이다.

수출의 부가가치 제고

미중무역분쟁과 기술패권경쟁으로 국제무역환경은 어느때보다 불확실하다. 당분간 재화 및 서비스의 수출 감소가 지속된다고 할 때 국내소비나 투자 활성화를 통하여 이를 상쇄할 수 있을 것인가? 한국경제의 높은 수출의존도를 고려할 때 당장은 이러한 전환이 쉽지 않을 것이다.

<표 2-5>는 국내총생산의 지출항목별 성장기여도를 보여준다. 외환위기 이후 총고정자본형성, 즉 투자의 기여도는 이전과 비교하여 상당히 낮아졌고, 소비의 기여도 역시 크게 떨어졌다. 반면에 수출의 성장기여도는 이전보다는 많이 떨어졌음에도 불구하고 여전히 투자나 소비보다는 훨씬 큰 것이 현실이다. 따라서 총수요에 있어서 수출의존도를 줄이고 내수를 진작하다는 주장은 현실

---

6) 한국은 2020년 평가에서 전체 국가 중 23위, 14개 아시아-태평양 국가 중에서는 7위, 29개 인구 2천만명 이상 국가 중 8위를 차지하였다.

성이 떨어진다고 할 수 있다. 더구나 내수의 상당부분을 해외수입으로 충당하고 있음을 감안하면 내수의 성장기여도 약화는 더욱 심각하다고 보아야 할 것이다.

〈표 2-5〉 지출항목별 성장기여도 추이 (단위: %)

연도	총지출	총고정자본형성	민간소비	정부지출	수출	(공제)수입
1961-1965	7.3	2.6	5.2	0.4	1.1	-1.8
1966-1970	12.6	6.2	6.8	0.9	3.0	-5.3
1971-1975	9.3	2.9	5.0	0.7	5.1	-4.1
1976-1980	7.2	4.3	3.8	0.6	3.8	-4.3
1981-1985	10.1	3.0	4.6	0.4	2.1	-0.8
1986-1990	10.3	5.3	4.8	0.8	4.1	-5.2
1991-1995	8.2	3.5	4.2	0.5	3.7	-3.6
1996-2000	5.4	0.2	1.9	0.4	4.2	-1.8
2001-2005	5.1	1.3	2.2	0.7	3.6	-2.8
2006-2010	4.3	0.9	1.7	0.8	3.6	-2.9
2011-2015	3.0	0.8	1.1	0.6	2.3	-2.0
2016-2019	2.7	0.8	1.1	0.8	1.3	-1.1

주: 5년간 평균치(원계열, 실질, 연간)
자료: 한국은행, 경제통계시스템(국민계정-GDP에 대한 성장기여도-지출항목별 성장기여도).

이러한 맥락에서 보면 문제는 한국의 높은 수출의존도 자체보다는 갈수록 수출금액대비 부가가치가 떨어지고 또한 고용창출효과도 떨어진다는 데서 찾아야 할 것이다. 주요 선진국들의 경우 부가가치율과 서비스 투입비중이 높은 생산구조여서 글로벌 분업체계하에서도 자국에 할당되는 부가가치가 큰 편인 데 반하여 한국은 그렇지 못하다. 수출의존도가 큰 한국으로서는 수출물량을 확대하는 것뿐 아니라, 수출의 부가가치를 높이는 데 주력하여야 한다. 이와 관련하여 중국시장에 대한 높은 의존도를 완화하고 한국중심의 지역네트워크 강화할 필요가 있다. 또한 미중무역갈등의 지속에 대비하여 전략적 파트너들과의 다각적인 경제협력을 확대해 추진해야 할 것이다.

기술혁신환경의 개선

한국은 원천기술을 확보하고 개발할 수 있는 능력을 제고하여 해외의존도를 낮춰야 한다. 특히 한국의 주력산업에 투입되는 부품 및 제조장비를 일본이나 독일과 같은 기술선진국에 의존하는 것에서도 벗어나야 한다. 이러한 노력은 앞에서 지적한 총요소생산성의 향상과 궤를 같이 하는 것으로 지속적 성장을 가능케 하는 열쇠가 될 것이다.

일본은 '잃어버린 30년'에도 불구하고 소재·부품·장비 부문에서 여전히 세계적인 기술경쟁력을 보유한 기업들이 건재하고 있다. 한국이 추격형 전략에서 탈피하여 독자적인 기술을 확보하려면 소재·부품·장비 부문에서 글로벌 경쟁력을 갖춘 중소 및 중견업체의 기술개발을 지원하고, 대기업과의 협력체제를 강화하여 판로를 확보하여야 한다. 특히 글로벌 기술력을 보유한 중소기업을 중심으로 선도기업군을 선정하여 시너지 효과가 날 수 있도록 공동 연구개발 및 고급인력의 활용·육성에 초점을 맞춘 맞춤형 지원을 제공하여야 한다.

한국의 연구개발비 지출은 2018년 GDP 대비 4.55%를 기록하여 세계 1위를 차지하였다. 연구개발 투자규모도 미국, 중국, 일본 및 독일에 이어 5위에 이르고 있다. 그러나 과연 우리 기업 중 원천기술을 확보하고 있는 경우가 얼마나 되는지는 의문이다. 더욱이 이공계 기피 현상과 기초과학 연구의 부진은 '기술개발이 활발하게 이루어질 수 있을까' 하는 의구심을 더하게 한다. 외국으로부터의 기술이전은 경제성장의 초기 단계에서는 유효하지만, 경제가 성숙 단계에 접어들고 선진국과의 경쟁이 치열하여질수록 점점 어려워질 수밖에 없다. 그렇다면 우리 기업들도 기술경쟁력 확보에 총력을 기울여야 한다.

기술개발은 시장에 맡길 경우 효율적인 자원배분이 이루어지지 않는 시장실패 현상이 두드러지는 분야이다. 즉, 민간 기업이 알아서 기술개발을 하도록 방치할 경우 나중에 다른 기업들이 무임승차할 위험이 크기 때문에 사회적으로 바람직한 수준까지 기술개발이 이루어지기 어렵다. 따라서 정부가 시장에 개입할 필요가 있다. 그렇다고 정부가 직접 특정 산업이나 기술개발에 나서는 것은 바람직하지 못하다. 기술이 빠른 속도로 바뀌고 있을 뿐 아니라, 기술을 개발하더라도 이를 이용한 최종재의 시장성이 문제가 되기 때문이다. 정부는 지식재산권의 보호, 합리적인 계약이행 및 분쟁 해결, 그리고 행정의 투명성 등과 같은 제도적 하부구조를 마련하는 데 주력할 필요가 있다. 또한 지식정보시대에 걸맞게 연구개발을 위한 산·학·연 글로벌 네트워크 형성을 지원하여야 할 것이다.

산업구조 고도화와 신산업 육성

선진국들은 산업구조가 고도화되는 과정에서 제조업의 부가가치 및 고용 비중이 크게 줄어드는 산업공동화 문제에 시달렸다. 한국의 제조업의 부가가치 비중은 아직 큰 문제가 없어 보이지만, 고용비중은 이미 줄어들기 시작하였다. 이러한 상황을 타개하려면 전통적인 제조업을 새로운 기술과 접목시켜 경쟁력을 강화하여야 한다. 이러한 맥락에서 제조업 부문의 혁신과 새로운 성장엔진을 구축함에 있어서 기술 역량 확충의 중요성을 다시 한 번 강조할 필요가 있다. 만약 국내기업들만으로 이를 해결하기 어렵다면 기술집약형 외국인투자를 적극 유치하여야 한다. 실효성있는 투자환경의 개선이 필요한데, 4차산업과 융합 분야의 외국인직접투자를 확대를 위한 인센티브를 획기적으로 개선할 필요가 있다.

서비스업은 고용창출효과가 클 뿐 아니라 부가가치창출면에서도 높은 가능성을 지니고 있다. 또한 개방경제하의 제조업 경쟁력은 통신, 물류, 금융과 같은 생산적 서비스산업의 수준에 의하여 크게 좌우된다. 새로운 성장동력으로서 서비스산업의 고도화를 위해서는 서비스산업의 혁신제고와 함께 수출 활성화가 요구된다. 서비스산업의 수출경쟁력은 서비스산업의 부가가치창출 능력을 판단하는 데 가장 확실한 기준이다. 이와 관련하여 정부는 서비스산업 경쟁력 전략을 일원화하여 거시적 차원에서의 서비스산업 육성정책과 전략 서비스산업의 수출화 전략을 체계적으로 추진하여야 한다. 특히 IT 서비스, 통신서비스, 유통서비스 등 한국이 충분한 공급능력과 경쟁력을 갖추고 있는 부문을 집중적으로 지원하여야 할 것이다.

이와 동시에 한국의 국내 서비스 경쟁력이 높은 분야부터 서비스의 해외공급을 확대해 나갈 필요가 있다. 예를 들어 싱가포르의 의료허브화 전략을 벤치마킹할 필요가 있다. 싱가포르는 의료분야를 고부가가치 일자리 창출의 주요수단으로 선정하여 의료관광을 적극 추진하여 왔다. 저렴한 의료비용과 높은 의료서비스 수준을 앞세워 의료관광은 싱가포르의 새로운 고부가가치 산업으로 자리를 잡았다. 싱가포르 관광청에서도 의료부문을 독립부서로 신설하여 외국인 환자 유치 병원을 지원하고 있고, 병원의 영리법인화를 허용하여 병원간 경쟁도 장려하고 있다. 또한 병원에 대한 해외자본의 투자나 외국인 의사 고용을 허용하는 등 과감한 규제완화를 통하여 의료부문의 국제경쟁력을 제고시키고 있다. 또한 제약회사와 같은 연관 산업에 대한 정책적 지원도 병행하고 있다. 한국의 경우 제주도에서 추진되었던 영리병원설립건이 우여곡절 끝에 무산된 것과 대비된다고 하겠다.

한편 코로나사태이후 소비자 수요의 변화와 이에 따른 기존 산업의 구조조정이 활발하게 진행되고 있다. 한국도 새롭게 떠오르는 신기술 및 비대면 산업을 육성하는 것이 필요하다. 이와 관련하여 비대면 서비스 확산을 위한 기반을 조성하고 비대면 서비스 활용촉진을 위한 클라우드 및 사이버안전망을 강화하여야 한다. 또한 코로나19 사태로 유효성이 증명된 비대면 교육 및 진료 서비스체계 구축을 적극 추진하여야 할 것이다.

02

글로벌시대와
한국경제의 구조전환

CHAPTER

03

고도화한 산업구조

산업의 변화와 직업

시대별 인기 직업

1950년대	1960년대	1970년대	1980년대	1990년대	2000년대
군 장교	택시운전사	트로트 가수	증권·금융인	프로그래머	공인회계사
의사	자동차 엔지니어	건설기술자	반도체 엔지니어	벤처기업가	국제회의 전문가
영화배우	다방 DJ	무역업 종사자	야구선수	웹마스터	커플매니저
권투선수	은행원	화공엔지니어	탤런트	펀드매니저	사회복지사
타이피스트	교사	기계엔지니어	드라마 프로듀서	외환딜러	IT컨설턴트
의상디자이너	전자제품 기술자	비행기 조종사	광고기획자	가수	인테리어 디자이너
서커스 단원	가발기술자	대기업 직원	카피라이터	연예인 코디네이터	한의사
공무원	섬유엔지니어	노무사	선박엔지니어	경영컨설턴트	호텔지배인
전화교환원	버스안내양	항공 여승무원	통역사	M&A전문가	프로게이머
전차운전사	방송업계 종사자	전당포 업자	외교관	공무원	생명공학 연구원

자료: 매일경제 2011년 1월 29일자

미래사회의 직업 7대 트렌드

구분	직업 발전
❶ 초연결 초지능화	인공지능·지능형 로봇·사물인터넷·바이오기술·빅데이터 등 관련 전문가의 성장
❷ 저출산 고령화	사회복지·보건의료 관련 직업의 발전
❸ 글로벌화	수송·항공·국제회의·관광·컨벤션·전시회 관련 직업 등
❹ 자원경쟁·지구온난화	재생에너지와 환경 관련 직업
❺ 소비의 고도화	건강, 미용, 오락, 취미 등 일상생활에서 질 높은 서비스를 제공하는 직업 등장
❻ 위험의 일상화	안전·보안 관련 산업과 직업의 성장
❼ 하이터치의 시대	예술·영상·오락·여행·식품 및 외식·콘텐츠 관련 직업의 발전

자료: 매일경제 2011년 1월 29일자

··· 60년대 한국은 노동집약적 산업을 앞세워 경제를 일으키기 시작했다. 당시 많은 젊은이들이 섬유업에 뛰어들었다. ··· 70년대 수출지향적인 중화학공업정책은 여러 유망 직업군을 양산했다. ··· 80년대 노동집약적 산업이 자본집약형으로 발전하면서 금융산업 성장이 뒤따랐다. ··· 90년대 들어 금융산업과 정보통신 분야 직업이 세분화되면서 여러 인기 직업을 만들어냈다. ··· 21세기에 접어들면서 직업의 세분화·전문화는 더욱 심화된다(매일경제, 한국의 유망 직업 변천사(1950~2010년)에서 발췌, 2011.1.29.). 미래사회의 직업의 특징은 첫째, 직업의 전문화, 세분화이다. 산업이 고도로 발전하면서 관련 분야의 직업들이 세분화되고 전문화되는 과정을 거친다. 둘째, 업무의 융·복합화 추세가 나타나고 있다. 직업 세계가 변화하면서 다양한 업무가 융합되는 특성이 더욱 강화될 것으로 예측된다. 셋째, 정형화된 업무가 주된 업무인 직업의 일자리는 기계에 대체되는 반면에 비정형 업무를 수행하는 직업은 생존하고 발전할 것으로 전망된다. 넷째, 직종 및 업종의 경계 불명확성이 심화될 것이다.

자료: 매일경제, 2018년 9월 13일자, 한상근, "멋진 신세계로 이끌 미래직업 7대 트렌드,"에서 발췌

1. 산업구조는 경제의 프로필

21세기 초 사람들이 살아가는 환경은 반세기 전의 그것과 어떤 점이 다를까. 무엇을 중요하게 생각하느냐는 개인별로 다르겠지만 대체로 건강과 사랑 그리고 직업 등은 삶의 만족감을 크게 좌우한다. 반세기 전과 오늘날의 삶에 근본적 차이가 날 만한 요소는 많지 않다. 건강과 사랑은 시대가 변함에 따라 얻는 방법이 조금 달라져왔지만 본질적으로 개인적인 문제로서 큰 변화가 없다. 그렇다면 직업은 어떠한가. 내가 어디에서 어떤 일을 할 것인지를 결정할 수 있는 범위는 경제적 환경에 의하여 제한된다. 우리가 선택할 수 있는 직업의 범위는 전반적인 경제의 규모 및 모습이 결정한다고 보아도 무방할 것이다. 반세기 전의 삶이 오늘날과 많이 다를 것이라고 믿는 이유는 직업이 달라진 탓이라고 해도 크게 틀리지 않을 것이다.

경제의 전체적 모습이 어떻게 달라졌는지는 주위에서 쉽게 살펴볼 수 있는 직업을 통하여 금방 알 수 있다. 50~60년 전만 해도 사람들이 선택할 수 있었

던 직업은 농부가 되거나 아니면 도시로 나가서 식품과 의류 그리고 가구를 생산하는 공장이 고작이었다. 1970년대 들어서면서 공장의 종류가 많아져서 직업도 비교적 다양해지고 석유위기 이후에는 중동으로 건너가서 건설현장에 종사하는 경우도 생겨났다. 요즘과 같이 밤새도록 컴퓨터게임만을 하는 직업은 비교적 최근에 생겨난 것이다. 컴퓨터게임을 잘 만들어서 엄청난 돈을 벌 수 있는 시대가 온 것도 정보통신기술이 급속히 발전하고 인터넷이 광범위하게 보급된 극히 최근의 일이다. 대학 졸업자들은 우량 기업에 취업하는 것을 꿈꾸고, 한편으로 자녀를 운동선수로 만들기 위하여 어릴 적부터 많은 투자를 하는 부모도 있다. 외환딜러는 24시간 전세계 외환시장의 환율동향을 지켜보며 밤을 새워야 하지만 유망직종의 하나로 꼽힌다. 하루 종일 케이블 TV에서 상품광고를 하는 일도, 개인 유투브 방송도 인기있는 직업인 세상이 된 것이다.

삶을 결정하는 중요한 요소인 직업의 종류와 범위가 변화한 것은 산업구조라는 한국경제의 모습이 변화하였기 때문이다. 산업구조란 한 경제가 분야별로 어떠한 생산능력을 갖추고 있는가를 보여준다. 그런 점에서 산업구조는 경제의 프로필(Profile)이다. 우리나라는 2000년대 이후, IT산업이 비약적으로 성장하여 오늘날 한국경제를 이끌고 있다. 그리고 세계에서 손꼽히는 반도체, 자동차, 석유화학 제품 철강, 선박을 생산 및 수출하는 매우 완결된 제조업 중심의 산업구조를 갖춘 국가가 되었다. 당연히 이러한 산업분야가 제공하는 직업에 종사하는 사람이 많아진다. 서비스 산업 역시 금융, 통신, 정보 서비스 산업에 더하여 대중문화, 게임, 개인방송 등을 포함한 다양한 분야에서 많은 사람들이 예전에 비하여 더 새롭고 흥미로우며 부가가치 높은 직업에 종사하며 살아가고 있다. 한국은 이미 선진국에 진입한 것으로 평가받지만 1인당 소득을 기준으로 여전히 추가 성장이 필요한 수준이다. 개인의 관점에서 볼 때, 선진국 시민이 된다는 것은 보다 고도화한 산업구조 속에서 선진적인 직업활동과 높은 소득 그리고 안정된 사회보장의 기회가 높아짐을 의미한다. 산업구조의 변화가 매우 직접적으로 개인의 삶을 결정하는 중요한 요소인 이유이다.

최근 4차 산업혁명이라는 말로 상징되는 산업현장에서의 혁신은 산업과 노동시장 그리고 사회전반에 큰 변화를 갖고 올 것이다. 이러한 변화는 '초연결성(Hyper-Connected)'과 '초지능화(Hyper-Intelligent)'로 집약된다. 산업구조적 관점에서 볼 때, 자본과 노동과 같은 전통적인 생산요소의 중요성은 약화되고 '초연결성'과 '초지능화'를 활용하는 지식 및 아이디어 기반의 스마트 비즈니스가 크게 발전할 것이다. 사무행정이나 저숙련 노동뿐만 아니라 의사, 재무관리, 기자, 법률서비스 등 고숙련 지식노동 역시 '초지능화'에 의하여 사라질 것으로 전망된다. 반면에 4차 산업혁명의 핵심적 기술요소인 인공지능, 빅데이터, 그리고 산업로봇 등과 관련된 직업이 새로 생겨날 것이다.

 미국 노동부가 예측하는 유망 직업

Chart 1. Ten fastest growing occupations, projected 2018-28

	%		$
Solar photovoltalic Installers	63.3%	6.1	$42,680
Wind turbine service technicians	56.9%	3.8	$54,370
Home health aides	36.6%	304.8	$24,200
Personal care aides	36.4%	881.0	$24,020
Occupational therapy assistants	33.1%	14.5	$60,220
Information security analysts	31.6%	35.5	$98,350
Physician assistants	31.1%	37.0	$108,610
Statisticians	30.7%	13.6	$87,780
Nurse practitioners	28.2%	53.3	$107,030
Speech language pathologists	27.3%	41.9	$77,510

자료: Bureau of Labor Statistics, News Release 9.4, 2019
　　　https://www.bls.gov/news.release/pdf/ecopro.pdf

2019년 미국 노동부에서 전망한 향후 10년에 걸친 직업별 증가율이다. 가장 빠르게 성장하는 30개 직종 중 18개는 의료 및 관련 직종으로 보고하고 있다. 고령화 인구와 만성 질환을 앓고 있는 사람들의 의료 서비스 수요 증가는 향후 예상되는 고용 증가의 많은 부분을 차지할 것으로 보고 있다. 흥미로운 것은 서비스 및 기타 서비스 그리고 경영및 재무관리 직종이 가장 크게 늘어날 것으로 전망되는 반면에, 일반 사무직, 농업 그리고 제조업의 증가율은 상대적으로 미미할 것으로 전망하였다.

한편 컴퓨터와 수학전문가, 보건 및 교육서비스 관련 업종이 빠른 성장을 할 것으로 보았다. 컴퓨터 및 수학 직종은 가장 빠르게 성장하는 30개 직종 중 6개를 차지하고 있다. 모바일 및 연결된 장치의 사용이 증가함에 따라 응용 프로그램 소프트웨어 개발자에 대한 수요가 증가할 것이라는 예측은 당연하다고 볼 수 있다. 그러나 이와 함께 수학전공자에 대한 높은 수요예측은 한국으로서는 생소한 측면이 아닐 수 없다. 4차 산업혁명의 전개뿐만 아니라 산업구조의 특성이 어떻게 교육에 대한 수요를 결정하는지 잘 보여주는 사실이기도 하다. 이와 함께 재생 가능 에너지 기술의 발전과 구현은 태양광 발전 설치 업체와 풍력 터빈 기술자가 가장 높은 성장률을 보일 것으로 예상하고 있다. 환경재해가 크게 늘어남에 따라 환경보호에 대한 높은 수요가 예상되고 이는 다시 곧 다가올 미래에 사회경제적 자원의 배분이 어떻게 이루어져야 할지 말해준다.

2 한국의 경제발전과 산업구조 고도화

산업화와 경제발전

경제발전에 있어서 산업화가 거의 예외없이 핵심적인 역할을 담당하며 이는 광범위하게 실증적으로 뒷받침된다. 경제성장과 발전은 특히 제조업 중심의 산업구조 변화를 수반해야 한다는 경험적 법칙이 존재하는 것처럼 보인다. 실제로 지난 200년 동안 선진국의 지위에 도달한 국가뿐만 아니라 저개발국의 지위에서 성공적으로 벗어난 국가들은 제조업을 통하여 생산성과 생활 수준의 향상을 이룩하였다. 20세기 후반 대표적인 성장국가라고 할 수 있는 일본, 한국, 대만, 중국 등의 국가들은 한결같이 제조업 중심의 산업화를 거쳤다는 사실이 이를 증명한다. 경제발전의 경로에 대한 분명한 이론이 존재한다고 할 수 없지만 보다 높은 단계의 경제발전을 이루기 위해서 어떤 단계를 거쳐야 하는지 말해 주는 사실이 아닐 수 없다.

산업화의 관점에서 볼 때, 경제성장은 산업구조가 생산성이 높은 분야로 전환하는 과정이다. 거의 예외없이 제조업의 확대가 이 과정에서 중요한 역할을 한다. 개발도상국에서의 경제발전은 노동 및 여타 자원이 농업에서 제조업과 서비스업으로 이동하는 것과 동일시된다. 예를 들어 아프리카 및 남미 국가들과 아시아 국가들간의 경제성장률의 차이는 낮은 생산성 부문에서 높은 생산성 부문으로 자원을 얼마나 성공적으로 이동시킬 수 있었는지에 따라 결정된다. 대체로 라틴 아메리카와 아프리카에서는 반대 방향으로 움직이는 경향이 발견되고 이는 이들 국가의 지지부진한 경제성장과 일관한다. 나아가 수출에서 천연자원이 차지하는 비중이 높은 방향으로 구조적 변화가 일어난 국가의 경제성장은 부진하다는 것도 일반적으로 관측 가능하다.[1)

공급의 관점에서 볼 때, 산업화의 과정은 자본의 축적과정이다. 노동생산성의 증대와 기술의 활용 역시 자본의 축적에 기반해야 가능하다. 그런데 산업화 과정에서 자본이 축적됨에 따라 생산요소(노동과 자본)의 상대가격 변화는 자본집약적 부문의 생산으로 자원의 배분을 유도하게 된다. 즉, 자본의 축적은 자본의 상대가격 하락을 가져온다. 이는 자연스럽게 시장원리에 따라 자본집약적 산업에 대한 투자가 늘어나고 노동집약적 산업에 대한 투자를 줄이는 효과로 이어진다. 따라서 자본축적은 산업집약적 산업의 성장을 자연스럽게 촉진하게 된다. 이 과정에서 생산성의 증대가 일어난다. 자본집약적 산업의 성장은 대체로 산업 고도화로 볼 수 있다는 점에서 경제성장 및 경제발전과 직결된다.

수요의 관점에서 볼 때, 소득이 증가하면 부문별 수요의 소득탄력성이 달라지기 때문에 자원의 배분에 변화가 발생한다. 소득증가로 인하여 소비하고자 하는 대상이 변화기 때문이다. 국민소득이 증가할수록 서비스 부문의 비중이 높아지는 것은 서비스 제품에 대한 수요증대 효과가 크게 작용한다. 소득이 증가함에 따라 과거에는 사치재로 간주되었던 금융보험서비스, 여행서비스, 사회보장 서비스 등에 대한 수요가 증대한다. 그리고 이러한 제품의 상대가격 상승은 자연스럽게 해당 산업으로의 자원배분을 증가시킬 것이며 이는 곧 산업구조의 고도화로 연결된다.

경제구조의 전환과 성장은 경제발전을 이룬 선진국에서도 여전히 중요하다. 선진국들은 대체로 서비스 산업의 비중이 높다. 1980년 이후 EU, 미국 일본 등 선진국의 서비스 산업은 전체 경제에서 그 비중이 빠르게 증가하였다. 그러나 이들 국가들 내에서도 서비스 산업 자체의 구조변화가 진행되어 왔다. 미국의 경우, 노동이 전체 부가가치 생산에서 차지하는 비중은 감소해 왔으나 금융 및 비즈니스 서비스는 반대의 경향을 보여 왔다. 또한 ICT 자본과 숙련노동의 사용은 모든 서비스 산업에서 증가하였다. 특히 최근의 4차 산업혁명과 같은 기술적 변화는 서비스 세부 산업별 비중의 커다란 변화를 예고하고 있다.

---

1) 이른바 자원의 저주(the curse of natural resources)라고 부르는 현상은 자원의존형 국가가 민주적이고 효율적인 사회제도를 갖추기 어려운 데 기인한다고 볼 수 있다.

〈표 3-1〉 주요국의 장기 산업구조 변화

	미국				한국			
	1970	1990	2009	2016	1970	1990	2009	2015
농수산업	2.6	1.6	0.9	1.0	29.1	8.7	2.6	2.1
제조업	23.5	17.5	12.3	11.9	18.5	26.9	28.1	29.7
가스수도	2.1	2.5	1.9	1.7	1.3	2.1	1.8	3.0
건설	4.8	4.2	3.8	4.4	5.1	10.4	6.9	5.9
도소매음식숙박	16.8	15.5	14.1	16.5	16.7	14.5	11.3	15.6
수송창고통신	6.9	6.2	5.7	9.6	6.6	6.7	6.4	7.8
금융보험 부동산사업	19.6	27.0	33.8	31.9	7.3	15.2	21.3	21.6
공동체사회개인	22.3	23.8	25.8	28.5	13.7	14.8	21.4	22.9
	일본				독일			
	1970	1990	2008	2016	1970	1990	2008	2016
농수산업	6.0	2.5	1.4	1.1	3.3	1.3	0.9	0.6
제조업	33.5	26.1	19.9	21.1	36.5	29.2	22.7	22.9
가스수도	2.4	3.2	2.8	2.6	2.2	2.2	2.7	2.6
건설	7.3	9.7	5.8	5.4	8.0	5.5	4.0	4.7
도소매음식숙박	17.1	16.1	17.6	21.1	12.8	11.5	12.1	16.0
수송창고통신	7.0	6.5	6.6	9.7	6.2	5.8	5.8	9.8
금융보험 부동산사업	14.3	20.8	27.0	22.8	13.9	23.9	29.5	25.8
공동체사회개인	11.5	14.9	18.9	19.8	15.4	19.8	22.2	27.2

자료: OECD STAN Database 활용 저자 작성

<표 3-1>은 주요 선진국의 산업구조 변화를 보여 주고 있는데 위에서 설명한 경향이 잘 나타나고 있다. 즉, 선진국 제조업 부문의 위축과 함께, 서비스 부문 내에서도 금융 및 사업서비스의 확장으로 구조전환이 이루어지고 있음을 보여 준다. 우선 지난 50년에 걸쳐 모든 국가에서 제조업의 비중의 10~20% 포인트 감소하였다. 이 과정에서 선진국들도 미국과 같은 서비스 중심국가와 제조업 중심국가(독일 일본)로 구분되고 있음이 발견된다. 예를 들어 미국과 영국의 경우, 서비스업이 확장하는 추세 속에서 특히 금융보험부동산사업 서비스의 비중 강화가 두드러진다. 이는 일본과 독일에서도 동일하게 나타나지만 이들 국가

의 제조업 비중이 상대적으로 높게 유지되는 특징을 보인다. 공통적으로 나타나는 현상은 사회복지 정책의 강화와 함께 보건사회 서비스의 빠른 증가라고 할 수 있다. 한국의 경우, 가장 빠른 성장세를 보였는데 일본에 비하여 그 상대적 비중이 높은 수준에 도달하였다. 한편 한국의 경우 선진국과 비교하여 금융보험 부동산 서비스 부문이 상대적으로 미약함을 알 수 있다. 이는 향후 한국의 산업구조 변화의 방향에 대한 중요한 시사점을 제공한다고 할 것이다.

한국의 산업화와 산업정책

한국의 경제발전 과정에서 산업정책의 역할, 나아가 정부의 역할에 대한 평가는 다양하다. 크게 볼 때, 시장을 중요시하는 신고전학파적 입장과 정부의 역할을 강조하는 수정주의적 관점으로 나눌 수 있다. 그러나 양자의 입장 모두 산업정책이 결과적으로 한국경제가 선진국의 산업을 '추격(catch-up)'하고 오늘날 선진권 경제로 진입하는 데 기여하였음을 부정하지 않는다.

전자의 경우, 정부의 개입이 있었다 하더라도 산업부문간의 유인체계를 왜곡시킬 정도는 아니었다고 평가한다. 적극적 산업정책의 기간은 매우 짧았고 빠른 시간 내에 개방적 정책으로 전환하였음을 강조한다. 앞에서 논의한 바와 같이, 수출에 기반한 자본이 축적이 노동과 자본의 요소상대가격을 변화시켰으며 이는 다시 시장원리에 따라 자본집약적 산업에 대한 투자 확대로 이어졌다는 것이다. 후자의 경우, 정부가 한국의 비교우위를 중장기적 관점에서 적극적으로 변화시키려 하였다고 주장한다. 시장의 실패가 존재하는 상황에서 정부의 개입 없이는 오늘날의 산업구조를 형성하는 것이 불가능하였을 것이라는 주장이다. 정부가 자본집약적 산업으로의 투자를 유도하기 위한 적극적 유인체계를 조성함으로써 가능하였다는 것이다. 그러나 어떠한 경우이든, 산업정책이 산업구조 고도화의 필요조건이지만 충분조건이 아님을 주의할 필요가 있다. 이는 세계의 많은 나라들이 나름의 산업정책을 활용하고 있으나 모든 나라가 다 성공하고 있지 못하다는 사실이 증명한다. 따라서 한국의 산업정책이 상대적으로 높은 평가를 받는 배경에 대한 보다 광범위한 검토가 필요함을 시사한다.

제조업과 정보통신산업(Information Technology, IT) 분야의 강국으로 요약되는 오늘날 한국의 산업구조의 기초는 1973~1979년 사이에 추진된 중화학공업 육성정책(Heavy and Chemical Industry, HCI Drive)과 외환위기 극복과정에서 이루어진 IT 벤처정책임은 잘 알려진 사실이다. 그리고 이들 정책은 당시의 정치경제적 도전을 극복하기 위한 적극적인 대응이라는 공통점이 있다.

한국은 1973년 중화학공업육성법의 제정을 통하여 철강, 기계, 조선, 전자, 석유화학, 비철금속의 6대 전략산업과 항공산업, 방위산업 등을 중요산업으로 지정하였다. 박정희 정부가 출범 시부터 중화학 공업의 육성을 염두에 두었을 뿐만 아니라 70년 초의 경제적 정치적 환경변화가 본격적인 추진의 배경으로 작용하였다. 첫째, 당시 한국경제는 임가공형 경공업 제품 중심 수출구조를 갖고 있었기 때문에 수출의 증가는 자본재와 원자재의 수입을 자동적으로 초래하였다. 따라서 수출이 증가할수록 경상수지 적자를 증가시키는 문제를 낳았다. 또한 1970년대 들어 선진국들의 '신보호주의'가 등장하였으며 다른 개도국과의 수출경쟁은 더욱 치열해졌다. 둘째, 70년대 들어 미군철수가 부분적으로 이루어지면서 자주국방을 산업분야에서 지원하고자 하는 목적도 있었다. 국방산업의 확충을 위해서는 중화학 공업으로 뒷받침해야 할 정책적 수요가 발생한 것이다. HCI Drive는 경공업 위주의 산업구조를 탈피함으로써 위기요인을 헤쳐나가고자 매우 적극적인 산업정책이었다고 할 수 있다. 이들 산업은 자본집약적이고 기술집약적이기 때문에 막대한 자본동원을 필요로 하였다. 그리고 후발주자로서 국제시장에서 경쟁력을 갖추기 위해서는 규모의 경제를 확보할 수 있도록 자본 및 기술지원, 국내시장 보호 등의 조치가 이루어졌다.

1990년대 후반 김대중 정부의 IT 벤처육성정책은 외환위기를 극복하기 위한 적극적 수단으로서 활동된 산업정책이다. IT 벤처기업 육성정책은 정보통신산업의 육성을 위한 주요한 정책수단이었으며 정부의 적극적 개입하에 시장이 창출되었다는 점에서 HCI Drive와 유사한 정책 패러다임을 갖추었다. 또한 중화학공업육성의 결과로 나타난 재벌 위주의 시장구조 문제를 벤처기업의 육성을 통하여 해소하고자 하는 목적도 있었다. 이 정책은 당시 정보통신부를 비롯하여 산업자원부, 과학기술처, 중소기업청 등 거의 전 부처에 의하여 정책자금의 지원을 통하여 이루어졌다는 점도 유사한 특징이다. 이 정책의 결과 한국의 초고속 인터넷 인프라가 세계적 수준으로 성장하고 정보통신 분야의 생산과 수출이 획기적으로 성장하는 등 산업구조의 극적인 전환을 이루는 데 기여하였다.

〈표 3-2〉 한국의 산업구조 장기변화(부가가치 기준, 조, %)

	1990	1995	2000	2005	2010	2015	2017	2018
전체	197.7	428.9	635.2	919.8	1,265.3	1,564.1	1,730.4	1,782.3
제조업	48.6	108.2	165.2	234.7	351.8	423.7	477.1	485.3
	(24.6)	(25.2)	(26.0)	(25.5)	(27.8)	(27.1)	(27.6)	(27.2)
서비스업	92.7	212.3	328.0	492.7	678.6	845.3	914.4	954.7
	(46.9)	(49.5)	(51.6)	(53.6)	(53.6)	(54.0)	(52.8)	(53.6)
사업서비스	6.2	17.9	29.0	49.4	78	106.9	115.4	120.8
	(3.1)	(4.2)	(4.6)	(5.4)	(6.2)	(6.8)	(6.7)	(6.8)
(전문,과학 및 기술)	4.6	13.2	18.4	33.0	54.2	75.7	81.6	85.8
	(2.3)	(3.1)	(2.9)	(3.6)	(4.3)	(4.8)	(4.7)	(4.8)
(사업지원)	1.5	4.7	10.7	16.4	23.8	31.2	33.8	35.0
	(0.8)	(1.1)	(1.7)	(1.8)	(1.9)	(2.0)	(2.0)	(2.0)
보건 및 사회 복지 서비스	3.6	8.2	14.2	26.7	43.9	62	74.4	81.1
	(1.8)	(1.9)	(2.2)	(2.9)	(3.5)	(4.0)	(4.3)	(4.6)

주: 서비스업 비중은 건설 및 공공행정 제외, 괄호안은 비중(%)을 나타냄
자료: 통계청

　　<표 3-2>가 보여 주듯이, 1990년대까지 한국경제는 지속적인 구조전환을 이루어왔으나 최근에는 큰 규모의 전환은 나타나지 않고 있으며 오히려 2010년 이후 제조업이 비중이 증가하는 역전현상이 두드러진다. 일반적으로 개발도상국에서 중진국 그리고 선진국으로 이행하는 과정에서 제조업의 비중은 역 U자형의 패턴을 거치게 된다. 한국의 경우, 소득이 선진국 수준에 근접하였음에도 불구하고 최근 10여 년의 변화는 이러한 패턴에서 벗어나 있다. 예를 들어, 한국의 산업구조(부가가치 기준)에서 제조업은 2018년 현재 여전히 GDP의 27% 이상의 수준을 유지하고 있는데 이는 선진국 내에서 가장 높은 수준이다. 2018년 현재 제조업의 비중은 1990년에 비하여 2,6% 증가하였다. 건설과 전기가스수도업을 제외한 서비스업의 비중은 동기간 7.7% 증가하여 53.6%를 기록하였다. 이는 앞의 <표 3-1>에서 살펴본 바와 같이, 한국과 유사한 경제규모를 이루었던 독일이 2005년 전후 이미 65% 이상의 수준에 달한 것과 대조적인 추세이다. 즉,

산업구조의 변화는 제조업의 상대적 비중 축소, 금융서비스, 사업서비스 그리고 보건사회서비스의 확대로 요약된다. 서비스 분야별로 볼 때, 사업서비스 분야가 6.8%로 2배 이상 증가하였으며 최근에는 보건 및 사회서비스가 정부지출확대에 힘입어 빠른 성장을 보인다. 그러나 전문과학기술서비스의 증가폭은 사업서비스 전체 증가에 못미친다.

한국과 주요 선진국의 산업구조를 비교해 보면, 한국의 제조업이 갖는 많은 강점에도 불구하고 적극적인 구조전환을 추구해야 한다는 것을 확인할 수 있다. 물론 이러한 주장은 한국경제가 크게 의존하고 있는 제조업의 중요성을 간과하는 것은 아니다. 오히려 제조업의 강화를 위해서는 최근의 제조-서비스 융합 추세를 적극 뒷받침하기 위한 방안이기 때문이다. 산업구조의 변화는 전반적인 구성비율의 변화도 추구해야 하지만 기존의 핵심산업을 고도화하는 과정과 동반해야 하는데 특히 사업서비스의 강화가 핵심적인 역할을 담당할 필요가 있다.

<표 3-3>은 취업자 수를 기준으로 세부 산업부문별 변화를 보여 주고 있다. 2016년 현재, 한국의 총 취업자 수는 25,000여 만명에 달하고 있는데 그 중에서 서비스업 취업자는 18,000만명을 상회하고 있는 반면 제조업은 400여 만명에 그치고 있음을 알 수 있다. 뿐만 아니라 서비스업의 고용증가율이 제조업에 비하여 상대적으로 높아 서비스업의 고용에 대한 기여도를 잘 보여준다. 그 중에서도 2010년 이후 전문지식을 기반으로 전산업의 중간재 역할을 하는 사업서비스와 복지수요의 증가에 따른 사회서비스의 증가세가 매우 뚜렷하게 나타나고 있다.

〈표 3-3〉 산업별 취업자 수 및 증가율

단위: 천명

산업	2010	2011	2012	2013	2014	2015	2016	2017	'10~'17 연평균 성장률
전산업	23,829	24,244	24,681	25,066	25,599	25,936	26,235	26,552	1.6
제조업	4,028	4,091	4,105	4,184	4,330	4,486	4,481	4,469	1.5
서비스업	16,156	16,532	16,936	17,252	17,711	17,989	18,334	18,548	2.0
• 유통서비스	4,860	4,970	5,069	5,073	5,199	5,192	5,141	5,163	0.9
- 도매 및 소매업	3,580	3,638	3,689	3,660	3,792	3,783	3,729	3,772	0.8
- 운수업	1,280	1,332	1,380	1,413	1,407	1,409	1,412	1,391	1.2
• 생산자 서비스	1,993	2,035	2,028	2,041	2,059	2,096	2,153	2,180	1.3
- 출판, 영상, 방송 통신 및 정보서비스업	668	703	700	692	714	772	786	782	2.3
- 금융 및 보험업	808	846	842	864	837	789	797	783	-0.4
- 부동산업 및 임대업	517	486	486	485	508	535	570	615	2.6
• 사업서비스	1,906	2,047	2,144	2,195	2,205	2,297	2,395	2,378	3.2
- 전문, 과학 및 기술 서비스업	883	961	1,028	1,022	1,025	1,048	1,102	1,090	3.1
(사업시설관리, 사업지원 서비스업)	1,023	1,086	1,116	1,173	1,180	1,249	1,293	1,288	3.4
• 사회서비스	3,912	3,948	4,094	4,268	4,457	4,524	4,690	4,851	3.1
- 공공행정, 국방 및 사회보장 행정	960	951	951	966	957	936	993	1,045	1.3
- 교육 서비스업	1,799	1,686	1,744	1,748	1,807	1,818	1,846	1,893	0.8
- 보건업 및 사회복지 서비스업	1,153	1,311	1,399	1,554	1,693	1,770	1,851	1,913	7.6
• 개인서비스	3,485	3,532	3,601	3,675	3,791	3,880	3,955	3,976	1.9
- 문화 및 기타 개인 서비스업	1,596	1,678	1,695	1,704	1,693	1,701	1,678	1,696	0.9
- 숙박 및 음식점업	380	417	409	392	394	424	406	426	1.8

출처: 통계청, 경제활동인구조사

3. 한국의 산업구조: 현황과 방향

산업구조의 서비스화

경제학에서 인간은 소비를 통하여 '효용'을 극대화하는 존재라고 한다. 소비의 대상은 재화와 서비스이다. 그런데 경제가 발전하고 소득이 증가할수록 재화에 비하여 서비스의 비중이 높아지는 것이 일반적이다. 옛날과 비교하여 오늘날 우리의 일상을 돌아보면 이러한 변화를 금방 이해할 수 있다. 세계 최빈국에 속하였던 시절, 소비생활에서 기본적인 의식주의 해결이 가장 큰 문제였다. 이 가운데 '의'와 '식'은 전형적인 재화의 소비이며, '주'는 주택이 제공하는 주거서비스라고 볼 수 있다.

그러나 오늘날 우리의 소비생활은 훨씬 다양한 형태를 갖는다. 식생활도 단순한 생존의 수단이 아니라 '외식'의 형태로 서비스를 소비하는 비중이 높아졌다. 관광, 레저, 통신 등 예전에는 많지 않았던 서비스에 대한 지출도 큰 비중을 차지하고 있다. 개인의 경제활동 역시 은행, 증권회사 등 전문적 금융서비스의 활용이 일반화되어 있다. 우리나라 사람의 교육비 지출은 세계적으로도 높은 수준이며, 소득이 증대됨에 따라 단순한 치료가 아닌 성형, 재활 등 삶의 질 향상을 위한 의료서비스의 소비도 급증하고 있다. 경제가 발전하고 개인의 소득이 향상됨으로써 생필품 위주의 소비에 그치지 않고 자동차와 컴퓨터 등 예전에는 가능하지 않았던 고가제품의 소비와 더욱 다양해진 형태의 서비스 소비의 비중이 높아지는 현상이 발생하는 것이다.

이러한 소비행태를 뒷받침하기 위해서는 이를 공급할 수 있도록 산업의 구조가 변해야 한다. 재화의 경우, 국내에서 생산이 충분하지 않아도 수입을 통해서 소비문제를 해결할 수 있다. 그러니 서비스는 재화에 비하여 무역이 잘 이루어지지 않는 비교역재(non-tradable good)의 성격이 강하다. 따라서 국내에서 공급되지 않는 서비스를 해외에서 조달하는 데에는 일정한 한계가 있다. 물론 오늘날 수송기술의 발달로 국가간의 이동이 쉬워지고 정보통신혁명으로 서비스의 국가간 이동도 촉진되고 있는 것은 사실이다.

예를 들어, 외국의 레스토랑이 한국에 진출하여 외식서비스를 제공하고 있으며 외국계 금융기관이나 보험회사도 많이 늘어났다. 해외여행이 보편화함에 따라 우리나라 관광객의 외국여행과 유학생도 급증하였는데 이는 관광서비스 및 교육서비스의 수입 증가와 동일한 것이다. 또한 인터넷을 통하여 외국으로부터 소프트웨어 또는 정보서비스를 받고 신용카드로 대금을 지불하는 거래가 흔하게 일어난다. 그럼에도 불구하고 서비스의 국제적 이동에는 상품에 비하여 아무래도 물리적인 제약이 따르기 때문에 전체 서비스 소비에서 외국의 서비스 공급이 차지하는 비중은 상대적으로 낮다. 이런 사실은 최근 대형 할인점에 외국산 공산품이 넘쳐나고 소비생활에서 외국산 제품이 차지하는 비중도 날이 갈수록 높아지는 데 비하여 일상의 서비스 소비에서 외국 서비스가 차지하는 비중이 훨씬 낮은 사실에서도 알 수 있다.

　<그림 3-1>은 한국경제에서 서비스 산업이 차지하는 비중의 변화를 보여준다. 건설업과 공공행정을 제외한 서비스산업의 비중은 부가가치 기준으로 약 56~57% 내외의 수준에서 안정되고 있다.[2] 이와 같이 부가가치 비중은 안정적인 수준을 유지하고 있는 반면에 취업자 비중은 지속적으로 상승하여 70% 이상을 기록하고 있다. 반면에 자본의 비중은 부가가치 비중보다는 높지만 취업자 비중보다 낮은 특징을 보인다. 이를 통해서 알 수 있는 것은 서비스산업 내에서도 부가가치가 높은 분야가 상대적으로 취약하고 생산성이 낮은 저부가가치 업종의 비중이 높다는 것이다. 서비스산업은 금융, 통신 등 일부 분야를 제외하고는 업체낭 고용 규모가 작으며 고급인력에 대한 수요를 필요로 하지 않는 영세한 업종이 많기 때문이다. 시장의 점포나 소규모 음식점 그리고 편의점과 같이 자영업의 대부분이 영세한 서비스업에 속하며 이들의 생산성은 시간이 지나더라도 별다른 개선을 기대하기 힘들다. 또 규모가 상대적으로 큰 유통업과 물류업이라 할지라도 업종의 성격상 생산성 증대의 여지가 그다지 크지 않다. 서비스산업의 생산성 증가는 규모의 경제를 누릴 수 있는 통신서비스나 금융산업에서 주로 일어나고 있다.

---

2) 서비스업으로 분류되기도 하는 건설업과 공공행정을 포함할 경우 70%를 상회한다.

〈그림 3-1〉 서비스 산업의 비중 변화

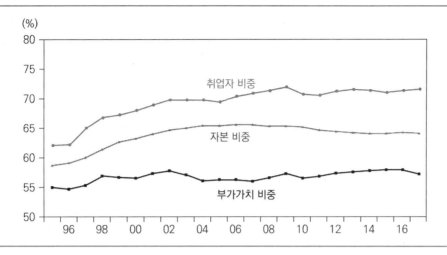

주: 건설업과 공공행정 제외
자료: 통계청

　서비스 부문은 고용 비중에 비해 부가가치 산출이 상대적으로 떨어지는 반면에 제조업은 오히려 부가가치의 산출 비중이 상대적으로 높다. 이는 서비스 부문에 종사하는 노동자의 1인당 부가가치 생산능력이 제조업에 비하여 훨씬 약하다는 사실을 반영하는 것이다. 실제로 서비스업의 노동생산성은 제조업의 절반에도 미치지 못하고 있다. 1970년대에는 서비스산업의 노동생산성이 제조업을 훨씬 상회하였으나 1980년대를 기점으로 역전되는 현상이 발생하였다. 다시 말하면, 산업구조는 빠른 속도로 서비스화 되었음에도 불구하고 서비스산업 내의 생산성 증가가 충분하지 않았기 때문에 상대적 비중이 커진 만큼 경제의 효율성에 기여하지 못하고 있다고 할 수 있다. 따라서 서비스 부문의 고도화와 전문화를 통하여 생산성 향상이 이루어지지 않는다면 진정한 산업구조의 고도화를 이루었다고 보기 힘들 것이다.
　<그림 3-2>와 <그림 3-3>은 우리나라와 주요국의 서비스 산업구조를 비교하고 있다. 우선 한국의 세부 서비스 산업 분야는 선진국 수준에 못미치는 가운데 음식숙박업의 상대적 비중이 높은 특징을 보인다. 금융보험서비스 산업의 비중도 상대적으로 높은 비중을 차지하고 있다. 이러한 구조는 1997년 외환위기의 영향에서 크게 비롯되었다. 직장을 잃은 사람들이 선택한 사업은 대부분

영세 음식점이었다는 사실에서 쉽게 이해할 수 있다. 이러한 서비스업은 경기변화에 민감하기 때문에 그나마 투입한 자본마저 잠식되어 버리는 경우가 태반이라는 점과 고용에 크게 영향을 미친다는 점에서 매우 세밀한 정책적 대응이 필요한 분야이다. 반면에 금융보험부동산 서비스 산업이 발전하는 것은 경제의 성장과정에서 자연스러운 현상이라고 할 수 있다.

한편, 우리나라의 서비스 산업구조에서 사업서비스의 비중은 여타 선진국에 비하여 상대적으로 낮음을 보여준다. 사업(비즈니스) 서비스업이란 최종재의 고부가가치화를 목적으로 기업의 활동 및 기능에 투입되는 서비스(input services)이다. 사업서비스는 제조업의 발전을 촉진하는 역할을 하며, 향후 선진국에서 가장 큰 성장이 예상되는 분야이다. 사업서비스에는 기업이 비용절감을 목적으로 외부에서 아웃소싱하는 서비스와 경쟁력 강화를 목표로 내부자원과 통합하여 새로운 부가가치를 창출하는 전문 서비스가 있다. 이러한 서비스는 4절에서 살펴보는 바와 같이 4차 산업혁명의 과정에서 제조업의 경쟁력 강화에 매우 중요한 분야이다. 그러나 우리나라의 비즈니스 서비스업 비중은 6.9%에 불과해 13~20% 수준을 보이고 있는 미국, 영국, 독일, 네덜란드 등보다 크게 낮은 수준에 그치고 있다.

〈그림 3-2〉 주요국의 서비스 구조 비교

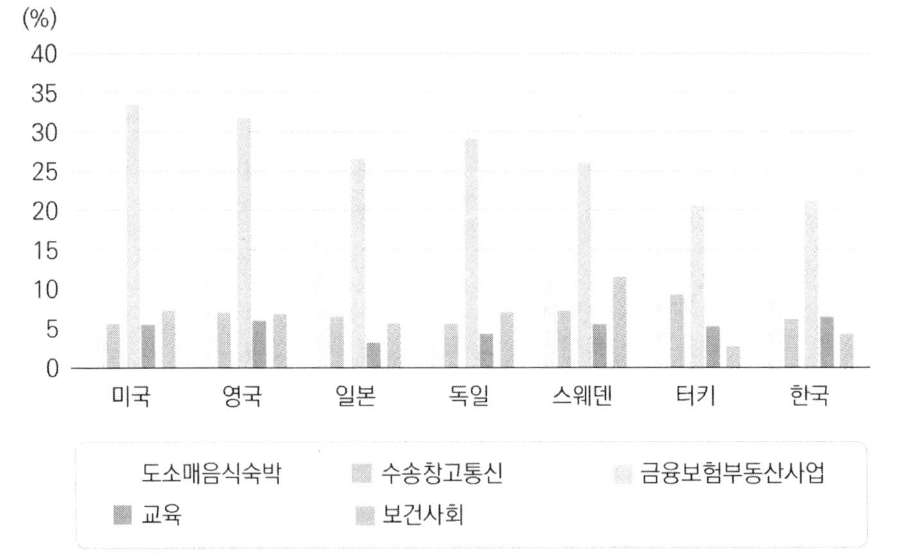

자료: OECD STAN Database http://stats.oecd.org

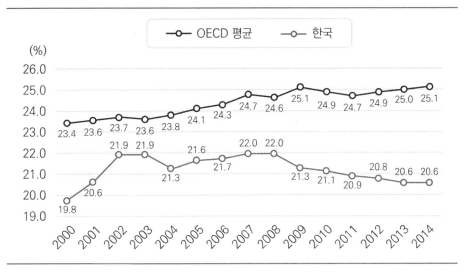

〈그림 3-3〉 OECD와 한국의 사업서비스업 부가가치 비중

자료: OECD STAN Database http://stats.oecd.org

여전히 강한 제조업

한국은 세계적으로도 대표적인 제조업 기반의 산업구조를 갖추고 있다. 반도체, 자동차, 기계, 조선, 석유화학 등 자본집약적 중화학공업의 비중이 매우 높고 따라서 이들 제품의 생산 및 수출역량이 매우 높다. 60년대에는 노동집약적 경공업 중심으로 수출주도형 공업화를 추진하였고 70년대 중화학공업 육성 정책을 계기로 이 분야의 비중이 크게 늘어났다. 90년까지는 의류, 직물 등 경공업 제품의 비중이 큰 수준을 차지하였으나 90년대 이후 자동차, 반도체 등이 주력 산업으로 성장하였다. 또한 2000년대 이후 ICT 산업이 한국경제의 주력 제조업으로 확고히 자리잡았다.

경제발전과 함께 제조업의 상대적 비중이 하락하는 것이 일반적인 현상이다. 그러나 한국에서는 제조업의 부가가치 비중이 외환위기 이후 오히려 증가하였고 높은 수준을 지속적으로 유지하는 특징을 보인다. <그림 3-4>는 이러한 제조업의 비중 확대가 자본의 막대한 투입에 의존함을 보여준다. 이에 따라 자본의 비중은 급격히 증가한 반면 취업자의 비중은 정반대의 추이를 보이고 있다.

〈그림 3-4〉 제조업의 비중변화

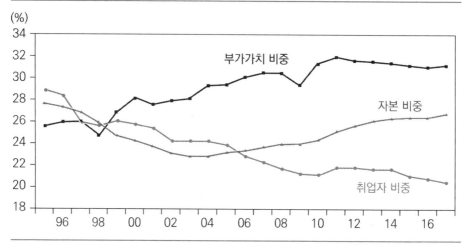

자료: 통계청

〈그림 3-5〉 경공업 분야의 부가가치 비중, 자본 비중, 취업자 비중 추이

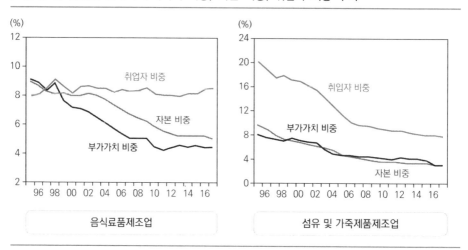

음식료품제조업   섬유 및 가죽제품제조업

자료: 통계청

　　물론 제조업은 세부 부문별로 그 성과는 크게 달리 나타난다. <그림 3-5>
는 경공업 분야와 금속분야 등은 부가가치 비중과 자본비중이 급격하게 하락하
였음을 보여준다. 그럼에도 불구하고 취업자 비중은 커다란 변화를 보이지 않거
나 완만한 하락추세를 보이고 있을 뿐이다. 한국의 경제발전에 따라 노동과 자
본의 요소상대가격이 빠른 속도록 상승하였음을 감안하면 이들 산업이 경쟁력

〈그림 3-6〉 주력 제조업의 부가가치 비중, 자본 비중, 취업자 비중 추이(계속)

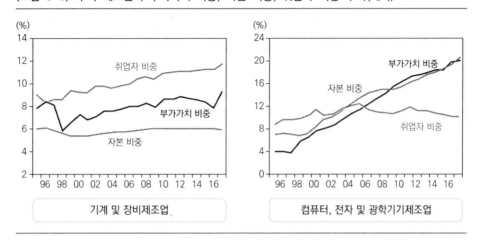

기계 및 장비제조업 / 컴퓨터, 전자 및 광학기기제조업

자료: 통계청

을 유지하기 어려울 것임을 말해 준다. 즉, 전반적 산업구조뿐만 아니라 제조업 내에서도 조만간 빠른 속도로 구조조정 압력에 직면하게 될 것임을 짐작할 수 있다.

제조업 분야에서 가장 빠른 성장을 이룬 분야는 전기·전자 및 전기장비 제조업이다. 컴퓨터·전자·광학기기 분야는 지난 20여 년에 걸쳐 부가가치가 5%에서 25% 수준으로 증가하는 극적인 변화를 보였다. 대부분 반도체 산업의 급격한 성장에 의한 것이다. <그림 3-6>은 이러한 변화가 거의 전적으로 자본투자 증가에 의한 것이고 취업자의 비중은 10%를 약간 상회하는 수준에서 머무르거나 최근에는 완만한 하락추세임을 보여준다. 이는 한국의 주력 제조업의 자본집약적 속성을 감안하면 당연한 결과이다. 이와 대조적으로 전기장비 제조업도 비교적 빠른 성장을 보였으나 취업자의 비중이 자본의 비중과 거의 동일한 추이를 갖는 특징을 보이고 있다.

이상과 같은 변화는 한국이 산업구조에 있어서 산업정책의 역할을 잘 보여주는 것이기도 하다. 실제로 외환위기의 극복과정에서 추진된 IT 벤처 육성정책은 한국의 산업발전 역사에서 또 하나의 획기적인 계기였다고 평가된다. 이 정책이 실시된 이후, 관련 분야의 산업체 수는 1997년 9,400개에서 2001년 13,944개로 단기간에 급증하였으며 이에 따라 IT산업의 종사자도 1997년 101만여 명에서 2001년에는 116만여 명으로 늘어났다. 또한 2001년 기준 IT 벤처기업은 5,073

개로 전체 벤처기업의 44.5%를 차지하였다. 결과적으로 외환위기 이후 재벌기업의 일자리가 90만 개에서 70만 개 수준으로 약 20만 개의 일자리가 줄어들었으나, 벤처기업의 경우 16만 개에서 30만 개로 약 14만 개 이상의 일자리가 새로 창출됨으로써 고용안정에 기여하였다.

현재 한국의 대표적인 제조업은 반도체 산업이다. 한국의 반도체 산업 특징은 메모리(DRAM, NAND) 분야가 주를 이루고 있다. 즉, 메모리 반도체가 전체 매출의 92.7%, 반도체 수출의 67.7%를 해당분야가 차지한다. 한국은 세계 메모리 반도체 시장의 과반을 점유하고 있으며 중국 등 후발국과의 기술 격차도 현저하여 경쟁 우위는 당분간 유지될 전망이다. 실제로 한국은 세계 메모리 시장의 72.3%, NAND 시장의 49.5%(2018년 기준)를 점유하고 있다. 최근에는 시스템 반도체에 대한 투자도 확대하고 있다. 왜냐하면 비메모리 분야의 세계 반도체 시장 및 교역 규모의 과반을 차지하고 있어서 반도체 산업이 장기적으로 경쟁력을 유지하기 위해서는 시스템 분야의 경쟁력 강화가 필요한 상황이기 때문이다. 최근 시스템 반도체 파운드리 역량은 크게 개선되었지만 설계부문의 경쟁력은 중국에 비해서도 뒤처지고 있는 것으로 평가되고 있다. 향후 5G, 사물인터넷(Internet of Things, IoT), 자율주행차 등 킬러 애플리케이션의 보급 확대로 대용량 메모리에 대한 수요와 새로운 시스템 반도체에 대한 수요가 늘어날 것으로 기대되고 있다는 점에서 이 분야에 있어서의 생산 및 경쟁력 확보는 매우 시급한 과제로 간주되고 있다.

한국의 또 하나의 대표적 제조업 분야인 운송장비 제조업은 상대적 비중이 하락하고 있다. 본 업종의 부가가치의 상대적 비중 하락에도 불구하고 자본 및 취업자 비중은 오히려 증가하여 부가가치 비중을 상회하는 특징을 보인다. 90년대에는 오히려 이와 정반대의 구조를 보였다는 점에서 해당 산업에 대한 투자의 퇴행적 양상으로 해석될 여지가 있다. 2019년 기준 한국의 국내 완성차 부문은 전체 수출의 2위 품목으로서 생산은 세계 7위 수준을 기록하고 있다. 그러나 자동차 산업의 경우 2010년대 이후 국내외 수요의 정체를 경험하고 있다. 전세계적으로 자동차 산업은 친환경, 자율주행 등 신기술의 빠른 접목이 일어나고 있어 향후 경쟁력의 확보를 위한 혁신이 시급한 분야이다.

한국의 제조업 의존적 산업구조는 제조업의 경쟁력 향상이 매우 중요한 과제임을 말해준다. 그러나 최근의 양상은 한국의 제조업 경쟁이 정체 내지 약화되고 있다는 우려를 제기한다. 이러한 우려는 지난 20년간 세계적으로 성장한 업종에서는 세계시장에서 한국 제조업의 점유율이 떨어진 반면에 쇠퇴하는 업종에서는 오히려 높아지는 현상에 근거한다. 한국의 제조업이 수출 주력업종의 교체가 더디거나 일부 업종에 편중되어 있어 소위 제조업 수출의 신진대사가 원활하지 못하기 때문이다.

예를 들어, 2017년을 기준으로 한국의 전체 수출에서 10대 품목이 차지하는 비중은 약 47%였는데 이는 주요국과 비교하여 약 10% 포인트 이상 높은 수준이다. 또한 지난 10년에 걸쳐 상위 10개 수출품목의 변화도 2개에 불과하여 4개에 달하는 중국과 비교되는 실정이다. 이와 관련하여, <표 3-4>는 현재 한국이 세계 최고의 경쟁력을 갖고 있는 제품의 현황을 보여주고 있다. 2018년을 기준으로 한국이 수출 1위를 기록하고 있는 품목의 숫자는 63개인데 연도별 증감은 차이가 있지만 대체로 감소하는 경향을 보이는 것으로 판단된다.

〈표 3-4〉 국가별 수출 1위 품목수 추이 (단위: 개)

국가명	2016년		2017년		2018년		품목 수 증감(b-a)
	순위	품목 수	순위	품목 수(a)	순위	품목 수(b)	
중국	1	1,675	1	1,697	1	1,735	38
독일	2	675	2	692	2	685	-7
미국	3	576	3	532	3	511	-21
이탈리아	4	207	4	216	4	215	-1
일본	5	179	5	169	5	162	-7
네덜란드	7	140	7	143	6	148	5
인도	6	148	6	144	7	140	-4
프랑스	8	99	8	107	8	110	3
벨기에	9	84	9	83	9	99	16
스페인	11	73	13	69	10	89	20
한국	12	71	12	75	13	63	-12

자료: 무역연구원(2020)

제조업과 해외시장에 크게 기반하고 있는 한국경제의 특성에 비추어 볼 때, 이는 한국의 제조업 경쟁력 강화가 필요함을 말해준다. 물론 주요 분야의 수출 시장 점유율 정체는 다양한 국내외 요인이 배경이다. 주요 요인으로는 인건비 상승, 내수시장 제약, 인력수급 애로, 낮은 생산성과 일부 품목을 제외하고는 여 전히 선진국에 비하여 낮은 기술 및 품질경쟁력을 들 수 있다. 더 근본적 요인 으로는 제조업 수출시장은 빠른 속도의 '추격'이 많은 나라에서 일어나는 특성을 보이고 있으며 한국의 경제규모 확대에 따라 수출증가세 역시 둔화될 수 밖에 없다는 사실을 들 수 있다. 세계화의 진행에 따라 국내 투자가 정체한 반면 해 외 생산이 확대되는 탈동조화도 매우 중요한 요인이다.

4. 4차 산업혁명의 전개와 대응

4차 산업혁명과 산업활동의 변화

오늘날 4차 산업혁명이라는 말은 하나의 상투어가 되었고 산업현장에서 진 행되는 혁신이 새로운 산업생태계를 만들고 있다. 90년대에 디지털 혁명 또는 3 차 산업혁명이라는 말이 유행한 지 불과 20여 년이 지나지 않아 발생한 현상이 다. 4차 산업혁명이라는 말은 지난 2016년 다보스 포럼(WEF; World Economic Forum)에서 처음 제시되었고 노동시장과 사회구조에 큰 변화를 갖고 올 것이라 는 전망이 내려졌다.

4차 산업혁명은 디지털 혁명에 기반하고 있으며 물리적 공간, 디지털적 공간 및 생물학적 공간의 경계가 희석되는 기술융합의 시대를 가져올 것으로 보인다. 4차 산업혁명의 시대가 갖는 가장 큰 특징은 '초연결성(Hyper-Connected)'과 '초 지능화(Hyper-Intelligent)이다. 사물인터넷, 클라우드 등 정보통신기술(ICT)에 기 반하여 인간사회뿐만 아니라 사물간의 초연결성이 현실화될 것이다. 현재 전 세 계의 인터넷 플랫폼 가입자는 30억 명에 달하고 수백억 개 이상의 스마트 기기 를 통하여 초연결되어 있다. 인간-사회-사물간의 초연결성이 4차 산업혁명의 특성인 동시에 모습인 것이다. 한편, 상상을 초월하는 연산능력뿐만 아니라 지 능을 갖춘 A.I(Artificial Intelligence)의 보편화는 빅데이터와 연결됨으로써 '초지 능화'라는 새로운 기술적 영역을 창조해 내고 있다.

4차 산업혁명은 자본과 노동과 같은 전통적인 생산요소의 중요성을 약화시키고 '초연결성'과 '초지능화'를 활용하는 지식 및 아이디어 기반 산업의 비중이 커지는 방향으로 구조변화를 촉진시킬 것이다. 인스타그램이 15만명 규모의 코닥을 인수할 당시 단 12명의 인원만 필요로 했다는 사실이 이를 상징한다. 제조업의 현장에서도 스마트 팩토리(Smart Factory)와 같은 새로운 생산과정과 산업생태계를 만들어 내고 있다. 사물인터넷의 발달은 노동이 주체이고 기계 부품이 객체였던 전통적 생산과정을 밀어내고 기계 부품이 생산과정의 주체로 작동하는 시대가 된 것이다. 세계화의 과정에서 빠른 속도로 형성된 글로벌 공급사슬의 변화는 전통적인 생산요소에 대한 의존을 줄이게 될 것으로 보아야 할 것이며 이 과정에서 사무행정이나 저숙련 노동의 필요성은 스마트 팩토리가 급격하게 감소시킬 것이다. 대부분의 선진국에서는 이러한 형태의 일자리가 30%~50% 사라질 것으로 예상하기도 한다. 단순한 노동뿐만 아니라 의사, 재무관리, 기자, 법률서비스 등 고숙련 지식노동의 상당부분도 '초지능화'에 의하여 사라질 가능성이 큰 것으로 전망되고 있다.

4차 산업혁명은 소위 '노동의 종말'과 등치되기도 하지만 산업구조의 변화는 새로운 일자리를 창출할 가능성도 얼마든지 있다. 4차 산업혁명의 핵심적 역할을 담당하는 인공지능, 빅데이터, 그리고 산업로봇 등과 관련된 부문에 관한 일자리가 창출될 것으로 예상하는 것은 자연스럽다. 실제로 전통적인 IT/SW 관련 숙련 및 지식노동뿐만 아니라 이들 분야와 빅데이터를 통합하는 다양한 분야에서도 많은 일자리가 생겨나고 있다. '초연결성'과 '초지능화'는 다양한 분야를 포괄하는 복합적 문제를 종합적으로 이해하고 해결하는 역량을 요구하고 이는 단순히 기술적인 역량뿐만 아니라 인문사회적 소양을 요구하는 분야이기도 하다. 또한 4차 산업혁명에도 불구하고 일반 소비자의 기본적 소비재 수요는 여전히 존재한다. 그러나 서비스와 제조의 융합을 통하여 매우 새로운 기능을 갖춘 첨단제품을 생산하기 위해서는 연구개발, 서비스, 제조과정이 유기적으로 결합될

〈그림 3-7〉 서비스-제조 융합의 양상

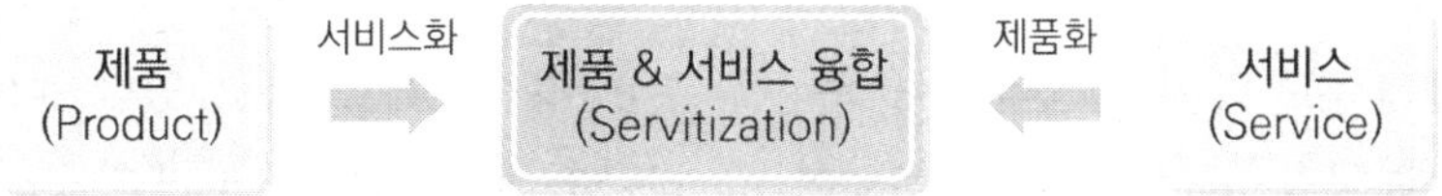

| 제품
(Product) | 서비스화 ⇒ | 제품 & 서비스 융합
(Servitization) | ⇐ 제품화 | 서비스
(Service) |

자료: 산업통상자원부, 제조업 혁신을 위한 제품-서비스 융합형 서비타이제이션(Servitization) 활성화 방안

필요가 있다. <그림 3-7>에서 알 수 있듯이 서비스는 이미 제조 전후 공정에 있어서 매우 중요한 생산요소로 등장하였다. 따라서 서비스－제조의 효과적 융합을 위해서는 생산과정을 글로벌화하기보다는 '지역화'하는 것이 보다 유리할 가능성이 높아진 것이다. 향후 국제적 분업구조의 새로운 변화를 예고하는 것이기도 하다.

한국의 4차 산업혁명 대응

2017년 새 정부의 탄생과 함께 4차 산업혁명의 추세에 적극적으로 대응하고자 하는 정책이 추진되었다. 4차 산업혁명위원회를 수립하고 '초지능화' 및 '초연결성'을 위한 기술개발과 '혁신적' 산업활동을 유도하여 새로운 성장의 계기로 삼고자 하였다. 현재 한국의 4차 산업혁명에 대비한 정책적 대응은 내용적으로는 혁신의 촉진을 통한 성장을 추구하지만 정책추진 방식 그 자체는 전통적 패러다임을 크게 벗어나지 않은 것으로 보인다.

첫째, 4차 산업혁명 정책은 산업, 사회 각 부문별로 지능화로 인한 경제적 파급효과가 큰 분야를 도출하여 중점 추진분야를 선정하는 것이 핵심이다. 따라서 외부효과에 기반하고 있는 전통적 산업정책의 기조를 따르고 있다. 다만 과거와 같이 특정 산업을 중심으로 성장동력을 확보하기보다는 전 분야에 있어서의 혁신에 기반한 성장을 추구한다는 점에서 차이가 있다. 즉, 4차 산업혁명의 혁신적 요소인 초연결성과 초지능성을 경제 사회 전분야의 성장 및 발전의 동력으로 활용한다는 것이 주된 정책기조이다.

둘째, 이러한 발전전략을 뒷받침하기 위한 R&D 정책을 중요시하고 있는 것도 전통적 패러다임에서 크게 벗어나 있지 않다는 평가의 근거이다. 핵심기술 관련 역량의 강화를 위하여 정부－민간 협력을 강조하거나 지능화 기술이나 기초기술 등의 분야에 대한 국가 미래 기술경쟁력을 확보하고자 하고 있다. 또한 해당 분야의 중소·벤처기업이 4차 산업혁명을 선도할 수 있도록 데이터·네트워크 인프라를 구축하고 역동적 산업 생태계를 조성하는 것을 목표로 하고 있다.

셋째, 4차 산업혁명은 필연적으로 고용시장에 근본적 변화를 발생시킬 것이므로 이에 대응하여 인적자원의 육성을 주요 정책과제로 삼고 있다. 이는 산업정책의 핵심적 구성요소로 간주되어 왔다는 점에서 전통적 패러다임을 계승하는 것으로 평가된다. 구체적으로 SW·AI·빅데이터·사이버보안 등 지능화 기술

핵심인재 4.6만 명을 양성하고 신산업·주력산업 전문인력 교육을 확대하고자 하고 있다. 이와 함께, AI 등 국내 취약분야 해외 우수인재를 전략적으로 유치하고자 하는 정책을 포함한다.

〈표 3-5〉 주요국의 4차 산업혁명 정책

	미국	독일	일본	중국
주요 정책	• AI R&D 계획 ('16.10) • AI 미래 준비 ('16.11) • AI, 자동화와 경제 ('16.12)	• 첨단기술전략 ('10.7) • Industry 4.0('11.4) • 플랫폼 인더스트리 4.0('15.4)	• 초스마트화사회 전략('16.1) • AI 산업화 로드맵 ('16.11) • 신산업 구조 비전 ('17.5)	• AI 3개 실행계획 ('16.5) • 차세대 AI 발전계획 ('17.7)
추진 목표	• AI 분야 경쟁력 확보 • 사회적 혜택 강화	• 디지털 경제 변화 대응 • 스마트공장 선도	• 전 분야의 기술혁신 • 경제·사회문제 해결	• AI 차세대 성장동력화 • 경제·사회문제 해결

주요 내용	• AI R&D 전략방향 제시(투자, 안전·보안, 데이터, 인재양성, 공공프로젝트 등)
	• 교육 및 고용구조 개편, 사회안전망 강화 정책방향 제시
		• 글로벌 표준화 추진
		• R&D 지원
		• IT 인프라 보안 강화
		• 새로운 인력교육 방식 도입
		  * '노동 4.0 정책'과 병행추진
		  – 기업-노조간 대화, 시장경제의 조정 등
			• 4개 전략분야 선정 (이동, 생산·구매, 건강, 생활)
			• 공통기반 강화(데이터, 규제, R&D, 보안, 인재, 고용, 사회보장제도 개선 등)
				• 인공지능 기술선도
				• AI 국가연구소 설립
				• 산업 스마트화 (제조, 농업, 금융, 물류 등)
				• 스마트사회 건설 (의료, 건강/양로, 교통, 환경보호, 안전 등)
				• 인공지능 관련 법률 정비 및 윤리체계 확립

추진 체계	백악관 산하 과학기술정책국 (OSTP) 중심 범부처 참여	주요 기업, 연구기관, 정부 참여	총리실 주도로 범부처 협력추진	국가발전개혁위 등 4개 부처 합동 추진

자료: 대통령 직속 4차 산업혁명 위원회

<표 3-5>에서 보는 바와 같이 한국의 정책적 대응은 여타 선진국과 외견상 큰 차이가 없다. 그럼에도 불구하고 4차 산업혁명의 관점을 기술과 혁신에 초점을 맞추고 있다는 점에서 전반적인 구조변화에 대한 인식은 부족하다는 평가도 가능하다. 4차 산업혁명에서 중요시되는 기술의 발전을 기존 산업의 경쟁력 제고 방안에 머무르게 될 위험요소도 있는 것이다. 4차 산업혁명이 몰고 올 산업구조 변화 및 경제사회적 충격을 직시하고, 이에 대하여 전방위적인 대응방안을 수립하여야 할 것이다.

CHAPTER

04

커져가는 국가살림

국민 1인당 세금 2023년에 850만원 넘는다.

국민 1인당 세금 부담은 2020년 약 750만원에 이를 것으로 전망되고, 2023년에는 850만원을 넘을 것으로 전망되었다.

기획재정부의 『2019~2023년 국가재정운용계획』에 따르면, 2020년 국세 수입은 292조원, 지방세 수입은 96조 3,000억원으로 추산된다. 이를 2020년 인구인 5,178만명으로 나누면, 1인당 세 부담은 약 750만원에 이르게 된다. 외환위기 이전인 1995년 1인당 조세부담이 약 160만원 수준이었던 것과 비교하면, 불과 15년 사이에 국민의 조세부담이 5배 가까이 늘어나게 되는 것이다.

이후로도 1인당 세금 부담은 계속 늘어나 2021년 약 780만원, 2022년 약 817만원, 2023년 약 853만원으로 증가할 전망이다.

1. 국가살림의 모습

늘어나는 국가 살림살이

가계와 기업에 살림살이가 있듯이 정부에게도 살림살이가 있다. 이를 재정이라고 한다. 국가의 살림살이는 국가경제는 물론 가계나 기업에 커다란 영향을 준다. 정부의 자금지원 여부에 따라 한 기업은 물론 한 산업의 운명이 달린 경우도 많이 있었다. 정부의 지원을 받아 크게 성장한 기업들이 있는 반면, 정부의 미움을 사서 문을 닫은 기업도 있었다. 정경유착과 그에 따른 부작용도 컸던 것도 사실이다. 외화가 부족하고 기업의 신용도가 낮았던 과거에는 국가가 외국에서 돈을 빌려와야만 했던 시절도 있었으며, 이렇게 빌려 온 외화는 한국 경제성장에 중요한 밑거름이 되기도 하였다.

경제가 많이 성장한 지금, 국가의 살림살이 규모는 이전과 비교가 되지 않을 만큼 커졌다. 그럼에도 불구하고 기업과 가계 부문의 눈부신 성장으로 국가 살림살이의 중요성은 과거에 비해 많이 줄어든 것이 사실이다. 기업들은 정부의 지원 없이도 외국에서 자금을 빌려오거나 자신의 자금을 바탕으로 사업을 운영할 정도가 되었으며, 오히려 정부의 간섭을 싫어하는 경향이 커지고 있다. 기업들이 갖고 있는 인력과 정보도 정부를 능가하게 되었다. 그럼에도 불구하고 국가의 살림살이는 경제의 안정과 성장은 물론 사회복지 등 다양한 차원에서 아직도 매우 중요한 위치를 차지하고 있다. 학자에 따라 다소의 논란이 있기는 하지만, 정부 세입과 세출은 그 증감을 통해 경기를 조절하는 기능을 가지고 있으며, 그 구성에 따라 경제에 미치는 효과가 크게 달라질 수 있다. 더욱이 소득과 부의 양극화현상이 심화되는 가운데, 저소득층에 대한 지원, 일자리 창출 등 사회복지를 위한 정부지출의 중요성은 더욱 커지고 있다.

한편, 출산률의 저하, 인구의 고령화, 각종 연금의 고갈 등으로 나라살림은 앞으로 더욱 어려워질 것으로 전망된다. 따라서 국가의 살림살이를 효율화하고 국가의 빚을 적절하게 관리하는 문제가 중요한 과제가 되고 있다.

〈그림 4-1〉 국가살림의 포괄범위에 따른 체계도

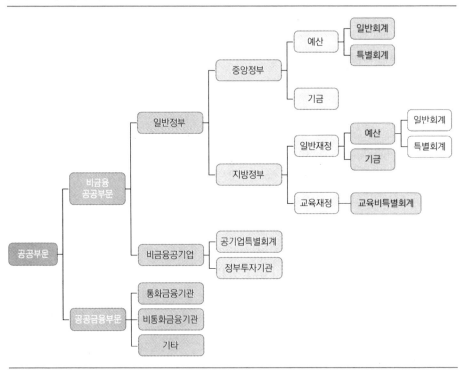

자료: 한국개발연구원, 재정통계자료집 등 참조

국가 살림살이의 면면을 살펴보기 위해 우선 살림살이의 규모부터 보자. 국가 살림살이 규모를 나타내는 지표로는 먼저 재정총계를 생각해 볼 수 있다. 재정총계는 일반회계, 특별회계, 기금 각각의 세입과 세출(기금의 경우 수입과 지출)을 모두 합한 것으로 정의된다. 2020년도 재정총계의 규모는 1,151조 9천억원으로 나타나고 있다. 다만 재정총계에는 국민경제에 직접적인 영향을 주는 수입과 지출은 물론, 회계나 기금간의 내부거래,[1] 그리고 수입과 지출의 차를 보전하는 차입거래와 같은 보전거래가 포함되어 있다는 점에서 재정규모를 과다하게 나타내게 된다.

이와 같은 문제를 감안하여 여기서는 정부의 수입과 지출을 중심으로 정부의 재정규모에 대해 살펴보고자 한다. 이와 같은 기준에 따라 중앙정부의 재정규모를 나타내 주는 다양한 지표들을 정리해 보면 <표 4-1>과 같다. 먼저 일반회계란 일반적인 정부 재정활동을 의미하며, 중앙정부 예산규모를 설명할 때 많이 활용된다. 또한 일반회계에 특별회계를 포함하는 경우, 이를 예산순계라고 하며, 국회의 심의대상인 회계를 포함한다. 여기서 특별회계란 특정사업을 운영하거나, 특정자금을 보유·운영하거나, 특정세출을 특정세입에 의해 충당하기 위해 일반회계에서 분리된 회계를 의미하며, 재정융자,[2] 교통시설확충, 농어촌구조개선 등 다양한 내용이 있다. 일반적으로 정부의 예산이라고 하면 이는 예산순계를 의미한다.

중앙정부의 예산에는 포함되지 않지만 일반회계, 특별회계에 기금을 포함한 것을 중앙정부 재정규모(통합재정규모)라고 한다. 예산, 기금 등 정부의 지출에서 채무상환 등을 차감한 순수한 재정활동의 규모를 나타낸다. 기금에는 현재 각종 연금기금은 물론, 국민주택기금, 농어촌개발기금, 산재보험기금, 관광진흥개발기금, 남북협력기금, 대외경제협력기금 등 다양한 기금이 있다.

---

1) 특별회계나 기금은 특정 사업이나 자금을 운영하기 위하여 설치되기 때문에 독립적으로 편성·운영되는 것이 원칙이다. 그러나 실제로는 일반회계 및 다른 특별회계·기금 등이 긴밀하게 연계되어 운용되고 있기 때문에 회계나 기금 간에 부족한 자금을 보전하거나 여유재원을 통합적으로 활용하기 위해 정부 내부거래가 이루어진다.

2) 재정융자란 경기를 조절하거나 경제발전을 계획적으로 추진하기 위해 정부가 조성한 자금으로 일정한 분야에 투자 또는 융자하는 활동을 의미하며, 농축경영자금, 산업기술자금 융자 등이 중요한 항목이 되고 있다.

〈표 4-1〉 중앙정부 재정(총지출 기준)을 나타내는 지표들

구분	포괄범위	2020년 예산규모
일반회계	일반회계	296.0조원
예산순계	일반회계 +특별회계	332.6조원
중앙정부 재정규모	일반회계 +특별회계 +기금	531.1조원

자료: 국회예산정책처, 『2020 대한민국 재정』

　우리경제의 성장과 더불어 중앙정부의 재정규모도 그동안 큰 폭으로 증가하여 왔다. <그림 4－2>에 나타난 바와 같이 중앙정부의 재정규모는 총지출을 기준으로 2005년 209.6조원에서 2020년 531.1조원으로 증가하였다. 불과 15년 만에 재정규모가 2.5배 이상 증가한 것이다. 이 가운데 중앙정부 일반회계는 2005년 134.2조원에서 2020년 312.9조원으로 증가하였으며, 특별회계도 2005년 약 25.6조원에서 2020년 54조원 규모로 증가하였다.

〈그림 4-2〉 중앙정부 재정규모의 추이

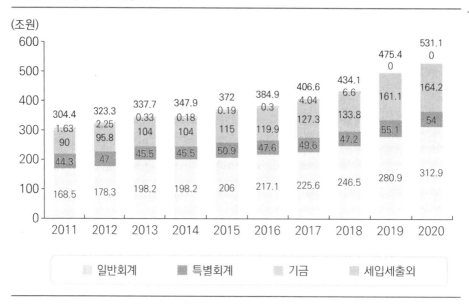

주: 본예산 총지출 기준임.
자료: 국회예산정책처,『2020 대한민국 재정』

한편, 지방자치단체의 예산규모도 그동안 큰 폭으로 증가하여 2020년 지방자치단체의 예산규모는 중앙정부의 50% 수준에 달하는 것으로 나타났다. 지방자치단체가 직접 관리하는 일반회계, 특별회계 및 기금과 공기업특별회계를 포함한 재정을 일반재정이라고 하는데, 2019년 지방정부 일반재정 수입규모는 209.4조원으로 나타나고 있다. 이 밖에도 교육재정이 66.2조원으로 나타나고 있다.[3]

정부 수입의 대부분은 국민의 세금

그렇다면 정부의 수입은 어떻게 구성되어 있을까? 2020년 중앙정부 총수입의 규모는 총 481조 8천억원 규모로 나타나고 있는데, 그 구성을 정리하면 <표 4-2>와 같다. 본 예산을 기준으로 예산수입이 319조 9천억원, 기금수입이 161조 9천억원인데, 예산수입 가운데는 국세수입이 292조원으로 전체 예산수입의 약 91%를 차지하고 있다.

국세수입이 전체 예산수입 가운데 차지하는 비중이 큰 만큼 국세수입의 구성에도 자연히 관심이 모아진다. <그림 4-3>은 2019년 국세수입을 내역별로 나누어 그 비중을 보여주고 있다. 이에 따르면 전체 국세 가운데 소득세의 비중이 27.3%로 제일 높게 나타났으며, 그 다음으로 법인세 26.9%, 부가가치세 23.3%, 교통/에너지/환경세 5.0%, 개별소비세 3.5% 순이다.

〈표 4-2〉 중앙정부 수입의 구성 (단위: 조원)

구분	2018년	2019년	2020년
예산수입	294.8	321.4	319.9
- 국세수입	268.1	294.8	292.0
- 세외수입	26.7	26.6	27.9
기금수입	152.4	154.7	161.9
총수입	447.2	476.1	481.8

주: 본예산 수입기준임.
자료: 국회예산정책처, 『2020 대한민국재정』

---

3) 지방자치단체의 2019년 재정수지도 통합재정수지 기준으로 22조 3천억원 적자로 나타나고 있다.

〈표 4-3〉 내국세의 구성 (단위: 조원)

구분	세목	2019 예산	비중(%)
일반회계	소득세	80.4	27.3
	법인세	79.3	26.9
	상속/증여세	7.2	2.4
	부가가치세	68.8	23.3
	개별소비세	10.3	3.5
	증권거래세	4.5	1.5
	인지세	0.9	0.3
	과년도수입	4.3	1.5
	관세	9.1	3.1
	교통/에너지/환경세	14.8	5.0
	교육세	4.9	1.7
	종합부동산세	2.8	0.9
국가균형발전특별회계	주세	3.4	1.2
농어촌구조개선특별회계	농어촌특별세	4.2	1.4
총 국세		294.8	100

자료: 기획재정부, 『2019 나라살림 예산개요』

정부의 수입 가운데 국세 이외의 수입을 세외수입이라고 하는데, 2020년도 세외수입 규모(총수입 기준)는 약 27조 8천억원이다. 세외수입 여러 항목 가운데 비중이 높은 항목은 재산수입(약 4조원)과 경상이전 수입(일반회계 약 6조 4천억 원), 정부 내부수입 및 기타(약 6조원), 그리고 기업특별회계 영업수입(약 6조 8천 억원) 등이다.[4]

국가재정의 씀씀이

다음으로 정부의 지출에 대해 살펴보자. <그림 4-3>은 2020년도 분야별 중앙정부 지출의 구성을 보여주고 있다. 이에 따르면, 사회개발 분야가 35.2%로

---

[4] 재산수입은 관유물 대여료, 정부출자 수익 등에서 발생하고, 경상이전 수입은 연금수입, 벌금, 과태료 등에서 발생하며, 정부 내부수입은 전입금, 예탁이자 수입 등에서 발생한다. 또한 기업특별회계는 공기업 활동에 속하는 특별회계를 의미한다.

가장 높은 비중을 차지하고 있고, 다음으로 일반행정 15.4%, 교육 14.2%, 국방 9.5%, 경제개발이 8.8%, SOC가 5.3% 순으로 높은 비중을 차지하고 있다.

이와 같은 분야별 지출의 구성은 10여년 전과 매우 다르다는 것을 알 수 있는데, 이는 2007년과 2020년의 분야별 지출의 구성을 비교해 주고 있는 <그림 4-3>에 잘 나타나 있다. 이에 따르면 지난 13년간 사회개발 분야(사회복지 및 보건)의 지출 비중이 가장 많이 늘어난 것으로 나타났다. 사회개발 분야의 지출 비중이 2007년 11.0%에서 2020년 35.2%로 무려 3배 이상으로 증가하였기 때문이다. 경제의 양극화와 사회적 불평등의 심화에 따라 사회복지 및 보건 분야의 지출 증가는 불가피한 면이 있으나, 이로 인하여 성장잠재력과 관련이 많은 교육, SOC 및 과학기술 분야에 대한 비중이 감소할 수밖에 없다는 점은 우려를 낳을 수 있는 대목이다.

〈그림 4-3〉 2007년과 2020년의 분야별 지출의 구성 변화

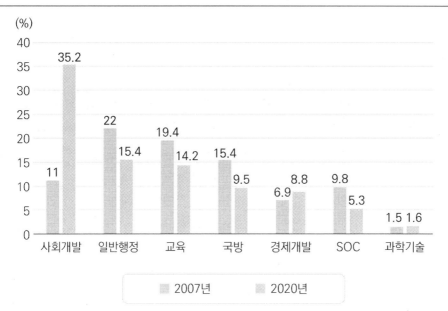

주: 사회개발은 사회복지 및 보건, 경제개발은 농림수산, 산업, 중소기업 부문을 의미함.
자료: 국회예산정책처, 『2020 대한민국 재정』 참조.

또한 <그림 4-3>에는 지난 10여년간 일반행정 분야의 비중이 감소한 것으로 나타나 있지만, 최근 5년만 보면 여러 분야 가운데 일반행정 분야의 지출의 증가율이 9.4%로 가장 크게 나타났다. 일반행정 분야의 지출은 성장잠재력은 물론 사회안전망과도 관련이 적다는 점에서 이 분야의 비중 증가에 대해 우려하는 시각도 있다.

2. 세금의 높낮이

 벤자민 플랭크린(1706~1790)

"죽음과 세금 이외에 세상에서 확실한 것은 없다.
(In this world nothing can be said to be certain, except death and taxes.)"

늘어나는 세금부담

앞 절에서 국세가 중앙정부 수입 가운데 가장 중요한 항목임을 살펴보았는데,[5] 세금은 국민들의 부담으로 이어진다는 점에서 많은 사람들의 관심의 대상이 되어 왔다. 2018년도 한국의 조세 총액은 377조 9천억원인데, 이 가운데 국세가 약 293조 6천억원, 지방세가 83조 3천억원이다.

세금의 규모는 인구나 경제의 규모에 따라 자연히 증가하게 되어 있다. 따라서 세금의 높낮이를 보다 정확히 비교하기 위해 조세의 규모 자체보다는 1인당 조세부담액이나 조세부담률을 많이 이용한다. 먼저 조세총액을 인구수로 나누면 1인당 조세부담액을 계산할 수 있다. <표 4-4>에 나타나 있는 바와 같이 2018년 1인당 조세부담액은 약 669만원으로 나타났다. 이는 10년 전에 비해 62.4%나 증가한 금액이다. 다음으로 조세부담률이란 조세총액을 GDP로 나눈 수치를 의미하는데, 2018년 조세부담률은 20.0%이다. 준조세적 성격을 띠고 있는 사회보장기여금[6]도 국민의 부담이라는 점에서 조세에 사회보장기여금을 포

---

5) <표 4-2> 참조.

6) 사회보장기여금이란 연금(국민연금, 공무원연금, 사립학교교원연금, 군인연금, 보훈기금), 건

함하여 국민부담의 높낮이를 비교하기도 하는데, 이를 국민부담률이라고 한다. 사회보장기여금은 4대 공적연금(국민연금, 공무원연금, 군인연금, 사학연금)과 고용보험, 산업재해보상보험, 건강보험, 노인장기요양보험의 기여금을 의미한다. 2018년 국민부담률은 26.8% 수준이다. 이는 국민들이 사회보장기여금으로 GDP의 6.9%만큼(국민부담률−조세부담률)을 부담하고 있음을 보여준다.

〈표 4-4〉 조세의 규모 및 조세부담률

구분	조세규모(조원)			부담률(%)		1인당 조세부담액(만원)
	국 세	지방세	합계	조세부담률	국민부담률	
2018년	293.6	84.3	377.9	20.0	26.8	669

주: 조세부담률 =(조세총액)/GDP, 국민부담률 =(조세총액+사회보장기여금)/GDP
자료: 국회예산정책처, 『2020 대한민국 재정』

〈그림 4-4〉 조세부담률의 추이

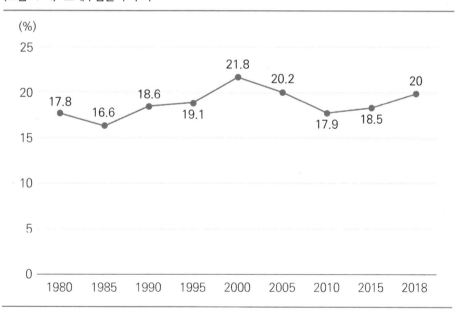

자료: 기획재정부 및 국회예산정책처

강보험, 산재보상보험기금, 고용보험기금을 합한 개념으로 정의된다.

<그림 4-4>에는 한국의 조세부담률의 추이가 정리되어 있다. 이에 따르면 조세부담률은 시기별 변화는 있었지만 1985년 16.6%에서 2020년 20%로 증가한 것으로 나타났다. 한국의 GDP가 지난 40년간 크게 증가하였음을 감안하면, 이는 국민이 부담하는 세금의 절대액이 크게 증가해왔음을 의미하기도 한다.

한국의 조세부담이 그동안 높아진 것은 사실이지만 그렇다고 해서 선진국에 비해서 반드시 높은 수준이라고 말하기는 어렵다. <그림 4-5>에 나타나 있는 바와 같이 한국의 조세부담률은 일본이나 영국에 비해서는 높지만 미국, 영국 및 OECD 평균에 비해서 아직 낮은 수준에 머무르고 있으며, 한국의 국민부담률도 대부분의 OECD 국가보다 낮게 나타나고 있다. 다만 국민부담률이 낮다고 해서 무조건 한국 정부가 효율적이라고 하기는 어렵다. 선진국에 비해 국민부담률이 낮은 것은 근본적으로 사회안전망 등에 대한 지출이 선진국에 비해 적은 데 기인할 수 있기 때문이다.

〈그림 4-5〉 조세부담률 및 국민부담률의 국제 비교 (2018년 기준)

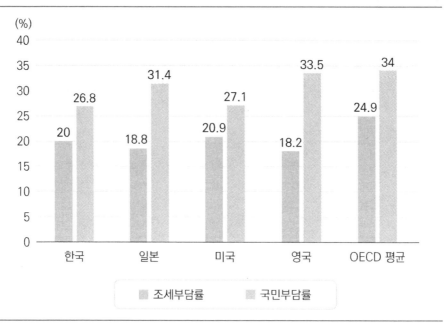

주: 일본과 미국은 2017년 자료임.
자료: 국회예산정책처, 『2020 대한민국 재정』

세금은 과연 적절한 수준으로 부과되고 있는가?

다음으로 한국의 조세항목별 세율은 과연 어느 수준이며, 공평하게 부과되고 있다고 할 수 있을까? <표 4-5>는 2019년 12월 기준 주요 조세항목의 세율 수준을 정리해 주고 있다. 이에 따르면 가장 중요한 세목이라고 할 수 있는 소득세의 세율은 소득의 단계별로 최하 6%에서 최고 42%로 누진적인 구조를 나타내고 있다. 누진세는 소득금액이 클수록 높은 세율을 적용하도록 하는 세율구조를 의미하는데, 이는 경제적 불평등을 보완하기 위해 만들어졌다. 2011년까지는 최고 세율 35%(8천 8백만원 초과분)가 적용되었으나, 그 후 몇 차례의 소득세법 개정에 의해 세율이 최고 42%까지로 인상되었다. 더욱이 소득세의 10%만큼의 주민세가 추가적으로 부과된다는 점에서 국민들의 실질적인 부담은 이보다 크다고 할 수 있다.

 월급쟁이가 제일 만만한가?

봉급생활자의 소득은 투명하게 드러난다. 자신이 근무하는 회사에 소득에 관한 자료가 그대로 남아있기 때문이다. 그래서 봉급생활자의 지갑을 유리지갑이라고 하고, 국세청의 입장에서 봉급생활자는 가장 만만한 대상이 되고 있다. 반면, 자영업자의 매출과 소득을 다른 사람이 알아내기란 매우 힘들다. 따라서 자영업자들은 일반적으로 소득에 비해 세금을 적게 낼 수 있다. 변호사, 의사 등 고소득층이 봉급생활자보다도 세금을 적게 내는 경우도 종종 있다. 더욱이 한국 정부는 영세한 자영업자의 부담을 줄이기 위해 간편한 방법으로 세금을 내도록 하는 간이과세제도를 운영하고 있어, 정부가 자영업자의 세금 탈루를 공식적으로 용인하고 있는 셈이다. 간이과세제도란 세금계산서 대신 간이영수증의 발행을 허용하고 정부가 정한 세율에 따라 세금을 부과하는 것으로, 간이영수증의 발행으로 매출액이 파악되지 않기 때문에 이들 사업자의 세금부담은 낮게 되어 있기 때문이다.

반면, 2018년을 기준으로 근로소득자의 38.9%가 한 푼의 세금도 내지 않는 문제를 지적하는 사람들도 있다. 한국의 수치가 미국(30%)이나 일본(15%)보다 크게 높은 것이다. 이는 모든 국민은 세금을 내야 한다는 조세원칙에도 반한다. 40%에 가까운 근로소득자가 세금을 내지 않는 이유는 소득세 계산시 적용되는 각종 공제로 인한 것인데, 이에 따라 일부에서는 대다수의 국민이 세금을 내도록 세제를 개편하고, 이로 인해 발생하는 소득불균형 문제는 근로에 따른 장려금 제공 등을 통해 해결해야 한다는 주장이 대두되고 있다.

한국의 상속세 및 증여세율도 그 금액에 따라 최저 10%(1억원 이하)에서부터 최고 50%(30억 초과분)로 높은 누진적인 구조를 보여주고 있다. 그러나 편법적인 증여와 상속이 끊이지 않고 있어 그 실효성에 의문이 제기되어 온 것이 사실이다. 한 예로 한국 최고의 재벌그룹인 모그룹은 세금을 거의 부담하지 않으면서 그룹의 경영권을 2세에 물려준 바 있다. 이에 따라 15년이던 상속·증여세의 과세시효를 없애고 상속과 증여시에 적용되는 세금공제를 줄이려는 시도를 해 왔다. 또한 2000년부터는 상속세와 증여세 분야에 조세포괄주의가 도입되었는데, 조세포괄주의란 법에 규정되어 있지 않더라도 비슷한 행위에 대해 세금을 부과할 수 있는 방식이다.[7] 이 제도는 새로운 상속 또는 증여방식을 개발하여 법을 피해가는 것을 어렵게 만들기 위한 취지에서 도입되었다. 사실상 증여라고 할 수 있는 특수관계법인과의 거래를 통한 일감몰아주기에 대해 증여세를 부과하도록 하는 제도도 2012년 마련되었다. 반면, 편법적인 증여와 상속이 점차 어려워짐에 따라 상속세 및 증여세율을 인하해야 한다는 주장도 등장하고 있다.

한편, 법인세는 법인소득 2억원 미만이 10%, 2억원~200억원이 20%, 200억원~3천억원이 22%, 3천억원 이상이 25%이다. 부가가치세율은 10%로 변화를 보이지 않고 있는 반면, 증권거래세는 거래활성화 차원에서 최근 인하추세를 보여주고 있다. 예를 들어 유가증권시장의 경우 증권거래세율은 2019년 말 0.10%인데, 이는 10년전과 비교할 때 1/3 수준에 불과하다.

〈표 4-5〉 주요 조세항목별 세율　　　　　　　　　　　　　　　　(2019년 12월 기준)

구 분	세 율
소득세[1]	• 1천 2백만원 이하: 6% • 1천 2백만원~4천 6백만원: 15% • 4천 6백만원~8천 8백만원: 24% • 8천 8백만원~1억 5천만원: 35% • 1억 5천만원~3억원: 38% • 3억~5억원: 40% • 5억원 초과분: 42%

---

7) 조세포괄주의와 상대되는 방식은 조세열거주의인데, 조세열거주의는 법에 과세대상과 과세요건을 명시하여 과세하는 방식을 의미한다.

구 분	세 율
상속세 및 증여세	• 1억원 이하: 10% • 1억원~5억원: 20% • 5억원~10억원: 30% • 10억원~30억원: 40% • 30억원 초과분: 50%
법인세	• 2억원 이하: 10% • 2억원~200억원: 20% • 200억원~3천억원: 22% • 3천억원 초과분: 25%
부가가치세	• 10%
증권거래세	• 유가증권 및 코넥스 시장 0.10% • 코스닥시장: 0.25%

주: 상속세 및 증여세의 경우, 일반적인 세율이며 상속재산이 특성(예를 들면 주식인지의 여부)이나 피상속인 (손자/손녀인지의 여부) 등에 따라 달라짐.

 세계적인 법인세 인하경쟁과 법인세 인하 논쟁

　　지난 20년간 전 세계적으로 법인세 인하경쟁이 불붙고 있다. 다국적 기업 등 외국기업을 국내에 유치하기 위해서는 법인세율이 높으면 안 되기 때문이다. 이에 따라 싱가포르는 2004년 22%였던 법인세율을 수차례에 걸쳐 2019년 말 17%로 인하하였으며, 홍콩도 2008년 법인세율을 17.5%에서 16.5%로 인하하였다. 유럽의 경우, 아일랜드가 2003년 법인세율을 16%에서 12.5%로 인하하였고, 영국도 30%에 달했던 법인세율을 수차례에 걸친 인하를 통해 19% 수준까지 인하한 바 있다. 독일도 법인세 가운데 독일통일 이후 동독 지역을 지원하기 위한 연대세를 7.5%에서 5.5%로 인하한 데 이어 이를 단계적으로 폐지하는 움직임을 보이고 있다. 미국도 트럼프행정부가 들어선 이후 35%였던 법인세율을 2017년 20%로 대폭 인하함으로써 전 세계적인 법인세 인하경쟁에 동참하였다.

　　이에 따라 국내에서도 법인세 인하 논쟁이 그동안 활발히 진행되어 왔다. 법인세 인하에 찬성하는 입장에서는 한국의 법인세율이 주요 경쟁국들보다 높다는 사실을 강조하고 있다. 현재 주요 경쟁국들의 법인세율이 싱가포르 17%, 홍콩 16.5%, 대만 17% 등으로 나타나고 있기 때문이다. 반면, 법인세 인하를 반대하는 입장에서는 독일, 프랑스 등 일부 유럽국가들의 법인세율이 아직 한국보다 높을 뿐만 아니라 한국의 경우 투자세액 공제 및 감면이 많다는 주장을 하고 있다. 이러한 논쟁 속에서 한국의 법인세율은 최고세율을 기준으로 1991년 34%에서 여러 차례의 인하과정을 거쳐 2009년 22%까지 인하되었으나, 2017년에는 오히려 25% 수준으로 인상되었다. 2017년 법인세율의 인상으로 한국의 법인세율이 아시아의 주요 경쟁국은 물론 미국이나 일본(23.4%)보다 높아짐에 따라 법인세 인하 논쟁은 당분간 지속될 전망이다.

현행 조세의 체계

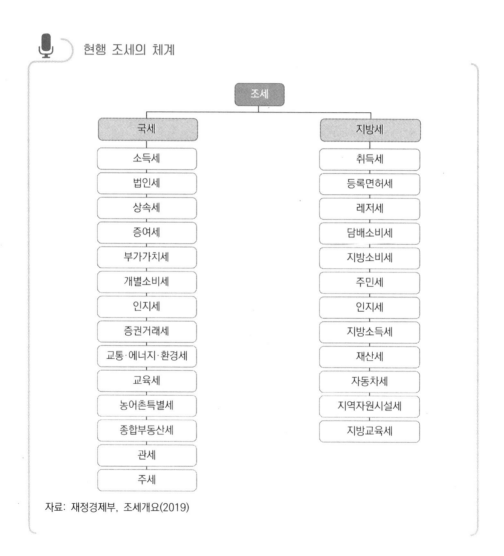

자료: 재정경제부, 조세개요(2019)

3. 국가의 빚

재정적자의 확대

기업이나 가계가 장기적인 적자를 나타내면 부도나 파산을 맞듯이, 정부 역시 만성적인 적자를 보게 되면 커다란 문제에 봉착할 수도 있다. 적자를 메우기 위해서는 정부 역시 빚을 져야 하고, 이것이 쌓이면 갚기 어려워지기 때문이다. 정부의 빚은 후대가 갚아야 한다는 점에서 미래 세대에게 부담을 지우는 결과를 낳기도 한다. 따라서 정부의 재정은 균형을 이루거나 균형을 이루지 못하는 경우라도 감당할 수 있는 수준에서 그 적자를 관리하는 것이 바람직하다.

재정수지는 재정수입에서 재정지출을 차감한 수치로서 중앙정부의 재정수지에는 통합재정수지와 관리재정수지의 두 가지가 있다. 통합재정수지는 일반회계, 특별회계 및 기금을 모두 포함하는 수지로서 회계·기금간 내부거래나 차입·채무상환 등 보전거래를 제외한 것이다. 관리재정수지는 통합재정수지에서 4개 사회보장성 기금 수지를 제외한 재정수지를 의미하는데, 사회보장성 기금을 포함하는 통합재정수지보다 재정건전성을 더 잘 나타낸다.[8] 사회보장성기금이 장기적으로 고갈될 것으로 전망됨에도 불구하고 단기적으로 흑자를 보일 경우에 통합재정수지가 단기적으로 흑자를 나타내게 되어 마치 재정이 건전한 듯한 착시효과를 가져올 수 있기 때문이다.

정부가 관리재정수지를 발표하기 시작한 2001년 이후 재정수지를 살펴보면 <그림 4-6>과 같다. 이에 따르면 통합재정수지는 2009년과 2015년을 제외하고 꾸준히 흑자를 보여주고 있는 반면, 관리재정수지는 2002년, 2003년, 그리고 2007년을 제외하고 지속적인 적자를 보여주고 있다. 재정수지에 사회보장성 기금을 포함시키면 지속적인 흑자 상태인 것으로 보이지만, 이를 제외하면 지속적인 적자를 기록하고 있다는 것이다. 이를 달리 말하면 본격적인 연금지급이 이루어지기 이전에 발생하는 일시적인 사회보장성 기금의 흑자로 재정수지의 적자를 메꾸어오고 있다는 것을 의미한다.

---

8) 4개 사회보장성기금은 국민연금, 사학연금, 고용보험, 산재보상보험을 의미함.

〈그림 4-6〉 연도별 재정수지의 추이

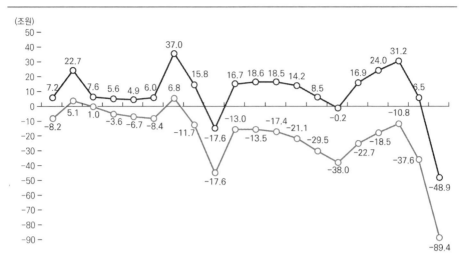

주: 결산기준임.
자료: 국회예산정책처, 『2020 대한민국 재정』

　문제는 2020년부터는 통합재정수지마저 적자로 돌아선다는 것이다. 〈그림 4-6〉에 나타나 있는 바와 같이 당초 2020년 통합재정수지는 48조 9천억원 적자를 기록할 것으로 전망되었다. 그러나 코로나19에 따른 수차례의 추경예산 등으로 인해 그 적자는 111조원 이상이 될 것으로 수정·전망되고 있다.

　장기적으로는 국민연금과 사학연금의 본격적인 지급개시, 인구감소와 인구고령화에 따른 연금수지의 악화 등으로 조만간 사회보장성기금마저 적자로 돌아설 것으로 전망됨에 따라 통합재정수지의 적자폭은 앞으로 더욱 커질 것으로 전망되고 있다. 이에 따라 2050년 통합재정수지의 적자는 약 250조원, 2070년 약 400조원 수준이 될 것으로 전망된다.

〈표 4-6〉 장기 재정수지 전망 (단위: 조원)

구 분	2020년	2030년	2040년	2050년	2060년	2070년
통합재정수지 (GDP 대비 비율)	-111.1 (-5.7)	-80.9 (-3.4)	-150.6 (-5.4)	-246.4 (-7.9)	-338.2 (-9.9)	-398.6 (-10.9)
관리재정수지 (GDP 대비 비율)	-121.8 (-6.3)	-112.9 (-4.7)	-139.7 (-5.0)	-171.3 (-5.5)	-197.6 (-5.8)	-222.1 (-6.1)

자료: 국회예산정책처, 『2020 NABO 장기재정 전망』

늘어나는 국가의 빚

이와 같은 정부의 관리재정수지 적자 등으로 국가의 빚은 급증세를 나타내고 있다. 1997년 60조 3,000억원에 불과하던 국가채무는 2008년 300조 4천억원, 2018년 680조 5천억원으로 크게 증가하였다. 여기서 말하는 국가채무는 중앙정부 및 지방정부의 채무를 의미하며, 비영리 공공기관의 채무에 대해서는 뒤에서 논의하기로 한다.[9]

 국가채무 3년 뒤 1,000조 갈 수도 … 내후년부턴 부담

홍남기 경제부총리 겸 기획재정부 장관은 29일 국가채무 증가 속도와 관련해 "중기재정규모로 보면 지금이 800조원대이니까 3년 뒤라면 1000조원대까지 갈 수도 있다"고 말했다.

<중략>

홍 부총리는 다만 "그것은 세수증가와 세출규모 증가율 규모 따라서 판단을 해야 한다"며 "(정부의 정책) 의지에 따라 달라질 수 있다"고 단서를 달았다.

그는 "지금처럼 어려울 때는 재정 규모를 늘려갈 수밖에 없는데 그 과정에서 세입 기반이 뒷받침되지 않으면 국가채무는 늘어날 수밖에 없다"며 "그래서 국가채무가 늘어난 것과 세수 증가를 같이 봐야 한다"고 설명했다.

---

9) 이러한 국가채무를 D1 유형이라고도 하며 국가의 재정운용계획 수립시 주로 사용한다. 여기에 비영리공공기관의 채무를 합한 것을 일반정부 부채라고 하는데, 이를 D2 유형이라고도 하며 국가간 비교시 사용한다. 마지막으로 D2에 비금융공기업의 부채를 합한 것을 공공부문 부채라고 하는데, 이를 D3 유형이라고 한다.

앞서 기획재정부가 최근 국회에 3차 추가경정예산안(추경)을 제출하면서 별첨 문서로 첨부한 '국가재정운용계획의 재정 총량 효과 및 관리방안' 보고서에 따르면 3차 추경으로 인해 한국의 국가채무는 2021년 935조 3,000억원으로 늘어나게 된다. 이어 문재인 정부 임기 마지막 해인 2022년에는 1,000조원을 넘어선 1,030조 5,000억원에 이를 것으로 전망됐다.

홍 부총리는 국가채무 증가에 대한 기재부의 대책을 묻는 질문에 "올해와 내년처럼 코로나19 위기가 우려돼 대응이 필요할 때는 재정이 적극적 역할을 해야 할 것으로 생각된다"면서도 "그러나 이후에 정부가 어느 정도 정상 성장경로로 가면 국가채무도 어느 정도 관리해야 한다"고 말했다.

그러면서 "내년까지는(재정지출을) 지금처럼 갈 수 있겠는데 그 이후는 지금처럼 가기에는 재정에 부담이 된다"고 했다.

자료: 뉴시스, 2020. 6. 29.에서 인용

<그림 4-7>은 최근 국가채무의 추이를 중앙정부채무와 지방정부채무로 나누어 보여주고 있다. 이를 보면, 2008년 이후 10년간 중앙정부의 채무가 꾸준히 증가하여 10년 전에 비해 2배 이상으로 증가하였음을 알 수 있다. 2018년 지방정부의 채무는 28조 7천억원 규모인데, 지방정부의 채무는 비록 그 규모는 중앙정부에 비해 작지만 증가율은 더 크게 나타났다.

그런데 국가채무의 증가는 두 가지 면에서 바람직하지 않다. 첫째로 국가의 채무는 기업이나 가계의 채무와 마찬가지로 신용도에 악영향을 줄 수 있다. 2010년대에 발생한 유럽의 국가채무 위기에서도 드러나듯이 국가의 채무가 지나치게 증가하면 국가의 신용도가 떨어지게 되고, 국가 신용도의 하락은 해외에서의 차입을 어렵게 만들어 외화 유동성 위기로 연결될 수 있다. 심지어 국가의 채무가 어느 수준 이상이 되면 국가의 부도라는 심각한 사태를 맞이할 수도 있다. 둘째로 국가의 채무도 일반적인 채무와 마찬가지로 언젠가 갚아야만 하는 것이다. 따라서 현시점에서 국가채무를 증가시켜 재정을 확대하면 현시점에서 경제는 좋아지겠지만, 이는 반대로 국가채무를 갚는 시점이 되면 재정이 축소되어 경제에 악영향을 주게 되어 있다. 다시 말해서 국가채무의 증가 결정이 현세대에게 이득을 주는 인기 있는 정책이 될지는 모르지만, 미래세대에는 부담으

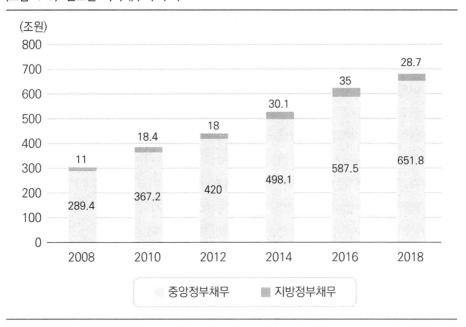

(조원)

연도	값

자료: 국회예산정책처, 『2020 대한민국 재정』

로 작용할 가능성이 많다는 것이다. 이러한 차원에서 볼 때, 국가채무의 증가 결정은 국가채무의 상환까지 염두에 두고 이루어져야 하며, 금융위기와 같은 경제위기나 코로나 사태와 같은 한정된 상황에서 이루어지는 것이 바람직하다.

국가채무 중에서도 적자성 채무가 2009년 168조 7천억원에서 2018년 379조 2천억원으로 증가하였다. 또한 전체 국가채무 가운데 적자성 채무의 비중은 약 55.7%로 나타났다. 적자성 채무는 상환을 위해 조세 등의 재원을 마련해야 하는 채무라는 점에서 적자성 채무의 증가는 더욱 커다란 우려를 낳고 있다. 나머지 301조 3천억원은 금융성 채무로 외환시장 안정을 위한 용도가 대부분을 차지하고 있다.

그렇다면, 한국의 국가채무는 다른 선진국들과 비교할 때 어느 수준일까? 각주에서도 설명한 바와 같이 국가간의 국가채무를 비교할 때에는 일반정부 부채(D2) 수치를 사용한다. <표 4-7>은 2018년 GDP 대비 일반정부 부채(D2)의 비율을 국가간 비교하고 있는데, 한국의 국가채무는 GDP의 40.0%로 다른 선진국에 비해서 아직 낮은 수준을 나타내고 있다.

〈표 4-7〉 GDP 대비 일반정부 부채비율의 국제비교(2018년 D2기준)　　(단위:%)

구 분	한국	일본	미국	독일	호주	OECD 평균
일반정부 부채/GDP	40.0	224.2	106.7	70.3	43.5	108.9

자료: 기획재정부, 『월간 재정동향(2020. 9)』

　　그러나 2000~2017년 기간중 GDP 대비 일반정부 부채 비율의 증가율은 OECD 국가들 가운데 라트비아, 룩셈부르크, 에스토니아에 이어 4번째로 높게 나타났다. 더욱 큰 문제는 향후 재정적자의 확대에 따라 국가채무가 앞으로 크게 증가할 수밖에 없다는 점이다. <표 4-8>에 정리되어 있는 바와 같이 한국의 국가채무는 2050년 약 4,113조원, 2070년 약 6,790조원에 달할 것으로 전망된다. 이에 따라 GDP 대비 국가채무의 비율도 2050년 131,1%, 2070년 185.7%로 증가할 것으로 전망되고 있다.

〈표 4-8〉 장기적인 국가채무의 전망　　(단위: 조원)

구 분	2020년	2030년	2040년	2050년	2060년	2070년
국가채무(D1) (GDP 대비 비율)	860.1 (44.5)	1,819.6 (75.5)	2,905.9 (103.9)	4,113.3 (131.1)	5,415.4 (158.7)	6,789.9 (185.7)

자료: 국회예산정책처, 『2020 NABO 장기재정 전망』

　　또한 <표 4-7>에서 설명한 국가채무 통계에 포함되지 않은 숨은 부채들도 많이 존재한다. 먼저 한국토지주택공사(LH)와 같은 비금융공기업들의 부채를 생각해 볼 수 있다. 비금융공기업의 부채를 살펴보면, 2018년 한국의 GDP 대비 비금융공기업 부채비율은 16.8%로 OECD 회원국 평균(9.7%)보다 2배 가까이 높다. 일반정부 부채에 비금융공기업의 부채를 합한 것을 공공부문 부채라고 하는데, GDP 대비 공공부문 부채의 비율은 2018년 56.8%로 나타나고 있다. 다음으로 연기금을 충당하기 위한 부채 등도 생각해 볼 수 있다. 이는 군인 및 공무원 연금부문에 적자가 발생하면 이를 정부가 보전하는 형태로 군인 및 공무원 연금이 설계되어 있기 때문이다. 한국경제연구원의 연구에 따르면, 2018년 GDP 대비 연금충당 부채비율은 49.6%에 달하는 것으로 나타났는데,[10] 이 또한 다른

10) 이는 한국경제연구원이 추후 예상되는 연금부문의 적자를 충당하기 위해 충당금을 쌓아야

선진국들(미국 31.2%, 호주 24.6%, 캐나다 15.1%)과 비교해 매우 높은 수준이다. 국가채무를 보다 철저히 관리하기 위한 시스템 마련이 요구되는 대목이다.

4. 바람직한 재정운용의 방향

지금까지 살펴본 국가살림을 요약하고, 향후 바람직한 재정정책의 방향과 과제를 정리하면 다음과 같다.

정부 살림살이의 규모가 크게 커지고 있다. 내용적으로 보면, 보건, 복지, 고용 분야의 지출이 가장 많이 증가하였다. 이는 사회보장을 위한 분배적 성격의 지출이 크게 증가하였기 때문이다. 정부의 재정정책의 방향은 성장과 분배간의 무게중심에 따라 달라지겠지만, 무게중심과 상관없이 진행중인 4차 산업혁명을 철저히 준비하고 저출산·고령화에 적극 대응해야 한다는 데 초점을 맞추어야 한다는 데는 이견이 없을 것이다.

재정수지 적자가 사실상 지속되고 있는 가운데 2020년 코로나19 사태로 인한 정부재정의 확대로 말미암아 재정수지 적자는 장기적으로 더 확대될 것으로 전망된다. 다행히 지금까지는 사회보장성기금의 흑자로 인해 재정을 운용하는 데 큰 어려움이 없었던 것이 사실이다. 그러나 출산률 저하, 인구고령화가 진행되는 가운데 국민연금 등의 사회보장성 기금 부문도 머지않아 적자로 돌아설 것으로 전망되고 있다.[11] <그림 4-8>은 국민연금 적립기금의 추이를 보여주고 있는데, 이에 따르면 보험료가 현상태를 유지하는 경우 적립기금은 2058년에 고갈되는 것으로 전망되고 있다.

지금까지는 재정수지 적자를 사회보장성 기금 부문의 흑자로 가려왔다는 점에서 사회보장성 기금이 재정의 운용에 도움을 주어왔다. 하지만 앞으로는 반대로 사회보장성 기금 부문의 적자가 정부의 재정운용에 장애요인으로 작용하게 될 것이다.

한다고 가정했을 때의 부채를 계산한 수치이다.

11) 인구고령화와 연금의 고갈문제는 제11장에서 자세히 다루고 있다.

〈그림 4-8〉 국민연금 적립기금 전망

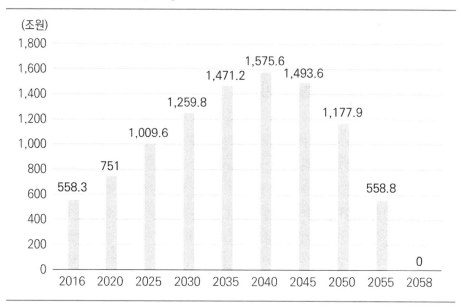

자료: 보건사회연구원, 연합뉴스(2018. 6. 26)에서 부분 인용

　이와 같은 재정운용의 어려움은 국회예산정책처의 장기 재정전망에도 잘 나타나 있다. 앞에서 설명한 ＜표 4-6＞에 따르면, 2030년대 중반부터는 통합재정수지 적자가 관리재정수지 적자보다 커질 것으로 전망되고 있다. 사회보장기금이 포함된 통합재정수지 적자가 이를 제외한 관리재정수지 적자보다 커진다는 것은 사회보장기금 부문이 흑자에서 적자로 돌아선다는 것을 의미한다. 이에 따라 국민연금을 포함한 연기금 부문의 강도 높은 개혁이 요구되고 있다.

　재정수지 적자가 앞으로 더욱 확대될 것으로 전망되는 상황에서, 재정수지 악화를 방지하기 위한 노력이 시급히 요구된다. 이를 위한 방안으로는 불요불급한 정부의 재량지출을 줄이고, 유사 예산사업을 통폐합하며, 재정사업평가를 강화하는 것을 들 수 있을 것이다.

　재정수지 적자의 확대에 따라 국가채무(D1)는 30년 이내에 GDP의 131% 수준으로 증가할 것으로 전망된다. 여기에 비영리 공기업과 비금융 공기업을 포함하고 연기금을 충당하기 위한 부채까지 더하면 30년도 안 되어 국가채무의 크기가 감당하기 어려운 수준까지 증가할 수도 있다는 것이다. 이러한 국가채무의 증가는 국가 신용도에 악영향을 줄 수 있을 뿐만 아니라 미래세대에게도 부담을 준다. 이에 따라 국가채무의 급증을 막기 위해 장기적인 관점에서 국가채무를 체계적으로 관리하기 위한 시스템 마련이 요구되고 있다. 여기에는 국가채무 등의 재정지표가 일정 수준을 넘지 않도록 엄격한 재정준칙을 마련하는 것이 포함될 수 있을 것이다.

CHAPTER

05

변모하는 금융시장

한국 금융경쟁력 74위→19위…'우간다 악몽' 벗어났다

　세계경제포럼(WEF)이 2018년 10월 17일 발표한 국가경쟁력 평가에서 아프리카 빈곤국인 우간다보다 뒤처졌던 한국의 금융경쟁력이 올해 55계단 뛰어올랐다. 기존 주관식 설문 등의 정성평가 위주에서 정량평가 위주로 바뀌면서 순위가 큰 폭으로 상승했다는 분석이다.

　올해 한국의 금융경쟁력은 평가대상국 140개국 중 19위를 차지했다. 한국의 종합순위가 15위라는 점을 감안하면 국가 순위보다는 다소 낮지만 지난해 74위와 비교하면 크게 상승했다. 2015년 WEF가 발표한 금융경쟁력 순위에서 한국은 87위를 기록해 우간다(81위)에 비해 여섯 계단 뒤졌다. 이듬해 같은 조사에서도 한국은 80위로, 우간다(77위)에 뒤졌다. 이 때문에 한국 금융권은 한동안 '우간다 트라우마'에 시달려야만 했다.

　하지만 수도인 캄팔라에서도 은행 점포를 찾기 힘들고 신용카드 거래 및 모바일 결제조차 찾아보기 힘든 우간다보다 한국의 금융경쟁력이 뒤진다는 WEF 평가는 신뢰성이 떨어진다는 지적이 적지 않았다. 올해 한국의 금융경쟁력 순위가 크게 오른 건 WEF가 평가 방식을 변경한 데 따른 것이다. 지금까지의 평가 방식은 설문 7개와 통계 1개 등 정성평가 위주로 이뤄졌다. 기업인들에게 한국 금융 서비스 이용은 어떤지 혹은 은행 건전성이 어느 수준인지를 묻는 방식이었다는 것이 금융위 설명이다.

　올해는 국내총생산(GDP) 대비 민간부문 여신, GDP 대비 금융회사 시가총액, GDP 대비 보험료, 부실채권 비중, 은행의 규제자본 비율 등 객관적인 수치가 더 많이 반영되는 정량평가로 평가 방식이 변경됐다. 이 중 한국은 GDP 대비 민간 부문 여신, 부실채권 비중 등 항목에서 100점을 획득하기도 했다.

자료: 한국경제 2018. 10. 17.자

1. 금융은 경제의 핏줄

금융시장의 기능

금융이란 자금의 융통을 의미한다. 즉, 자금을 수요하는 경제주체와 공급하는 경제주체 간 거래가 조직적으로 이루어지는 구체적 및 추상적 공간이 금융시장이다. 재화나 서비스가 거래되는 실물시장과 달리 금융시장에서는 자금이 거래된다. 자금이 부족한 쪽이 수요자, 자금이 남는 쪽이 공급자가 된다. 금융시장에 참여하는 경제주체들은 기업, 가계, 정부, 금융기관 등 다양하다. 이들은 자금의 수요자가 될 수 있고, 또 자금의 공급자가 될 수도 있다. 예를 들어 가계는 미래 소비를 위하여 현재 소득의 일부를 저축하게 되는데, 저축된 소득은 자금의 공급이 된다. 한편 기업이 투자를 위하여 은행에서 대출을 받거나, 또는 정부가 재정적자를 메우기 위하여 국채를 발행하는 경우 자금의 수요가 발생한다.

<그림 5−1>은 금융시장과 자금흐름을 보여준다. 그림의 왼편에서는 자금공급이, 그리고 오른편에서는 자금수요가 발생한다. 자금공급부문에서 자금수요부문으로 당사자 간 직접 자금이 이전되는 시장을 직접금융시장이라고 한다. 즉 이 경우에는 자금 공급자와 수요자간의 계약을 통해 자금이전이 이루어진다. 한편 금융기관을 통하여 간접직으로 자금이 이전되는 시상을 간접금융시장이라고 부른다. 이 경우는 자금공급자와 금융기관 그리고 금융기관과 자금수요자 간의 계약을 통해 자금이전이 이루어진다.

〈그림 5-1〉 금융시장과 자금흐름

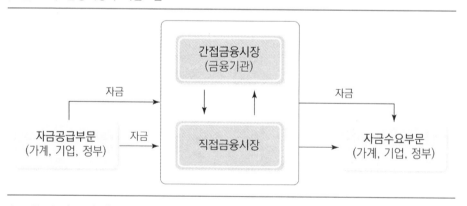

자료: 한국은행(2016), 『한국의 금융시장』

금융은 경제의 혈맥이라고 불린다. 피가 잘 돌아야 몸이 건강하듯이 금융이 효율적이라야 경제가 튼튼해진다. 자금을 가장 효율적으로 사용할 수 있으리라 예상되는 경제주체에게 자금이 배분되는 시스템이야말로 경제 전체의 입장에서 보면 바람직할 것이다. 따라서 자금의 배분을 어떻게 효율적으로 달성할 수 있느냐가 금융의 핵심 주제라 할 수 있다.

한편 금융거래에서는 계약과 결제 시점간에 차이가 존재하기 때문에 그 기간 동안에 부도위험이나 금리나 환율과 같은 금융자산의 가격 변동 위험 등 다양한 위험이 존재한다. 금융시장은 금융거래 당사자들이 금융거래에 따른 위험을 분산할 수 있는 수단을 제공함으로써 거래를 활성화하고 경제를 안정시키는 역할을 한다. 또한 금융은 기본적으로 신용에 입각해서 거래가 이루어지기 때문에 거래 당사자들은 물론 경제전반에 대한 정보가 수시로 금융상품의 가격에 반영되고 가격은 거래 당사자들의 행위에 규율을 부과한다. 반면 실물상황과 괴리된 금융 및 자산시장 거품은 경제전반의 불안을 증대시키고 경우에 따라서는 경제를 위기로 몰아넣을 수 있다.

특정 국가에 적합한 금융시스템은 해당 국가의 경제 상황이나 발전수준 등에 따라 달라진다. 금융시장의 인프라가 발달하지 못한 국가에 효율적인 금융시스템과 오랜 기간 동안 금융제도가 성숙된 국가의 금융시스템은 명확히 다르게 나타난다. 한 국가 내에서도 경제발전의 정도에 따라 금융시스템의 모습은 변화되어 간다.

금융시장의 구조

앞에서 설명한 바와 같이 금융거래는 직접금융거래와 간접금융거래로 분류된다. 직접금융은 자금 수요지와 공급자간의 직접적인 계약으로 거래가 이루어지는 거래인 반면, 간접금융은 은행과 같은 금융중개기관이 거래의 매개자로서 역할을 수행하는 거래를 의미한다. 직접금융상품으로는 주식, 채권 등이 있으며 간접금융상품은 예금, 대출 등이 있다(<그림 5-2> 참조).

한편 통상 만기가 1년 미만의 금융상품이 거래되는 시장은 단기금융시장이라고 하는데 일명 화폐시장(money market)이라고도 불린다. 콜시장, 환매조건부매매시장, 양도성예금증서시장, 기업어음시장, 전자단기사채시장, 표지어음시장, 1년물 이하 통화안정증권 및 재정증권시장 등이 여기에 해당된다. 이에 반해 만

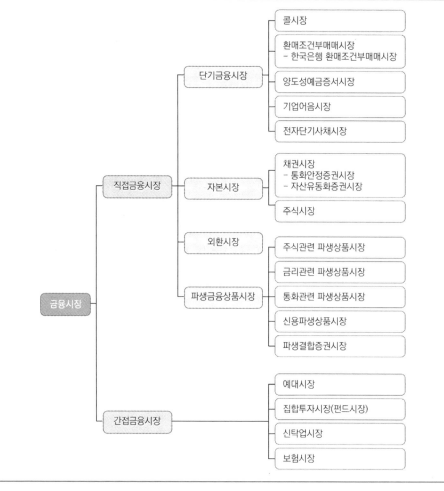

자료: 한국은행(2016), 『한국의 금융시장』

기가 1년 이상의 금융상품거래 시장은 장기금융시장 또는 자본시장(capital market)으로 분류된다.

또한 금융거래에서 파생되는 계약불이행 위험, 즉 신용위험이나 가격변동 위험 등을 제거(헷징)하거나 위험발생으로 인해 야기되는 비용에 대해 보상 기능을 하는 보험을 제공하기 위해서 고안된 금융상품이 거래되는 시장을 파생금융상품시장이라고 한다. 그리고 금융거래가 국내 거주자 간에 이루어질 경우는 국내금융이지만 거래당사자 중에 비거주자가 참여할 경우 이를 국제금융이라 한다. 한편 외국통화와 국내통화 간에 교환이 이루어지는 시장을 외환시장이라 한다. 이외에도 금융시장은 거래규칙이 표준화된 상태에서 거래되는 장내시장과 거래자간에 자유롭게 거래가 이루어지는 장외시장으로 분류되기도 한다. 그리고 신규로 발행된 금융상품이 거래되는 발행시장과 이미 발행된 금융상품의 거래시장인 유통시장으로 구분한다.

우리나라 금융시장의 규모는 <표 5−1>에서 보는 바와 같이 1990년대 이후 비약적으로 확대되었다. 2019년 말 현재 단기금융시장과 자본시장을 합친 직접금융시장 규모는 총 4,255조 원으로 1990년 말 158조 원의 26.9배에 달하고 있다. 전체 경제규모(명목 GDP) 대비로는 1990년의 82.7%에서 2019년 말에는 221.7%로 높아졌다. 시장별로 보면 자본시장의 경우 채권시장 규모는 2019년 말 현재 2,019조원으로 1990년 말의 57.7배, 주식시장 규모는 1,717조 원으로 같은 기간 중 21.7배에 달하는 등 괄목할 만한 신장세를 기록하였다. 단기금융시장 규모도 2019년 말 현재 519조 원으로 1990년 말의 11.7배 수준으로 확대되었다. 이와 같이 우리나라 직접금융시장이 괄목하게 성장한 것은 경제규모의 확대, 정부의 자본시장 육성 및 대외개방 정책, 1997년 외환위기 이후의 금융시장 하부구조 정비 및 시장참가자들의 금융거래 기법 개선 등에 힘입은 바 크

〈표 5-1〉 한국 금융시장의 규모   (단위: 기말잔액기준, 조원, 배)

	1990(D)	2000	2010	2019(E)	E/D
단기금융시장[1](A)	44	139	265	519	11.7
자본시장(B)	114	639	2,353	3,736	32.8
채권[2]	35	424	1,113	2,019	57.7
주식[3]	79	215	1,240	1,717	21.7
전 체(C=A+B)	158	778	2,618	4,255	26.9
C/명목GDP(%)	82.7	124.5	206.9	221.7	−
C/대출금[4](%)	86.9	110.9	143.3	238.2	−

주: 1) 콜, 환매조건부매매, 양도성예금증서, 기업어음, 전자단기사채, 표지어음 및 1년물 이하 통화안정증권, 재정증권 합계

　　2) 상장채권 기준(단 1년물 이하 통화안정증권 및 재정증권은 제외)

　　3) 한국거래소의 유가증권시장 상장주식 및 코스닥시장 등록주식의 시가총액

　　4) 2010년까지는 자금순환표상 대출금(단 한국은행의 대출금 제외), 2019년은 18개 국내은행의 대출금 합계

다.[1] 한편 간접금융인 대출금과 직접금융시장간의 비중을 보면 점차적으로 직접금융시장의 비율이 증대되고 있다. 1990년 직접금융시장은 간접금융시장의 약 0.87배 수준이었으나 2019년에는 그 비율이 약 2. 38배로 크게 증가하였다.

 코로나19 사태와 한국은행의 역할: '크라이시스 파이터' vs '인플레이션 파이터'

한국은행이 2020년 6월 12일 창립 70주년을 맞았다. 그러나 오프라인 행사를 열지 않고 이주열 한은 총재의 온라인 기념사로 대체했다. 이 총재는 기념사에서 "중앙은행이 코로나19 위기를 맞아 '크라이시스 파이터(crisis fighter)'로서 보다 적극적으로 나서야 한다는 주장이 힘을 얻고 있다"고 말했다. 또 이 총재는 "중앙은행의 준재정적 역할에 대한 요구를 어디까지 수용해야 하며 그 정당성은 어떻게 확보할 것인지, 중앙은행의 시장 개입 원칙을 어떻게 정립할 것인지에 대해 스스로 치열하게 고민하고 사회적 컨센서스를 도출하자"고 독려했다.

그동안 중앙은행이 물가 안정을 위해 싸우는 '인플레이션 파이터'로 불렸다면, 이제는 경제위기 극복을 위해 훨씬 적극적인 역할을 해야 한다는 역설이다. 한은은 코로나19와 싸우는 '위기 파이터'로 금융 시스템이라는 링 위에서 싸움을 벌이고 있다. 소극적인 한은이라는 종래의 비판을 불식해야 하는 사회적 요구에 직면해 있다. 기준금리를 0.5%까지 내리며 처음으로 사실상 '제로금리' 시대를 열었고, 발 빠르게 미국 연방준비제도이사회와 600억 달러 규모의 통화스왑을 체결해 외환시장을 빠르게 안정시켰다. 주요 기업들이 코로나19로 도산하지 않도록 지원 대출 규모를 늘렸으며, 회사채 매입기구에 8조원을 대출해줬다.

중앙은행은 현대판 연금술사로 불린다. 과거에는 금이 아닌 것을 금으로 만드는 기술이 연금술로 불렸다면, 오늘날 중앙은행은 국민에게 위임받은 발권력으로 돈을 찍어내는 연금술을 부린다. 기획재정부로부터 독립된 기관이기 때문에 금융통화위원회 위원들의 동의만 있으면 돈을 찍어내 국민에게 뿌릴 수도 있다. 동시에 현대의 중앙은행은 물가가 안정되도록 통화정책을 펼치며, 부동산이나 주식으로 돈이 너무 쏠리는 등 위기를 감시하는 금융안정 책무도 지고 있다. 찍어내 쓰기만 하면 될 것 같은 '화폐 연금술'이라는 권력을 갖고도 이 같은 행위를 가장 두려워하는 곳이 한은인 이유다. 또 4,000억 달러에 이르는 외환보유액을 관리하는 주체로, 전 세계 시장에서 원화 가치를 방어하는 선봉에 서 있는 곳도 한은이다.

자료: 매일경제, 2020. 6. 12.자

---

1) 한국은행(2016), 『한국의 금융시장』

2. 관치금융에서 금융자율화로

경제성장을 위한 적극적인 정부개입(1960~1970년대)

우리나라는 1960년대와 1970년대 정부주도 경제성장정책을 채택하였다. 경제개발 초기 단계에서 가장 애로가 되는 사항 중의 하나는 투자재원의 빈곤과 시장시스템의 미비이다. 이에 정부는 국내저축을 증대하고 이를 전략적인 부문에 배분하기 위해서 금융회사에 대한 지배를 강화하였다. 이 과정에서 정부는 수출산업 및 전략적 유치산업에 대한 지원을 목표로 이들 사업에 저금리의 장기자금을 우선적으로 배분하는 등의 우대조치를 취하였다.[2]

정부의 금융에 대한 관여는 1970년대에도 지속되었는데 특히 중화학공업 육성에 필요한 대규모 자금을 마련하기 위하여 금융의 자율성을 더욱 억압하였다. 대표적인 조치로는 1972년 단행된 '8.3 긴급경제조치'가 있다. 그 주요 내용은 기업의 재무구조 악화의 주범으로 지목된 고리의 사채를 일정한 금리수준 이하로 동결하여 분할상환토록 한 것이다.[3]

'8.3 조치' 이전까지 기업은 자금조달을 주로 은행과 사채시장에 의존하였다. '8.3 조치'를 계기로 정부는 지하자금의 양성화를 목적으로 다양한 형태의 금융회사의 설립을 추진하였다. 그 결과 단기자금의 거래를 활성화하기 위한 투자금융회사(단자사), 주식 등 증권투자를 촉진하기 위한 투자신탁회사, 외자 도입 등 다양한 금융 업무를 취급하는 종합금융회사, 리스회사, 상호신용금고 등이 설립되는 등 금융산업의 구조가 다양화되기 시작하였다.[4]

1970년대 중반 중화학공업화가 추진되면서 정부가 정한 목표에 따라 자금이 배분되는 정책금융의 비중이 크게 증가하였다. <표 5-2>에서 보는 바와 같이 1978년에는 그 비중이 41.2%에 달하였다. 정책금융의 증대와 인위적인 저금리정책 그리고 신용할당과 같은 정부의 관치금융은 압축성장에 크게 기여하였

---

2) 1961년에 당시 재벌이 보유하고 있던 시중은행 주식의 대부분을 정부에 귀속시키는 등 시중은행을 국유화하였고 1962년에는「은행법」과「중앙은행법」을 개편하여 금융권 전반에 대한 정부통제를 강화하였다.

3) 신고된 사채에 대해서는 3년 거치 5년 분할 상환하고 월 1.35%(당시 실세금리는 월 3.84%)의 금리조건을 적용하였다. 신고된 사채는 약 3,456억 원에 달했는데 이는 당시 통화량의 82%, 총여신 잔액의 29%에 해당하였다.

4) 손상호·정지만(2001) 참조.

〈표 5-2〉 1960-70년대 예금은행의 정책금융 비중 (단위: %)

연도	'66	'67	'68	'69	'70	'71	'72	'73	'74	'75	'76	'77	'78	'79
정책 금융 비율	31.8	32.6	27.5	26.7	29.3	29.3	48.2	43.4	38.8	35.9	40.6	39.3	41.2	39.1

지만 금융시장의 발전을 저해하는 요인으로 작용하였다. 관치금융이 야기한 주요 문제점은 다음과 같이 요약될 수 있다.[5]

① 장기간에 걸친 선별금융의 확대 실시는 결과적으로 정책금융의 비대와 일반금융의 상대적 위축을 초래하여 금융회사의 자율성을 억제하는 동시에 시장친화적 금융정책의 효과를 반감시켰다.

② 자금의 조달 및 운용, 예금 및 대출금리 결정 등 은행 스스로가 결정할 사항이 정부에 의해 지시됨으로써 금융의 동태적 발전을 저해하였고, 금융회사의 도덕적 해이 현상을 조장하였다.

③ 금융산업에 대한 엄격한 진입 제한과 금융회사 간 칸막이식 업무영역 제한은 경쟁을 제한하였다.

④ 인플레이션 압력 하에서 저금리정책은 저축 증대에 걸림돌이 되었으며 기업이 과다하게 차입에 의존함으로써 재무구조개선 및 경영합리화 노력을 게을리 하는 도덕적 해이 현상을 조장하였다.

⑤ 선별적 신용공급은 수출산업과 내수산업, 대기업과 중소기업 간의 균형 있는 성장을 유도하지 못하였다.

금융자율화 및 금융개방의 첫걸음(1980년대)

1980년대에 들어오면서 정부는 금융자율화와 개방화를 점진적으로 추진하기 시작하였다. 이러한 금융정책의 기조 변화는 대내적으로는 경제규모가 확대되고 경제구조가 다원화된 상황에서 정부의 지나친 개입 및 규제가 금융산업의 경쟁력을 저하시키고 자원배분의 왜곡을 심화시킨다는 인식이 커졌고, 대외적으로는 미국을 중심으로 한 선진국으로부터의 금융시장 개방 요구가 확대되었기 때문

---

5) 이동걸 · 김대식(2001) 참조.

이다. 1980년대에 취해진 주요 금융자율화 조치는 다음과 같다.

① 시중은행의 민영화를 본격적으로 추진하기 시작하였다. 한일은행(1981)을 시작으로 서울신탁은행(1982), 제일은행(1982), 조흥은행(1983) 등이 민영화되었다. 은행법을 개정하여 은행경영에 대한 포괄적인 명령권을 삭제하였고, 은행의 내부경영 전반에 대한 세부적인 규제를 대폭 축소하였다. 금융회사의 신규진입을 허용하는 한편 부분적으로 업무 영역을 확대하여 시장경쟁을 촉진시켰다.
② 정책금융에 대한 금리우대를 축소 또는 폐지하였다. 이에 일반예금은행의 정책금융의 비중도 다소 줄어들었다(<표 5-3> 참조).
③ 국내 금융회사의 대형화 및 경쟁력 강화를 위해 대규모 증자 및 점포 확대를 허용하였다.
④ 1988년 12월에는 여신금리와 일부 장기저축성예금의 금리를 자율화하는 조치를 채택하였다. 그러나 실물경제가 어려워짐에 따라 1989년 하반기부터 창구지도를 통해 다시 금리를 규제하기 시작했다. 그 대신 금리가 자유화된 신종 금융상품을 도입하였다.
⑤ 국내 금융시장의 개방을 추진하여 외국과의 합작은행 설립(예: 신한은행(1982), 한미은행(1983)), 보험시장의 개방 확대, 외국인의 국내 증권에 대한 간접투자 등을 허용하였다.

1980년대의 금융자율화 및 개방화 조치는 매우 단편적이고 점진적으로 시행되었다. 더욱이 이러한 조치는 금융산업의 경쟁력과 자율성 제고를 위한 진정한 의미에서의 개혁이라기보다는 국제금융환경의 변화로 인한 외부로부터의 압력에 최소한으로 대응하는 자세로 추진되었기 때문에 그 효과가 크시 못하였다.

〈표 5-3〉 1980년대 예금은행의 정책금융 비중 추이 (단위: %)

연도	'80	'81	'82	'83	'84	'85	'86	'87	'88	'89	'90
정책금융 비중	39.8	40.1	37.8	38.6	33.3	31.9	34.2	33.8	32.9	30.5	32.0

결국 1980년대의 금융자율화와 개방화는 관치금융의 부작용, 금융회사의 부실채권 누적, 금융시장의 비효율성 등과 같은 문제를 해결하는 효과적인 수단으로 작용하지 못하였다.

본격적인 금융자율화의 추진(1990년대)

1990년대에 들어와서 정부는 1980년대의 단편적이고 일관성이 부족한 금융자율화 정책이 초래한 문제점을 보완하기 위해 장기적이고 종합적인 금융시장 선진화 방안을 수립·시행하였다.[6] 이러한 정책의 대표적인 조치로는 먼저 1991년부터 추진하기 시작한 금리자유화 계획을 들 수 있다. 정부의 1단계 금리자유화 조치 후 2단계 자유화조치는 경기둔화를 이유로 잠시 미루어졌다가 1993년 김영삼 정부의 출범과 더불어 본격적으로 추진되기 시작했다. 그 결과 1997년 7월 마지막 4단계 금리자유화가 실시되면서 요구불예금 및 재정지원자금의 여신금리를 제외한 모든 여수신 금리가 자유화되었다(<표 5-4>참조).

또한 금융회사의 업무영역, 신규진입, 소유구조에 대한 규제를 개편하였다. 업무영역 규제 완화와 관련해서는 은행, 증권, 보험업은 각각 핵심 업무를 유지하되 주변 업무를 중심으로 상호진입을 점진적으로 허용하는 방식이 채택되었다. 소유구조의 경우 산업자본에 의한 금융회사 지배를 방지하기 위해서 금융전업자 제도를 도입하는 동시에 시중은행에 대한 동일인 보유한도는 8%에서 4%로 하향 조정하였다. 그리고 1996년에는 은행의 비상임이사 중심의 이사회제도를 도입하였다.

---

6) 한 나라의 금융자산을 명목 GNI(국민총소득)로 나누어서 금융 부문의 양적 성장을 측정하는 지표가 금융연관비율(finacial interrelations ratio)이다. 손상호·정지만(2001)이 추정한 우리나라의 금융연관비율을 살펴보면 1970년에는 2를 다소 상회하였으나 1980년 이후에 빠른 속도로 상승하여 1996년에는 약 5에 이르렀다.

〈표 5-4〉 금리자유화 계획 및 추진 현황

최초계획(1991.8)			수정계획(1993.6)		
제1단계 (91.11)	여신	당좌대출, 상업어음할인, 투금사 상업어음 및 무역어음 할인	제1단계 (93년 말까지)	여신	• 제1금융권(은행) • 제2금융권(비은행)
	수신	예금증서(CD), 투금사 거액상업어음 및 거액무역어음 매출, 은행 거액상업어음 매출, 거액환매채(RP), 일부장기예금		수신	2년 이상 장기예금
	채권	• 2년 이상 회사채 • 재정지원 및 한은 재할인대상 여신[1]제외		채권	• 2년 이상 회사채 • 2년 이상 금융채 • 통화안정채 • 모든 국공채
제2단계 (92-93)	여신	제1, 2금융권 여신	제2단계 (94-95)	여신	재정지원 및 한은 재할인대상 여신[1]
	수신	2년 이상 장기예금		수신	단기시장성상품 추가 자유화
	채권	• 2년 이하 회사채 • 2년 이상 금융채		채권	1단계에 시행
제3단계 (94-96)	여신	재정지원 및 한은 재할인대상 여신[1]	제3단계 (96)	여신	정부기금에서 금리차를 보전하는 은행대출[2]
	수신	• 2년 미만 단기예금 (요구불 예금 제외) • 시장금리연동부상품(MMC) 도입		수신	• 요구불예금 제외 수신 (시장금리연동부 상품 도입)
	채권	• 2년 미만 금융채 • 2년 미만 통화안정채		채권	–
제4단계 (97년 이후)	여신	–	제4단계 (97)	여신	–
	수신	여타 단기 수신 및 요금불예금		수신	• 요구불예금 점진적자유화 계획 수립 • 단기시장성상품에 대한 규제철폐 검토
	채권	모든 국공채		채권	–

주: 1) 한은재할인대상 여신은 은행이 할인 매입한 어음을 한국은행에서 다시 할인받아 대출하는 것을 의미
2) 정부기금에서 금리차를 보전하는 은행대출은 저금리 정책금융 대출은행에게 일반금리와의 차이를 정부기금으로 보전하는 것을 의미함
자료: 조순(1996)

그러나 이러한 정부의 금융산업 경쟁력 제고 및 자율성 확대 노력에도 불구하고 실제로는 정부의 개입이 여전히 지속되는 경우가 빈번했다. 예를 들어 은행의 금리 결정에도 정부가 직간접적으로 영향력을 행사하였고 민영화된 금융회사의 인사에도 공공연하게 정부의 입김이 작용하였다. 또한 금융회사의 건전성 강화 조치를 발표하고도 이를 엄격하게 시행하지 못하였다.[7] 그럼에도 불구하고 외환위기 이전까지의 국내 금융정책은 경제규모의 확대와 다양한 금융서비스에 대한 수요 확대 그리고 국제금융환경의 변화에 따른 시장개방 확대 등으로 인해서 더욱 시장친화적 방향으로 전환하였다. 그러나 이러한 정책 변화는 일관성이 미흡하였고 금융관련 제도의 미비 및 위험관리에 대한 인식과 능력의 부족 등으로 인하여 진정한 금융선진화를 이루기 위한 여건 마련에 실패하였다.[8]

외환위기 이후 구조조정의 회오리

　1997년 외환위기가 발생하자 우리나라는 IMF의 구제금융을 지원받는 조건으로 대대적인 구조개혁을 단행하였다. 이 중 금융구조조정의 핵심은 부실 금융회사의 퇴출과 대대적인 공적자금의 투입을 통한 금융회사의 건전성 제고 그리고 금융감독 기능의 강화라 할 수 있다. 이 과정에서 1997년 말 기준 전체 금융회사 수의 29.1%에 해당하는 613개 금융회사가 2002년 말까지 퇴출 또는 합병되었다. <표 5−5>에서 보는 바와 같이 은행산업의 경우 외환위기 이전 33개였던 은행 수가 2002년 1월 말 현재 20개로 줄어들었다. 이 중 5개 은행은 인가가 취소되었고 9개 은행은 합병되었다.[9] 그리고 2000년에는 한빛은행, 평화은행, 경남은행, 광주은행이 우리금융지주회사에, 제주은행이 신한금융지주회사에 자회사로 편입되었다.

　한편 비은행권 중 종금사의 경우는 국내 대기업의 도산에 따른 대규모 손실

---

7) 건전성 강화를 위한 조치로는 자기자본비율(BIS기준) 8% 규정 도입, 금융회사에 대한 경영건전성 기준(경영지도비율) 강화, 자회사에 대한 신용공여한도 설정, 부실자산의 대손상각 확대, 예금보험공사의 설립 등이 있다.

8) 1995년 IMD(스위스 국제경영개발원)의 국제경쟁력 평가 보고서에 의하면 조사대상 47개국 중 우리나라의 국가경쟁력은 26위인 반면, 금융부문 경쟁력은 35위로 나타났다.

9) 자기자본비율이 8% 미만이고 경영정상화 가능성이 희박한 대동은행, 동남은행, 동화은행, 충청은행, 경기은행이 다른 은행에 인수되는 형식으로 인가가 취소되었고 상업은행과 한일은행, 조흥은행과 강원은행, 충북은행, 국민은행과 장기신용은행, 하나은행과 보람은행이 합병되었다.

과 외화운용의 미숙함으로 인하여 대부분이 부실화되었다. 그 결과 30개의 종금사가 대부분 퇴출되었고 2002년 1월 3개의 종금사만 존속하게 되었다. 상호신용금고는 약 40%가 퇴출 또는 합병되었고, 신용협동조합의 경우도 1,661개 조합 중 359개가 퇴출되었다.

금융구조조정에 투입된 공적자금은 2006년 3월 말 약 168.3조 원에 달하였다. 이 중 은행권에 투입된 공적자금은 전체의 약 54%인 86.9조 원인데 이는 금융구조조정이 은행구조조정에 초점이 맞추어져 있음을 시사한다. 그 결과 일반은행의 자기자본비율(BIS비율)은 1997년 7.04%에서 2002년 10.5%로 개선되었다. 한편 부실금융회사들이 퇴출된 반면, 우량금융회사들은 흡수, 합병을 통해 대형화됨에 따라 금융회사당 자산 규모는 외환위기 이전에 비해서 크게 증가하였다.[10] 금융감독시스템을 효율화하기 위해서 과거의 분야별 감독체계 대신 통합적이고 일원화된 금융감독체제를 출범시켰다. 따라서 은행, 증권, 보험 등 모든 금융부문에 대한 감독정책의 수립 및 집행 권한이 금융감독위원회와 금융감독원으로 귀속되었다. 이후 2008년 2월 새로운 정부의 출범과 함께 금융감독위원회의 감독정책기능과 재정경제부의 금융정책기능을 통합하여 금융위원회가 새로이 설립되었고 금융위원장과 금융감독원장을 분리하여 각각 정책기능과 집행기능을 담당하도록 하였다. 개별 금융회사의 경우도 금융자율화의 확대에 따른 위험관리의 중요성이 커짐에 따라 위험관리조직을 별도의 독립된 부서로 분리하여 그 기능을 강화하였다. 특히 은행의 경우 여신 결정 과정을 투명하게 개선하였고 신용평가등급제, 부실징후 조기경보제 등을 채택하였다.

---

10) 2000년 말 자산규모는 은행의 경우 약 88%, 종금 280%, 증권 28%, 보험은 69% 증대되었다.

〈표 5-5〉금융기관 구조조정 내역

금융권별	97년 말 총기관수 (A)	구조조정현황					신설 등	2002년 1월 말 총 기관 수
		인가취소	합병	해산·가교사 이전*, 영업정지 등	계 (B)	비중 (B/A)		
은행	33	5	9	–	14	42.4	1	20
비은행	2,068	118	144	337	599	28.9	57	1,526
종금	30	18	6	4	28	93.3	1	3
증권	36	5	2	1	8	22.2	16	44
보험	50	7	6	2	15	30.0	9	44
투신	30	6	1	–	7	23.3	7	30
상호신용금고	231	71	26	25	122	52.8	12	121
신용협동조합	1,666	2	102	305	409	24.5	9	1,266
리스	25	9	1	–	10	40.0	3	18
합계	2,101	123	153	337	613	29.1	58	1,546

주: * 특정금융기관의 계약을 다른 금융기관으로 이전하는 것을 의미
자료: 금융감독위원회

금융구조조정, 절반의 성공

우리나라의 금융구조조정은 매우 신속하게 진행되었고, 어느 정도 소기의 성과를 거두었다고 평가할 수 있다. 예를 들어 은행권 전체의 수익은 1998년 약 10조 원의 적자에서 2002년 2.9조 원의 흑자로 돌아섰고, 부실채권의 비율도 1998년 전체대출 대비 7.2%에서 2001년에는 3.3%대로 낮아졌다.[11] 이 같은 구조조정은 금융중개기능을 정상화하고, 우리 경제의 대외신인도를 높이는 데 결정적으로 기여하였다.[12]

그러나 금융구조조정을 급속하게 추진하는 과정에서 일시적으로 자금수요를 충족시키지 못하는 현상이 나타났는데 이는 금융회사의 건전성에 대한 규제를 국제수준으로 갑자기 높이면서 금융회사의 민간부문에 대한 대출이 위축된 결과이다. 대출에 대한 수요가 공급을 초과하는 신용경색현상은 1999년에 들어서면서 해소되었다. 여기에는 주식시장이 활성화되면서 대기업집단이 보다 용이하게 자금을 조달할 수 있는 여건이 마련되었다는 점도 크게 작용하였다.

---

11) 총자산수익률(ROA)는 1998년 −3.0%에서 2002년 0.6%로 개선되었다.
12) 신인석 외(2000) 참조.

실물부문에 대한 자금공급이 보다 원활하게 이루어지게 된 것과 함께 금융회사의 기업부문에 대한 대출비율이 낮아져서 위험도가 크게 감소한 것도 구조조정의 중요한 성과 중의 하나라고 할 수 있다. 그러나 위험도와 수익성을 중시한 나머지, 기업대출보다는 가계대출을 선호하고, 여전히 담보가 부족한 중소기업에 대한 대출을 회피하는 현상이 나타나게 되었다.

우리나라의 대외신인도는 외환위기 직후인 1997년 12월 투기등급까지 하락하였으나 1999년 1월에는 투자등급을 회복하기에 이르렀다. 국가신용등급은 국제적인 전문신용평가기관에 의해서 평가되고 있는데, 대표적인 국제신용평가기관으로는 미국계인 Standard & Poor's(S&P), Moody's와 영국계인 Fitch & IBCA 등이 있다. 이 기간에 이들 국제신용평가기관에 의한 우리나라의 신용평가등급 평가는 <표 5-6>에서 보는 바와 같다.

〈표 5-6〉 한국의 국가신용등급 변화

	S & P	Moody's		Fitch & IBCA	
외환위기 이전	AA-	A1		AA-	
1997. 10	A+			A+	(1997.11)
1997. 11	A-	A3		A	
1997. 12	BBB-	Baa2		BBB-	
1997. 12	B+	Ba1		B-	
1998. 2	BB+	BB+			
1999. 1	BBB-	Baa3	(1999. 12)	BBB-	
1999. 11	BBB	Baa2	(1999. 12)	BBB	(1999. 6)
2001. 11	BBB+	Baa2		BBB+	(2000. 3)
2002. 7	A-	A3	(2002. 3)	A	(2002. 6)
2005. 7	A	A2	(2007. 7)	A+	(2005. 10)
2007. 7		A2			
2010. 4		A1			
2012. 9	A+	Aa3		AA-	
2015. 9	AA-				
2015. 12		Aa2			
2016. 8	AA				

주: BBB-(Baa3) 이상이면 투자등급, 이에 미달하면 투기등급으로 분류
자료: 기획재정부

이와 같이 한국의 대외신인도가 빠른 속도로 회복된 것은 국내금융회사의 구조조정노력을 긍정적으로 평가한 데 기인하는 바가 크다. 특히 회계기준의 변경, 은행의 자산건전성 분류 강화, 그리고 파산관련법 및 제도의 정비 등이 국제규범에 일치하는 방향으로 진행되었다. 이러한 과정에서 해외 유수의 컨설팅 및 회계법인 등이 참여하여 금융회사의 투명성을 강화하는 계기가 마련되었다. 그 결과 신흥시장국의 전반적인 신용위험 증대에도 불구하고 한국의 대외신인도는 외환위기를 겪은 아시아 개도국 중 가장 빠른 속도로 개선되었다.

이러한 긍정적인 평가에도 불구하고 금융구조조정이 성공리에 완결되었다고 보기는 어렵다. 왜냐하면 외환위기 직후의 금융구조조정은 주로 은행권에 집중되었고, 그것도 정부출자에 의한 부실채권 정리에 집중되었기 때문이다.

3. 빗장풀린 자본시장과 외환자유화

1990년대 신흥시장국에 대한 자본유입의 증가는 투자국뿐 아니라 유입국에게도 상당한 경제적 이득을 가져올 것으로 기대되었다. 즉, 투자자의 입장에서 보면 빠른 경제성장을 실현하는 신흥시장국에 대한 투자는 선진국과는 비교할 수 없을 정도의 높은 수익률을 보장할 것이다. 한편 자본이 부족한 신흥시상국의 입장에서는 주식시장이나 채권시장을 개방하면 선진국의 풍부한 자본을 더 저렴한 비용으로 사용할 수 있다는 이점이 있다. 그러나 1994년 멕시코의 페소화위기에 이은 1997년의 아시아 신흥시장국의 외환위기는 자본유입의 갑작스런 중단이 얼마나 위험한 것인지를 일깨워 주는 계기가 되었다. 이에 따라 자본자유화는 축복인 동시에 재앙을 가져올 수 있는 '양날의 칼'로 인식되기 시작하였다.

기본적으로 자본자유화는 국가 간 자본이동에 대한 규제를 철폐하는 것이다. 넓은 의미에서 자본자유화는 국제수지 항목 중 자본계정(capital account) 관련 자본이동을 자유롭게 허용하는 것을 의미한다. 자본계정에 해당되는 자본거래 항목으로는 직접투자와 증권투자, 그밖에 금융회사를 통한 대출 및 차입, 무역관련 신용거래, 현금 및 예금 등의 금융거래를 포함하는 기타투자가 있다.

한편 좁은 의미의 자본자유화는 자본시장의 대외개방을 의미한다. 직접투자의 자유화는 실물부문의 경쟁력과 밀접한 관련이 있는 반면, 증권투자거래 및 기타투자거래의 자유화는 금융부문의 개방과 연관되어 있다.[13] 자본자유화는 금리자유화, 통화량의 간접규제, 은행 및 자본시장에 대한 감독기능 강화 등 대내적 금융자율화가 이루어진 후 추진되는 것이 일반적이다.[14]

외환위기 이전의 자본자유화

우리나라 자본시장의 대외개방정책은 1981년 1월에 발표된 「자본시장 국제화 장기계획」을 그 시초로 볼 수 있다. 그러나 실제로 자본시장의 대외개방실행계획이 수립되고 이것이 실천에 옮겨지기 시작한 것은 미국을 비롯한 주요 선진국의 시장개방 압력에 기인한 부분이 크다. 정부는 1988년 12월 「자본시장 국제화의 단계적 확대추진 계획」을 발표하였다(<표 5-7> 참조). 이 계획은 고임금 여건하에서 국내기업이 국제경쟁력을 계속 유지해 나가기 위해서는 저렴한 자금조달이 필요하므로 자본시장과 증권산업을 점진적으로 개방하고, 해외 증권투자 및 증권산업의 해외진출을 허용해야 한다고 밝히고 있다. 즉, 자본거래의 자유화를 진전시켜 국내 자본시장을 활성화하고, 기업에 대하여 직접금융을 확대함으로써 경영체질을 강화하고, 금융자본거래의 제한 완화를 요구하는 대외압력에 대처하려는 데 목적이 있다.

1990년대에 들어오면서 경상수지 적자에 따른 국제수지 보전 필요성이 제기되고 선진국의 자본시장 개방압력에 의하여 자본시장의 개방이 탄력을 받기 시작하였다. 그 대표적인 예가 1992년의 주식시장 개방이다. 그러나 한국정부는 여전히 자본거래에 대하여 상당한 제한을 유지하였다.

---

13) 한국의 외국인 직접투자에 대한 개방은 1980년대 초부터 이루어지기 시작하였다. 1980년 9월 발표된 외국인투자유치확대방안은 투자적격사업의 범위를 확대하고 투자지분에 대한 규제를 완화하는 것을 골격으로 하고 있다. 그러나 남미의 외채위기가 확산되자 정부는 1984년 7월 「외국인투자제도 개편」을 발표하였다. 네거티브 시스템의 도입을 통한 외국인투자 허용대상 확대, 투자비율에 대한 규제 완화, 인가절차 간소화, 조세감면의 강화가 그 주요 내용이다. 한편 1980년대 중반 대규모 경상수지 흑자가 발생하자, 국내기업의 해외직접투자 조건도 크게 완화하였다. 그럼에도 불구하고 외국인 직접투자의 자유화 정도나 실제 성과는 다른 신흥공업국이나 경제 규모가 비슷한 선진국에 비하여 상당히 부진하였다.
14) 앞 절에서 설명한 바와 같이 한국정부는 1980년대에 들어와 대내 금융자율화를 위하여 어느 정도의 개혁 조치를 취하였다. 이러한 개혁조치에는 상업은행의 민영화, 은행업에 대한 진입장벽 철폐, 새로운 금융수단 도입, 금리자유화 추진 등이 포함된다.

〈표 5-7〉 자본시장 국제화의 단계적 추진계획(1988)

기간	대내개방	대외진출
1989	**자본시장개방** • 외국인 투자펀드 등의 확대 • 해외증권발행 제한완화와 종류 다양화	**해외증권투자** • 해외증권투자 펀드의 신설 운용 • 해외증권 투자기관의 범위 확대 • 기관투자가의 해외투자 한도확대
1989	**증권산업개방** • 외국증권사의 기존국내증권사에 대한 지분참여범위 확대	**증권산업의 대외진출** • 국내증권사의 해외사무소 추가설치 허용 • 국내증권사의 국제업무 허용 확대
1990	**자본시장개방** • 국내외 혼합펀드를 설정하여 내외국인에게 판매 • 해외증권발행의 지속적 확대	**해외증권투자** • 일반법인의 제한적 해외증권투자허용 • 기관투자가의 외화보유한도 철폐 • 해외증권투자 펀드의 다양화
1990	**증권산업개방** • 1991년 외국증권사 국내지점설치 및 신규합작 증권사설립에 대비, 1990년까지 허가기준 마련	
1991	**자본시장개방** • 부분적 외국인 직접증권투자 허용	**해외증권투자** • 일반법인의 해외증권투자 제한 완화
1991	**증권산업개방** • 외국증권사의 국내지점 설치 허용 • 신규합작 증권사 설립허용	**증권산업의 대외진출** • 국내증권사의 해외지점 및 합작증권회사 설치 허용
1992	**자본시장개방** • 일반 외국인의 직접증권투자 허용	
1992	**증권산업개방** • 외국증권사의 국내지접 설치 허용 • 신규합작 증권사 설립허용	

자료: 한국개발연구원(1995), 『한국경제반세기 정책자료집』, pp.511-514.

한국의 자본자유화는 <표 5-7>의 「자본시장 국제화의 단계적 확대추진계획」에서 예고되었다. 하지만, 그 구체적인 내용은 미국과 같은 주요 선진국과의 협상으로 정해지는 경향이 강하였다. 단적인 예로 1993년 6월 한미금융협상결과 발표된 「금융자유화와 시장개방을 위한 청사진」을 들 수 있다. 이 계획은 외국인의 국내 자본시장 접근을 확대하기 위한 실질적인 내용을 담고 있는데,

〈표 5-8〉 한국의 자본자유화 조치(1993-1996)

1993	• 투용자회사, 연기금 및 1조달러 이상 대외거래회사의 해외투자 허용 • 1조 달러 이상 대외거래회사의 해외외환보유를 허용 • 해외투자한도의 확대 • 외화표시증권 발행을 신고제로 전환 • 국내은행 해외지점의 국내거주자에 대하여 선물거래관련 대출 허용
1994	• 외국인 투자총액 한도를 시가의 12%로 확대 • 해외투자기업의 현지 금융한도 철폐 • 기관투자자의 해외주식투자 자유화 • 국내거주자의 해외주식(1조원 한도 내) 및 우량 국공채 투자 허용
1995	• 외국인 투자총액 한도를 시가의 15%로 확대 • 해외전환사채 발행 허용(주식시가의 15% 내) • 투용자회사 및 연기금의 해외투자한도 폐지 • 해외예금제한 완화 : 기관투자자(1억 달러), 기업(1백만 달러), 개인(3만 달러)
1996	• 비거주자에 대한 국내외통화간 파생거래 허용 • 상장회사 및 공기업 주식투자한도 각각 20% 및 15%로 확대 • 개인투자 한도는 5%로 상향조정 • 코리아채권펀드 런던주식시장에 상장 • 비거주자의 BW 투자 허용 • 개인 및 기업의 해외증권투자 한도 철폐 • 기관투자자의 비거주자에 대한 외화대출한도 철폐 • 기관투자자 및 외국환은행의 비거주자에 대한 원화대출 허용(1억원 이내)

자료: Johnston et. al.(1997)

실제로 청사진에서 제시된 상당 부분이 실행에 옮겨졌다(<표 5-8> 참조).

종합하면 외환위기 이전의 한국의 자본자유화는 칠레나 인도네시아 등과 같은 개도국과 비교하여 매우 속도가 더디고 그 범위도 선택적이었다고 할 수 있다. 외환위기 이전까지 자본자유화는 일관된 청사진에 의하여 진행되기보다는 경상수지 상황에 따라 방향과 폭이 조정되는 양상을 보였다.

한국의 OECD 가입시 자본이동자유화규약 항목 수락 비율

OECD는 회원국들에게 자본이동자유화규약을 준수할 것을 요구하고 있다. OECD 자본이동자유화규약은 직접투자, 부동산거래, 증권거래, 단기금융시장거래, 금융기관 대출 및 차입 등 91개의 소항목으로 구성되어 있다.

한국은 1996년 말 OECD 가입을 위하여 다소 폭넓은 자유화 조치를 취하였지만, 자본자유화의 정도는 OECD 회원국 평균에 훨씬 못미치는 매우 낮은 수준을 유지하였다. 주요 회원국들의 1996년 말 기준 OECD 자본이동자유화규약 수락비율은 다음과 같다.

국가	그리스	터키	멕시코	체코	헝가리	폴란드	한국	OECD 평균
수락비율(%)*	94.5	82.4	70.3	64.8	58.2	56.0	54.9	89.0

* 수락비율={자유화 소항목수(=총자유화 대상 소항목수-유보 소항목수)/총자유화 대상 소항목 수}

외환위기 이후 빅뱅식 자본자유화

1997년 외환위기 이후 한국정부는 빠른 시일 내에 외환을 확보하기 위해서는 대폭적인 자본자유화가 필요하다는 판단하에 빅뱅식 자유화를 추진하였다. 외국인 투자지분에 대한 한도를 실질적으로 철폐하고, 적대적 인수합병을 허용하며, 국내채권시장을 개방하는 등 전면적으로 자유화 조치를 대폭 확대하였다 (<표 5-9> 참조).

자본시장개방이 과연 외환위기의 와중에서 필요한 조치였는가에 대해서는 논란이 있다. 비판론자들은 자본시장개방에도 불구하고 자본유입은 예상과 달리 크게 이루어지지 않고 자본시장의 완전개방에 따라 투기적 공격의 위험이 그만큼 커졌다고 주장한다.[15] 즉, 금융부문에 대한 감독기능의 강화 및 자본흐름의 투명성 제고와 같은 사전 정지작업이 없이 자본자유화를 추진하는 것은 위기를 초래할 확률을 높인다는 교훈이 무시되었다는 것이다. 다른 한편으로는 일본의

---

15) 김인준(1998) 참조

경우에 비추어 볼 때 우리나라가 과연 외환위기와 같은 위기 상황이 아니었더라면 금융부문의 개혁과 자유화가 자체적으로 이루어졌을지 회의적이라는 주장도 제기되고 있다. 국내외 금융관련 기득권층에 의한 자율적인 시장개방이 추진되기 어렵다는 점을 고려할 때 오히려 위기 시에 시장을 대폭 개방하되 개방으로 예상될 수 있는 부작용을 최소화하기 위한 정책과 제도를 마련하는 것이 현실적인 금융시장 경쟁력 제고 방안이라는 점을 강조한다. 이 주장은 2008년 글로벌 금융위기를 외환위기 때보다는 훨씬 효율적으로 대처할 수 있었다는 점에 비추어 볼 때 상당부분 설득력이 있는 것으로 평가되고 있다.

〈표 5-9〉 IMF 프로그램하의 자본자유화(1997.12-1998.12)

부문		주요 조치
직접투자	1998.4	• 외국인투자 업종 개방 : 건물입대업 등 7개 전면 개방, 선물거래업 부분 개방, 투자조합 및 유선방송업의 개방범위 확대
	1998.5	• 외국인투자 업종 개방 : 상품교환업, 투자회사 등 11개 전면 개방
증권투자	1997.12	• 외국인 주식투자한도 확대 • 우호적 M&A의 경우 장내외 시장에서의 주식취득 제한없이 허용 • 외국은행의 국내은행 주식취득한도 확대 • 채권시장 개방 확대 • 회사채 투자한도 폐지 • 국공채에 대한 외국인투자 허용
	1998.2	• 국내 단기금융상품 완전개방
	1998.5	• 외국인 주식투자종목당 한도 완전 폐지 • 모든 M&A 전면 허용
	1998.7	• 비상장 주식 및 채권 투자 허용
기타투자	1997.12	• 민간기업의 해외차입에 대한 제한 완화

자료: 장형수· 왕윤종(1998), 『IMF체제하의 한국경제(Ⅰ): 종합심층보고』, KIEP

금융산업 개방 확대

　우리나라의 금융산업은 자본시장의 경우와 마찬가지로 외환위기를 계기로 구조조정을 위한 국내 금융회사의 매각과 적극적인 외자유치 등을 목적으로 대폭 개방하기 시작하였다. 그 결과 외환위기 직전인 1996년에 16억 달러에 불과하였던 외국인의 국내 금융업에 대한 직접투자 누계는 2004년에 141억 달러에 달하였다. 은행의 경우 1990년대에 들어와서 외국은행의 국내시장 진입 규제를 점진적으로 완화하였다. 1994년에는 외국은행이 국내에 지점 또는 사무소를 설치할 때 요구되던 경제적 수요심사제도가 폐지되고 1995년에는 사무소를 먼저 설치해야만 지점 개설이 가능한 소위 '사무소 전치주의'도 폐지되었다. 그리고 1997년에는 세계 500대 이내 은행만이 국내에 지점을 설치할 수 있다는 기준도 폐지하였다. 외국은행의 경우 그동안 지점만 허용하였으나 2000년대에 와서는 법인 설립이 가능하게 되었다. 현재 SC제일은행과 한국시티은행 등 2개 시중은행의 경영권을 외국자본이 보유하고 있다. 한편 국내금융지주회사에 대한 외국인 지분율은 2018년 70%대의 수준을 기록한 이후 2020년 6월 63~65%로 감소하였다.

　한편 증권산업의 경우 1990년 외국 증권회사의 지점 및 합작회사 설립을 허용하였다. 그 후 1995년 증권산업 개방 확대 추진 방안을 마련하여 외국 증권회사의 국내 진출 등에 관한 규제를 크게 완화하여 '사무소 전치주의'를 폐지하고 복수지점 설치를 허용하였다. 1996년에는 외국 금융회사의 기존 증권회사에 대한 지분참여비율 제한(10%)을 폐지하였으며 외국증권회사의 국내사무소 설치 시 허가제를 신고제로 전환하였다. 1998년에는 외국증권회사의 국내 현지법인 설립도 가능하게 되었는데 2020년 현재 국내에 법인이나 지점형태로 영업을 하고 있는 외국계 증권사는 21개에 달하고 있다.

　투자신탁과 투자자문업의 경우도 1993년 국내사무소 설치 및 국내회사 지분참여 등 국내 진출을 제한적으로 허용한 후 지분참여비율 제한 철폐 및 합작회사 설립 허용 그리고 지점 설립을 허용하였다. 투자자문업의 경우 1998년 현지법인 설립도 가능하게 되었다.

외환자유화와 변동환율제도 채택

　외환의 거래 및 대외 유출입과 관련된 제반 시스템을 외환제도라 한다. 우리 나라는 경제개발 초기단계에서 부족한 외환을 효율적으로 활용하기 위하여 1961년에 '외국환관리법'을 제정하였다. '외국환관리법'에서는 외환의 지급에 있어 '원칙 금지·예외 허용 방식'(포지티브 시스템)을 엄격히 적용하였다. 이러한 외환 거래에 대한 규제는 국제수지의 개선에 따라 점차적으로 완화되다가 외환위기 이후 전면적으로 자유화하고 제한을 최소화하는 시스템으로 전환하였다.

　1999년 4월에는 기존의 '외국환관리법'을 대신하여 '외국환거래법'을 시행하였다. 1999년 4월에 시행된 1단계 외환자유화 조치에서는 기업 및 금융회사의 대외영업활동과 관련된 대부분의 외환거래를 자유화하고 자본거래에 대한 규제를 '원칙 자유·예외 규제방식(네거티브 시스템)'으로 전환하였다. 2001년 1월에 시행된 2단계 자유화 조치에서는 1단계 자유화조치 때 유보된 여행경비, 해외이주비 및 해외예금 등의 한도 폐지 등 개인의 외환거래를 자유화하였다. 또한 기업의 해외예금 및 해외 신용공여가 자유로워졌다. 2단계에서는 단기 외화차입이 기업뿐 아니라 개인 및 비영리법인까지 제한적으로 확대되었다. 2002년 4월에는 제1·2단계 외환자유화 조치 이후 남아 있는 외환 규제를 3단계에 걸쳐 완화하기 위한 '외환시장 중장기 발전 방향'을 발표하였는데 2011년까지 3단계에 걸쳐 외환자유화를 완료하는 것을 목표로 하였다. 이후 외환자유화 계획을 조기에 추진하고자 당초 2011년으로 예정한 자유화 완료시기를 2009년까지 2단계에 걸쳐 완료하는 것으로 변경하였다. 2005년 12월에는 자본거래 허가제를 폐지하고 전면 신고제로 전환하였고 2006년 초반에는 개인의 해외직접투자 한도 및 일반 투자자 해외증권 투자종목 제한을 폐지하는 등 자본거래와 관련해서 '유입촉진·유출촉진' 징책으로 전환되었다. 2007년에는 투자목적 부동산 취득한도를 300만 달러로 확대하고 자본거래 신고면제제도를 도입하고 외환거래 증빙서류 제출을 대폭 완화하였다.

〈표 5-10〉 외환위기 이후 외환자유화조치의 주요 내용

1단계
(1999.4.)
	• 기업의 대외경상지급 자유화 확대
	• 자본거래의 원칙자유 · 예외규제 체계로 전환
	  – 기업의 만기 1년 이하 단기외화차입의 제한적 허용
	  – 선물환 · 파생금융상품거래에 대한 실수요원칙 폐지
	  – 비거주자의 국내에서의 증권발행 허용
	• 외국환업무 취급기관 인가제를 등록제로 전환

2단계 (2001.1.)	• 대외지급 및 휴대반출 한도 폐지 • 내국인의 외화매입 한도 폐지 • 내국인의 해외예금 · 해외신탁거래 자유화 • 대외채권 회수의무 완화 • 개인 및 비영리법인의 해외차입 제한적 허용 • 외국인의 원화 대출한도 10억원으로 상향 조정 • 비계열사 해외차입보증금지를 30대 그룹으로 제한
외환시장 중장기 발전방향 발표 (2002.4.)	• 2011년까지 3단계에 걸쳐 외환자유화 완료 • 자본거래허가제 폐지, 전면신고제로 전환(2005. 12.) • 개인 해외직접투자 및 해외증권 투자종목 제한 폐지
외환자유화 추진 방안 (2006.5.)	• 2009년까지 2단계에 걸쳐 자유화 완료 • 투자목적 해외 부동산 취득 허용(100만 달러 한도) • 자본거래 신고면제 제도도입(연간 5만 달러 한도)

한편 우리나라 은행 간 및 대고객 외환시장의 일평균 총 거래량은 1998년에 외환위기 여파로 40억 달러 수준까지 급감하였다. 이후 외환시장이 안정되고, 외환자유화가 이루어지면서 외환시장이 활성화되었는데 2004년에는 일일평균 외환거래 규모가 약 200억 달러 수준으로 확대되었고 2019년에는 550억 달러에 달하고 있다(<표 5-11> 참조).

그럼에도 불구하고, 우리나라 외환시장의 비중은 경제규모에 비해 낮은 수준으로 평가되고 있다. 일일평균 외환거래량은 2019년의 경우 GNP대비 3.3%, 연간 무역액대비 5.2%에 그쳐 선진국 수준(각각 10.7%, 16.4%)에 크게 못 미치고 있다.[16] <표 5-11>에서 보는 바와 같이 현물환거래 비중이 계속 감소 추세를 보이고 있는데 2019년 약 36.4% 정도를 차지하고 있다. 반면 두 당사자간에 현물환거래와 선물환거래가 동시에 체결되는 외환스왑거래는 점차 그 비중이

---

16) 한국은 선진국이나 금융중심지에 비해 금융시장이 덜 발달되었고 자본거래규모는 작은 반면, 무역거래규모가 크기 때문에 외환거래규모가 상대적으로 작게 나타난다.

〈표 5-11〉 한국의 상품별 외환거래 규모 (단위: 십억 달러)

외환상품	2004	2007	2010	2013	2016	2019
현물환	10	17	18	20	20	20
선물환	4	5	6	7	9	12
외환스왑	6	11	18	19	18	22
통화스왑	0	1	1	1	1	1
옵션 및 기타	0	1	0	1	0	0
총 계	20	35	43	48	48	55

자료 : BIS(2019), *Triennial Central Bank Survey-Report on Global Foreign Exchange Market Activity in 2019.*

증대되고 있다. 선물환거래의 경우 실수요원칙이 폐지됨에 따라 과거보다는 크게 증가된 상태이다. 통화스왑과 옵션과 같은 외환파생상품거래는 아직 그 비중이 크지 않다.

우리나라의 환율제도는 해방 후 달러에 대한 고정환율제도로 출발하여 경제상황을 반영하여 다섯 차례 바뀌었다. 1997년 12월부터는 환율이 기본적으로 시장에 의해서 결정되는 변동환율제도를 채택하고 있다. 외환위기가 발생한 1997년 11월에 우리나라는 시장평균환율제도를 운용하고 있었다. 시장평균환율제도는 환율의 시장기능 제고를 위해서 1990년 3월 도입되었는데 외국환은행 간에 거래된 실제 환율을 거래량으로 가중평균한 값을 다음 영업일의 기준환율로 정하고 시장환율은 이 기준환율을 중심으로 상하 일정한 범위 내에서만 변동되도록 하는 방식이다. 초기에는 환율변동 허용 폭을 기준환율을 중심으로 상하 0.4%로 설정하였으나 그 후 지속적으로 확대하였다. 그러나 외환위기 직후 제한된 범위 내에서 거래가 거의 이루어지지 않음에 따라 1997년 12월 제한 폭을 완전 폐지하고 기본적으로 시장에서 외환에 대한 수요와 공급에 의해서 환율이 결정되는 자유변동환율제도로 전환하였다.

〈표 5-12〉 시장평균환율제도하에서의 일일 환율변동 제한 범위 (단위: %)

1990.3	91.9	92.7	93.10	94.11	95.12	97.11	97.12
±0.4	±0.6	±0.8	±1.0	±1.5	±2.25	±10.0	폐지

환율제도가 바뀜에 따라 원화환율 움직임도 크게 달라졌다. <그림 5-3>에서 보는 바와 같이 원화의 대미 달러 환율은 1990년에 채택된 시장평균환율제도하에서는 비교적 안정적인 움직임을 보였다. 그러나 1997년 말 외환위기 과정에서 한때 달러당 1,962원까지 치솟았고 그 결과 환율제도는 변동환율제도로 전환되었다. 원/달러 환율은 2000년 9월 1,104원으로 하락하였다가 2001년 4월 다시 1,365 원으로 상승하였다. 그 후 달러화가 약세로 돌아서 원/달러 환율은 다시 하락세를 보이고 있는데 이러한 추세는 2006년 말까지 지속되어 2006년 말 원/달러 환율은 925 원까지 하락하였다. 그러나 2008년 글로벌 금융위기로 인해 2009년 1,280원 수준으로 급등한 후 2019년 말 현재 1,160원 수준으로 안정되었으나 2020년 초 코로나사태로 인해서 1,200원 중후반 수준에서 등락하였다. 이후 달러화의 약세기조로 인하여 2020년 12월 말 현재 1,100원 전후 수준으로 변동하고 있다.

〈그림 5-3〉원-달러 환율(연말환율기준)

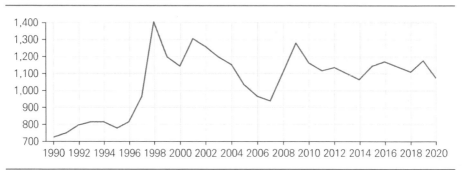

4. 금융선진화를 위한 과제

한국의 금융산업은 90년대 중반까지의 경제성장과정에서 정부주도로 실물부문에 자금을 지원하기 위해 각종 규제를 통해 금융을 억압하는 관치금융이 지배하였다. 그러나 1997년 외환위기 이후 빅뱅식 개방을 통하여 외국자본과 외국금융회사가 본격적으로 국내 금융시장에 진출하고 국내자본의 해외투자와 국내 금융회사의 해외진출도 크게 확대되었다. 그러나 한국의 금융산업은 한때 우간다보다 경쟁력이 낮다고 평가될 만큼 한국의 실물부문 경제력에 비해 매우 취약한 상황이다. 세계경제포럼(WEF)은 2019년 한국의 전반적인 국가경쟁력은 13위로 평가한 반면 금융경쟁력은 18위로 평가했는데 이 순위는 실물부문에 비해서 금융부문이 여전히 경쟁력이 낮다는 것을 의미하는 한편 한국의 전반적인 금융상황을 감안할 때 다소 높게 평가된 것으로 인식되고 있다.

한국의 금융산업과 시장의 선진화를 위해서는 무엇보다도 금융시스템의 안전성을 유지하면서 대내외 충격을 효과적으로 흡수할 수 있는 복원력의 강화가 필요하다. 그리고 각종 규제와 독과점 시장구조로 인한 금융시장의 비효율성을 완화하기 위한 제도적 개선이 필요하다. 또한 세계적인 저금리 기조의 확산과 잠재성장률 하락에 따른 투자수요 감소와 구조적 장기침체 가능성 증대, 급속한 고령화로 인한 금융상품에 대한 수요 변화, 디지털혁신을 통한 금융시장의 구조개편이라는 새로운 금융환경 하에서 금융회사의 경쟁력을 높일 수 있는 방안들이 금융당국과 시장참여자간에 긴밀한 소통과 협력을 통해서 신속하게 마련되어야 할 것이다.

 금융의 삼성전자는 왜 없을까?

세계은행이 발표한 2014년 우리나라의 기업환경 순위는 세계 5위였다. 하지만, 세계 5위라는 사실에 많은 기업인들이 수긍하지 못하고 있다. 한 보고서에 따르면 그 이유는 우리나라에는 보이는 규제뿐만 아니라 숨은 규제(hidden regulation)가 많기 때문이라 한다. 기업들은 행정지도·구두지도, 강력한 권고와 지침, 근거 없는 진입제한, 가격통제, 부당한 인·허가절차 등 다양한 형태의 숨은 규제를 들고 있다. 특히, 금융업의 경우 금융회사를 밀착 감독하는 금융감독당국은 예전부터 관치금융이라는 오명을 들으면서도 보이지 않는 규제를 한다.

현재 금융관련 법령이나 규정 등 명문화된 규제는 867개에 이른다. 2009년말 726개에서 약 20%가 늘었다. 금융위원회와 금융감독원, 금융 관련 협회의 가이드라인, 행정지도, 모범규준 등 법령에 명시되지 않은 규제도 756개나 된다. 하지만 금융업계 관계자들은 "겉으로 드러난 규제보다 보이지 않는 정부의 통제와 개입이 더 큰 문제"라고 지적한다

금융의 삼성전자를 하루 아침에 만들 수는 없다. 다만, 금융의 삼성전자가 태어날 수 있는 규제 토양은 노력하면 만들 수 있다. 이를 위해서는 법령 상의 규제도

금융시스템의 안전성 유지와 복원력 강화

금융계약과 결제간에 일정기간이 필요한 금융거래에는 본질적으로 미래에 대한 불확실성으로 인한 리스크가 존재한다. 따라서 금융시스템의 안정은 이러한 리스크를 어떻게 관리하느냐에 달려있다.

금융시스템의 안전성 유지 및 복원력 강화를 위해서는 먼저 거시경제를 안정적 기조로 유지해야 한다. 향후 저금리 기조의 지속으로 늘어날 가계부채나 기업부채 그리고 국가부채를 적절한 수준으로 관리해야 한다. 특히 2015년 이후 가계부채가 급증하면서 경제에 부정적인 영향을 미칠 가능성에 대한 우려가 커지고 있는 상황이다. 2019년 기준으로 가처분소득 대비 가계부채의 비율은 185.9%에 이르고 있는데 이는 OECD국가 평균치인 125.7%보다 크게 높은 수준이다. 특히 고령화가 급속히 진행되고 고령층의 빈곤화 수준이 세계 최고인 상태에서 고령층의 가계부채가 점차 위험한 수준으로 높아지고 있다. 가계부채를 관리하기 위해서는 LTV나 DTI 규제를 통한 공급측면은 물론 교육비와 주거비 경감, 부동산가격의 안정 그리고 고용 증대를 통한 소득증가 등을 통하여 부채에 대한 수요를 하향 안정시키는 조치가 병행되어야 한다.[17] 기업부채의 경우 이자보상배율(수익/이자비용)이 1 미만인 기업이 2019년 상반기 37.3%이고 중소기업의 경우 49.7%에 달해 기업의 신용위험에 대한 관리 또한 강화해야 한다.

한편 고령화와 저금리 현상의 진전에 따라 금융회사들 특히 은행이나 자산운용사들은 수익은 높지만 동시에 위험도 높은 상품에 대한 투자를 확대하는 경향이 있다. 따라서 이로 인한 위험쏠림 현상과 자산시장 버블 및 자산가격 변동성 확대가 시스템 리스크로 발전되지 않도록 모니터링을 강화하고 안전장치를 마련해야 할 것이다. 또한 블록체인을 이용해서 거래내역을 한군데 집중하지 않고

---

17) 2020년 가계부채의 급증은 주택가격의 급등에 따른 주택매입을 위한 자금수요에 크게 기인한다.

여러 거래자의 장부에 동시다발적으로 기록하는 분산장부방식 그리고 블록체인
이 만들어지는 과정에서 생성되는 암호화폐의 확산 등 디지털기술과 금융을 결
합한 핀테크산업이 제공하는 새로운 금융서비스와 관련된 위험을 최소화하기
위해 보다 유연하고 포괄적인 규제방안을 마련하는 것이 필요하다.

　이와 더불어 한국의 경우 1997년 외환위기에서 경험한 바와 같이 금융안정
을 담보하기 위해선 무엇보다도 충분한 외화유동성을 확보하는 것이 중요하다.
2020년 3월 말 한국의 외환보유액은 약 4,000억 달러에 달하고 있고 대외채무
중 단기외채의 비중은 29.2%이고 외환보유액 대비 비율은 33.2%이다.[18] 한편
2008년 이후 지속적으로 경상수지는 흑자를 실현하고 있으며 그 결과 약 5,000
억 달러 이상 대외순자산을 보유하고 있다. 이런 점에서 우리나라의 외환건전성
은 상당히 양호하다고 할 수 있다. 그러나 2020년 코로나19사태로 야기된 자본
유출입의 변동성 증대 등을 고려할 때 항시적으로 외화유동성에 대한 면밀한 관
리가 필요하다. 그리고 영국의 금융정책위원회나 미국의 금융안정감시위원회와
같이 거시건전성을 효율적으로 관리하기 위한 독자적 금융안정담당 부서의 설
립이 필요하다는 주장이 제기되고 있다.

 블록체인과 암호화폐

　블록체인은 비트코인이 아니다. 암호화폐도 아니다. 비트코인은 수많은 암호화
폐 중 하나이고, 암호화폐는 블록체인이라는 기술을 이용해서 만든 성공적인 사
례 중 하나에 불과하다.

　비트코인은 2008년 미국발 금융위기를 배경으로 등장했다. (중략) 사토시 나카
모토(Satoshi Nakamoto)라는 가명을 쓰는 가상의 인물이 비트코인이라는 디지털
화폐를 개발했다. (중략)

　이들 화폐는 한때 유행했던 싸이월드의 '도토리'와 유사한 개념이다. 단, 비트
코인은 통화를 발행하고 관리하는 중앙기관(회사, 정부, 은행 등)이 존재하지 않
는다. 개인과 개인이 거래하는 P2P(Peer to Peer) 방식으로 거래가 진행된다. 해

---

18) 자국의 통화가 기축통화가 아닌 국가가 외화유동성 위기를 방어하기 위해 필요한 적정외환
　　보유액이 얼마냐에 대해서는 다양한 주장이 있다. 거시건전성 확보를 위한 적정외환보유액
　　은 각 국가의 경제상황에 따라 다르지만 일반적으로 자본시장을 통한 자본의 유출입이 클수
　　록 그 규모는 커야 한다. 2020년 말 한국의 외환보유규모는 세계 9위 수준이다.

킹이 현실적으로 불가능하며 중앙기관의 비합리적인 규제와 운영에서 자유롭다.

이러한 암호화폐의 구현을 가능케 하는 가장 핵심적인 기술이 바로 블록체인이다. 블록체인은 한마디로 '탈중앙'을 지향한다. 중재자를 없애고 소비자와 공급자를 바로 연결해주는 '직거래' 기술이다. 중앙으로 몰렸던, 네트워크에 있는 거래내역 같은 데이터를 모든 사용자에게 분산하여 저장한다. 사실 블록체인은 새로운 기술이 아니다. 학계에서는 이미 1990년대부터 해당기술에 대한 논의가 진행되었다. 하지만 블록체인을 수면 위로 올려 대중의 이목을 집중시킨 것은 단연코 사토시 나카모토의 비트코인이었다.

자료: 김기영(2018), 『이토록 쉬운 블록체인 & 암호화폐』

금융시장의 효율성 제고

금융시장의 효율성을 높이기 위해서는 금융기관들의 포트폴리오에 대한 건전성규제는 유지하되 관치금융 시절에 시행되었던 과잉규제를 조속히 개혁하고 시장구조를 자율적이고 경쟁친화적으로 유도하면서, 지급·결제나 신용평가, 공시시스템 등과 같은 금융시장 인프라를 개선해야 된다. 또한 금융정책 및 감독당국의 규제는 투명성과 일관성을 강화하고, 사전적 업무규제와 법규위반 검사 중심에서 건전성규제 위주로 전환해야 한다. 업종별 감독기준과 인허가 기준을 기능별로 통합하거나 합리적으로 차별화하는 방안을 모색하는 것이 필요하다. 그리고 감독당국의 자의적 판단 및 개입을 방지하기 위해 지침에 의한 검사를 강화하는 등 준칙주의를 확립하고 시장친화적 감독이 이루어질 수 있도록 해야 한다.

은행분야는 현재와 같은 독과점체제를 보다 경쟁적인 시장구조로 전환하기 위해 보다 과감히 인터넷뱅크의 진입 및 업무관련 규제를 완화하고, 예대업무를 수행하는 저축은행에 대해서는 은행과 동일한 업무를 허용하되 규제도 동일수준으로 부과해서 금융소비자들이 금융접근과 이자비용을 낮추어야 한다. 이와 더불어 저축은행은 특정 틈새시장을 개발해서 관계적 금융을 강화하고 특정 상품시장에 특화해야 할 것이다. 대형은행에 대해서는 '시스템적으로 중요한 금융회사'로 간주해서 추가적으로 강화된 건전성 규정을 적용해야 한다.

자본시장의 경우에는 정보의 비대칭성에 따른 자원배분의 비효율성 문제가 가장 심각한 문제로 대두되기 때문에 기업공시제도의 강화와 글로벌 스탠다드에 부합한 회계제도의 선진화 그리고 공신력 있는 기업정보를 생산하기 위한 기업신용평가제도의 질적 개선이 필요하다. 불성실 공시 및 분식회계시 기업 및 회계감사인에 대한 징계수준을 높일 필요가 있다. 한편 시장중심의 금융시스템이 정착되는 과정에서 금융회사들은 기업에 대한 사전심사 및 사후감시 기능을 보다 강화해서 금융회사들의 기업에 대한 감시자로서의 역할을 제고해야 할 것이다.

금융회사의 위기관리 능력 강화

금융회사에 대한 신뢰를 제고하고 위기에 효과적으로 대응하기 위해서는 금융회사의 자본력 확충과 자산건전성이 강화되어야 한다. 금융회사의 손실흡수력을 높이기 위해서 자본보전 완충자본과 경기대응적 완충자본의 추가 적립이 요구된다. 특히 '시스템적으로 중요한 금융회사'들에 대해서는 보통주 자본의 확충이 요구된다.[19] 그리고 금융회사들의 대출 및 투자에 대한 신용위험 관리능력을 제고하기 위해 빅데이터 기술을 적극 개발하고 주기적으로 스트레스 테스트를 실시해서 위기관리 능력을 점검해야 한다.[20] 또한 금융회사의 경쟁력을 높이기 위해서는 금융인력의 질적 수준을 제고해야 하는데 이를 위해서는 전문인력 양성기관을 확대하고 연수프로그램을 강화하는 한편 대학교와 연구소 그리고 금융기관간의 산학협동이 긴밀하게 추진되어야 한다.

은행의 경우 담보대출위주 영업에서 신용중시 대출로 전환할 수 있도록 차입자와의 긴밀하고 장기적인 거래에 기반한 관계금융을 축적하는 것이 필요하다. 또한 국내의 과점형태의 시장구조에서 탈피하고, 저금리와 장단기 금리 차이의 축소로 인한 단기로 예금을 받고 장기로 대출하는 은행의 수익성 하락에 대처하기 위해서는 비교우위 분야에 집중해서 해외진출을 적극 추진해야 한다. 한편 가계부채와 기업부채가 매우 빠르게 증가하고 있고 코로나19 사태로 인해 가계

---

19) 자본보전 완충자본은 최저자본규제에 더하여 이것이 부족할 경우에는 주주들에 대한 이익배분을 제한함으로써 자본충실도가 악화되는 것을 막기 위한 자본을 의미한다. 경기대응적 완충자본은 경기변동 위험에 금융회사들이 효과적으로 대처하기 위해서 기본자본금 이외에 추가적으로 적립하는 자본을 의미한다. 보통주는 특별한 권리내용이 정해지지 않은 기본적인 형태의 의결권 보유 주식을 의미하는데 가장 안전한 자본조달 방식이다.
20) 가명정보 도입을 통한 데이터 이용을 활성화해서 4차 산업시대의 신산업인 데이터기반 산업을 육성하기 위해 2020년 8월 데이터3법(개인신용정보법, 정보통신망법, 신용정보법)이 개정, 시행되었다.

소득과 기업매출이 급감하고 빠른 시일 내에 회복되기 어렵다는 전망이 우세하므로 이에 대비한 부채관리 안전장치로 대손충당금의 확충과 추가적인 대출의 완급조정이 필요하다.

증권회사나 자산운용사 등 금융투자업종 회사들의 경쟁력을 제고하기 위해서는 위험관리 및 내부통제 시스템을 강화하고 장기투자 문화가 정착될 수 있도록 투자인센티브를 선진화해야 한다. 특히 자산운용사의 투자 위험에 대한 보다 면밀한 내부규정 강화와 증권회사나 은행 등 펀드판매사들의 판매상품에 대한 사후적인 감시체계의 개선이 요구된다.[21]

디지털혁신을 통한 금융개혁 추진

블록체인과 무선통신기술 그리고 빅데이터와 인공지능(AI) 등 혁신적인 디지털 기술이 빠르게 확산되면서 금융부문에 커다란 변화가 초래되고 있다. 혁신적인 핀테크기업의 등장과 인터넷은행의 출범 등으로 인해 기존의 금융서비스제공 주체와 방식에 커다란 변화가 초래될 것으로 전망된다. 블록체인 기술을 이용한 분산원장 작성과 암호화폐의 등장, 무선통신기술에 기반한 모바일 간편결제 및 간편송금 영역에서 핀테크혁신이 활발하게 이루어지고 있다. 빅데이터 및 인공지능의 발전으로 자산관리영역에서 로봇어드바이저, 크라우드펀딩, P2P대출과 같은 금융서비스가 확대되고 있다.

예금 및 대출분야는 아직까지 기존 예금은행의 역할이 크게 위협받고 있지 않는 상황이나 2017년 출범한 카카오뱅크나 케이뱅크 그리고 2021년 출범예정인 토스뱅크와 같은 인터넷은행의 출현으로 중금리 예금대출시장이 재편되고 있다. 또한 자산관리 분야의 경우 로봇어드바이저에 기반한 저렴한 수수료로 기존의 부유층 위주의 자산관리서비스를 일반 투자자들에게도 제공하는 새로운 핀테크 기업이 나타나고 있다. 한편 블록체인 기술로 이루어지는 암호화폐가 기존의 법정화폐를 대체하는 수준으로 가기까지는 아직 요원한 상태이지만 최근 중국인민은행을 선두로 많은 국가의 중앙은행에서 자체 법정 디지털화폐를 발행하는 시도가 다양하게 이루어지고 있다. 한국은행도 세계적 추세에 발맞추어

---

21) 2019년과 2020년에 다수의 사모펀드가 환매불능 상태에 빠져 많은 투자자들이 손해를 입었는데 이런 사태의 재발 방지를 위해서는 펀드운용사와 판매사들에 대한 감독이 보다 강화되어야 한다.

서 중앙은행 디지털화폐(CBDC)의 도입을 적극 연구, 검토하고 있다.

디지털혁신에 기반을 둔 새로운 금융환경하에서 금융회사들은 소비자중심의 경영을 강화하는 등 금융서비스를 개선하고 비용을 절감해야 할 것이다. 금융당국은 보다 신속하게 금융혁신이 이루어질 수 있도록 규제샌드박스 등과 같은 방식을 통해 디지털 금융관련 규제 개혁을 효율적으로 추진해야 할 것이다. 한편 금융회사의 사회적 책임을 강화하고 새로운 소비자를 발굴하기 위해서는 금융소외계층에 대한 포용적 금융을 일정 부분 확대하여야 할 것이다. 특히 고령화에 대비해서 금융소비자들에 대한 금융교육을 확대하고 금융회사들의 우월적 지위에 기반한 불공정 금융행위를 방지하기 위한 금융소비자 보호조치를 자체적으로 강화해야 한다.

 인터넷뱅크는 과연 금융시장의 메기인가?

지난 2017년 설립된 카카오뱅크는 출범 2주년 만에 가입자 1,000만명 돌파, 1년 6개월 만에 흑자 전환이라는 기념비를 달성했다. 여기에 올 상반기 순이익 453억원을 기록하며 지난 2019년 한 해 순이익 규모 137억원을 일찌감치 따돌렸다.

국내 2호 인터넷전문은행 카카오뱅크가 독주 중이다. 국내 최초 인터넷은행이자 맞수였던 케이뱅크가 그간 대주주 적격성 심사 지연 문제에 따른 자금 부족의 수렁에 빠져 있는 동안 적극적으로 영업을 진행한 결과다.

하지만 카카오뱅크는 앞으로 거센 도전에 직면할 것으로 보인다. 부진의 늪에 빠져 있던 케이뱅크가 부활의 신호탄을 쏘아 올리며 시장 공략 재개를 선언했기 때문이다. 지난해 예비인가를 통과해 현재 본인가를 준비 중인 토스 역시 카카오뱅크의 도전자가 될 전망이다. 제3호 인터넷전문은행 '토스뱅크'는 카카오뱅크와 여러모로 유사한 전략을 구사할 것으로 전망되고 있다. 두 회사 모두 인터넷 플랫폼 업체에서 출발했기 때문이다.

업계 관계자는 "현재 카카오뱅크의 입지가 굳혀지고 있어 후발 주자 등이 단기간에 따라잡는 것은 불가능하겠지만 장기적으로 볼 때 역전도 불가능한 것은 아니다"라며 "특히 그간 케이뱅크의 부진으로 사실상 제대로 영업을 한 곳은 카카오뱅크뿐이라고 할 수 있어 토스뱅크 출범 이후 3자 구도가 완성되면 지금처럼 압도적인 그림은 연출되지 않을 가능성이 크다"고 설명했다.

자료: 데일리비즈온(http://www.dailybizon.com), 2020. 8. 20.자

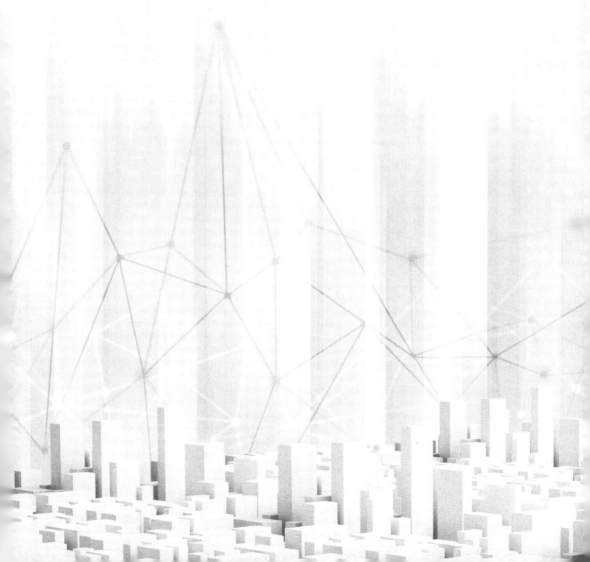

CHAPTER

06

글로벌 시대의 열린 경제

오스카 대첩' 일군 과감한 개방과 경쟁, 산업 전반에 확산돼야

미국 아카데미상(오스카상) 4관왕을 이룬 '기생충'에 대한 환호와 감격이 긴 여운을 남기고 있다. 매체들은 봉준호 감독과 배우들은 물론 숨은 영웅들을 재조명하기 바쁘다. 덩달아 한국 영화에 대한 관심과 평가도 부쩍 높아졌다는 소식이다. '가장 한국적인 것이 가장 세계적'임을 새삼 입증해, '한류 4.0' 시대를 열어갈 문화강국의 발판을 마련했다는 평가도 나온다.

그 밑바탕에는 101년간 숱한 부침을 겪어온 한국 영화계의 '축적의 시간'이 있다. 세계 영화계의 '변방'에서 늘 할리우드의 완성도와 스케일을 부러워하고, 유럽·일본 영화들의 예술성을 동경하던 긴 세월이 있었다. 환경이 열악하다 보니 1980년대 말 할리우드 영화 직접배급, 2006년 스크린쿼터 축소 등 시장 개방 때마다 격렬한 시위가 벌어졌다. 그런 우여곡절을 딛고 한국 영화가 우뚝 선 힘은, 개방에 반대해 극장에 뱀을 풀고 광화문에서 시위를 벌인 '수동적 투쟁'이 아니라 고뇌하고 땀 흘린 영화인들의 '능동적 경쟁' 자세에서 찾아야 할 것이다.

'기생충'의 성취는 비단 영화에만 국한해서 볼 일이 아니다. K팝·K드라마·K뷰티가 세계로 뻗어가듯, 한국인은 어떤 개방과 경쟁 환경에서도 쉽게 포기하지 않는다. 1998년 일본 대중문화 개방 당시 한국 가요의 '사망'을 우려했지만 현재 K팝의 위상은 J팝(일본 가요)을 능가한다. 이런 콘텐츠 역전은 한국의 말·음식·상품·문화에 대한 세계인의 관심으로 이어진다.

여태껏 국내 시장을 개방했어도 망한 분야가 없고, 글로벌 강자들과의 경쟁 속에 우리 기업들은 되레 더 강해졌다. 소니TV의 아성을 무너뜨린 게 삼성·LG전자이고, 일제 코끼리밥솥을 뛰어넘은 게 중소기업인 성광전자(현 쿠쿠전자)다. 시장의 빗장을 닫아걸고 경쟁하지 않았다면 이런 성과는 불가능했을 것이다. 개방과 경쟁을 두려워하지 않는 한국만의 역동적인 DNA를 산업 전반으로 확산해 나갈 때다.

자료: 한국경제사설, 2020. 2.13

1. 한국시장, 얼마나 열려 있나?

시장개방의 현주소

한국경제의 역사는 무역정책의 변천사라고 해도 과언이 아니다. 무역정책은 또한 한국경제의 개방과 맥을 같이 하고 있다. 천연자원의 혜택을 거의 받지 못한 나라, 1948년 정부수립이후 전쟁으로 피폐해진 한국이 비교적 짧은 대외 경제관계의 역사 속에서도 오늘날 선진국클럽으로 일컫는 OECD회원국이자 세계 10위권의 경제규모를 갖춘 국가로 성장하는 데에는 무역의 공헌이 절대적이었다. 한국의 높은 무역의존도가 이를 잘 보여주고 있으며, 그와 같은 무역의 성장에는 변화하는 국제무역환경에 적응하기 위한 정부의 개방정책이 큰 역할을 했다(<표 6-1>참조).

1995년 WTO 출범이후 한국의 개방속도는 모든 분야에서 현저하게 빨라졌다. 농산물의 경우, 쌀을 제외한 모든 품목을 수량제한이 아닌 관세를 통한 수입방식으로 전환(tariffication)함으로써 수입자유화가 급격히 진전되었으며, 2015년 쌀의 관세화를 기점으로 모든 품목의 수입에 대해 수량제한이 없어진 상황이다.[1] 국제적으로 많은 논란이 되고 있는 국내보조금도 우루과이라운드 협상에서 합의한 한도에 크게 밑노는 수준의 지원을 해 왔으며, 앞으로 WTO 농업협

〈표 6-1〉 주요국의 무역의존도(2018)   (단위: %)

국가	한국	미국	중국	일본	독일
수출	35.15	8.12	18.78	14.37	39.06
수입	31.10	12.76	15.17	13.81	32.16
합계	66.25	20.88	33.95	28.18	71.22

주: 1) 중국 및 일본은 2017년 통계
　　2) 무역의존도=(수출+수입)/(GDP)x100
자료: 통계청(2020)

---

[1] 한국은 2014년 쌀 관세화 유예기간이 끝나면서 주요 쌀 수출국인 미국, 중국, 호주, 태국, 베트남 등 5개국과 513% 관세율 산정 및 관세율 할당(Tariff Rate Quota : TRQ)의 운영 방식에 대한 적절성을 검증하는 작업을 진행하여 2019년 합의에 이르렀다. 여기에서 TRQ란 정부가 허용한 일정 물량에 대해서만 저율 관세를 부과하고, 이를 초과하는 물량에 대해서는 높은 관세를 부과하는 제도를 의미한다.

상에서는 개도국 지위를 더 이상 유지하지 않기로 함으로써 국제적으로 허용된 허용대상보조금(Green Box) 외의 국내보조금은 대부분 사라질 전망이다.[2]

서비스 분야는 산업 및 공공정책 차원에서의 부담에도 불구하고 농산물 분야에 비해서는 훨씬 전향적으로 개방이 추진되었다. 우루과이라운드 협상에서 약속한 수준을 넘어서 일부 공공서비스를 제외한 대부분의 서비스 분야를 개방했다. 이는 단지 WTO 의무를 준수하는 차원에서 뿐만 아니라 1996년 말 OECD 가입과 1997년 외환위기를 계기로 경제구조의 선진화를 위해서 반드시 필요한 것으로 인식되었기 때문이다.

공산품 분야에 있어서는 선진국 수준의 전면적인 개방이 이루어져 있는 상황이다. 한국은 1980년대 초반에는 경제의 안정화를 위해서, 그리고 중반 이후에는 선진국의 시장개방 압력에 대응하여 자의반 타의반으로 수입자유화를 확대하기 시작했으며, 1997년 외환위기 이후에는 20년 동안 유지해 오던 수입선다변화제도를 철폐하고 불합리한 보조금 제도를 폐지하는 등 과감한 시장개방 및 경제개혁을 추진해 나갔다.[3] 특히, WTO 출범 이후 다자차원에서나 FTA정책 차원에서 꾸준히 진행해온 관세율의 인하를 통해 한국의 공산품 시장은 빠른 속도로 개방되었다. 2016년 기준으로 쌀 등 모든 농산물을 포함한 한국의 단순평균 WTO 실행관세율은 14.1%에 이르지만, 농산물을 제외한 비농산물에 대한 관세율은 6.6%로 훨씬 낮은 수준이다(<표 6-2> 참조). 여기에 미국, 중국, EU, 아세안 등 주요 무역상대국 55개국과 체결한 FTA의 특혜관세까지 포함하면 한국의 관세율은 그보다도 훨씬 낮아진다. WTO 실행관세율이 선진국 수준에는 다소 미치지 못하지만, FTA로 인한 관세인하 효과까지 감안할 경우 한국의 평균 관세율은 사실상 선진국 수준에 이른 것이다.

---

2) 한국은 1995년 WTO 출범당시 농업분야에서 개도국지위를 인정받아 수입농산물에 대한 고율관세 부과와 보조금 지급이 허용되었으나, 2019년 정부는 농업분야에서의 개도국 지위를 포기하기로 결정했다.

3) 수입선다변화제도는 심한 무역역조를 겪고 있는 특정 국가로부터의 수입을 제한하는 제도로서 한국은 사실상 일본을 대상으로 1977년부터 동 제도를 운영하였으며, 1997년 7월에 폐지했다.

〈표 6-2〉 한국의 단순평균 WTO 실행관세율 및 FTA 관세율(2016)　　　　(단위: %)[4]

구분	전체	농산물	비농산물
WTO(MFN)	14.1	60	6.6
한 · 칠레 FTA	7	49.5	0
한 · 싱가포르 FTA	7.3	47.4	0.7
한 · EFTA FTA	8.3	58.3	0.1
한 · ASEAN FTA	5.3	35.5	0.4
한 · 인도 FTA	8.2	55.2	0.5
한 · EU FTA	4.9	33.5	0.2
한 · 페루 FTA	5.6	39	0.1
한 · 미 FTA	4.6	30.9	0.3
한 · 터키 FTA	8.7	57.6	0.7
한 · 호주 FTA	7.6	50.7	0.5
한 · 캐나다 FTA	7.7	50.4	0.7
한 · 중 FTA	10.8	57.1	3.2
한 · 베트남 FTA	5.3	35.6	0.3
한 · 뉴질랜드 FTA	8.5	54.8	0.9
한 · 콜롬비아 FTA	–	–	–

자료: WTO(2017.6)

시장개방의 첫걸음

한국의 시장개방은 어떻게 진행되어 왔을까? 한국이 대외경제관계에 눈을 뜨게 된 것은 1960년대에 들어 경제개발계획을 본격적으로 추진하게 되면서부터라고 할 수 있다. 그 이전까지의 전후 복구과정에서는 미국, UN 등 국제원조에 의존해 기초생활품 위주로 자급자족하던 단계에 지나지 않았으며, 무역도 생활 필수품과 식량 수입을 충당하기 위한 외화획득의 수단으로만 인식되었을 뿐이다. 제1차 5개년 경제개발계획 기간(1962~1966) 중에도 초기에는 기초생활물품의 자급에 초점을 맞춘 초기 단계의 수입대체산업정책이 근간을 이루었고, 1964

---

4) WTO실행관세율은 WTO의 모든 회원국에 동일하게 적용되는 관세율인 반면, FTA관세율은 협정에 의거하여 무역자유화가 완료된 상황에서 상대국에 적용되는 관세율을 의미한다.

년부터 경공업 중심의 대외지향적 무역정책이 본격적으로 추진되기 시작했으며, 이러한 기본전략은 제2차 5개년경제개발계획 기간(1967~1971)에도 지속되었다.

그러나 1970년대 초반부터 한국은 수출산업의 고도화를 목표로 중화학공업 육성을 위한 전형적인 보호무역정책을 추진하기 시작했다. 중화학 제품의 생산에 사용되는 원자재 및 부품의 원활한 조달에 주력하면서 관련 국내산업의 보호 및 육성을 위한 강력한 수입규제 정책을 시행했다.[5] 그 결과, 1970년대 후반에는 수출규모가 100억 달러를 상회하는 획기적인 성과를 거두지만, 정부 주도의 산업화 정책은 독과점적 시장구조를 형성하고 빈부격차를 확대시키는 등 많은 경제적·사회적 부작용을 낳았다.

1960~70년대에는 수출확대를 통해 경제성장을 달성하려는 중상주의적 사고가 무역정책의 근간을 이루었으나, 1980년대에 들어서면서 서서히 시장을 개방하고 무역 전반의 질적 고도화를 추구하는 정책이 추진되기 시작했다. 1980년에는 정치·사회적 격변을 겪으면서 사상 처음으로 마이너스 경제성장을 기록하기도 했지만, 경제 안정화와 자율화에 정책적 역점을 둔 정부는 1983년 이후, 비교적 체계적인 무역자유화 정책을 추진한 것이다. 1984년부터는 5년 단위로 수입자유화계획을 예시하고 단계적인 수입자유화와 관세율 인하를 추진하기 시작함으로써 한국의 시장개방은 그 이전의 시기에 비해서는 상당한 진척을 이루게 되었다.

이와 같은 무역자유화 추세는 시장 메커니즘을 통한 경제의 자율성과 효율성을 중시하게 된 정책적 요인도 있었지만 미국을 위시한 선진국의 시장개방 압력도 큰 역할을 했다. 1980년대 세계 무역환경은 개도국에 관대했던 1967년 한국의 GATT가입 당시의 환경과는 이미 크게 달라져 있었다. 1, 2차 오일쇼크를 겪은 세계 각국은 무역자유화의 의지가 많이 쇠퇴해 있었고, 이를 우려한 주요 무역국들은 마침내 공산품은 물론이고 농산물과 서비스 등 모든 분야에서의 무역장벽을 완화하고 다자무역체제를 개혁하기 위한 새로운 다자간 협상(우루과이라운드 협상: 1986~1994)을 출범시킨 것이다. 그와 같은 세계무역환경의 변화는 한국으로 하여금 더 이상 과거와 같은 수출 편중의 무역정책을 허용하지 않았다. 특히 막대한 무역적자에 시달리던 미국은 1980년대 후반(1986~89)에 들어서 무

---

5) 1973년 정부는 중화학공업육성을 위해 철강, 조선, 기계, 전자, 석유화학, 비철금속 등을 6대 전략산업으로 선정하여 집중적으로 육성하기로 했다. Kim(2019)

역흑자까지 누리게 된 한국에 대해 농산물 및 서비스시장 개방압력을 가속화하기 시작했고, 여타 선진국들도 그에 가세하였다.

스스로 선택한 개방정책

1990년대 초반, 세계경제환경은 급격하게 변화하기 시작했다. 구소련 체제의 붕괴를 계기로 동구권 국가들이 잇달아 독립을 선언했고, 주요국들이 참여하는 대규모 경제블록들이 활발하게 태동하고 있었다. 기존의 유럽공동체(European Community: EC)를 모체로 유럽 내의 단일시장 구축을 목표로 하는 유럽연합(European Union: EU), 미국, 캐나다, 멕시코 등 북미 3개국간 자유무역을 도모하는 북미자유무역지대(North American Free Trade Area: NAFTA), 그리고 ASEAN 국가들 간의 경제협력 강화를 위한 아세안 자유무역지대(ASEAN Free Trade Area: AFTA) 등이 그 대표적인 예다. 주요 무역국들이 자유무역을 구실로 사실상 보호주의 성향이 강한 대규모경제블록을 경쟁적으로 형성하자 대외무역의존도가 높은 한국은 커다란 위압감을 느끼지 않을 수 없었다.

한국이 1990년대 초반부터 '세계화(globalization)'의 기치를 내세우며 적극적인 경제개방을 추진하고자 한 것도 바로 그러한 상황인식에서 출발한 것이다. 그러나 한국 사회에 깊숙이 자리 잡은 중상주의직·보호주의적 편향성으로 말미암아 개방 범위는 제한적일 수밖에 없었고, 이미 추진된 일련의 개방 계획도 기대만큼의 큰 성과를 거두지는 못했다. 그러한 가운데에도 WTO체제의 출범은 시장개방의 동기를 지속적으로 부여하고 국제사회에서의 공정한 무역에 대한 인식을 제고함으로써 한국으로 하여금 시장개방에 커다란 전환기를 맞게 했다. 1996년 말에는 일인당 국민소득 1만 달러 목표 달성과 함께 선진국 클럽으로 인식되고 있던 OECD에 가입함으로써 금융과 자본시장의 단계적 개방 계획도 내놓게 되었다. 그러나 그와 같은 개방 계획은 실현되지도 못한 채 1년 뒤인 1997년 말에 외환위기라는 국가부도사태를 맞게 된다. 다행히도 한국은 신속히 그 위기를 극복하는 데 성공했고 이는 한국이 보다 적극적이고 실질적인 경제개방과 구조조정을 실시하는 계기가 되었다.

외환위기의 주된 원인이 된 불투명한 기업경영과 부실한 금융구조, 정부의 미온적인 개혁정책 등에 대한 국내외 비판과 새로운 개혁의 필요성이 제기된 것이다. 결국 개혁의 필요성에 대한 사회적 공감대에서 추진된 각종 경제개혁이 외국인직접투자를 촉진하고 서비스 및 자본시장의 개방을 대폭 확대하는 결과를 가져온 것이다(<다음 글상자> 참조). 따라서, 한국의 시장개방이 비록 1980년대 초반부터 시작되었다고 할 수는 있으나, 국제사회의 틀에 맞는 체계적인 시장개방은 1990년대 중반 WTO출범과 함께 시작되었고, 경제의 질적 도약을 위한 보다 실질적인 시장개방과 경제의 자유화는 1997년 외환위기 이후부터라고 보는 것이 옳을 것이다.

이와 같은 개방화 과정을 살펴보면, 한국의 시장개방에는 강압적 요소와 자발적 요소가 혼재되어 있다. 1980년대 중반 이후부터 WTO출범에 이르기까지의 개방은 일방적 조치를 앞세운 미국의 통상압력에 의한 부분이 적지 않았으나, 1995년 WTO출범과 1996년 OECD가입에 따른 개방에는 자발적 요소와 강압적 요소가 동시에 존재했다고 볼 수 있다. 협상과정에서는 비록 분야별로 선진국들의 개방 압력에 수세적으로 대응한 측면이 있기도 하지만, WTO나 OECD가입은 결국 한국이 개방의 필요성을 인지하고 스스로 선택한 결정이었기 때문이다. 특히, 1997년 말 외환위기를 계기로 추진된 개방은 한국 정부가 경제위기를 극복하는 정책수단으로 이를 적극 활용했다는 점에서 자발적 개방으로 인식되고 있다.

특히 외환위기 이후 일련의 자유무역협정을 통한 시장개방은 분명히 스스로택한 자율적 개방이었음에 틀림없다. 1990년대 시작된 지역무역협정의 국제적 조류에 편승하지 못한 한국은 불리한 통상여건을 극복하고자 2000년대 초반부터 자유화 수준이 높은 FTA를 동시다발적으로 추진하기 시작했다. WTO 도하 라운드 협상이 진행되는 중에도 대외의존도가 높은 한국은 그의 경제적 특성을 고려하여 농업분야를 제외한 거의 모든 분야에서 회원국간 무역장벽을 낮추고 새로운 무역질서를 구축한다는 입장을 견지해 왔다.

외환위기 이전까지 한국의 외국인직접투자에 대한 시각은 대체로 부정적이었다. 비록 경제개발에 필요한 대부분의 자금을 외국자본의 도입으로 조달했지만, 외국인직접투자는 경제주권의 침해라는 인식에서 크게 환영을 받지 못했던 것이다. 그러나 외환위기를 겪으면서 부족한 외환을 조달하고 국내구조조정을 효과적으로 추진하기 위해서는 외국인직접투자가 절대적으로 필요했다. 기업의 인수·합병(M&A)추세가 범세계적으로 확산되면서 외국인직접투자에 대한 인식이 크게 변하기 시작했고, 그에 따라 한국정부는 외국인직접투자에 대한 각종 규제를 적극적으로 완화 또는 철폐하기 시작했다. 1998년에는 외국인투자촉진법을 제정하여 적대적 기업 인수·합병(M&A) 허용 등을 통해 외국인직접투자 유치를 적극적으로 추진했다. 그 결과 1999년과 2000년에는 각각 150억 달러 이상의 외국인직접투자 실적을 올리고 최근에는 매년 연속 200억 달러 이상의 실적을 보이고 있다. 그러나 한국의 외국인직접투자 규모는 국내경제에서 차지하는 비중이나 국내고용, 전체 매출액에서 차지하는 비중 측면에서 선진국과 비교해볼 때 아직은 낮은 수준이다. 노사갈등 및 각종 규제, 국제기준과 일치하지 않은 기업경영 관련 제도 및 관행, 외국인 투자자들을 위한 생활환경의 미비 등이 주된 이유로 거론된다.

자료: 산업통상자원부(2020)

　　투자형태별 특성을 살펴보면, 기업의 인수·합병(M&A) 형태의 외국인직접투자는 1998년부터 본격적으로 증가하기 시작하였으나 건수와 금액 양면에서는 아직 비중이 크지 않다. 기업 스스로 부지를 확보하고 공장 및 사업장을 설치하는 그린필드(greenfield)형 투자가 주를 이루고 있다.

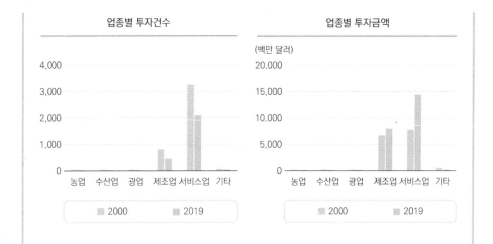

業種別 投資件数

業種別 투자금액

(백만 달러)

4,000	20,000
3,000	15,000
2,000	10,000
1,000	5,000
0	0

농업 수산업 광업 제조업 서비스업 기타

농업 수산업 광업 제조업 서비스업 기타

■ 2000   ■ 2019

■ 2000   ■ 2019

　　외국인직접투자의 업종별 구성을 보면, 산업구조의 변화에 따른 서비스업 투자
가 활발한 것으로 나타나고 있다. 하지만, 건당 투자금액은 제조업이 서비스업에
비해 더 큰 것으로 나타나 대형프로젝트 중심으로 투자가 이루어지고 있음을 보
여준다.

자료: 산업통상자원부(2020)

2. 무역구조의 변화

수출구조의 고도화

　　경제성장률이 인구증가율을 초과하게 되면 일인당 국민소득은 자연스럽게
증가한다. 국민소득의 증가는 더 나은 재화와 서비스의 구매에 대한 욕구를 낳
음으로써 수요를 창출하고 국내산업의 생산구조를 바꾸기도 한다. 수요의 증가
가 기업들의 경쟁을 유발하고, 그에 따라 기업들도 보다 양질의 제품과 서비스
를 생산하기 때문이다. 무역이 자유화될수록 소비시장은 훨씬 더 확대되고, 경
쟁력 있는 기업들은 수요가 있는 곳이면 어디로든 제품과 서비스를 수출한다.
정보·통신·교통수단이 발달하고 국가 간 자본의 이동까지 비교적 자유로워지
면서 생산·판매 등 모든 기업활동이 더 이상 국내에 한정되지 않는다. 한국이

그토록 단기간 내에 무역성장과 수출구조의 고도화를 동시에 시현할 수 있었던 것은 정부의 성공적인 수출촉진 정책과 산업화 전략, 그리고 그에 부응하는 우수한 기업가 정신이 잘 조화된 결과라고 할 수 있다.

한국은 인구증가율이 1960년대의 3%대에서 1990년대에는 1% 미만으로 감소하고 2000년대에 들어서는 0.5% 수준을 보인 후 2018년 현재 0.23%로 감소하는 등 지속적으로 감소하는 추세에 있다. 반면에, 경제성장률은 1990년대까지 과거 40여 년 동안 평균 7~8%의 고도성장을 유지해 왔고, 그 이후에도 최근까지 최소한 3%대 이상의 성장률을 시현했다. 그 결과, 1960년 GDP 19억 달러, 일인당 GDP 79달러에서 2018년에는 GDP 1조 7,209억 달러, 일인당 GDP 33,346달러의 세계 10위권 경제국이자 세계은행의 국가 분류에 따른 고소득국가로 성장했다. 1960~1970년대에는 국내산업을 육성하기 위한 정부정책에 부응하여, 온 국민이 대부분 국내에서 생산되는 제품과 서비스만을 구입했지만, 이제는 훨씬 높아진 경제수준과 개방화 덕택에 더 좋은 제품과 서비스를 생산지와 관계없이 어디에서나 구입할 수 있게 되었다.

그와 같은 소비자의 경제능력 향상과 구매여건의 변화는 기업의 생산이나 무역활동에도 지대한 영향을 미치게 마련이다. 한국의 경우 가장 크게 변화한 것이 수출구조이다. 1964년에 142개에 불과하던 수출상품이 2018년에는 9,300여 개로 약 70배가 증가했고, 총 수출규모는 금액기준으로 1억 1,900만 달러에서 6,048억 달러로 무려 5,000배 이상 증가했다. 수출상품의 종류나 양적인 측면에서 뿐만 아니라 질적인 측면에서도 수출상품 구조의 고도화가 이루어졌다. 우선, 1960년대 이후에 진행된 공업화의 영향을 받아 농산물 및 광산물 등 제1차 산품의 비중이 현저히 감소한 반면, 공산품의 비중이 급속히 증가했다. 공산품의 경우에도 1960년대에는 원자재 및 경공업 상품이 주로 수출되었으나, 1970년대부터는 중화학 제품의 비중이 점차 확대되고 1990년대 이후에는 반도체, 자동차, 무선통신기기, 석유화확 등 첨단기술제품 위주의 수출이 주종을 이루고 있다(<표 6-3> 참조). 값싸고 풍부한 노동력에 바탕을 둔 노동집약적 상품에서 자본과 기술에 바탕을 둔 자본·기술집약적 상품으로 한국의 비교우위가 옮아간 것이다.

〈표 6-3〉 한국의 시대별 주요 수출품목(1964~2019)

순위	1964년	1970년	1980년	1990년	2000년	2010년	2019년
1	직물류	섬유류	의류	의류	반도체	반도체	반도체
2	금속광	합판	철강판	반도체	컴퓨터	선박	자동차
3	어패류	가발	선박	신발	자동차	자동차	석유제품
4	목제품	철광석	인조직물	영상기기	석유제품	평판디스플레이	자동차부품
5	동식물원재료	전자제품	음향기기	선박	선박	석유제품	평판디스플레이
6	과실채소류	과자류	타이어	컴퓨터	무선통신기기	무선통신기기	합성수지
7	의류	신발	목재류	음향기기	합성수지	자동차부품	선박
8	직물섬유	연초류	잡제품	철강판	철강판	합성수지	철강판
9	철강제품	철강제품	반도체	인조직물	의류	철강판	무선통신기기
10	비금속광물	금속제품	영상기기	자동차	영상기기	컴퓨터	플라스틱제품

자료: 한국무역협회(2019):http://stat.kita.net/stat/cstat/peri/item/ItemList.screen

수출구조의 변화는 상품에서 뿐만 아니라 수출대상국에서도 나타난다. 우선, 수출 비중이 선진국 위주에서 탈피하여 중국 위주의 개도국 대상으로 그 무게중심이 옮겨갔다. 1970년에 전체 수출에서 개도국으로의 수출이 차지하는 비중이 12.1%에 불과하던 것이 2000년대 중반부터는 선진국 비중을 초월하고 2010년 이후 현재까지 거의 60%를 차지하고 있다는 점이 그러한 현상을 뚜렷하게 보여주고 있다. 개도국 중에서도 중국, 베트남, 인도, 멕시코 등에 대한 수출이 급격히 증가하여 한국의 주요 신시장으로 부상했다. 특히, 중국시장의 부상은 괄목할 만하다. 1992년에 한국과 수교하고 공식적인 교역을 시작하게 된 중국이 1995년부터는 한국의 5대 수출대상국으로 부상하고 2003년부터는 미국을 제치고 최대 수출시장으로 자리 잡은 것이다(<표 6-4> 참조).

〈표 6-4〉 한국의 시대별 주요 수출대상국(1964~2019)

순위	1964년	1970년	1980년	1990년	2000년	2010년	2019년
1	일본	미국	미국	미국	미국	중국	중국
2	미국	일본	일본	일본	일본	미국	미국
3	홍콩	홍콩	사우디 아라비아	홍콩	중국	일본	베트남
4	영국	독일	독일	독일	홍콩	홍콩	홍콩
5	베트남	캐나다	홍콩	싱가포르	대만	싱가포르	일본
6	네덜란드	네덜란드	이란	영국	싱가포르	대만	대만
7	태국	영국	영국	캐나다	영국	인도	인도
8	싱가포르	베트남	인도네시아	대만	독일	독일	싱가포르
9	대만	싱가포르	네덜란드	프랑스	말레이시아	베트남	멕시코
10	벨기에	스웨덴	캐나다	인도네시아	인도네시아	인도네시아	말레이시아

자료: 한국무역협회(2019): http://stat.kita.net/stat/cstat/peri/ctr/CtrTotalList.screen

수입구조의 다양화

한국의 경우, 수출이 활발해질수록 생산투입요소로 활용되는 원자재와 자본재의 수입이 증가하는 경향 때문에 세계경제가 큰 불황에 빠진 시기를 제외하면 수입은 대체로 수출과 함께 증가하는 추세를 보여 왔다. 1960년대 수출촉진정책 및 1970년대 중화학육성정책을 추진하는 과정에서도 원자재와 자본재의 수입은 지속적으로 증가했다. 외국인직접투자의 증가 역시 기업내 무역의 형태로 투입되는 원자재와 자본재의 수입을 늘리는 데에 기여한 것은 물론이다. 따라서 한국은 일찍부터 전체 수입에서 원자재와 자본재가 절대적으로 큰 비중을 차지해 왔으며, 그러한 추세는 지금까지도 변화가 없다. 다만, 수입되는 원자재와 자본재의 성격에는 큰 차이가 있는 것으로 나타난다. 경제가 성장할수록 원유, 천연가스, 석탄 등의 에너지관련 원자재의 수입비중이 현저하게 커지고 자본재 역시 정밀·첨단기기의 비중이 커지고 있다는 점이다(<표 6-5> 참조).

이와 같은 수입물품의 구조는 수입대상국의 구조에도 영향을 미친다. 첨단기술이 접목된 자본재 수입비중이 크기 때문에 한국은 일본과 미국으로부터의 수입에 크게 의존하게 되고, 급격히 증가한 원유를 비롯한 원자재, 중간재 등의 수

〈표 6-5〉 한국의 시대별 주요 수입품목(1964~2019)

순위	1964년	1970년	1980년	1990년	2000년	2010년	2019년
1	화학비료	일반기계	원유	원유	원유	원유	원유
2	기계류	곡물	곡류곡분	반도체	반도체	반도체	반도체
3	직물	운반기기	기타기계	석유제품	컴퓨터	석유제품	천연가스
4	석유제품	전기기기	천연식물원료	섬유화학기계	석유제품	천연가스	석유제품
5	목재	석유	목재류	가죽	천연가스	석탄	석탄
6	철제품	섬유사	석유화학제품	컴퓨터	반도체제조장비	철강판	무선통신기기
7	직물류	목재	기호식품	철강판	금은 및 백금	컴퓨터	자동차
8	곡류	직물	철강판	항공기 및 부품	유선통신기기	반도체제조장비	컴퓨터
9	운반기기	강철	기타유류제품	목재류	철강판	정밀화학원료	정밀화학원료
10	전자기기	금속광	선박	계측제어분석기	정밀화학원료	철광	의류

자료: 한국무역협회(2019): http://stat.kita.net/stat/cstat/peri/item/ItemList.screen

입비중 증가로 중국과 중동 및 동남아국가로부터의 수입이 크게 증가했다(〈표 6-6〉참조). 특히, 중국으로부터의 수입은 소비재, 자본재, 중간재 등 모든 부문에 있어서 높은 비중을 차지하고 대체로 증가하는 추세를 보이면서 2007년 이후 한국의 최대 수입국으로서 위치를 지키고 있다.[6] 수출과 마찬가지로 수입에 있어서도 개도국의 비중이 매우 높아 2018년 기준 개도국으로부터의 수입이 전체 수입의 55.7%를 차지하고 있다.

---

6) 2017년 대중 수입은 전자집적회로, 즉 반도체의 수입이 가장 많고 1차 철강산업 제품, 컴퓨터 등 사무용 전자기기, TV 및 라디오 송신기 품목 등 통신장비의 수입이 그 뒤를 잇고 있다.

〈표 6-6〉 한국의 시대별 주요 수입대상국(1964~2018)

순위	1964년	1970년	1980년	1990년	2000년	2010년	2019년
1	미국	일본	일본	일본	일본	중국	중국
2	일본	미국	미국	미국	미국	일본	미국
3	독일	독일	사우디 아라비아	독일	중국	미국	일본
4	필리핀	말레이시아	쿠웨이트	호주	사우디 아라비아	사우디 아라비아	사우디
5	홍콩	프랑스	호주	중국	호주	호주	베트남
6	대만	필리핀	이란	사우디아라비아	인도네시아	독일	호주
7	이탈리아	이란	독일	인도네시아	말레이시아	인도네시아	독일
8	네덜란드	영국	인도네시아	말레이시아	아랍에미레이트	대만	대만
9	영국	쿠웨이트	말레이시아	캐나다	대만	아랍에미레이트	러시아
10	캐나다	대만	캐나다	대만	독일	카타르	카타르

자료: 한국무역협회(2019): http://stat.kita.net/stat/cstat/peri/ctr/CtrTotalList.screen

한편, 2019년 한국의 수출입 상품 구조를 살펴보면, <표 6-3>과 <표 6-5>에서 보는 바와 같이, 자동차, 반도체, 석유제품, 무선통신기기 등은 한국의 주요 수출품인 동시에 수입품이기도 하다. 이는 한국에서 산업 내 무역이 활발하게 이루어지고 있다는 것을 의미한다.[7]

만성적인 무역적자로부터의 탈피

한국은 1948년 정부수립 이후 1985년까지 거의 40년 가까이 수입이 수출을 초과하는 만성적인 무역적자를 기록했다(<표 6-7>참조). 산업화 과정에서 원자재와 자본재의 수입이 부가가치가 크지 않은 한국의 경공업 제품의 수출을 금액 면에서 압도했기 때문이다. 그러나, 한국은 1980년대 중반 원유가격하락, 엔

---

7) 산업 내 무역(Intra-industry trade)이란 동일한 산업에 속하는 상품의 수출입이 동시에 일어나는 형태의 무역을 의미한다.

〈표 6-7〉 한국의 무역수지 변화추이(1962-2019) (단위: 백만 달러)

연도	수출	수입	무역수지
1962	55	422	-367
1970	835	1,984	-1,149
1980	17,505	22,292	-4,787
1986	34,714	31,584	3,131
1990	65,016	69,844	-4,828
1998	132,313	93,282	39,013
2000	172,268	160,481	11,786
2008	422,007	435,275	-13,267
2010	466,384	425,212	41,172
2019	542,232	503,343	38,890

자료: 한국무역협회(2020): http://stat.kita.net/stat/cstat/peri/tot/TotTotalList.screen

화 대비 달러가치의 하락, 국제금리 하락 등 3저현상에 힘입어 1986년에 사상 처음으로 무역흑자를 기록했다. 무역흑자는 1989년까지 지속되었고, 1986~1988년 기간에는 연 10% 이상의 경제성장을 기록하는 호황을 맞이했다. 1960년대와 1970년대를 거치는 산업화 과정에서 원자재와 자본재를 지속적으로 수입하면서 기록한 만성적인 무역적자의 상당부분이 결국 미래에 대한 투자의 역할을 한 것으로 해석할 수 있다. 그러나 1988년 이후 미국정부의 원화절상 압력, 국제원자재 가격상승, 후발 개도국의 급성장 등 대외적 여건의 변화에 더해서 부동산 등 비생산적 분야에 집중된 경제행위, 임금의 급상승 등 대내적 요인까지 겹치면서 수출경쟁력이 급속도로 둔화되었다. 급기야 한국은 1989년 이후 경기침체와 함께 또다시 부역적자국으로 돌아서서 1997년 외환위기를 맞이할 때까지 무역적자 상황은 지속된다. 다행히도 국민들의 절약과 정부의 수출지원 전략, 그리고 강력한 경제개혁과 산업구조조정을 통해 빠른 시기에 외환위기를 극복하고 1998년부터 다시 흑자를 기록한 것은 그야말로 한국의 저력을 보여준 사례로 기록되고 있다. 그 이후에도 2008년 세계경제위기를 겪었을 때를 제외하곤 꾸준히 흑자 기조를 유지했고 2011년에는 수출과 수입을 합하여 세계에서 9번째로 연간 무역 1조 달러를 달성한 국가가 되었다. 그러나 2017년 미국의 트럼프 행정부가 출범하면서 가시화된 '미국 우선 정책(America First)', 영국의 EU탈퇴

(Brexit) 등 주요국의 자국 우선 정책과 미국과 중국 간의 무역전쟁으로 세계경제의 불확실성이 증폭되면서 한국의 교역환경은 크게 악화된 상황이다.

한국의 국가별 무역규모에 있어서는 중국, 미국, 일본에 크게 의존하고 있다는 사실은 이미 앞에서 살펴본 바와 같다. 그 중에서 거대한 생산 및 소비시장을 보유한 중국과 그의 수출관문 역할을 하고 있는 홍콩, 현지 한국투자기업들의 부품을 주로 한국에서 수입하는 베트남, 세계 최대의 경제대국이자 전통적인 한국의 수출시장인 미국 등의 국가들에 대해 절대적인 무역흑자를 기록하고 있다(<그림 6-1> 참조). 반면, 한국 수입의 주를 이루는 원자재, 중간재, 자본재를 수출하는 국가들에 대해서 무역적자를 기록하고 있는데, 부품·소재 및 자본재의 주요 수입원인 일본과 독일, 그리고 원유 및 원자재의 주요 수입원인 사우디와 호주 등에 대해 상당한 무역적자를 기록하고 있다(<그림 6-2> 참조).

〈그림 6-1〉 한국의 주요국별 무역수지(흑자규모순)-2019

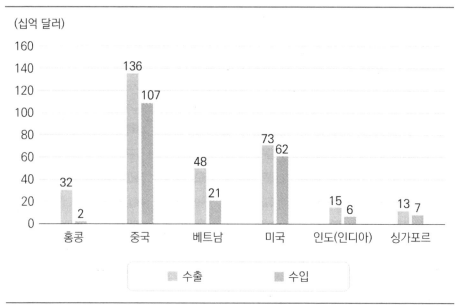

자료: 한국무역협회(2019)

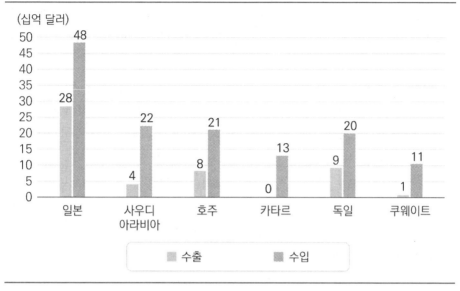

〈그림 6-2〉 한국의 주요국별 무역수지(적자규모순)-2019

출처: 한국무역협회(2019)

3. 국제무역체제와의 인연

다자체제로의 편입

1967년 한국의 GATT 가입은 한국으로 하여금 당시에 한창 진행중이던 무역 자유화의 국제적 흐름에 편승하여 지속적인 고도성장을 가능하게 한 결정적인 계기가 되었다. 국내산업을 보호·육성하면서 자국 상품을 외국시장에 최대한도로 수출할 수 있었던 것은 바로 GATT 체약국이자 개도국이었기 때문에 한국이 누릴 수 있었던 특권이나 다름없었던 것이다.[8]

다자무역체제는 1948년 GATT의 공식 출범 이후 세계교역환경의 변화에 따라 수정과 보완을 거듭해 왔으며, 1995년 WTO가 출범하기 전까지 총 8차례의 관세 및 비관세장벽 인하를 위한 협상을 거쳤다. 한국은 1967년 제6차 다자간무

---

8) GATT(General agreement on Tariffs and Trade)는 '관세 및 무역에 관한 일반협정'이라는 명칭에서 보듯이 국제기구가 아닌 협정문이었기 때문에 그의 가입국을 회원국이 아닌 체약국(Contracting Party)으로 불렀다.

역협상인 케네디라운드(Kennedy Round: 1963~1967) 협상 막바지에 GATT 체약국이 되었으며, 제7차 협상인 도쿄라운드(Tokyo Round: 1973~1979) 협상에서 처음으로 다자무역체제의 일원으로서 역할을 수행하기 시작했다. GATT 체제하에서 개최된 다자간무역협상은 제5차 딜론라운드(Dillon Round: 1960~1961) 협상까지는 관세협상 위주로 진행되었고, 제6차 협상인 케네디라운드 협상에서 처음으로 비관세장벽에 대한 문제를 다루기 시작했으나 별다른 실효를 거두지는 못했다. 도쿄라운드 협상에서부터 관세인하는 물론이고 비관세장벽에 대한 전반적인 검토와 함께 이를 규제하기 위한 광범위한 논의가 이루어졌으며, 한국도 공식적으로 협상의 일원으로 참여했던 것이다. 그러나 한국은 다자체제의 경험이 부족했을 뿐만 아니라, 당시에 중화학공업 육성을 위한 수입대체산업화를 지원하는 전형적인 보호무역정책을 추진중이었기 때문에 성숙한 GATT 체약국의 역할을 수행하는 데에는 한계가 있었다.

한국이 다자체제회원국으로서 체계적이고 능동적으로 협상에 참여한 것은 바로 제8차 협상인 우루과이라운드(Uruguay Round: 1986~1994) 협상에서부터라고 할 수 있다. 1980년대 세계무역환경은 개도국에게 관대했던 한국의 GATT 가입 당시와는 이미 크게 달라져 있었다. 제2차 세계대전 이후 국제교역의 근간을 이루고 자유무역을 주창해 오던 GATT는 1980년대에 들어 선진국들의 보호무역조치 남용과 함께 점차 그의 실효성을 잃어가기 시작했다. 특히, 반덤핑 제도의 남용과 다자간 규범의 적용을 교묘하게 회피하는 각종 회색지대조치(Grey Area Measures)가 성행하면서 국제교역질서가 상당히 문란해진 상황이었다.[9] GATT 체제가 드러낸 한계는 여기에서 그치지 않았다. 농산물과 섬유는 국제무역에서 차지하는 비중이 높음에도 불구하고 사실상 GATT 체제 밖에서 광범위한 규제가 이루어지거나 GATT 규정의 폭넓은 예외조치를 인정받았다. 서비스와 지식재산권도 국제교역에서 차지하는 비중과 중요성이 크게 증가했음에도 불구하고, GATT는 그러한 분야를 포괄할 수 없었다. 우루과이라운드 협상은 그와 같은 상황에서 GATT 체제의 보완과 확장을 통해 새로운 다자무역질서를 창출할 필요가 있다는 국제사회의 공감대에서 출범했던 것이다.

---

9) 회색지대조치(Grey Area Measures)는 당시 선진국들이 GATT규범을 교묘하게 회피하면서 무역상대국의 수입을 제한하는 조치로서 수출자율규제협정(Voluntary Restraint Arrangement: VRA)이 대표적인 예다. VRA는 수입국의 일방적인 수입 제한 조치가 예상될 때, 수출국이 이를 피하기 위하여 물품의 수량, 가격, 품질 따위를 스스로 규제하기로 하는 협정이다.

한국도 당시의 국제무역환경이 무역의존도가 높은 한국경제에게 커다란 위협이 될 수밖에 없다는 인식하에 우루과이라운드 협상에 적극적으로 참여했다. 특히, 1980년대 후반부터 미국을 비롯한 주요 선진국들의 시장개방 압력에 시달리던 한국으로서는 우루과이라운드 협상에 적극적으로 대응하는 것이 매우 중요할 수밖에 없었다.

WTO체제로부터의 혜택

난관을 거듭하며 본래의 협상기한인 1990년보다 3년이나 연장하여 극적으로 타결된 우루과이라운드 협상은 예상대로 세계무역환경에 커다란 변화를 초래했다. 협상 결과 가장 큰 변화는 바로 세계무역기구(World Trade Organization: WTO)의 창설이다. WTO 체제는 기능이나 역할, 포괄범위 측면에서 GATT 체제와는 확연한 차이가 있었다. GATT는 '관세 및 무역에 관한 일반 협정'이라는 명칭에서 보듯이 국제기구가 아닌 협정문서로서 단순히 사무국을 통해 국제기구처럼 행세한 것에 불과했지만, WTO는 명실공히 세계무역을 관장하는 국제기구로 출범을 한 것이다. 상품분야만을 관장했던 GATT와는 달리 WTO는 상품, 서비스, 지식재산권 등 광범위한 분야를 총괄하게 되었다. 상품분야에서도 모든 체약국이 아닌 일부 체약국 간에만 적용되었던 9개의 도쿄라운드 협정 중 5개를 모든 회원국에 적용되는 다자간무역협정으로 전환시키고, GATT 체제 밖에 남아있던 농산물, 섬유 등의 무역을 다자무역체제 안으로 복귀시켰다. 또한, GATT 체제에는 없었던 원산지규정, 선적 전 검사 및 동식물 위생 등에 관한 규정들을 새로 도입하여 상품무역 관련 규범체제를 대폭 보강했다. 민간항공기, 정부조달, 낙농, 우육 등에 관한 4개 무역협정은 비록 다자화 시키지 못하고 일부 회원국에게만 적용되는 복수간 무역협정(plurilateral trade agreement)으로 남게 되었지만, 이들도 다른 협정들과 마찬가지로 WTO의 관할을 받음으로써 다자체제의 기능과 역할이 한층 확대되고 강화되었다.[10]

---

10) 복수간무역협정(plurilateral trade agreements)은 WTO 협정 부속서 4(Annex IV)에 규정되어 있는데, 다자간무역협정(multilateral trade agreements)과는 달리 동 협정에 가입한 회원국에게만 적용되며, 본래의 4개 협정 중에서 국제낙농협정(International Dairy Agreement)과 국제우육협정(International Bovine Meat Agreement)은 1997년 12월 폐지되어 현재에는 민간항공기교역에 관한협정(Agreement on Trade in Civil Aircraft)과 정부조달협정(Agreement on Government Procurement)만 남아있다.

뿐만 아니라, 상품분야의 무역규범에 상응하는 서비스분야의 무역규범도 새로이 제정되어 WTO 협정의 또 다른 축을 구성하게 되었으며, 지식재산권분야 역시 WTO 협정의 주요 핵심 분야 중의 하나가 되었다.[11] WTO는 또한 보다 체계성을 갖춘 분쟁해결 절차를 갖추고 이를 관장하는 분쟁해결기구(Dispute Settlement Body: DSB)까지 별도로 설치함으로써 그 위상을 한층 강화했다. 미국 등 주요 선진국이 활용하던 일방적 제재조치의 사용을 억제하고, 패소국이 WTO의 결정사항을 따르지 않을 경우에는 피해를 입은 승소국에게 보복을 허용하는 등 분쟁해결절차상의 실효성도 한층 강화하여 WTO체제의 안정적 유지를 위한 기반을 마련했다. 회원국의 무역정책을 정기적으로 검토하고 평가하는 무역정책검토제도(Trade Policy Review Mechanism: TPRM)도 도입하여 개별 회원국들의 무역제도 및 정책의 투명성을 높임으로써 사전적으로 무역분쟁의 발생 가능성을 예방하는 것도 WTO가 수행하는 또 하나의 중요한 기능이 되었다.

우루과이라운드 협상을 통해 공산품 관세와 비관세 장벽이 대폭 낮아지면서 이미 공업화에 성공한 한국으로서는 WTO 체제의 출범으로 견고한 수출 기반이 마련된 셈이다. 미국, EU 등 선진국의 일방적 제재조치나 압력에서 벗어나 협상을 통해 자발적으로 시장을 개방하고 선진국의 불합리한 조치에 대해서는 WTO 분쟁해결절차를 통해 과감하게 시정을 요구할 수 있게 되었다. 한국은 WTO 출범이후 2019년 말까지 21건의 제소와 18건의 피소 등 총 38건의 무역분쟁에 관련되었는데, 대부분이 선진국과의 분쟁이라는 특징이 있다. 특히, 한국이 제소한 사안에 있어서는 단 1건을 제외하고는 미국 14건, EU 3건, 일본 3건 등 모두 선진국과의 분쟁이며, 대부분 승소를 해서 상대국의 불합리한 조치를 시정하도록 하는 데에 성공했다. 또한, 선진국의 반덤핑, 상계관세, 세이프가드 조치의 주된 표적이었던 한국은 WTO의 엄격해진 규정으로 그 표적에서 벗어날 수 있었다. 선진국의 남용사례가 줄어들기도 했고, 불합리한 조치에 대해서는 과감하게 제소하여 시정을 해왔기 때문이다. 정부가 대외경제정책을 훨씬 유연하고 효과적으로 추진한 것인데, 이는 WTO가 없었다면 거의 불가능한 일이었을 것이다.

무역정책검토제도(TPRM) 역시 한국에게는 매우 유용한 제도로서 한국정부는

---

11) WTO협정에서는 '서비스 무역에 관한 일반협정(General Agreement on Trade in Services)'에 서비스 분야에서의 무역에 관한 다자간 규범을 정하고 있고, 무역관련 지식재산권에 관한 협정(Agreement on Trade−Related Aspects of Intellectual Property Rights)에서 특허권, 의장권, 상표권, 저작권 등 지식재산권에 대한 다자간 규범을 정하고 있다.

이를 효과적으로 사용해 왔다. WTO 개별 회원국, 특히 과거에는 획득하기 어려웠던 중국을 비롯한 개도국의 통상정책이나 제도에 대한 정보를 모든 회원국과 공유하고 불합리한 부분에 대해서는 WTO의 각종 위원회를 통해 시정을 요구할 수 있게 된 것이다.[12] 대외무역의존도가 유난히 높은 한국에게는 이 또한 여간 큰 혜택이 아닐 수 없다.

이와 같이 한국이 WTO 체제에서 누리고 있거나 누릴 수 있는 혜택은 대단히 크다. 1960~1970년대 GATT 체제에서도 한국은 범세계적 자유무역 분위기의 확산과 개도국에 대한 특혜조치에 힘입어 고도의 수출확대 및 경제성장을 경험할 수 있었다. 그러한 측면에서 볼 때, 한국의 무역 또는 경제성장 과정에서 다자무역체제가 한국경제에 기여한 바는 절대적으로 크다. 한국이 지구촌의 모든 국가들 중에서 다자체제의 혜택을 가장 많이 받은 국가로 평가받고 있는 이유이기도 하다. 한국이 WTO 체제의 출범으로 농업이나 보조금 분야 등에서 불리한 입장에 놓이게 되었다는 일각의 주장이 있는 것도 사실이다. 그러나, 만약 WTO가 존재하지 않았다면 한국은 강대국으로부터 일방적이고 강력한 개방 및 시정 압력을 받아서 오히려 훨씬 불리한 입장에 처했을 것이라는 주장이 설득력이 있다. 경제규모가 작고 대외무역의존도가 높은 한국으로서는 양자간 협상보다 다자간 협상을 통해서 경제적 이익 또는 협상입지를 관철시키는 것이 훨씬 유리하다는 것은 의심할 여지가 없다.

FTA 지각생에서 FTA 강국으로

1990년대에 들어 WTO 체제의 출범과 함께 국제관계에서 나타난 또 하나의 특징적인 현상은 지역주의, 특히 자유무역협정(Free Trade Areement: FTA)의 확산이라고 할 수 있다. 국가간 무역과 투자 장벽이 완화되면서 국경의 의미가 점차 약화되는 가운데에 지리적으로 인접한 국가들끼리 경제적 혜택을 공유하기 위한 경제블록이 빠른 속도로 생성된 것이다. 더욱이, 교통 및 정보통신수단이 획기적으로 발전하면서 점차 많은 국가들이 지리적 위치에 구애받지 않고 통상

---

12) 무역정책검토제도(Trade Policy Review Mechanism)에 의하면, 미국, 중국, EU, 일본 등 무역규모 기준으로 4대 무역국은 매 3년, 한국을 포함한 5~20위권의 회원국은 매 5년, 그리고 나머지 회원국들은 매 7년마다 모든 회원국이 참여하는 무역정책검토기구(Trade Policy Review Body)의 검토를 받아야 한다.

전략적 차원에서 지역무역협정(Regional Trade Arrangement: RTA)을 체결하기 시작했다. 그 결과 이제 지역주의는 다자주의와 대칭되는 개념일 뿐 특정지역을 중심으로 생성되던 과거와는 다른 양상을 보이고 있다. 현재에는 사실상 거의 모든 WTO 회원국들이 해외수출시장 확보를 위해 지역무역협정을 중요한 통상전략의 수단으로 활용하고 있다. 2019년 12월 현재 WTO에 통보된 지역무역협정의 수는 통보건수로는 480여 개에 달하고 물리적 건수만도 300여 개에 이른다.[13] 현재 164개 WTO 회원국 모두가 최소한 1개 이상의 지역무역협정에 가입되어 있다는 사실만으로도 지역주의에 대한 국제적 인식을 잘 엿볼 수 있다.

〈그림 6-3〉 지역무역협정의 추이

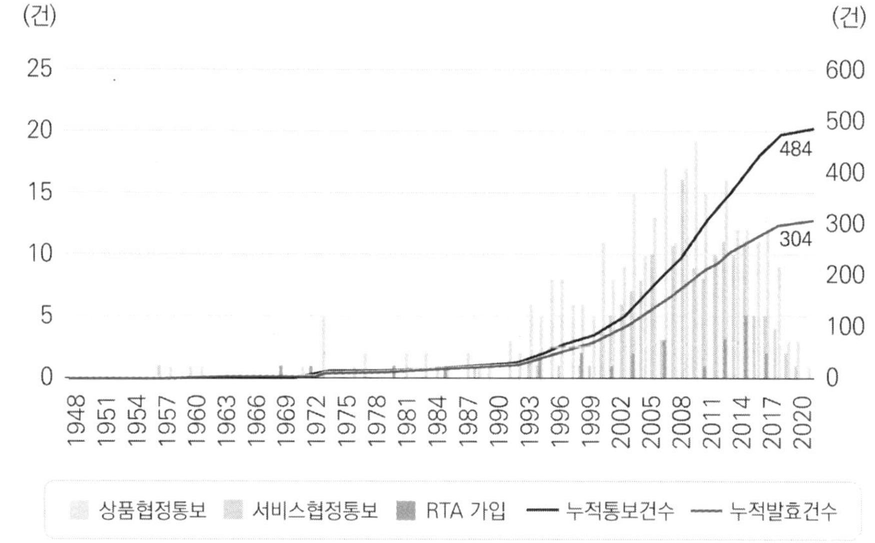

자료: WTO(2020)

한국은 1990년대 중반부터 자유무역협정(Free Trade Agreements: FTA)에 관심을 갖기 시작했지만, 공식적인 통상정책의 일환으로 본격적인 검토에 들어간 것은 1997년 외환위기 이후이다. 다자무역체제의 가장 큰 수혜자로서 다자주의 원

---

13) 통보건수는 하나의 지역무역협정에 대해서도 상품협정과 서비스협정을 분리해서 WTO에 통보하는 건수를 의미하며, 물리적 건수는 상품협정과 서비스협정을 분리하지 않은 통합적 지역무역협정의 건수를 의미한다. 예를 들어 한미 FTA의 경우, 물리적 건수는 1개이지만, 통보건수는 2개가 된다.

칙만을 고수해 오던 한국이 외환위기 이후 개혁과 개방의 필요성을 절감하면서 지역주의에 관심을 보이기 시작한 것이다. 물론 당시 세계적으로 급속히 확산되는 지역주의 추세를 외면할 경우, 대외수출의 기반이 잠식될 수 있다는 위기의식이 크게 작용한 것도 사실이다.

1998년 11월 한국정부는 칠레와의 FTA를 우선적으로 추진하고 중소형 거점 국가와의 FTA에 대한 연구를 개시한다는 기본적인 정책방향을 정했다. 또한, 미국, 일본, 중국 등 거대경제권과의 FTA는 보다 정밀한 검토를 거쳐서 추진여부를 결정하기로 했다. 그와 같은 정부 방침에 따라 협상이 시작된 한국 최초의 FTA인 한·칠레 FTA는 상당한 진통을 겪은 끝에 2004년 4월 발효되었다.[14]

그 이후 한국정부는 FTA의 범세계적 확산추세에 늦게 참여한 불이익을 극복하고자 FTA 로드맵을 설정하고 다수의 국가들과 동시다발적으로 FTA를 추진하기 시작했다.[15] 한 번의 수정을 거친 FTA 로드맵은 동시다발적 FTA, 포괄적이며 수준 높은 FTA, 사회적 합의에 기초한 FTA를 추진한다는 FTA 정책의 기본 원칙들을 제시했다. 험난한 과정을 거쳤던 한·칠레 FTA를 교훈 삼아서 국민의 공감대하에 일관성 있는 FTA 정책을 추진하겠다는 당시 한국정부의 정책의지를 분명하게 보여준 것으로 해석된다.

2019년 12월 기준으로 한국은 미국, EU, 중국 등 총 55개국과 16개의 FTA를 운용하고 있다(<표 6-8> 참조). 그 외에도 한국은 다수의 FTA의 협상을 이미 종결했거나 또는 협상 중에 있다. 터키와는 서비스 및 투자관련 협상이 마무리 되었고, EU를 탈퇴한 영국과도 양자간 FTA 협상을 종결하고 국내비준까지 거친 후 발효를 앞두고 있다. 2013년부터 중국, 일본, 호주, 뉴질랜드, 인도 및 ASEAN 국가들과 함께 '역내포괄적경제동반자협정(Regional Comprehensive Economic Partnership: RCEP)'이라는 대규모 FTA(mega-FTA) 협상에 참여해서 2019년 현재 사실상 거의 마무리 단계에 있다.[16] 또 하나의 커다란 FTA라고 할 수 있는 한·중·일

---

14) 한·칠레 FTA는 1999년 12월에 협상을 개시하여 2002년 10월에 협상을 타결하고 2003년 2월 양국정상이 협정안에 서명하였으나, 한국측의 농업개방안을 둘러싼 양국간 이견으로 1년 반 이상 협상이 중단되었고, 그 후에도 협정안에 대한 국회비준동의에만 1년 이상의 시간이 소요되는 등 총 6년 동안 상당한 진통을 겪었다. 강인수 외(2018)

15) 2003년 9월, 단기, 중기, 장기적으로 추진할 목표(FTA 상대국)를 제시하는 1차 FTA로드맵을 설정한 후, 2004년 5월에는 보다 적극적인 정책방향을 제시한 수정된 FTA로드맵을 발표했다. KDI(2010)

16) RCEP(Regional Comprehensive Economic Partnership)은 동남아시아국가연합(ASEAN) 10

FTA는 현재 협상 중에 있으나, 협상과정에서부터 3국간 경제적·정치적 이해충돌로 별다른 성과를 거두지 못하고 있는 실정이다. 그 외에도 한국은 중남미 5개국과의 FTA 협상을 마무리해서 일부는 발효 중에 있고, 한·ASEAN FTA는 추가적인 협상 외에 별도로 인도네시아, 필리핀, 말레이시아 등 ASEAN의 일부 회원국들과 개별적인 양자간 FTA도 추진해서 인도네시아와는 협상을 마무리지었다. 또한 러시아와 남미의 최대 지역협력체인 MERCOSUR와도 협상을 시작해서 이제 거대한 개도국이 대부분 한국과의 자유무역을 앞두고 있다.[17)18)]

〈표 6-8〉 한국의 FTA체결 현황(2019.12)

| 발효(16) | 협상종료(5) | 협상중(10) |
		협상중단(3)
칠레, 싱가포르, EFTA, 아세안, 인도, EU, 페루, 미국, 터키(상품), 호주, 캐나다, 중국, 베트남, 뉴질랜드, 콜롬비아, 중미	터키(서비스, 투자), 영국, 이스라엘, 인도네시아, RCEP	〈협상중〉 한중일, 아세안(추가), 필리핀, 말레이시아, MERCOSUR, 중국(서비스, 투자), 러시아, 에콰도르, 인도(개선), 칠레(개선)* 〈협상중단〉 일본, 멕시코, GCC

주: 1) EFTA(European Free Trade Association)는 스위스, 노르웨이, 아이슬란드, 리히텐슈타인 등 4개국 포함
  2) 중미는 엘살바도르, 온두라스, 니카라과, 파나마, 코스타리카 등 5개국 포함(니카라과, 온두라스, 코스타리카 등 3국 우선발효).
  3) GCC(Gulf Cooperation Council)는 사우디아라비아, 아랍에미리트, 쿠웨이트, 카타르, 오만, 바레인 등 6개국 포함
  4) MERCOSUR는 브라질, 아르헨티나, 우루과이, 파라과이 등 4개국 포함.
  * ( ) 안의 '추가'는 자유화가 미진한 부분에 대한 추가적 협상을 의미하며, '개선'은 시대의 변화를 반영하지 못한 부분에 대한 개선협상을 의미하나 사실상 협정상의 자유화 범위를 확대하는 의미에서는 유사한 의미를 지님.
자료: 산업자원통상부

개국과 한·중·일 3개국, 호주·뉴질랜드·인도 등 16개국이 추진해온 일종의 자유무역협정(FTA)으로서 2019년 11월 4일 인도를 제외한 15개국 간의 협정이 타결되었고, 2020년 최종 타결 및 서명이 이뤄질 예정이다.
17) 러시아의 경우 WTO에 관세동맹으로 통보된 EAEU(Eurasian Economic Union; 러시아, 벨라루스, 카자흐스탄, 키르기스, 아르메니아 등 총 5개국)의 회원국이기 때문에 러시아와 양자간 FTA를 체결할 수 없으며, 따라서 투자, 서비스 분야를 먼저 협상하기로 양국이 합의했다.
18) MERCOSUR는 브라질, 아르헨티나, 우루과이, 파라과이 등 남미 4개국이 1995년 1월 1일부터 무역장벽을 전면 철폐함에 따라 출범한 남미공동시장이다. 2012년 7월 31일 베네수엘라의 정식 가입 승인이 나면서 5개국으로 늘었으나, 2017년 7월 5일(현지시간) 베네수엘라의 회원 자격이 당분간 정지됐다.

한국의 이와 같은 적극적인 FTA정책은 2000년대 들어 지역주의에 대한 정부 및 일반 국민들의 인식이 크게 바뀌었음을 의미한다. 지역주의가 다자무역체제를 위협하거나 범세계적인 무역자유화에 걸림돌이 되기보다는 오히려 다자무역체제를 보완하여 자유무역을 확산시킴으로써 새로운 무역을 창출하는 동력으로 인식하게 된 것이다.

4. 한국통상이 나아갈 방향

한국 통상이 당면한 위험요인

세계통상환경이 악화되고 불확실성이 증가하면서 한국경제가 위험에 노출될 가능성도 높아지고 있다. 다자체제가 약화되는 가운데 보호무역주의가 팽배하고 경제 대국들이 일방적 조치를 서슴없이 활용한다면 이는 한국경제에 심각한 위험요인이 아닐 수 없다. 그와 같은 통상환경은 모든 국가에 부정적 영향을 미칠 것으로 예상되는데 특히 그 중에서도 한국경제가 유난히 어려움을 겪을 것으로 예상되고 있다. 그렇다면, 그 이유는 무엇일까? 가장 자주 거론되는 몇 가지 주요 원인을 살펴보자.

첫째 한국의 특수성을 고려하더라도 경제규모에 비해 무역의존도가 지나치게 높다. 경제규모는 지속적으로 확대되는데 대외무역의존도가 여전히 높다는 것은 수출의 성장기여율이 높다는 것을 의미한다. 이는 당연히 좋은 의미로 해석될 수도 있지만, 또 한편으로는 국가경제가 그만큼 국제무역환경의 변화에 많은 영향을 받는다는 것을 의미한다. 세계경제가 좋은 성장세를 보일 때에는 순기능으로 작용하지만, 세계경제가 위기를 맞거나 침체에 빠질 때에는 한국경제 역시 그와 비슷한 상황을 맞게 된다. 한국의 수출기반을 살펴보면 그 상황은 더욱 심각하다. 중국에 대한 수출의존도는 25%에 달하며, 홍콩, 대만, 싱가포르 등 여타 중화 경제권까지 포함하면 그 비중은 무려 30%를 훨씬 넘는다. 중국경제에 변수가 발생하면 쉽게 그에 종속되어버리고 중국이 어떠한 구실로 무역제재를 가할 경우에는 속수무책으로 당할 수밖에 없는 이유이다.[19] 물론 한국 같이

---

19) 2000년 한중마늘분쟁과 2016년 중국의 사드보복조치가 좋은 예이다.

자원이 빈약할수록, 그리고 경제규모가 작을수록 대외무역의존도가 높게 나타나는 것은 어느 정도 불가피하다. 1960~1970년대 가난하고 자원도 부족했던 한국이 단기간 내에 고도의 경제성장을 이루는 데에는 무역이 큰 기여를 한 것도 사실이다. 다만, 현재와 같이 한국의 경제규모가 커진 상황에서는 스스로 소비와 투자를 창출할 수 있는 내수기반을 확대해서 대외무역의존도를 줄이는 방안을 강구할 필요가 있다.

둘째, 반세계화 추세가 확산되면서 한국의 글로벌 가치사슬에 기반한 비교우위가 약화될 수 있다. 관세 및 비관세 장벽이 낮아지고 세계화 현상이 활발하게 진행될수록 첨단 IT 제품 및 중간재의 생산기술에 경쟁력이 있는 한국경제에는 유리하게 작용한다. 중국이 세계의 공장으로서 제조업의 중심국가로 성장하는 동안 한국은 다양한 첨단기술제품의 중간재 수출을 통해 글로벌 공급망에 깊숙이 자리 잡았다. 반도체를 비롯한 각종 부품·소재 등 한국에서 생산되는 중간재는 이제 중국을 넘어 미국, 유럽, 일본 등 모든 주요 선진국에서도 매우 높은 수요를 창출하고 있고, 따라서 한국은 대부분의 주요 제품 관련 글로벌 공급망에 중요한 구성원으로 참여하고 있다.[20]

그러나 최근 들어 반세계화 추세가 강해지고 주요 국가간 무역갈등과 보호무역조치가 증가하면서 글로벌 공급망이 원활하게 작동하지 못하는 현상이 자주 발생하고 있다. 최종재에 대한 수입제한은 해당 제품 뿐만 아니라 그에 소요되는 원자재 및 중간재의 수요를 감소시키고, 중간재에 대한 공급제한은 최종재의 생산과 수출까지 제약하기 때문에 보호무역주의는 전방위적으로 글로벌 공급망에 영향을 준다. 이는 한국이 주요국간의 무역갈등 또는 주요국과의 무역갈등에서 가장 큰 피해를 입는 중요한 원인으로 인식되고 있다.

셋째, 다자무역체제가 약화되면 한국경제는 경제 강대국의 일방적 조치에 심각한 영향을 받게 된다. 보호무역주의가 고조되는 현상도 결국 세계무역질서를 관장하는 WTO 체제가 약화된 데에 근본적인 이유가 있다. 도하라운드 협상의 실패로 WTO의 권위와 위상이 상당히 저하되었고 세계무역을 관장하는 기구로서의 역할과 기능을 충분히 발휘하지 못하고 있는 것이다. 미국, 중국 등 경제대

---

20) 2017년 한국의 글로벌 가치사슬(GVC) 참여율은 55%로 세계 평균을 상회할 뿐 아니라, 미국, 독일, 일본, 영국 등 OECD 주요국들에 비해 높은 수준을 유지하고 있다. 한국무역협회(2020.1).

국은 물론이고 대부분 국가들이 자국의 경제적 이익 또는 국내산업보호를 위해 WTO 규정에 합치하지 않는 무역조치를 서슴없이 사용하는 경향이 늘고 있다. 미국은 국가안보를 이유로 철강과 자동차 수입을 제한하고 불공정 무역관행을 이유로 일방적 제재조치를 남용한다. 중국과 일본도 정치적 사안을 무역에 연계시키면서 일방적으로 또는 국가안보를 이유로 무역을 제한하기도 한다. 이러한 것들은 모두 WTO에 위배되는 조치로서 WTO의 권위가 약해지면서 나타나는 현상들이다. 더욱이, 미국은 WTO가 국가간 공정무역을 보장하지 못해서 자국의 국익이 손상될 경우에는 WTO를 탈퇴하겠다는 의사까지 표명하고 있다. 실제로, WTO의 상소기구를 무력화시킴으로써 WTO의 핵심기능인 분쟁해결기능을 크게 약화시켰다.[21] 관세나 비관세 장벽의 제거나 완화도 중요하지만, 세계 무역질서를 정립하고 특정 국가의 불공정 무역이나 강대국의 횡포를 규율할 수 있는 WTO의 역할과 기능이 한국에게는 무엇보다도 중요하다는 것은 더 강조할 나위가 없다.

마지막으로, 한국은 현재 다수의 FTA를 보유하고 있지만, 그의 실효성을 충분히 보장받지 못하고 있다. 한국은 이제 양적으로나 질적으로 FTA 강국이라고 불리는 데에 전혀 손색이 없다. 미국, 중국 등 세계 최고의 경제대국들과 FTA를 체결했고, EU, 캐나다, 호주, EFTA 등 선진국, 그리고 인도, 동남아, 칠레 등 개도국에 이르기까지 대부분의 주요 무역대상국과 FTA를 체결했다. 이러한 FTA들이 제대로 작동만 한다면 한국은 명실공히 세계에서 가장 안정적이고 든든한 무역기반을 갖춘 국가라고 할 수 있을 것이다. 그러나, 가장 중요한 것은 FTA 협정에 규정된 무역자유화의 약속이 얼마나 안정적으로 지켜질 수 있느냐 하는 것이다. 한미 FTA는 분명 다양한 측면에서 한국에게 큰 이익을 제공해 왔다. 그러나 미국의 트럼프 행정부가 들어서고 미국에게 불리한 협정이라는 이유로 재협상을 통해 미국의 입장을 추가적으로 반영해야 하는 상황을 경험했다. 뿐만 아니라, 미국은 국가안보를 이유로 모든 국가로부터 수입되는 철강에 이미 고관세를 부과했고, 자동차에 대해서도 추가 관세 부과를 검토하고 있다. 한국도 그 대상에서 벗어나지 못하고 있으니 한미 FTA의 실효성에 의문이 남을 수밖에 없

---

21) 미국은 지난 2016년부터 WTO 상소기구 위원의 임기가 만료되어 공석이 발생할 경우 이의 임명을 계속 거부함으로써 7명이 정원인 상소기구 위원은 2019년 말 한 명만 남은 상태이며, 따라서 매건마다 3명의 위원이 반드시 참여해야 하는 상소심의가 불가능하게 되어 WTO의 분쟁해결기능이 사실상 정지된 상태이다. 이천기 외(2019. 12)

다. 중국 역시 각종 행정조치를 통해서 사실상 한국의 대중 수출을 상당부분 봉쇄함으로써 FTA가 정치적인 이유로 언제라도 무력화될 수 있음을 보여주고 있다. 또한, FTA 체결 국가가 다수임에도 불구하고, 일부 FTA를 제외하고는 특혜무역 활용률은 그리 높지 않은 편이다. FTA의 실효성을 제고하는 것이 한국으로서는 또 하나의 중요한 도전 과제가 아닐 수 없다.

한국통상의 방향과 과제

지난 반세기 동안 한국의 경제성장을 이끌어온 무역정책은 시대의 변화에 따라 그의 역할과 기여도가 지속적으로 변화해 왔다. 1960~1970년대의 무역정책은 정부 주도의 산업정책과 연계되어 추진되었고, 그 결과 한국경제에는 고도의 성장과 함께 산업화의 기반이 마련되었다. 그러나 한국이 단순한 산업정책 차원이 아닌 통상의 차원에서 무역정책을 추진하기 시작한 것은 1980년대에 들어서라고 할 수 있다. 1980년대 초반부터 개방의 필요성을 인지하고 자율적으로 수입자유화정책을 실시하기도 했지만, 선진국들의 강력한 시장개방압력을 받은 1980년 후반에 들어서는 그들의 수입규제에 대응하기 위한 전략적 무역정책이 추진된 것이다. 특히, 1990년대 중반 이후 WTO의 출범과 OECD가입, 그리고 외환위기를 계기로 한국은 국제무역체제에 보다 적극적으로 참여하게 되었고 그에 맞추어 체계적인 통상정책을 펼치기 시작했다. WTO 도하라운드 협상이 지체되는 가운데에서도 무역과 투자자유화의 범세계적 확산추세를 효과적으로 활용했고, 그에 따라 다양한 글로벌 공급망에도 참여할 수 있었다. 정부는 기업의 높은 제조업 경쟁력을 바탕으로 WTO와 FTA를 통해서 적극적인 무역자유화정책을 추진했고, 기업들은 그러한 정책에 편승하여 매우 공격적으로 글로벌 공급망에 참여할 수 있었던 것이다. 특히, 중국, 동남아, 인도 등 개도국 경제의 빠른 성장은 한국의 국제 생산 및 무역의 활동범위를 크게 확장시키는 결과를 가져왔다.

그러나 앞에서 언급한 바와 같이 이와 같은 한국의 입지는 2010년대 중반 이후 미국 트럼프 행정부가 들어서고 세계통상환경이 급변하면서 크게 달라지기 시작했다. 다자무역체제의 위축, 반세계화 추세의 확산, 신보호무역주의 등장 등 자유무역을 제약하는 시장요인이 많아진 것이다. 뿐만 아니라, 제조업 강국으로 부상한 중국의 중간재 자급률이 급격히 상승하고 신흥국의 경제가 부상함에 따라, 아세안, 중동·아프리카, 중남미 등 주요 개도국에서의 원자재 조달경쟁도 격화되고 있다. 이 모든 것들이 한국경제에는 중대한 도전적 요소가 아닐 수 없다.

그 이전에도 한국경제는 상당한 우여곡절을 겪기는 했지만, 결국 과감한 대외지향적 무역정책을 통해 해외시장을 확대하고 시장개방을 통해 성장과 개혁이라는 두 개의 목표를 동시에 달성할 수 있었다. 한국경제의 구조적 특성에 비추어 볼 때, 개방은 한국의 필연적 선택이었던 것이다. 최근 반세계화 기류가 확산되면서 주요 무역상대국들이 보호무역을 강화하고 있지만, 한국도 같은 방식으로 대응할 수는 없다. 그렇다면, 한국은 어떻게 대응해야 할 것인가? 한국통상이 당면한 과제를 짚어본다.

첫째, 국가간 공정무역과 자유무역을 촉진시키는 다자무역질서의 복원과 발전을 위한 국제협력, 특히 WTO 개혁작업에 주도적으로 참여해야 한다. 1967년 GATT가입 이후 한국이 경험한 빠른 무역신장은 결국 다자무역체제의 확장적 발전과 맥을 같이 하고 있다. 한국의 FTA 정책이 단기간 내에 성과를 거둘 수 있었던 것도 기본적으로는 규범중심(rule-based)의 다자무역체제가 확고하게 자리잡고 있었기 때문이다.

이와 같은 다자무역체제가 반세계화 추세 및 주요국의 자국우선 무역정책으로 위기를 맞고 있다. 특히, 미국은 WTO가 중국 등 일부 회원국의 보호무역조치를 효과적으로 통제하지 못하고 미국의 이익에 반하는 요소가 많다는 데에 불만을 표출하고 있다.[22] 미국이 WTO를 탈퇴하거나 다자무역질서를 우회하기 시작한다면 다자무역체제는 급속히 약해질 것이고, 결과적으로 한국을 비롯한 많은 국가들이 미국, 중국 등 경제대국들의 보호무역조치와 일방적 조치의 대상에서 벗어나기 어려울 것이다. 한국은 다른 어느 국가보다도 주도적으로 다자무역체제의 가치를 전파하고 다자무역질서를 유지·발전시키기 위한 전방위적 노력을 기울여야 한다. 특히, 보조금, 반덤핑, 지식재산권, 분쟁해결절차 등 미국이 WTO에 대해 갖고 있는 가장 큰 불만 사항들을 다자차원에서 면밀히 분석하고 검토하여 그의 타당성 및 개선 여부 등을 공론화하는 작업을 우선적으로 진행시킬 필요가 있다.

---

22) 미국은 WTO가 중국의 산업보조금과 국영기업에 의한 불공정 행위, 지재권 침해 등을 효과적으로 규제 하지 못하고 상소기구의 월권행위로 WTO 분쟁해결제도가 미국의 상업적 이익을 침해하고 있다는 불만을 지속적으로 표출해 왔다. 서진교 외(2018)

둘째, 지역무역협정의 실효성을 획기적으로 높이는 방안을 강구해야 한다. 2000년 이후 지난 20년 가까이 한국의 통상정책은 주로 시장접근 개선을 위한 FTA의 확대에 중점을 두어 왔으며, 그 결과 선진국에의 시장진입에는 상당한 효과를 거둔 것이 사실이다. 그러나 대부분의 선진국과 FTA를 체결한 상황에서 이제 한국의 FTA 정책은 과거와 달라질 필요가 있다. 선진국에 대해서는 충분한 시장접근을 확보하고 유지하되, 개도국에 대해서는 단순한 시장접근보다는 상생의 경제협력을 통한 새로운 가치사슬의 창출에 중점을 두는 것이 바람직하다. 경제구조 및 경제발전단계가 다른 개도국과의 협력에는 자원과 기술의 공유가 서로에게 중요하기 때문이다. 그러한 측면에서, 에너지 빈국인 한국으로서는 에너지 협력을 강화할 수 있는 걸프협력회의(Gulf Cooperation Council: GCC)와 유라시아경제연합(EAEU) 등과 FTA를 추진한다면 상생의 경제협력 차원에서 큰 의미가 있을 것으로 기대된다.

또한 FTA의 실효성을 제고하기 위해서는 가급적이면 다자무역체제를 효과적으로 보완할 수 있는 형태의 FTA를 추진하는 것이 바람직하다. 자원, 기술, 자본 측면에서 잠재력을 보유한 선진국과 개도국 모두를 포함하는 다양한 국가가 함께 참여하는 메가 FTA(mega-FTA)에 참여하는 것이 그 방안이 될 수 있다. 메가 FTA는 결국 지역무역협정의 다자화를 추구한다는 데에 큰 의미가 있다. 예를 들어, 다수의 소규모 FTA에 존재하는 다양한 규정들을 통합하거나 간소화해서 무역왜곡효과를 줄일 수도 있고 복잡한 행정절차에서 비롯되는 비관세 장벽을 완화하는 효과도 기대할 수 있다. 메가 FTA가 다자무역체제의 발전에 보완적 역할을 할 수 있다는 주장도 그러한 데에 기인한다. 역내포괄적동반자협정(RCEP)이나 포괄적·점진적 환태평양동반자협정(CPTPP) 등이 좋은 예라고 할 수 있다. 그러할 경우, 양자간 FTA에서 겪는 FTA의 실효성 문제도 상당부분 해결될 것으로 기대된다.

셋째, 한국의 지나치게 높은 대외무역의존도를 완화시키기 위한 노력이 필요하다. 자원 빈국의 대외무역의존도가 높은 것은 어느 정도 불가피하겠지만, 한국은 서비스 산업의 경쟁력 강화를 통해 수출확대와 대외무역의존도 완화라는 두 마리 토끼를 한번에 잡을 수도 있다. 최근 서비스 무역이 상품 무역에 비해 빠르게 성장하면서 높은 부가가치를 창출하고 있을 뿐만 아니라,[23] 서비스 산업

___
23) 총수출에서 창출된 전체 부가가치 중 서비스 투입으로 창출된 부가가치의 비중은 50.2%에

의 특성상 내수확대에 기여하는 부분도 절대적으로 크기 때문이다.[24] 따라서 경쟁력 있는 국내 서비스 산업의 육성은 수출부가가치를 높이고 대외의존도를 완화하는 차원에서도 매우 중요하다. 서비스 관련 외국인직접투자의 폭넓은 개방이 전향적으로 검토되어야 하는 이유도 여기에 있다.

마지막으로 국내규제완화와 기술투자확대를 통해 수출기업의 경쟁력을 강화해야 한다. 한국은 1960~1970년대 고도의 경제성장기간에 정부정책을 뒷받침하기 위해 다양한 규제를 도입했고, 그러한 규제가 산업화 과정에서 상당한 효과를 거둔 것도 사실이다. 그러나 전 세계적으로 기술이 빠르게 진보하고 경제영역이 국경을 초월해서 전방위적으로 확대되는 환경에서 불필요한 규제는 기업의 활동을 제한하고 경제의 효율성을 저해하는 결과를 초래한다. 특히 다양하고 복잡한 국내규제는 외국인직접투자를 위축시킴으로써 기업의 글로벌 가치사슬의 형성 및 참여에도 심각한 장애가 된다. 국가간 수출경쟁이 날로 심화되는 국제환경에서 기업의 창의력과 기술개발은 수출경쟁력을 확보하는 가장 중요한 실체가 아닐 수 없다. 정부가 할 일은 대외적으로는 기업들이 안정적으로 수출할 수 있는 통상인프라를 구축하고 대내적으로는 규제를 과감하게 철폐 또는 완화해서 기업이 최대한의 창의력을 발휘하고 기술투자를 확대할 인센티브를 제공하는 것이다.

달하며, 특히 컴퓨터·전자, 자동차, 수송기계 등 산업의 경우 타 산업과의 융합도가 높아 그 비중이 더욱 높아지고 있다. 한국무역협회(2020.1)

[24] 이는 서비스의 특성상 공급과 소비가 동시에 이루어지므로 서비스 무역이 제조업의 경우와 달리 국경이동보다는 주로 외국에 회사가 상주하면서 서비스를 제공하는 '상업적 주재'를 통해 이루어지기 때문이다.

CHAPTER

07

글로벌시대의 재벌과
중소기업

공정거래위원장, "대·중소기업 상생은 시혜 아닌 생존"

조성욱 공정거래위원장은 13일 "대기업과 중소기업이 함께 존립하는 '상생협력'은 대기업의 단순한 시혜 차원이 아니라 국제 경쟁에서 우리 기업이 살아남기 위한 생존의 문제"라고 강조했다.

그는 이날 (중략) 열린 '공정거래 및 상생협력 모범사례 발표회'에 참석, "우리 경제가 직면한 여건이 녹록지 않을수록 기업 간 상생협력의 의미와 가치는 더 크다"며 이렇게 말했다.

발표회에서 삼성전자[005930], 현대모비스[012330], 대한항공[003490], CJ제일제당[097950], 볼보그룹코리아, 이마트[139480], 파리크라상 등 7개 업체는 중소기업과 협력해 ▲ 소재·부품·장비 국산화 ▲ 생산성 향상 ▲ 판로 확보 등을 통한 협력업체 자생력 키우기 ▲ 거래 조건·관행 개선 등에 성공한 모범 상생협력 사례를 소개했다.

엔디티엔지니어링㈜은 대한항공의 지원으로 고도의 티타늄 가공 기술을 개발, 그동안 미국·캐나다 등 해외로부터 전량 수입해온 티타늄 소재 항공기 부품 '비엘제로 코드(BL0 Chord)'를 국산화하는 데 성공했다. 이후 엔디티엔지니어링은 연간 1조 5천억원 규모로 추산되는 해외 항공기 티타늄 가공 시장에 진출했고, 대한항공은 수입품의 납기 문제를 해결하고 안정적 부품 공급처를 확보했다.

삼성전자는 용접 마스크 등 산업용 안전보호구 제조사 ㈜오토스윙의 원가 절감·품질 개선을 돕기 위해 올해 7월부터 10월까지 스마트공장(제조 전과정에 ICT 접목한 지능형 공장) 구축을 지원했다. 그 결과 ㈜오토스윙은 생산라인 개선으로 1인당 제품 생산대수를 32% 늘렸고, 프로젝트 일정과 재고 현황을 협력사와 실시간으로 공유할 수 있는 시스템도 마련해 재고 관리의 효율성도 높였다.

현대모비스는 1차 협력사의 2차 협력사에 대한 대금지급 조건 개선을 유도하는 차원에서 2016년부터 1차 협력사의 하도급대금을 상생결제 시스템을 통해 지급했다. 상생결제 제도는 대기업이 하도급 대금을 예치 계좌를 통해 2, 3차 협력사에 직접 지급, 협력사들의 안정적 대금 회수를 보장하는 제도다.

자료: 연합뉴스, 2019.12.13에서 인용.

1. 한국기업의 글로벌화

지난 수십 년간 한국의 경제성장은 한국경제의 글로벌화 속에서 이루어져 왔다고 해도 과언이 아니다. 2018년 기준 수출은 약 6,055억달러를 기록하였는데, 이와 같은 수출규모는 50년전에 비해 700배 이상 증가한 수치이다. 이는 같은 기간중 1인당 GDP가 130배 증가한 것과 비교하면 5배 이상 높은 수치이다.

한국경제의 글로벌화는 기업의 경영 차원에서도 나타나고 있다. 치열해지는 국제적인 경쟁 환경 속에서 살아남기 위해 기업이 국가의 단위를 초월하여 전략을 수립하고 기업활동을 영위하고 있는 것이다.

〈그림 7-1〉 삼성전자의 해외 생산거점, R&D 센터 및 디자인센터 현황

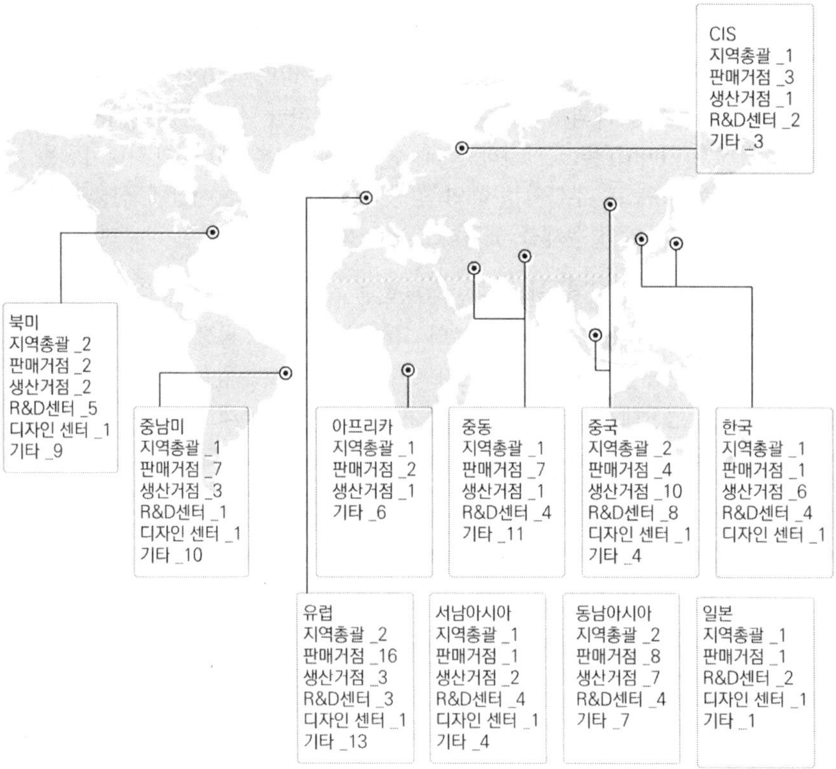

CIS
지역총괄 _1
판매거점 _3
생산거점 _1
R&D센터 _2
기타 _3

북미
지역총괄 _2
판매거점 _2
생산거점 _2
R&D센터 _5
디자인 센터 _1
기타 _9

중남미
지역총괄 _1
판매거점 _7
생산거점 _3
R&D센터 _1
디자인 센터 _1
기타 _10

아프리카
지역총괄 _1
판매거점 _2
생산거점 _1
기타 _6

중동
지역총괄 _1
판매거점 _7
생산거점 _1
R&D센터 _4
기타 _11

중국
지역총괄 _2
판매거점 _4
생산거점 _10
R&D센터 _8
디자인 센터 _1
기타 _4

한국
지역총괄 _1
판매거점 _1
생산거점 _6
R&D센터 _4
디자인 센터 _1

유럽
지역총괄 _2
판매거점 _16
생산거점 _3
R&D센터 _3
디자인 센터 _1
기타 _13

서남아시아
지역총괄 _1
판매거점 _1
생산거점 _2
R&D센터 _4
디자인 센터 _1
기타 _4

동남아시아
지역총괄 _2
판매거점 _8
생산거점 _7
R&D센터 _4
기타 _7

일본
지역총괄 _1
판매거점 _1
R&D센터 _2
디자인 센터 _1
기타 _1

자료: 삼성전자

기업경영의 글로벌화는 특히 대기업에서 더욱 두드러지게 나타난다. 예를 들어 한국의 대표적인 기업인 삼성전자는 2018년 말을 기준으로 216개의 전 세계 생산거점, 판매거점, 디자인센터 또는 연구소를 보유하고 있는 것으로 나타나고 있다. 이 가운데 생산거점, R&D 센터, 그리고 디자인센터의 현황을 정리하면 <그림 7-1>과 같다. 이에 따르면, 삼성전자의 해외 생산거점은 31개, R&D 센터는 33개, 디자인센터는 6개에 달하는 것으로 나타나고 있다.

현대자동차의 경우도 2018년말 현재 해외에 55개의 법인, 사무소 및 연구소를 보유하고 있는데, 해외에서 생산되는 수량(약 289만대)이 국내에서 생산되는 수량(175만대)보다 60% 이상 더 많은 것으로 나타나고 있다. LG전자도 140여 개의 해외법인을 통하여 72,600여 명을 고용하고 있는 것으로 나타나고 있다.

한국기업의 글로벌화에 따라 기업들의 해외직접투자도 큰 폭으로 증가하고 있다. 국내 기업이 해외에 유통망 및 서비스망을 직접 구축하거나 생산기지를 건설하여 생산의 글로벌화를 이루는 과정에서 반드시 해외직접투자가 수반되기 때문이다. <그림 7-2>는 한국기업의 해외직접투자(신고기준)의 추이를 보여주고 있다. 이에 따르면, 기업의 해외직접투자는 경제상황에 따라 다소의 변화는 있지만 전반적인 증가세를 보여주고 있다.

해외직접투자를 지역별로 보면, 20년 전과는 달리 아시아 개도국 및 중남미 국가의 비중이 선진국 수준까지 높아진 것으로 나타나고 있다. 이는 국내의 높은 생산비용 등으로 인하여 가격경쟁력을 상실하였거나 상실 과정에 있는 기업이 임금 등 생산비용이 보다 저렴한 국가로 생산기지를 옮기는 과정으로도 이해할 수 있다. 그러나 미국이나 유럽과 같은 선진국으로의 해외직접투자도 지속적으로 이루어지고 있는데, 이는 과거에는 수입규제를 회피하고 현지시장을 확대하기 위한 목적에서 많이 이루어졌지만, 최근에는 선진국의 기술을 획득하고 R&D 기지를 건설하기 위한 해외직접투자가 중심이 되고 있는 것으로 알려지고 있다.

기업의 글로벌화와 해외직접투자는 기업의 경쟁력을 강화하고 한국 기업의 브랜드가 세계적인 브랜드가 되는 긍정적인 측면을 갖는 반면, 기업이 생산시설을 외국으로 이전시키는 가운데 국내산업의 공동화와 일자리 감소를 가져온다는 우려도 아울러 낳고 있다.

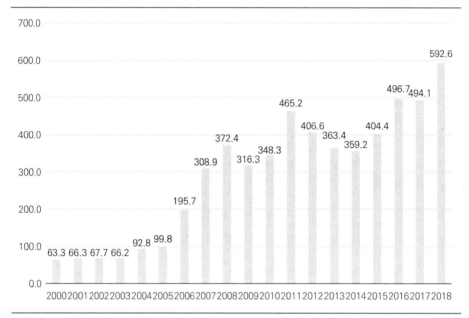

〈그림 7-2〉 한국기업의 해외직접투자 추이   (단위: 억 달러)

자료: 한국은행 경제통계시스템(ECOS)

    한국기업의 글로벌화는 기업에 대한 외국인 지분의 증가에서도 나타나고 있다. 예를 들어 대표적인 기입이라고 할 수 있는 삼성전자의 외국인 지분율은 2020년 7월 말 기준 약 60%에 달하고 있고 SK하이닉스나 네이버의 경우도 50% 내외의 수준을 유지하고 있다. 한국기업에 대한 외국인 지분의 증가는 외자의 유치는 물론 한국기업의 국제적인 위상을 나타내 준다는 점에서 긍정적이지만, 외국인에 의한 경영권 위협 가능성도 내포하고 있다. 상장기업 열 곳 가운데 한 곳은 이미 외국인 지분율이 국내 최대주주 지분율보다 높아져 경영권을 위협할 정도가 되었기 때문이다.

2. 재벌의 명과 암

재벌의 성장과 재벌의 흥망성쇠

한국경제의 성장과 함께 한국의 재벌그룹들도 크게 성장하였다. 예를 들어 삼성그룹은 1951년 삼성물산[1]으로 시작하여 2019년 5월 62개의 계열사를 거느린 재계 1위의 그룹으로 성장하였는데, 이 가운데 대표적인 기업이라 할 수 있는 삼성전자는 1969년 1월 자본금 3억 3천만원으로 시작되어 2020년 말 시가총액 약 484조원의 세계적인 기업으로 성장하였다. 1971년 파나마로의 흑백TV 첫 수출에서 시작하여 2018년 해외매출이 약 210조원을 기록하였는데, 이는 전체 매출 가운데 약 86%가 넘는 수치이다. 메모리반도체, TV, 스마트폰 등 많은 제품이 세계시장에서 1위를 차지하고 있다. 한국경제에 있어서 재벌들의 긍정적 역할을 부정할 수 없는 대목이다.

반면, 재벌의 성장과정에서 발생한 정경유착에 따른 특혜와 비리는 부의 축적과정의 정당성 문제를 제기하고 있다. 최근에는 재벌기업의 골목상권 침해, 편법적인 경영 세습, 부의 불평등한 분배에 따른 사회적 불평등 심화라는 문제점을 나타내고 있는 것도 사실이다.

재벌은 엄격하게 정의되는 개념은 아니다. 학자에 따라 다양한 정의가 내려지고 있기 때문이다. 그러나 일반적으로는 혈연이나 출자관계를 통해 연결되어 있고 그룹본부에 의해 통제되는 기업들의 집단을 의미하며, 최근에는 계열사 자산총액 10조(2020년 5월 기준) 이상의 상호출자제한기업집단(또는 채무보증제한기업집단)이나 5조원 이상의 자산공시대상기업집단을 아우르는 개념인 대규모 기업집단과 유사한 개념으로도 이해되어 왔다.

---

1) 삼성그룹의 시작을 1938년 설립된 삼성상회로 볼 수도 있으나, 여기서는 6.25전쟁으로 인하여 무너진 사업기반을 다시 일으킨 시점인 1951년을 시작으로 보았다.

〈표 7-1〉 규모별 기업의 정의

구분	정의	근거
대규모 기업집단 소속 대기업	• 독점규제 및 공정거래에 관한 법률 제14조1항에 의한 상호 출자제한기업집단(또는 채무보증제한기업집단)에 속한 기업	독점규제 및 공정거래에 관한 법률
중견기업	• 중소기업기본법 제2조에 따른 중소기업이 아닐 것 • 다음에 해당하지 않는 기업일 것 - 독점규제 및 공정거래에 관한 법률 제14조1항에 따른 상호출자제한기업집단 또는 채무보증제한기업집단에 속하는 기업 - 자산총액 10조원 이상인 기업이 출자지분의 30% 이상을 직간접적으로 소유하면서 최다출자자인 기업 - 공공기관 및 금융업, 보험·연금업을 영위하는 기업	중견기업 성장촉진 및 경쟁력 강화에 관한 특별법
중소기업	• 매출액(3년 평균)이 업종별 규모 이하일 것 - 1,500억원 이하(6개 제조업) - 1,000억원 이하(12개 제조업+농업·건설업·도소매업) - 800억원 이하(6개 제조업+운수·출판업) - 600억원 이하(5개 서비스업) - 400억원 이하(4개 서비스업) • 자산총액이 5천억원 미만 • 소유와 경영의 실질적인 독립성이 미흡하다고 인정되는 다음 기업은 제외 - 독점규제 및 공정거래에 관한 법률 제14조1항에 따른 상호출자제한기업집단에 속한 회사 - 자산총액이 5천억원 이상인 법인이 주식 등을 30% 이상 소유한 경우로서 최다출자자인 기업	중소기업기본법
소상공인	• 광업·제조업·건설업·운수업: 상시근로자 10명 미만 • 그 밖의 업종: 상시근로자 5명 미만	소상공인 보호 및 지원에 관한 법률

한국경제가 그랬듯이 재벌도 지난 몇십 년간 커다란 부침을 겪어왔다. 수많은 그룹이 탄생했다 사라진 것이다. <표 7-2>를 보면 10대 그룹들의 변천사가 나타나 있는데, 이에 따르면 1960년 10대 그룹 가운데 현재까지 10위 내의 자리를 지키고 있는 그룹은 삼성과 LG밖에 없다. 개풍, 동립 등 일부 그룹은 현재 그 흔적마저 찾아보기 어렵게 되었다. 이들 그룹 말고도 재벌그룹으로 성장

하였다가 재계에서 사실상 사라진 그룹들도 무수히 많다. 신진, 대농, 국제, 기아, 대우, 쌍용, 동아, 동양 등수 많은 그룹이 10대 그룹에 이름을 올렸다가 사라졌다. 30대 그룹에 이름을 올렸다가 사라진 그룹은 다 헤아리기 어려울 정도이다. 이와 같이 사라진 그룹들 가운데는 때로는 정치권과의 불화로 밀려난 경우도 있지만, 대부분은 경쟁력을 잃고 부실기업화된 경우라고 할 수 있다. 이는 경제가 성장하는 과정에서 단기간 재벌이 될 수 있었는지는 몰라도 그 자리를 오래 지키기가 얼마나 어려운지를 보여 주고 있다. 장기적으로 재벌의 흥망성쇠를 좌우하는 것은 기업의 경쟁력이다. 재벌의 존재로 인한 폐해와 재벌에 대한 사회적 반감에도 불구하고, 오랜 기간 살아남아 경제성장에 기여한 재벌들에 대한 재평가가 필요한 것은 바로 이 때문이다.

〈표 7-2〉 한국 10대 재벌그룹의 변천사

순위	1960년	1990년	2000년	2010년	2020년
1	삼성	현대	삼성	삼성	삼성
2	삼호	대우	현대	현대자동차	현대자동차
3	개풍	삼성	LG	SK	SK
4	대한전선	럭키금성(LG)	SK	LG	LG
5	락희(LG)	쌍용	현대자동차	롯데	롯데
6	동양	한진	한진	GS	한화
7	극동	선경(SK)	롯데	현대중공업	GS
8	한국유리	한화	금호아시아나	금호아시아나	현대중공업
9	동립	대림	한화	한진	신세계
10	태창	롯데	두산	두산	CJ

수: 1) 자산총액 기준임.
   2) 상기 재벌그룹은 포스코, KT 등 공기업 또는 민영화된 공기업집단은 제외함.
   3) 1960년의 삼성그룹은 이후 삼성, 신세계, CJ 등으로 분리되었으며, 1990년의 현대그룹은 이후 현대자동차, 현대중공업, 현대 등으로, 그리고 LG그룹도 LG와 GS 등으로 분리됨.
자료: 공정거래위원회

재벌, 누가 소유하고 지배하나

한국의 재벌은 과거에는 계열사간에 거미줄과 같이 복잡한 출자관계로 얽혀 있는 것이 일반적이었다. 그러나 삼성과 현대자동차 그룹을 제외한 대부분의 재벌그룹은 지난 20년에 걸쳐 지주회사 체제로 전환하였다. 대부분 그룹이 지주회사 체제로 전환한 것은 그 과정에 그룹의 지배력을 강화할 수 있는 여건이 형성되었기 때문인데, 지주회사 체제는 계열사 간의 순환적인 출자가 없고 그 구조 또한 단순하기 때문에 정부도 지주회사 체제로의 전환을 내심 반겼던 것이 사실이다.

<그림 7-3>은 지주회사 제도하의 그룹의 주요 계열사 지분구조를 A그룹의 사례를 들어 보여주고 있다. 대주주(총수 및 특수관계인)가 지주회사의 50%의 지분을 갖고 있고, 지주회사는 자회사 A, B, C의 지분을 각각 62%, 50%, 51%를 갖고 있으며, 자회사 B는 손자회사 D, E, F, G의 지분을 각각 47%, 100%, 51%, 42%를 갖고 있는 형태이다.[2]

〈그림 7-3〉 A 재벌그룹의 지주회사 지분 구조

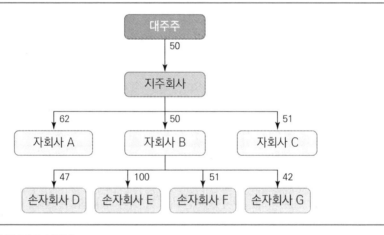

주: 수치는 지분율(%)을 나타냄.

---

[2] '독점규제 및 공정거래에 관한 법률(이하 공정거래법)'에 따르면, 2020년 8월을 기준으로 지주회사는 자회사의 지분을 40%(상장기업 등의 경우 20%) 이상 보유하여야 하며, 자회사 역시 손자회사의 40%(상장기업 등의 경우 20%) 이상을 보유하여야 한다.

대부분의 재벌그룹이 지주회사 체제로 전환하였음에도 불구하고 총수 일가는 아직도 매우 낮은 지분으로 그룹 전체의 의사결정을 지배하고 있다. 총수 일가의 지분 대부분이 지주회사 지분에 그치고 있기 때문이다. <표 7-3>에 나타나 있는 바와 같이 2019년 5월 10대 그룹 전체기업의 내부지분율[3])은 평균 55.1%로 매우 높게 나타나고 있지만, 이 가운데 총수의 지분율은 평균 0.9%로 매우 낮다. 총수의 지분에 특수관계인의 지분을 합하더라도 지분율은 4.3% 밖에 되지 않는다. 이는 내부지분율의 대부분이 계열회사의 지분 또는 자사주라는 것을 보여준다. 4.3%의 지분을 가진 그룹의 총수 일가가 그룹의 경영을 좌지우지하고 있다고 표현할 수도 있다. 이에 따라 재벌그룹의 경영이 주주 전체의 이익 극대화보다는 총수 일가의 이익을 위해 이루어질 수 있는 위험이 있는 것도 사

〈표 7-3〉 10대 그룹의 내부지분율 현황(2019년 5월 기준)

구분	총수 지분[1])	특수관계인 지분	계열사 지분 + 자사주 지분	합계
삼성	0.9	5.2	21.9	27.1
현대자동차	1.9	4.3	49.0	53.3
SK	0.4	1.1	61.3	62.5
LG	0.1	0.2	9.8	10.0
롯데	1.7	4.0	60.4	64.4
한화	1.0	1.8	55.9	57.8
GS	1.1	7.6	60.2	67.9
현대중공업	0.5	1.2	65.7	66.9
신세계	0.8	1.4	83.5	85.0
한진	0.4	6.9	49.1	56.0
평균	0.9	3.4	51.7	55.1

주: 1) 이는 총수(동일인) 소유의 주식수를 총발행주식수로 나눈 수치임.
    2) 특수관계인은 친족, 비영리법인, 임원의 지분을 의미함.
자료: 공정거래위원회

---

3) 내부지분율이란 총수 및 특수관계인(총수일가), 계열회사, 자사주의 지분을 합한 지분율을 의미하며, 사실상 총수일가가 주주권을 행사할 수 있는 지분율을 의미한다. 계열회사의 지분과 자사주 지분의 차이는 다음과 같다. 계열회사 지분은 계열회사인 B사가 A사의 지분을 보유하는 경우를 의미하며, 자사주 지분은 A사가 A사의 지분을 보유하는 경우를 의미한다.

실이다. 총수 일가에게 계열사의 자산을 저가에 양도하거나, 계열사가 총수 일가의 자산을 고가에 매입하거나, 총수 일가의 지분이 높은 기업에 일감을 몰아주는 것들이 그 예이다.

다만 이와 같은 문제는 최근 공정거래위원회의 일감몰아주기 규제가 강화되고, 횡령과 배임에 대한 처벌이 강화되면서 점차 완화되는 추세를 보일 것으로 전망되고 있다.

 경영권 세습 어떻게 보아야 하나

재벌그룹 가운데 L그룹의 경우, 현재 4세대 경영이 이루어지고 있다. 경영권이 벌써 4세대에 걸쳐 세습된 사례가 나온 것이다. 이와 같은 경영권의 세습을 놓고 논란이 지속되고 있다.

먼저 경영권의 세습을 부정적으로 바라보는 사람들이 많이 존재하고 있다. 창업 1세대의 경영능력과 기업가정신이 후대에까지 이어진다는 보장이 없기 때문이다. 경영권의 세습을 쉽게 하기 위해 자녀들이 많은 지분을 보유하고 있는 계열회사에 일감을 몰아주는 등 편법이나 불법적인 방법이 사용되기도 한다.

반면, 주인의식을 가진 총수에 의한 기업지배구조가 그 나름대로의 장점을 갖는다고 주장하는 사람들도 있다. 한국에서 세습을 위해 편법이나 불법적인 빙법이 많이 이용되는 것은 최고 60%(1대 주주 기중)에 달하는 상속세 때문이라는 주장도 있다. 에릭슨(Ericsson), 사브(SAAB), ABB 등으로 유명한 스웨덴의 발렌베리 가문이 5대에 걸친 세습에도 불구하고 스웨덴 기업 시가총액의 40%를 차지할 정도로 성공적인 경영을 하고 있다는 주장도 있다. 다만 그와 같은 성공의 밑바탕에는 기업이 법을 엄격하게 지켜온 온 전통과 더불어 부의 사회 환원에 매우 적극적인 태도도 작용하였다는 점은 우리에게 시사하는 점이 많다고 하겠다(1대 주주 기준).

문어발식 경영의 원인과 폐해

한국의 재벌은 선단식 경영으로 불리듯이 많은 기업을 거느리고 있다. 2019년 5월을 기준으로 보면, 5대그룹 가운데 삼성이 62개, 현대자동차가 53개, SK가 111개, LG가 75개, 롯데가 95개의 계열사를 거느리고 있는 것으로 나타났다.

10대 그룹 평균으로도 그룹당 계열사수는 63.8개에 달한다. 이는 2008년의 42.6개에 비해 20개 이상 증가한 수치이다.

재벌그룹은 또한 다양한 업종에 걸친 다각화된(diversified) 경영 형태를 보이고 있다. 대부분의 그룹이 제조업은 물론 금융업, 건설업, 유통업 등 다양한 업종에 진출하여 있는 것이다. 이를 달리 표현하면 문어발식 경영이라고 할 수도 있다. 이와 같이 재벌이 많은 업종의 계열사를 거느리고 있는 데는 다양한 요인이 작용했다. 첫째로, 경제상황의 변화가 컸던 한국에서 특정한 업종에 집중하는 것보다는 다양한 업종에 분산하여 투자하는 것이 위험분산 차원에서 유리하였기 때문이다. 경쟁력 있는 기업이 일시적으로 특정 분야에서 어려움을 겪더라도 계열사들의 지원 하에 살아남는 것이 가능하였고 그렇기 때문에 수익성이 높으면서도 위험성이 높은 신규사업 분야에 대한 대규모 투자도 가능하였다. 둘째로, 위험분산으로 경영의 안전판을 마련한 재벌그룹은 자연히 신용도가 높아 주식시장에서 자금을 모으거나 금융기관으로부터 자금을 융자받기가 상대적으로 쉬었다. 또한 그와 같은 신용도는 기업이미지 구축에도 긍정적인 요소로 작용하였을 것이다. 셋째로, 국내시장이 독과점적이면서도 그 규모가 작았던 시절 독과점 이윤을 그 산업에 재투자하기보다는 다른 산업에 진출하는 편이 유리하였다. 이러한 차원에서 보면, 재벌그룹으로의 진화가 자연스럽고 적자생존의 차원에서 이해될 수도 있다. 마지막으로, 다른 기업과의 거래비용(transaction cost)이 높을 경우, 이를 내부화하기 위한 노력이 일어나게 되는데, 그룹 내 내부거래도 그와 같은 배경에서 이해될 수 있다. 다만 최근의 그룹내 내부거래는 거래비용의 감소보다는 총수의 지분율이 높은 기업에 일감을 몰아주는 수단으로 악용되는 경우도 발견되고 있다.

이와 같은 문어발식 경영이 때로는 재벌그룹 전체의 몰락을 가져오기도 하였다. 대마불사(大馬不死; too big to fail)라는 말만 믿고 그룹의 무리한 확장을 추진했던 그룹들도 많았기 때문이다. 출자관계로 복잡하게 연결되어 있고 계열사에 대한 지원이 일반적이었던 시절, 하나의 기업이 부실화되면 다른 기업들까지 동반해서 부실화될 가능성은 그만큼 높았다. 특히 계열기업에 대한 채무보증은 한 계열사의 문제가 다른 계열사의 문제로 확산되는 커다란 요인으로 작용하였다. 그와 같은 부작용 때문에 재벌기업의 계열기업에 대한 채무보증은 현재 금지되어 있다. 거대한 재벌그룹의 위기는 국가경제 전체의 위기로 확산시킬 위험성도 안고 있다. 실제로 한보, 삼미, 기아그룹의 몰락은 1997년 외환위기를 가져온 중요한 원인 가운데 하나였다는 점이 이를 뒷받침한다.

경제력의 집중, 이대로 괜찮은가?

재벌이라는 한국형 기업집단이 발생하게 된 것은 정부주도형 성장정책에서 비롯되었다고 보아도 무방할 것이다. 자금이 부족한 시절에 자금을 많은 기업에게 나누어주기 어려웠을 뿐만 아니라, 경제적 자원을 가장 효율적으로 활용하는 방법은 능력 있는 소수에게 경제적 자원을 몰아주는 길밖에는 없었기 때문이다. 그러나 효율적인 기업을 선택하는 과정이 자의적이고 투명하지 않았기 때문에, 그 과정에서 정경유착과 부정부패가 오랜 기간 지속되어 온 것도 사실이다.

정경유착과 부정부패의 문제는 최근 다소 개선되고 있는 모습을 보여주고 있다. 그럼에도 불구하고 재벌에 대한 비판적인 시각이 지속되고 있는 또 하나의 이유는 경제력의 집중과 이에 따르는 사회적 불평등의 심화라고 할 수 있다. 경제성장과정에서의 재벌의 역할과 기여도를 그대로 인정한다 하더라도, 현 시점에서 재벌그룹이 우리 경제에서 차지하는 비중이 지나치게 높다는 문제점이 그대로 남기 때문이다. 2019년 34개 상호출자제한 기업집단의 자산총액은 1,846조원에 달하는 것으로 나타났는데, 이는 GDP 1,919조원에 맞먹는 수치이다.

재벌중심의 경제운영은 앞에서 설명한 바와 같은 경제의 불안정성 문제를 야기할 뿐만 아니라, 더 근본적으로는 민주주의라는 가치관과의 충돌을 심화시킨다는 비판도 받고 있다. 1인 1표로 나타내어지는 민주주의는 의사결정권의 분산을 바탕으로 하는 데 반해, 경제력의 집중은 기업경영 의사결정권의 집중으로 이어지기 때문이다. 이에 따라 재벌중심, 대기업 중심의 현 경제체제에서 민주주의 이념을 어떻게 실현시켜 나가느냐는 문제가 중요한 정책 과제 가운데 하나가 되고 있다.

대기업에 대한 경제력의 집중은 노동시장에도 영향을 주고 있다. 경제력이 집중된 재벌기업의 임금 수준과 중소기업의 임금 수준 격차가 점점 벌어지고 있기 때문이다.

그러나 재벌그룹에 대한 평가와 재벌에 대한 정책 결정 과정에서 또 하나 반드시 고려해야 할 사항은 국제적인 시각이다. 한국의 재벌이 앞에서 살펴본 바와 같이 국내적으로는 공룡기업으로서 경제력 집중, 사회적 불평등 등의 문제를 낳고 있는 것이 사실이지만, 국제적인 차원에서 보면 규모가 비교가 안 될 만큼 더 큰 다국적 기업들과 치열한 경쟁을 벌여야 하는 입장이기 때문이다. 단적으로 앞에서 언급한 국내 34개 상호출자제한 기업집단의 자산총액은 사우디아라비아의 정유회사인 아람코(Aramco)의 자산총액보다 적은 수준에 불과하다. 슘페터(Schumpeter) 학파의 학자들을 중심으로 대기업이 창조와 혁신에 훨씬 유리하다는 주장을 하기도 한다.

이러한 차원에서 재벌문제의 해결책을 단순히 재벌의 해체 또는 규제에서 찾는 것은 바람직하지 않다. 그보다는 재벌기업의 국제경쟁력 제고를 도와주면서 다른 한편으로는 정경유착의 근절, 기업지배구조의 선진화, 공정한 경쟁 여건의 확립, 사회안전망의 확보 등을 통하여 경제력 집중에 따른 부작용을 최소화함으로써, 재벌기업이 창출하는 과실을 사회 전체가 나누는 윈-윈(win-win) 방안을 찾는 것이 바람직하다 할 것이다.

대기업보다는 중소기업 중심의 경제구조를 가지고 있어서 그동안 많은 국가들의 부러움을 샀던 대만의 경우를 보더라도, 대기업 중심의 경제구조가 반드시 나쁜 것은 아니라는 것을 알 수 있다. 중소기업 중심의 대만은 국제적인 브랜드를 많이 확보하지 못하고 있으며, 세계적인 경쟁력을 갖춘 TSMC와 같은 예외도 있지만, 대단위 투자가 요구되는 세계적인 첨단기술 경쟁에서 점차 뒤떨어지고 있기 때문이다.

3. 풀뿌리 중소기업

중소기업의 중요성

재벌 중심, 대기업 중심의 경제성장에도 불구하고 중소기업은 우리 경제의 매우 중요한 한 축을 이루고 있다. 중소기업에 대한 정의는 경제의 성장과정에 따라 여러 차례 변해 왔는데, 예를 들어 2015년 이전에는 상시근로자 또는 자본금을 기준으로 정의되었던 중소기업은 중소기업기본법 개정에 따라 2015년부터 자산총액과 업종별 매출액 기준으로 바뀌었다. 앞에 나와 있는 <표 7-1>은 이에 따른 중소기업의 정의를 잘 정리해 주고 있다. 중소기업 가운데 더 규모가 작은 기업을 소상공인으로 분류하기도 하는데, 예를 들면 광업, 제조업, 건설업, 운수업의 경우 상시근로자 10인 미만의 중소기업을 소상공인으로 분류하고 있다.

국가경제 차원에서 중소기업이 중요한 이유는 무엇보다도 고용 측면에서 우리 경제에서 차지하는 비중이 매우 높기 때문일 것이다. 2017년 중소기업의 수는 약 354만개로서 이는 사업체의 99.9%에 해당한다. 중소기업에 종사하고 있는 종사자수는 2017년 약 1,553만명으로 나타났는데, 이는 전체 고용 가운데 89.8%에 해당한다. 중소기업이 고용에서 차지하는 비중이 90% 가까이 되고 있는 것이다.

제조업에 한정해서 보면, <그림 7−4>에 나타나 있는 바와 같이 중소기업이 전체 사업체수(제조업)에서 차지하고 있는 비중은 97.9%, 고용에서 차지하고 있는 비중은 71.3%, 생산(액)에서 차지하고 있는 비중은 36.5%, 부가가치에서 차지하고 있는 비중은 39%로 나타나고 있다.

〈그림 7-4〉 중소기업이 제조업에서 차지하고 있는 비중(2017년 기준)

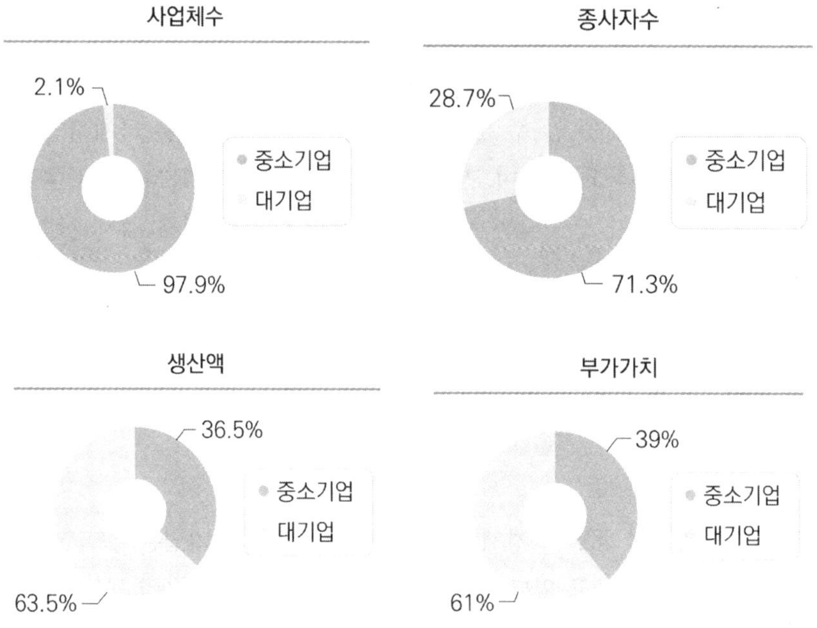

자료: 중소벤처기업부 웹사이트

이 밖에도 국민경제면에서 중소기업이 중요한 이유는 다양하게 많다. 첫째로, 생산 및 판매의 적정 규모가 작은 업종에서 대기업보다 낮은 비용으로 생산 및 서비스를 제공할 수 있다. 둘째로, 부품 생산 등을 통해 중소기업은 대기업의 국제경쟁력을 강화시키는 등 대기업을 보완하는 역할을 한다. 셋째로, 중소기업은 보다 다양한 재화와 서비스를 소비자에게 제공함으로써 소비자의 선택의 폭을 넓힌다. 중소기업은 대기업이 하지 못하거나 기피하는 새로운 아이디어 제품이나 서비스를 개발하기 때문이다. 다양화, 개성화, 전문화되고 있는 현대사회에서 중소기업이 그와 같은 소비자의 욕구를 만족시켜 주는 것이다. 넷째로, 중소기업은 기존의 대기업에 도전하는 활력을 가지고 있으며, 대기업을 양성·발전시키는 기반이 된다. 따라서 중소기업은 자유경쟁의 담당자로서 독점으로부터 발생하는 비능률과 경직화를 저지하고 경제 전체의 효율화에 공헌한다. 마지막으로, 중소기업은 지역적으로 골고루 분포되어 지역사회의 균형 있는 발전에 커다란 도움을 준다.

중소기업의 오늘과 내일

불행하게도 중소기업은 현재 많은 어려움에 봉착해 있다. 2018년을 놓고 보더라도 중소기업의 매출액 증가율은 2.8%에 그쳐 대기업의 4.6%보다 크게 낮은 것으로 나타났으며, 매출액 영업이익률도 3.8%에 그쳐 대기업의 8.9%보다 크게 낮은 것으로 나타났다. 반면, 중소기업의 차입금의존도와 부채비율은 대기업에 비해 높게 나타났다. 중소기업의 차입금의존도는 36%로 나타나 대기업의 16.7%보다 2배 이상 높게 나타났으며, 부채비율도 125.7%로 대기업의 58.7%보다 2배 이상 높게 나타났다. 중소기업이 어려운 이유는 근본적으로 경쟁력 부족에 기인하겠지만, 이 밖에도 과잉 경쟁, 인력부족, 글로벌화 부족도 중요한 요인으로 지적되고 있다. 이 가운데 중소기업의 인력난은 기본적으로 중소기업의 임금수준이 대기업에 비해 턱없이 낮기 때문이지만, 이 밖에도 열악한 작업환경, 사회적인 인식 등도 중소기업의 인력난을 가중시키고 있는 것으로 알려지고 있다.

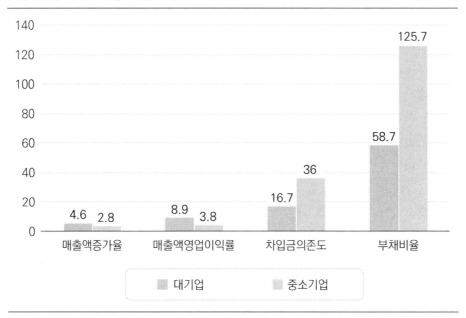

자료: 한국은행, 『2018년 기업경영분석』

　　중소기업의 미래와 관련하여 매우 중요한 것이 벤처기업이라 할 수 있다. 벤처기업이란 새로운 첨단기술이나 창의적인 아이이어를 개발하여 새로운 사업에 도전하는 중소기업을 의미하는데, 위험성은 높지만 일단 성공하면 높은 수익을 올릴 수 있는 중소기업이라고도 할 수 있다.[4] 벤처기업은 외환위기의 원인 가운데 하나가 되었던 대기업 중심의 경제구조에서 벗어나 새로운 성장의 동력을 찾는 과정에서 크게 부각되기 시작하였다. 정부는 이를 위해 1997년 "벤처기업 육성에 관한 특별조치법"을 제정하는 등 벤처기업을 육성하기 위한 다양한 정책을 추진하였다. 그 결과, 벤처기업은 1990년대말 급속히 증가하여, 1998년 약 2천개에 불과하였던 벤처기업의 수는 2001년 1만 1천개를 돌파하였다. 벤처거품의 붕괴에 따라 벤처기업의 수가 한때 8,000개 이하로 줄어들기도 하였지만, 그와 같은 과도기를 거친 후 벤처기업의 수는 다시 큰 폭의 증가세를 보이고 있다. 중소벤처기업부의 '2018년 벤처기업 정밀 실태조사' 자료에 따르면, 2017년 말 벤처기업의 수는 약 3만 5천개로 나타나고 있으며, 매출액은 약 225.3조원, 전체

---

4) 벤처기업에 대한 법적인 요건은 벤처기업육성에 관한 법률 제2조에 자세히 규정되어 있다.

근로자수는 약 76만명에 달하는 것으로 나타나고 있다. 이와 같은 근로자수는 4대 그룹의 근로자수(약 67만명)보다 많은 수치이다. 벤처기업이 우리 경제에 새로운 아이디어와 기술을 제공하는 커다란 활력소가 되고 있음을 보여주고 있는 것이다.

이들 벤처기업 가운데 유니콘 기업도 점차 늘어나고 있다. 유니콘 기업은 기업가치가 10억 달러가 넘는 스타트업 기업을 의미하는데, 2019년 말을 기준으로 한국의 유니콘 기업은 11개에 달한다.

 국내 11번째 유니콘기업 탄생, 유니콘기업 순위 5위로 상승

국내 11번째 유니콘기업이 탄생했다. 바이오시밀러(면역치료제) 제조업체인 ㈜에이프로젠이 지난 9일자로 CB Insight에 등재됐다. 우리나라 기업으로는 11번째 유니콘기업이 나온 것이다. 이로써 우리나라의 국가별 유니콘기업 순위는 미국(210개사), 중국(102개사), 영국(22개사), 인도(18개사)에 이어 독일과 함께 공동 5위로 상승했다.

〈표 7-4〉 국내 유니콘기업 현황(2019년 12월 말 기준)

순번	1호	2호	3호	4호	5, 6호
등재시점	'14.5월	'14.11월	'17.4월	'18.8월	'18.12월
기업명 (가치평가)	쿠팡 (90억 달러)	옐로모바일 (40억 달러)	L&P 코스메틱 (17.8억 달러)	크래프톤 (50억 달러)	비바리퍼블리카, (22억 달러) 우아한 형제들 (26억 달러)
창업연도	'13년	'12년	'09년	'07년	'13년, '11년
순번	7호	8호	9호	10호	11호
등재시점	'19.2월	'19.4월	'19.6월	'19.11월	'19.12월
기업명 (가치평가)	야놀자 (10억 달러)	위메프 (26.5억 달러)	지피클럽 (13.2억 달러)	무신사 (18.9억 달러)	에이프로젠 (10.4억 달러)
창업연도	'07년	'10년	'03년	'12년	'00년

자료: 중소기업벤처부 보도자료(2019. 12. 10)

중소벤처기업부(장관 박영선, 중기부)는 10번째 유니콘으로 등재된 ㈜무신사가

최근 주주총회를 거쳐 투자계약 체결을 완료했고, 린드먼아시아인베스트먼트로부터 200억원 규모의 투자를 유치한 ㈜에이프로젠이 기업가치가 1조원이 넘는 것으로 평가돼 12월 9일 11번째 유니콘기업으로 등재됐다고 밝혔다.

특히 그동안 등재된 유니콘기업은 주로 ICT 분야에 집중된 반면, ㈜에이프로젠이 이번에 처음으로 생명공학 분야의 유니콘기업으로 등재되면서 유니콘기업의 업종이 좀 더 다양해지고 있다는 점에서 그 의미가 크다.

4. 바람직한 기업 정책의 방향

한국 공정거래법의 특징

대기업에 의한 시장의 독과점은 소비자의 이익을 침해할 수 있으며, 대기업의 반경쟁적 행위는 다른 경쟁기업에게도 피해를 줄 수 있다. 이 때문에 대부분의 국가들은 경쟁법[5]을 도입하고, 경쟁을 촉진하기 위한 다양한 정책을 운용함으로써 공정한 경쟁 여건을 마련하기 위해 노력하고 있다. 운동경기에서 공정한 경기가 이루어지기 위해서 경기규칙이 필요한 것과 마찬가지로 시장에서 공정한 경쟁이 이루어지기 위해서는 이를 뒷받침하기 위한 제도와 정책이 필요하기 때문이다.

한국도 예외는 아니다. 1980년 12월 공정거래법이 제정된 이후, 여러 차례의 법 개정을 거쳐 현재에 이르고 있다. 이 법은 사업자의 공정하고 자유로운 경쟁을 촉진함으로써 창의적인 기업활동을 조장하고, 소비자를 보호함과 아울러 국민경제의 균형 있는 발전을 도모하기 위한 목적을 갖고 있다. 또한 이 법에 의해 설립된 공정거래위원회는 공정거래정책을 수립·운용하는 기구로서, 법 위반 여부를 결정하는 준사법적 기능도 아울러 갖고 있다.[6]

한국의 공정거래법은 시장지배적 지위를 가진 기업이 자신의 지위를 남용하

---

5) 경쟁법은 국가에 따라 독점금지법, 반트러스트법, 공정거래법 등 다양한 이름으로 불리고 있다.

6) 그러나 해당 기업이 공정거래위원회의 법 위반결정에 불복하는 경우 행정소송을 법원에 제기할 수 있도록 하였다는 점에서, 법 위반 여부의 최종적인 결정은 사법부에 의해 이루어지고 있다.

지 못하도록 규제하고, 인수합병 등의 기업결합을 통해 경쟁이 제한되는 것을 방지하며, 기업간 담합을 금지하는 등의 내용을 담고 있는데, 이러한 점에서 보면 한국의 공정거래법은 외국의 경쟁법들과 유사하다고 할 수 있다.

반면, 한국의 공정거래법에는 다른 국가들에서 발견되지 않는 일부 조항들도 포함되어 있다. 경제력집중 규제라는 이름으로 이루어지고 있는 재벌기업에 대한 규제가 바로 그것이다. 일정 규모 이상의 대규모 기업집단에 대해 계열사간 채무보증과 상호출자를 금지하는 것이 대표적인 예이다. 이는 한 계열사의 부실이 다른 계열사로 확장되어 재벌그룹 전체가 부실해지는 것을 막기 위한 조치이다.

경제력집중 규제 조항이 공정거래법에 포함되게 된 것은 재벌문제라는 한국의 특수상황 때문으로 풀이될 수 있는데, 일부에서는 경제력집중을 규제하는 과정에서 재벌기업의 투자가 위축되고, 구조조정이 지연되기도 하며, 규제로 인해 때로는 경쟁이 오히려 저해되는 부작용이 나타날 수 있다는 지적도 동시에 제기되고 있다.

정부의 정책 방향과 기업의 변화 필요성

1997년 외환위기 직후에는 외환위기의 원인 가운데 하나로 인식되었던 재벌을 개혁하기 위한 다양한 정책이 추진되었다. 기업경영의 투명성 제고, 상호지급보증의 해소, 재무구조의 획기적 개선, 지배주주 및 경영자의 책임성 강화 원칙이 제시된 것도 이 무렵이다. 또한 보다 적극적인 시장개혁 작업도 추진되었는데, 이것은 시장경제가 물 흐르듯 잘 돌아가도록 기업, 소비자, 투자자 등 시장참여자들의 활동에 영향을 미치는 제도와 관행을 고치는 작업을 의미한다. 여기에는 기업 및 기업집단의 내·외부 견제시스템을 확립하고, 시장거래의 투명성과 공정성을 높이며, 기업집단의 소유 및 지배구조를 개선하기 위한 정책들이 포함되었다.

이후 새로이 계열사 간에 순환적으로 출자하는 것을 금지하고, 법 위반행위에 대한 과징금을 높이며, 재벌들의 공시의무를 강화하는 방향으로 법이 순차적으로 개정되어 왔다. 또한 부당한 공동행위 등으로 인해 피해를 입은 기업에 대해 손해배상을 더 많이 하도록 하고, 계열사 간의 내부거래를 통해 총수 일가가 이득을 얻는 것을 더 어렵게 하는 규제들도 강화되고 있다.

공정거래법이 기업정책의 중요한 축이 되고 있는 것은 사실이지만, 공정거래법으로 재벌문제를 포함한 기업의 문제를 모두 해결할 수는 없다. 이에 따라 대기업-중소기업간의 공정한 경쟁과 협력을 유도하기 위한 다양한 법과 정책이 시행되고 있다. 예를 들면, '대·중소기업 상생협력 촉진에 관한 법률(상생법)'은 골목상권을 보호하기 위해 대기업 슈퍼마켓(SSM)을 규제하고 있고, '중소기업기술 보호 지원에 관한 법률'이나 '부정경쟁 방지 및 영업비밀보호에 관한 법률' 등은 중소기업의 기술이나 아이디어를 보호하고자 하고 있다. 2017년에는 중소기업청을 중소벤처기업부로 격상함으로써 중소벤처기업에 대한 정책을 보다 체계화하고 이에 대한 지원을 강화하기 위한 노력도 벌이고 있다. 2020년에는 대기업의 감사위원 선출시 대주주의 의결권을 더욱 제한하도록 상법을 개정하고, 금융그룹에 대해서도 감독을 강화하는 내용의 새로운 법을 제정한 바 있다.

가장 바람직한 상황은 재벌을 포함한 대기업이 자신들이 거둔 성공으로 인한 열매를 중소기업과 나누고, 중소기업 가운데도 국제경쟁력을 갖는 소위 강소기업이 많이 등장하는 상황일 것이다. 다만 그와 같은 결과는 법·제도의 개선만으로 얻어지기 힘들며, 기업인들의 인식과 관행이 아울러 바뀌어야만 가능한 일이다.

이와 관련하여 최근 관심을 끄는 것 가운데 하나가 기업의 사회적 책임이다. 기업이 이윤을 많이 남기는 것만으로 부족하다는 인식이 확산되면서 환경에 미치는 영향은 물론 기업이 창출하는 사회적인 가치에 대한 관심도 높아지고 있는 것이다. 비재무적 요소 가운데 환경, 사회, 지배구조(environment, social and governance; ESG) 부분을 평가하여 투자시 반영하는 투자자도 늘어나고 있다. 다른 기업과의 거래시에 기업의 사회적 책임 이행 여부를 감안하는 글로벌 기업들도 늘어나고 있다. 앞으로는 이러한 경제환경의 변화에 적응하는 것이 기업의 지속적인 생존에 중요한 요소가 될 전망이다.

PART

03

선진경제를 위한
한국경제의 도전

CHAPTER

08

전환기의 노동시장

흔들리는 광주형 일자리

　문재인 정부가 "한국경제의 미래가 걸려있다"고 할 정도로 의미를 부여했던 '광주형 일자리'가 좌초될 위기에 처했다. 광주형 일자리는 광주광역시가 추진하는 광주지역 일자리 창출사업으로, 기존 완성차업체 임금의 절반 수준의 적정임금을 유지하는 대신 상대적으로 낮은 임금은 정부와 지방자치단체가 주거·문화·복지·보육시설 등의 지원을 통해 보전한다는 노사상생형 일자리 창출 모델이다. 이를 위해 노·사·정이 ▷적정 임금 ▷적정 노동시간 ▷노사책임경영 ▷원·하청 관계 개선 등 4대 원칙에 합의하였다. 이를 통해 고임금 제조업으로 여겨지는 완성차 공장을 짓되 임금을 줄이고 그만큼 일자리를 늘리는 것을 목표로 하였다.

　2019년 1월 30일 광주시와 현대차 간 합의안이 의결되고 31일 협약식이 개최되면서 사업의 첫발을 내디뎠다. 광주시와 현대차는 7,000억 원(자기자본 2,800억 원, 차입금 4,200억 원)을 투입해 빛그린산업단지에 1,000cc 미만 경형 스포츠 유틸리티차량(SUV)을 연간 10만 대 양산하는 합작법인을 설립하는 것을 목표로 정하였다. 이 공장 설립 시 직접 고용되는 정규직 근로자 1,000여 명, 간접고용까지 더하면 총 1만 2,000명의 일자리 창출이 기대되었다. 또 근로시간 주 44시간에 초임 연봉을 3,500만 원으로 합의했기 때문에 '고비용 저효율'을 해소할 대안으로 주목받았다. 고용되는 근로자의 임금은 자동차 업계 평균임금의 절반 수준이지만, 정부와 지자체가 각종 후생 복지비용으로 소득 부족분을 지원하기로 하였다.

　사회대통합을 바탕으로 하고 있는 광주형 일자리는 일자리를 늘리고 기업의 경쟁력을 높일 수 있는 대안으로 주목받았다. 정부의 전폭적인 지지로 울산·군산·구미 등 다른 지역에서도 비슷한 일자리가 추진되고 있다. 그러나 노동계(한국노총)는 2019년 9월 광주형 일자리의 4대 원칙 중 하나인 '원·하청 관계 개선'과 '노사책임경영(노동이사제)' 도입 방안, 친환경 공장 건설 투명성 확보를 위한 시민자문위원회 구성, 적정임금(평균 3,500만원) 2배 이내로 임원 임금 적용 등에 대한 시의 명확한 입장을 요구했다. 한국노총은 2020년 3월 이러한 요구가 전혀 받아들여지지 않았다는 이유로 광주시 노사민정협의회가 결의한 '투자유치 협약서'를 파기하기로 결정했다. 그 결과 광주형 일자리 모델은 제대로 출범도 못하고 막을 내릴 위기에 처해 있다.

자료: 경향신문, 2020.3.12., "한국노총 '광주형 일자리 협약 파기'…첫 노사상생 일자리 사업 기로에"

1. 저성장 시대의 노동시장

새로운 문제에 직면한 노동시장

2020년 코로나19가 팬데믹(세계적 대유행)이 되면서 글로벌 경제는 국경봉쇄라는 사상 초유의 경험을 하였다. 감염병 확산을 막기 위한 불가피한 조치이기는 하지만 세계경제에 미치는 영향은 2008년 글로벌 금융위기를 넘어섰고, 1930년대 대공황 때와 비교될 정도로 실물부문의 타격이 컸다. 코로나19로 인해 소비가 급격히 위축되고 글로벌 공급망이 심각한 타격을 입는 등 실물부문에서 위기가 시작되었다는 점에서 과거의 위기와는 상황이 크게 다르다. 예를 들어, 글로벌 금융위기 직후인 2009년 3월 미국의 주간 신규 실업수당 청구 건수가 66만 5천 건이었는데, 2020년 3월에는 330만 건으로 5배 정도 급증하였다.

고도성장기에는 실업이 문제가 되지 않는다. 한국의 경우 1970년대 두 차례의 석유파동이 발생한 당시에도 실업률은 4% 수준에 머물렀다. 1979년 발생하였던 10.26 사태 직후 정치, 사회적 혼란으로 인해 경제성장률이 -1.6%로 떨어지면서 실업률이 5.2%까지 치솟았다. 그러나 1980년대에는 연평균 10%가 넘는 경제성장이 이어지면서 실업률은 크게 떨어졌고 1997년 외환위기가 발생하기 진까지 2%대가 유시뇌었다. 그러나 외환위기로 인해 많은 사람들이 일자리를 잃었고, 사회에 첫발을 내디딘 젊은이들도 직장을 구하지 못해 어려움을 겪었다. 1998년 경제성장률이 -5.1%로 급락하면서 실업률도 7%까지 급등하였다. 그러나 2002년 이후 실업률은 3%대에 머물렀다. 글로벌 금융위기로 인해 2009년 한국의 경제성장률이 0.8%까지 떨어졌지만, 실업률은 3.6%로 비교적 안정세를 보였다. 그러나 외환위기 이후 노동시장의 구조가 바뀌면서 비정규직이 급격히 늘어났고, 청년실업을 포함한 일자리 문제가 국가적 현안이 되었다. 특히, 코로나19로 인해 소비가 급격히 위축되고 글로벌 공급망이 심각한 타격을 입는 등 실물부문의 위기가 심화되면서 실업문제는 새로운 국면에 접어들고 있다.

계속되는 실업문제

한국의 실업문제는 1997년 외환위기를 계기로 성격이 크게 변화하였다. [그림 8-1]에 나타난 것처럼 외환위기 이전 기간에는 높은 경제성장으로 인해 완

[그림 8-1] 실업률과 경제성장률((1990~2019)

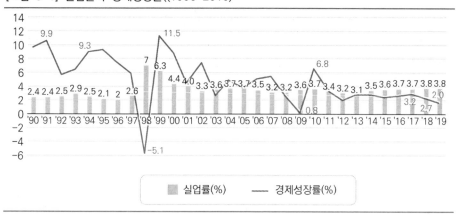

자료: 통계청 KOSIS 통계정보시스템(http://www.kosis.kr/)

전고용에 가까운 상태가 유지되었기 때문에 실업이 큰 문제가 되지 않았다. 특히, 1987년 민주화가 본격적으로 추진되면서 실업 그 자체보다는 근로자의 권리와 처우개선 등이 주요 쟁점으로 등장하였다. 그러나 외환위기 이후 기업들의 연쇄도산에 따른 대량실업이 발생하면서 '일자리 창출'이 가장 중요한 경제현안 중 하나가 되었다. 2001년부터 실업률이 다시 3%대로 낮아지기는 했으나 비정규직의 증가로 인해 고용의 안정성이 떨어지고, 청년실업률이 전체실업률의 두 배를 넘는 상태가 지속되고 있다.[1]

노사관계 변화에 큰 전환점이 된 1987년 이후 실업과 경제성장의 관계를 좀 더 자세히 살펴보면 실업문제가 일시적인 현상이 아니라는 점을 알 수 있다. [표 8-1]에서 보는 바와 같이 외환위기 이전인 1987~1997년 기간 동안 평균 실업률 2.5%, 평균 경제성장률 8%로 실업이 큰 문제가 되지 않았다. 그러나 외환위기 발생 직후인 1998년에는 실업률이 7%로 치솟았다가 1999년 6.3%, 2000년 4.4%로 감소하기는 했지만, 외환위기 이전의 상태를 회복하지 못하였다. 외환위기 발생 직후인 1998년의 경제성장률은 −5.1%였고 1999년과 2000년 성장률은 1998년의 마이너스 성장에 대한 기저효과로 각각 11.5%, 9.1%로 기록되었

---

1) 실업률이란 경제활동인구 중 실업자가 차지하는 비중을 의미한다[실업률(%) = 실업자/(실업자 + 취업자) × 100]. 경제활동인구 = 실업자 + 취업자. 취업자는 조사대상기간(1주간) 중 수입을 목적으로 1시간 이상 일을 한 사람을 말한다. 한편, 비경제활동인구 중 취업준비자나 구직단념자의 경우 실업자로 인식하는 경우가 많지만 조사대상기간 중에 구직활동을 하지 않아 비경제활동인구로 분류된다.

[표 8-1] 평균 실업률과 경제성장률의 변화

	1987~1997	1998~2000	2001~2003	2004~2007	2008~2011	2012~2019
실업률	2.5	5.9	3.6	3.5	3.6	3.6
경제성장률	8.0	3.7	4.6	4.8	3.6	2.8

주: 각 기간별 실업률과 성장률을 산술 평균함.
자료: 통계청 KOSIS 통계정보시스템(http://www.kosis.kr/)

음에도 불구하고 이 기간의 실업률은 평균 5.9%로 그 이전 기간에 비해 두 배 이상 높게 나타났다.

한편, 외환위기가 끝난 2001~2007년의 평균 실업률과 평균 경제성장률은 각각 3.6%, 4.7%로 외환위기 이전의 낮은 실업률과 높은 성장률을 여전히 회복하지는 못하였다. 한국경제의 성장잠재력 저하, 기업들의 국내투자 기피, 노동시장의 유연성 부족 등이 복합적으로 작용하면서 성장률 자체에 대한 기대치가 낮아졌다. 본격적인 저성장시대에 접어든 것이 아닌가 하는 우려와 함께, 최근 들어 '고용 없는 성장'의 징후가 나타나면서 실업문제는 위기 이후의 일시적 현상이 아닌 구조적 문제로 간주되고 있다.

한국은 출산율 제고를 위해 지난 14년 동안 185조원을 쏟아 붓고도 2019년 합계출산율이 0.92로 세계 최저 수준에 머무르고 있을 뿐만 아니라 고령화도 전 세계에서 가장 빠른 속도로 진행되고 있다. 이는 한국의 잠재성장률을 떨어뜨리는 요인으로 작용할 뿐만 아니라 노동시장에도 큰 변화를 가져오고 있다. 특히, 최근에는 4차 산업혁명이 빠르게 진행되면서 인공지능과 로봇의 활용도가 급격히 늘고 있기 때문에 이로 인해 많은 일자리가 사라질 것으로 예측되고 있다. 또한, 코로나19는 언택트(untact) 소비문화뿐만 재택근무를 확산시키면서 근무방식의 변화를 가져오는 계기가 되었다. 이와 같은 구조적 문제와 급격한 변화로 인해 노동시장에 새로운 패러다임이 정착될 가능성이 커지고 있다.

2. 한국 노동시장의 구조적 문제

늘어나는 비정규직

1997년 외환위기 이후 노동시장에서 두드러지게 달라진 점 중의 하나가 비정규직 채용이 증가하고 있다는 것이다. 비정규직이 늘고 있다는 점은 분명하지만, 그 규모가 어느 정도인가에 관해서는 재계와 노동계의 주장이 크게 차이가 있었다. 비정규직 근로자라는 용어는 일반적으로 기간, 시간, 장소 등의 근로조건이 일정하지 않은 근로자를 의미하는 것으로 이해되고 있기는 하지만, 국가마다 기준이 다르다. ILO, OECD, UN 등과 같은 국제기구에서도 통일된 기준은 없다.

 비정규직이란

비정규직 근로자는 근로기간이 정해져 있지 않은 상시근로자와는 달리 근로기간이 정해져 있는 계약직, 일용직, 해당 사업주의 사업장에서 근무하지 않는 파견 도급직, 상시근로를 하지 않는 시간제 근로자를 총 망라한 개념이다.

비정규직은 한국에만 있는 독특한 지표로 국제기준은 없다. 경제협력개발기구 (OECD)는 국가 간 비교를 위해 고용의 한시성을 기준으로 임시직 근로자 (temporary workers)를 파악할 뿐이다. 한국의 비정규직 개념은 2002년 노사정위원회가 합의로 정했다. 이에 따라 통계청은 비정규직 근로자를 △근로기간이 정해져 있는 한시적 근로자, △하루에 일정 시간만 일하는 시간제 근로자, △파견이나 용역, 보험설계사 등과 같은 특수고용 형태의 비전형(非典型) 근로자로 구분하고 있다. 임금근로자 가운데 이 세 가지에 해당되지 않는 근로자는 정규직 근로자이다.

한시적 근로자는 다시 근로계약기간을 정했는가에 따라 기간제 근로자와 비기간제 근로자로 나뉜다.

• 기간제 근로자 : 근로계약기간을 설정한 근로자

• 비기간제 근로자 : 근로계약기간을 정하지 않았으나 계약의 반복 갱신으로 계속 일할 수 있는 근로자와 비자발적 사유(계약만료, 일의 완료, 이전 근무자 복귀, 계절근무 등)로 계속근무를 기대할 수 없는 근로자

- 시간제 근로자 : 직장(일)에서 근무하도록 정해진 소정의 근로시간이 동일 사업장에서 동일한 종류의 업무를 수행하는 근로자의 소정 근로시간보다 1시간이라도 짧은 근로자로, 평소 1주에 36시간 미만 일하기로 정해져 있는 경우

- 비전형(非典型) 근로자 : 파견근로자, 용역근로자, 보험모집원 등의 특수고용 종사자, 가정 내 근로자, 일일(호출)근로자 등 일반적으로 근로방식이나 근로시간, 고용의 지속성 등 여러 면에서 표준적인 정규 근로자가 아닌 근로자

자료: 통계청(2019.10), 「2019년 8월 경제활동인구조사, 근로형태별 부가조사 결과」

비정규직 개념을 도입한 초기에는 그 범위에 상당한 편차가 존재하였다. 기대근로기간을 1년 이하로 예상하는 근로자만을 한시적 근로자로 간주한 전국경제인연합회는 2003년의 경우 전체 임금근로자의 22.3%인 316만 명이 비정규직이라고 주장하였다. 반면, 민주노총에서는 1년 이상 비정규직에 종사하는 노동자가 태반이기 때문에 비정규직 개념을 1년 이하로 설정하는 것은 무리한 주장이라고 반박하고, 상용직 중 일부(예를 들어, 퇴직금, 상여금 등을 받지 못하는 자)도 비정규직에 포함시켜 전체 임금근로자의 55.4%인 784만 명이 비정규직이라고 주장하였다. 이러한 논란 이후 현재 통계청 조사는 기대근로기간을 1년으로 한정하시 않고, 그 대신 노조측이 주장한 상용직 일부는 비정규직에 포함시키지 않는 식으로 절충방식을 택하고 있다. [그림 8-2]에 나타난 것처럼 통계청이 발표한 비정규직 규모는 2019년 748만 명으로 전체 임금근로자의 36.4%를 차지하였다.[2]

---

2) 비정규직 규모가 2018년 661만 명에서 2019년 748만 명으로 급증한 이유를 통계청은 2019년 부가조사에서 과거와 달리 국제노동기구(ILO) 기준 따라 근로기간이 정해져 있지 않다고 대답한 응답자에게 고용예상기간을 물어보았기 때문에 기간제 근로자가 급증한 것으로 설명하였다.

[그림 8-2] 비정규직 근로자 규모 및 비중

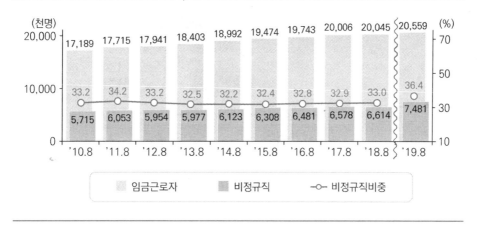

자료: 통계청(2019.10), 「2019년 8월 경제활동인구조사, 근로형태별 부가조사 결과」

　[그림 8-3]은 2019년 근로형태별 근로자 구성을 보여주고 있다. 경제활동인구 2,821만 명 가운데 임금근로자는 2,056만 명으로 72.8%를 차지하고 있다. [표 8-2]에 나타난 것처럼 비정규직 가운데 비전형 근로자는 줄어들고 있지만, 한시적 근로자와 시간제 근로자는 계속 증가하고 있다.

[표 8-2] 임금근로자 규모　　　　　　　　　　　　　　　　　　　　　　(단위: 천명)

		2012	2013	2014	2015	2016	2017	2018	2019
임금근로자		17,941	18,403	18,992	19,474	19,743	20,006	20,045	20,559
정규직		11,987	12,426	12,869	13,166	13,262	13,428	13,431	13,078
비정규직		5,954	5,977	6,123	6,308	6,481	6,578	6,614	7,481
		(33.2%)	(32.5%)	(32.2%)	(32.4%)	(32.8%)	(32.9%)	(33.0%)	(36.4%)
	한시적	3,427	3,446	3,529	3,655	3,671	3,725	3,823	4,785
	시간제	1,828	1,883	2,035	2,236	2,488	2,663	2,709	3,156
	비전형	2,304	2,234	2,137	2,229	2,245	2,112	2,071	2,045

자료: 통계청(2019.10), 「2019년 8월 경제활동인구조사, 근로형태별 부가조사 결과」

[그림 8-3] 근로형태별 근로자 구성(2019년 8월)

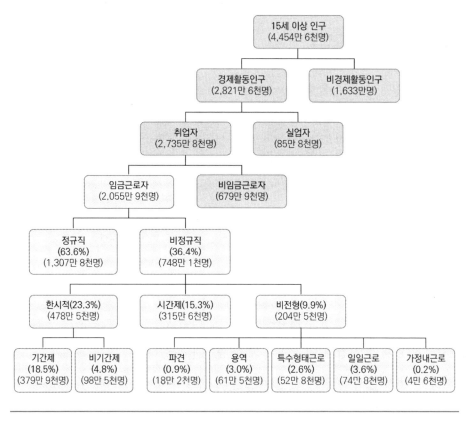

주: * 비정규직 근로자의 전체 규모는 비정규직 유형별로 중복되는 경우가 있어 그 합계와 불일치함

    ** ( )안은 임금근로자 대비 차지하는 비율임

    *** 비임금근로자(self-employed worker)는 조사대상 기간에 자신 또는 가족의 수입을 위해 일한 사람으로, 고용원이 있는 자영업자, 고용원이 없는 자영업자, 무급가족종사자 등을 말한다. 법인이 아닌 개인사업체를 운영하는 사람이나 예술가, 프리랜서 등 일정 형태의 사업체를 갖추지 않고 서비스를 제공하는 사람을 말한다.

자료: 통계청(2019.10), 「2019년 8월 경제활동인구조사, 근로형태별 부가조사 결과」

비정규직 개념에 대해서는 국제적으로 통일된 기준은 없으나, OECD는 국가 간 비교를 위해 통상 고용의 한시성을 기준으로 한 임시직 근로자(temporary workers)를 파악하여 사용하고 있다.[3] 한국의 임시직근로자 비중은 2017년

---

3) 한국 통계청에서는 「기간제 근로자＋단기기대 근로자＋파견 근로자＋일일 근로자」 자료를 기준으로 임시직 근로자 통계를 OECD에 제공하고 있다. 여기서 단기기대 근로자는 비기간제 근로자 중 비자발적 사유로 계속 근무를 기대할 수 없는 근로자를 의미한다. 비정규직 근

[표 8-3] 주요국의 임시직 근로자 비중   (단위: %)

	2011	2012	2013	2014	2015	2016	2017	2018
캐나다	13.7	13.6	13.4	13.4	13.4	13.3	13.7	13.3
독 일	14.5	13.7	13.3	13.0	13.1	13.1	12.9	12.6
네덜란드	18.3	19.4	20.5	21.5	20.2	20.8	21.8	21.5
폴란드	27.0	26.9	26.9	28.4	28.0	27.5	26.2	24.4
스페인	25.1	23.4	23.1	24.0	25.1	26.1	26.7	26.8
영 국	6.2	6.3	6.2	6.4	6.2	6.0	5.7	5.6
한 국	23.7	23.0	22.3	21.6	22.2	21.9	20.6	21.2

자료: OECD StatExtracts

20.6%까지 낮아졌으나 그 이후 급증해 2019년에는 24.4%까지 늘어났다.[4]

[표 8-3]에 나타난 것처럼 스페인, 폴란드, 네덜란드의 임시직근로자 비중은 한국보다 높다. 그러나 외국의 경우 단시간 근로자의 비중이 높고, 대부분 상시고용형태로서 본인이 원해서 선택한 고용형태인 반면, 한국은 기간제 등 임시고용의 비중이 크기 때문에 고용불안 정도가 상대적으로 심하다. 상당부분 본인이 원하는 형태는 아니지만 정규직으로의 채용기회가 적기 때문에 부득이 선택한 고용형태라는 것이 문제점으로 지적되고 있다.

비정규직 증가에 대한 평가는 사용자측과 노동자측의 입장이 극명하게 대비된다. 사용자측에서는 기업의 경쟁력 확보를 위해서 비정규직 활용이 불가피하다는 입장이다.[5] 비정규직 채용이 고용의 유연성 확보와 인건비 절감을 통해 기

로자 중 반복갱신 근로자, 시간제 근로자, 용역근로자, 특수형태근로 종사자, 가정내 근로자는 제외된다.

4) 통계청(2019.10), 「2019년 8월 경제활동인구조사, 근로형태별 부가조사 결과」

5) 한국경영자총협회(경총)는 경제협력개발기구(OECD) 보고서에서 "한국은 정규 근로자에 대한 고용보호 규제가 27개 회원국 중 두 번째로 높은 나라이다. 정규직은 기업 경영이 어려운 상황에서도 해고 등 구조조정이 힘들 뿐더러 이들에 대한 4대 사회보험과 퇴직금, 연월차 휴가, 모성보호제도 등 부가급부제도가 확대되어 있어 기업 쪽에서 부담을 느낄 수밖에 없다"고 말한 점을 강조하고 있다. 최근 비정규직의 비중이 크게 늘어난 것은 정규직 고용에 따른 각종 제약내지 고부담에서 벗어나려는 기업의 결정에 따른 것으로 어쩔 수 없는 현상이라는 주장이다. 비정규직에 대한 임금차별 철폐 주장과 관련해서도 경총은 근로형태에 따라 기업 쪽에서 자율적인 임금결정을 하는 것은 당연한 일이며 이를 법률 등을 통해 제한하는 것은 기업활동을 위축시킬 뿐더러 필연적으로 고용기피현상을 심화시킬 것이라고 주장하

[표 8-4] 고용형태별 임금 추이   (단위: 만원)

		2000년	2003년	2006년	2007년	2018년	2019년
임금근로자 월평균 임금		114	147	166	175	256	264
정부기준	정규직(A)	128	169	191	201	301	317
	비정규직(B)	81	100	120	128	164	173
	B/A(%)	63.3	59.2	62.8	63.7	54.5	54.6

자료: 통계청 「경제활동인구조사 부가조사」.

업경쟁력을 확보하는 데 필요하다는 것이다. [표 8-4]에 나타난 바와 같이 2007년 비정규직의 월평균임금은 정규직의 약 63.7% 수준이었는데, 2019년 54.6%로 하락해 임금격차가 더 벌어졌다.

반면에 민주노총과 같은 노동자 측에서는 비정규직 고용증가가 노동시장 유연화라는 명분하에 고용여건을 악화시켜 나가는 과정이라고 보고 비정규직의 정규직화를 주장하고 있다. 비정규직 비중이 증가하는 것도 문제가 될 수 있지만, 더 큰 문제는 정규직과의 차별이 커지고 있다는 점이다.[6]

비정규직 근로자의 상당수가 최저임금을 받고 있다. 비정규직의 처우개선이라는 측면에서도 최저임금 인상이 어느 정도 필요한 것은 사실이다. 그러나 [그림 8-4]에 나타난 것처럼 문재인정부 출범 직후 2년간 최저임금을 27.3%(2018년 16.4%, 2019년 10.9%) 급격히 인상시킨 것은 정책의도와는 달리 자영업자의 어려움을 가중시키고 최저임금 일자리를 축소시켰다. 최저임금 인상을 통해 소득분배를 개선시키려고 했지만, 결과적으로는 역효과를 나타냈다.

고 있다.

6) 비정규직을 정규직으로 전환하는 과정에서 예상하지 못했던 문제들이 발생할 수 있다는 것은 2020년 인천국제공항공사(인국공) 사태에서 여실히 드러났다. 2020년 6월 22일 인천국제공항공사는 보안검색요원 1,902명을 청원경찰 신분으로 직고용한다고 발표하였다. 이에 대해 수 많은 취업준비생들은 상대적 박탈감을 느끼고 청와대 청원 등을 통해 불공정함을 호소하였다.

[그림 8-4] 연도별 최저임금 현황

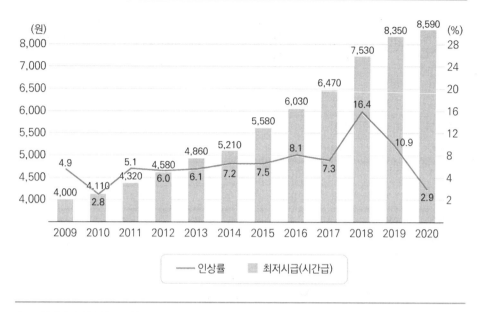

자료: 최저임금위원회(http://www.minimumwage.go.kr/index.jsp)

청년실업과 고학력 실업의 증가

현재 노동시장의 최대 현안 중 하나는 청년실업 문제이다. 청년실업의 증가는 인적자본 형성을 저해하고 지속적인 경제성장의 토대를 약화시키기 때문에 경제에 미치는 악영향이 매우 크다. 한국의 인력수급은 단순한 일자리 부족 문제가 아니라 '원하는 일자리' 부족이 문제가 되고 있다. 즉, 구직자와 구인기업 간의 눈높이 차이로 인한 '구인난 속의 구직난'이 지속되는 구조적 미스매치(mismatch)가 만성화되고 있다. 이러한 구조적 인력수급 불일치에 대한 적극적인 대책이 마련되지 않을 경우 청년실업문제는 장기화될 가능성이 크다.

[표 8−5]는 2000년 이후 전체실업률과 연령별 실업률을 보여주고 있다. 청년실업률은 1998년 11.4%로 가장 높았다가 2007년 6.7%로 감소하였으나 이후 다시 증가하여 2020년 9%에 달하고 있다. 청년실업률은 전체실업률과 유사한 변동추이를 보이고 있지만, 절대수준이 두 배 이상 높게 유지되고 있다.

[표 8-5] 전체실업률과 연령별 실업률

연도	연령별 실업률(%)							
	전체	15~29세	(청년층)		30~39	40~49	50~59	60세 이상
			15~19	20~29				
2000	4.4	8.1	14.5	7.5	3.6	3.5	3.2	1.5
2005	3.7	8.0	12.3	7.7	3.3	2.5	2.5	1.3
2010	3.7	7.9	11.9	7.7	3.5	2.5	2.5	2.8
2015	3.6	9.1	10.6	9.0	3.1	2.3	2.4	2.5
2016	3.7	9.8	10.0	9.8	3.1	2.1	2.3	2.7
2017	3.7	9.8	8.7	9.9	3.3	2.1	2.2	2.9
2018	3.8	9.5	9.3	9.5	3.4	2.5	2.5	3.1
2019	3.8	8.9	8.6	8.9	3.3	2.3	2.5	3.4
2020.2	4.1	9.0	8.9	9.0	3.3	2.4	2.9	4.8

자료: 통계청 KOSIS 통계정보시스템(http://www.kosis.kr/)

청년실업이 더 심각하게 느껴지는 이유는 체감실업률이 매우 높기 때문이다. [그림 8-5]에 나타난 것처럼 청년층의 확장실업률은 2020년 7월 25.6%로 집계되었다. 확장실업률은 취업자로 분류되긴 하지만 주당 36시간 이하 아르바이트를 하면서 정식 취업을 준비하는 사람(시간 관련 추가취업가능자), 아직 원서를 내지 않은 공무원시험 준비생(잠재경제활동인구) 등을 포함해 산출한다. 확장실업률은 청년들이 느끼는 실질적인 '체감실업률'을 보여주는 지표로 활용된다.[7] 청년 4명 중 1명이 스스로를 실업자라고 생각하고 있다는 것은 심각한 문제이다. 2016년 이후 체감실업률이 계속 증가하고 있는 것은 젊은 세대 중 상당수가 제대로 된 일을 할 기회조차 갖지 못한 채 취업재수생으로 내몰리고 있는 상황이 심화되고 있음을 의미한다.

---

7) 확장실업률은 공식 실업률이 노동시장을 제대로 반영하지 못한다는 지적에 따라 마련된 통계청의 '고용보조지표 3'을 의미한다. 확장실업률은 '경제활동인구+잠재경제활동인구' 대비 '시간 관련 추가취업가능자+실업자+잠재경제활동인구'의 비율로 나타낸다. 잠재경제활동인구는 최근 구직활동을 안 했을 뿐 일자리를 원하는 사람(잠재구직자)과 구직노력을 했으나 육아 등으로 당장 시작하지 못하는 사람(잠재취업가능자)을 의미한다. '시간 관련 추가취업가능자'는 아르바이트 등으로 주당 36시간 이하 단기 근로를 하지만 재취업 또는 추가 취업을 원하는 사람을 의미한다. 확장실업률은 이들을 포함시켜 공식 실업률과 체감실업률 간 괴리를 줄이기 위해 마련한 지표로 체감실업률을 의미한다.

[그림 8-5] 청년확장실업률(%)

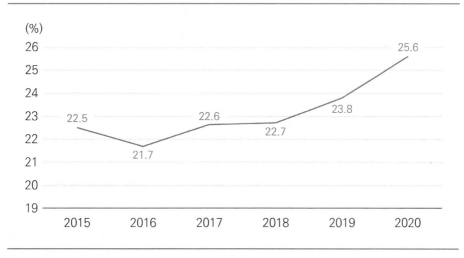

자료: 통계청 KOSIS 통계정보시스템(http://www.kosis.kr/)

[그림 8-6] OECD 주요국 청년실업률 변화

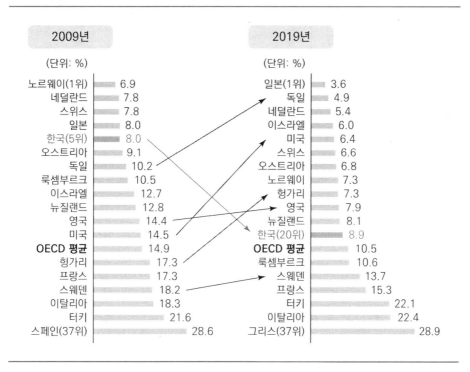

자료: 한국경제연구원(2019), OECD, Stat

한국의 청년실업률은 경제협력개발기구(OECD) 국가 중 높은 편은 아니었는 데 최근 들어 상황이 악화되었다. 2009년과 2019년 청년실업률을 비교해보면 OECD 국가 평균은 14.9%에서 10.5%로 하락한 반면, 한국은 8.0%에서 8.9%로 상승하였다. 그 결과 한국의 2009년 청년실업률 순위는 OECD 국가 중 5위로 양호한 편이었지만 2019년 20위까지 밀려나며 열다섯 계단 하락하였다. 이 기간 동안 OECD 37개국 중 청년실업률이 상승한 국가는 6개에 불과했다. 한국보다 증가 폭이 큰 국가는 재정위기를 겪은 그리스와 이탈리아뿐이었다.

[그림 8-7]은 전체실업자 중 전문대 졸업 이상의 고학력 실업자의 비중을 보여주고 있다. 고학력 실업자의 비중은 외환위기 직후인 1998년 19.9%로 가장 낮아졌으나 그 이후 지속적으로 증가해 2017년에는 48.7%까지 늘어났다. 이처럼 상대적으로 교육을 많이 받은 고학력자들이 전체실업자의 절반 가까이 된다는 것은 한국의 실업문제가 단기간에 해결되기 어려운 구조적 문제가 되어가고 있다는 것을 의미한다. 청년실업과 고학력실업이 높게 나타나는 것은 고학력화의 진전으로 구직자와 구인기업 간의 눈높이가 달라진 것뿐만 아니라, 대학이나 전문대학의 교육이 실업률을 낮추는 데 제대로 기여하지 못하고 있다는 것을 보여주고 있다.

[그림 8-7] 실업사 중 대졸자 비중(%)

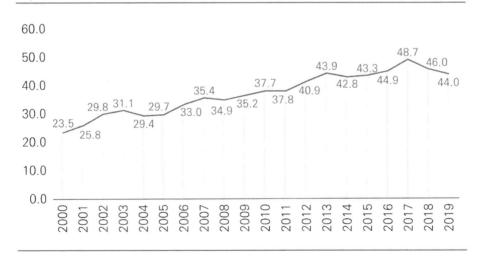

자료: 통계청 KOSIS 통계정보시스템(http://www.kosis.kr/)

한국의 청년실업 문제는 노동시장의 전반적 자원배분 기능이 정상적으로 작동하지 않기 때문에 발생한다고 할 수 있다. 즉, 교육과 일자리의 연계가 취약한 가운데, 경제의 고용흡수력이 저하되고 외환위기 이후 기업의 인사노무관리 방식이 빠르게 변화하고 있는 것이 청년실업 문제의 근본적인 원인이 되고 있다. 이를 노동수요와 공급의 변화를 통해 구체적으로 살펴보면 청년실업문제가 일시적인 현상이 아니라 구조적으로 지속될 수 있음을 알 수 있다.

노동수요 측면에서는 경제성장의 둔화, 산업구조 변화에 따른 고용흡수력의 저하, 노동시장 관행의 변화 등을 청년실업의 원인으로 꼽을 수 있다. 첫째, 경제성장의 둔화는 필연적으로 고용감소로 이어진다. 외환위기 이후 실제성장률뿐 아니라 잠재성장률도 상당히 빠르게 낮아지고 있기 때문에 중장기적으로 실업문제가 더 심각해질 가능성이 있다.[8] 둘째, 제조업의 경우 생산공정 자동화와 스마트공장(smart factory)의 빠른 보급으로 인해 전반적인 고용감소가 예상되고 있다. 셋째, 기업들의 인력정책이 신입사원에 대한 교육투자보다는 구체적 직무능력을 소지하고 있는 경력직원 채용을 더 선호하는 방향으로 바뀌고 있다. 이러한 현상은 외환위기 이후 두드러지게 나타났다.

경력직 채용증가는 통계로도 확인된다. [표 8-6]에 나타난 것처럼 2016년 1월의 경우 피보험자격 취득자 가운데 이전 직장에서 퇴사해 새로 피보험자격을 얻은 경력취득자는 57만 2천명인 데 반해, 생애 첫 취업을 한 신규취득자는 10만 3천명이었다. 즉, 기업들이 경력직 5.55명을 뽑을 때 신규채용은 1명에 그쳤다. 이 추세는 시간이 흐를수록 더욱 강화되어 2020년 5월의 경우 경력직 7.38명 뽑을 때 신규채용은 1명으로 나타났다. 이와 같은 경력자 채용 증가는 중소기업 숙련인력의 대기업 이직 증가를 반영하기 때문에 결과적으로 중소기업의 경쟁력을 약화시키는 부작용을 발생시키고 있다.

---

8) 한진희 외(2002)에 따르면 1980년대에는 한국의 잠재성장률이 평균 7.8%였으나 1990년대 전반에는 6.6%, 후반에는 6.0%로 떨어진 것으로 추정되었다. 실제성장률 역시 1980년대 연평균 8.3%에서 1990년대 전반에 7.2%, 후반에 4.8%로 급격히 떨어졌다. 2020년대에는 잠재성장률이 1%대로 추락할 것으로 추정된다.

[표 8-6] 피보험자 자격 취득, 상실 현황 　　　　　　　　　　　　　　　 (단위: 명)

연도	2016년 1월	2017년 1월	2018년 1월	2019년 1월	2020년 1월	2020년 5월
경력취득자(A)	572,000	544,000	626,000	693,000	632,000	428,000
신규취득자(B)	103,000	92,000	97,000	109,000	93,000	58,000
A/B	5.55	5.91	6.45	6.36	6.80	7.38

자료: 고용노동부, 「고용행정통계로 본 노동시장 동향」, 각 호

　　노동공급 측면에서는 대졸 청년인력 공급이 크게 증가함에 따라 3D업종 등 근무조건이 상대적으로 뒤떨어지는 일자리를 기피하고 '버젓한 일자리'(decent job)만을 추구하는 현상이 뚜렷하게 나타났다. 대학 수가 급격히 늘어남에 따라 일반계뿐만 아니라 실업계 고등학교 졸업자도 상당 부분 대학에 진학하는 대학교육의 대중화가 이루어졌다.[9] 그러나 대졸인력의 전문성은 산업현장의 요구에 부응하지 못하는 경우가 많으며, 고학력 젊은 여성들의 사회진출 욕구는 커진 데 반해 취업기회가 여전히 부족한 것도 청년실업률을 높이는 요인이 되고 있다.

　　한국의 청년층·고학력 실업은 산업현장의 인력부족과 동시에 나타나고 있다. 이는 산업현장의 인력수요와 괴리되어 있는 현행 인적자원개발시스템의 비효율성 때문이기도 하다. 경기가 회복된다 하더라도 인력개발시스템 시스템이 변화되지 않는 한 청년실업문제가 근본적으로 해결되기는 어려울 것이다.

고령화에 따른 노동시장의 변화

　　한국의 고령화가 전 세계에서 가장 빠른 속도로 진행되고 있다는 점도 노동시장에 큰 부담으로 작용하고 있다. 한국은 2000년대에 이미 고령화사회, 2017년에는 고령사회로 진입하였다. 통계청의 「장래인구추계」에 따르면 향후 급속한 고령화가 진행됨에 따라 가용한 노동력이 줄어들 것으로 나타났다. 한국의 인구는 2028년 5,194만 명을 정점으로 2029년부터는 인구가 감소하여 2067년 3,929만 명이 될 것으로 전망되고 있다.

---

9) 2005년 대학진학률이 82.1%에 달했으나 그 이후 감소세로 돌아서서 2017년 68.9%를 기록하였다.

[그림 8-8] 총인구 및 인구성장률, 1960-2067년

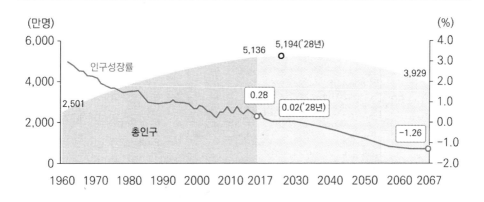

자료: 통계청(2019), 「장래인구 특별추계: 2017-2067년」

2017년과 2067년의 연령별 인구 구성비를 보면, 15~64세 생산연령인구는 2017년 3,757만 명에서 2067년 1,784만 명으로 줄어드는 반면, 65세 이상 고령인구는 2017년 707만 명에서 2025년에 1,000만 명을 넘고, 2067년에는 1,827만 명까지 증가할 것으로 전망되고 있다([그림 8-9]). 그 결과 생산연령인구 비중은 큰 폭으로 감소하는(73.2%→45.4%) 반면, 고령인구 비중은 큰 폭으로 증가하고 (13.8%→46.5%), 0 - 14세 유소년인구 비중도 감소할(13.1%→8.1%) 것으로 예상된다.([그림 8 - 10])

[그림 8-9] 연령별 인구구조, 1960-2067년

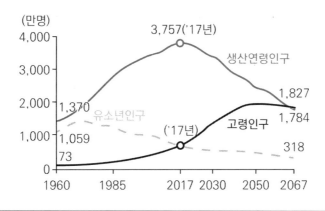

자료: 통계청(2019), 「장래인구 특별추계: 2017-2067년」

[그림 8-10] 연령별 인구구성비, 1960-2067년

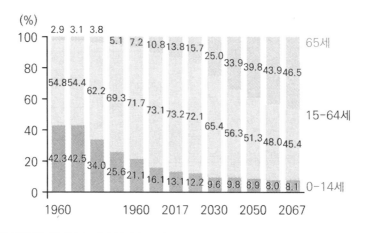

자료: 통계청(2019), 「장래인구 특별추계: 2017-2067년」

15세 미만 인구 대비 65세 이상 고령인구의 비율을 나타내는 노령화지수는 1990년 20%를 넘어선 이후 2017년에 100%를 넘어섰다. 장래인구추계에 따르면 2067년에는 노령화지수가 570%에 도달해 세계에서 가장 늙은 국가가 될 것으로 전망되고 있다. 이는 일자리문제에 있어서도 세대간 갈등을 유발할 수 있는 요인이 될 수 있다.

고용노동부의 『임금구조기본통계조사』에 따르면 1982년의 경우 근로자 평균연령은 29.6세, 근속연수는 3.1년이었다. 그러나 [그림 8-11]에 나타난 바와 같이 2018년 근로자 평균연령은 42세, 근속연수는 6.5년으로 크게 증가하였다. 이처럼 고도성장 시기를 지나 저성장 시대로 접어들면서 기업 내부인력의 고령화, 근속연수 증가, 고학력화는 기업의 전통적인 인적자원 관리방식의 변화를 불가피하게 만들고 있다.

고령화가 빠르게 진행됨에 따라 정년연장의 필요성에 대한 논의도 진행되고 있다. 정년연장이 노년층의 경제활동을 가능하게 한다는 긍정적인 측면도 있지만, 연공서열식 임금체계의 개편 없이는 기업의 인건비 부담을 늘릴 수 있고 청년 일자리를 줄어들게 할 가능성도 있다, 또한, 정년연장은 연금 수령 시기를 늦추는 효과가 발생하기 때문에 연금 고갈문제를 해결하기 위한 편법이라는 비판도 제기된다. 따라서 이러한 문제점들을 최소화하면서 사회적 합의를 통해 정년

[그림 8-11] 근로자 평균연령 및 근속연수

자료: 고용노동부 「고용형태별근로실태조사(상용 5인 이상 부분)」

연장을 도입하는 방안을 도출해야 한다. 그러나 2016년 공공부문을 중심으로 도입되었던 임금피크제가 문재인 정부 출범 이후 사실상 폐지된 것은 지속 가능한 사회적 합의 도출이 얼마나 어려운지를 잘 보여주고 있다.

3. 변화하는 노사관계

성장에서 분배로?

경제개발계획이 시작된 1962년부터 1987년 민주화가 급속하게 진행되기 이전까지 성장 우선의 경제정책이 취해져왔기 때문에 민주적인 노사관계가 형성되지 못했다. 수출주도 경제성장과 중화학공업화가 추진되면서 대기업 중심의 시장구조가 형성되고, 정경유착 심화에 따라 정부와 기업가들은 노동조합운동에 대해 매우 적대적인 자세를 취했었다. 그러나 경제성장과 정치적 민주화의 진전, 외환위기 이후 진행된 실질적 개방 확대 등으로 인해 노사관계가 과거와는 달리 사용자 중심이 아닌 동반자적인 관계로 전환되어 가고 있다. 이러한 변화는 성장일변도에서 벗어나 분배를 중시하는 정부정책에도 기인한다. 그러나 고용이 불안정해지는 등 새로운 문제점들이 발생하고 있기 때문에 21세기의 노사관계를 '성장'과 '분배'라는 이분법적인 시각으로 평가하기에는 많은 무리가 따른다.

경제적으로 최빈국 수준이던 상황에서 1961년 5.16 군사쿠데타를 통해 집권한 박정희 대통령의 입장에서는 집권의 정당성을 확보하기 위해 가장 절실히 요구되었던 것이 '경제적 부흥'이었기 때문에 분배보다는 성장을 중시하였다. 그러나 1980년대에 민주화에 대한 요구가 분출되면서 노동시장도 급변하게 되었다. 1987년부터 그동안 억눌려왔던 노동계가 임금인상과 근로조건 개선을 요구하면서 전국적인 대규모 노동운동을 전개하였다. 이 시기에 대대적인 노조 조직화가 이루어지면서 노조가 보편적 조직으로 자리 잡게 되었다.

1987년 노동자 대투쟁 이후 새롭게 등장한 자주적 민주노조들은 기존의 한국노총을 공식조직으로 상대하는 국가의 직접통제에서 벗어나 노동자들의 권익을 직접적으로 대변하고자 하였다. 특히 1990년 초 공안정국과 3당 통합으로 보수적인 지배질서가 강화되고 권위주의적 노동통제가 다시 강화되는 시점에 결성된 전국노동자협의회(전노협)는 1995년 말 민주노총이 출범하기 이전까지 노동운동의 구심체 역할을 했다.[10]

1997년의 외환위기는 한국기업의 인적자원관리방식에 또 다른 커다란 전환점이 되었다. 앞서 살펴본 바와 같이 고령화, 고학력화, 근속연수의 증가, 시장개방의 가속화라는 노동시장의 환경변화로 인해 고도성장기에 적합했던 연공서열식 인적자원관리의 문제점들이 부각되기 시작했다. 1990년대 초반부터 대기업을 중심으로 능력위주의 인적자원관리가 확산되기 시작하였지만, 외환위기 이전까지도 연공서열식 인적자원관리에서 크게 벗어나지 못했다.

한국기업의 인적자원관리는 1997년의 외환위기를 전후해서 성과주의에 입각한 관리방식이 본격적으로 도입되면서 새로운 국면을 맞이하였다. 외환위기 이후 성장 둔화에 따라 승진 적체가 심화되었고, 이에 따라 팀(team)제 도입과 직

---

10) 최장집(1999)에 지적된 바와 같이 전노협은 강력한 조직력을 바탕으로 임금인상을 극대화하는 전략을 취했다. 이러한 전략은 노동자들의 요구사항을 제도적으로 해결하기보다는, 임금인상을 통해 단기적으로 노동자들의 불만을 해소하려고 한 사(社)측의 전략과 맞물려 매년 생산성을 초과하는 임금인상을 초래하였다. 이와 같은 임금인상이 단기적으로는 핵심적인 노조원의 이익을 충족시키는 데 기여하였지만, 전국적인 노동운동의 강화에 도움이 되지 못하였을 뿐 아니라 기업의 국제경쟁력 약화와 거시경제지표의 악화를 초래함으로써 고용이 불안정해지는 결과를 가져왔다.

급파괴가 빠르게 이루어졌다. 채용방식도 수시채용과 경력직 채용이 증가하였고 조기퇴직도 확산되었다. 외환위기 직후 성과주의 임금관리체계인 연봉제가 급속히 확산되었고, 소사장제, 분사, 아웃소싱, 비정규직 활용 증가도 활발하게 이루어지기 시작하였다. 이러한 변화는 글로벌 금융위기 이후에 더 가속화되어 2016년에는 공공부문을 중심으로 임금피크제가 전면도입되기도 하였다.

노사관계의 지각변동[11]

한국의 노사관계는 1987년과 1997년을 기점으로 크게 달라졌다. 1987년 정치 민주화와 함께 시작된 노동운동의 비약적인 성장은 권위주의적이었던 노사관계를 획기적으로 바꾸는 계기가 되었다. 1987~1989년 동안 노조운동이 폭발적으로 늘었고 주요 공단지역마다 임금인상 요구 파업이 이어졌다. 1987년 6월 이전까지만 해도 단위노조가 2,700여 개에 총 조합원수가 105만 명에 불과했던 것이 1989년에는 단위노조 7,800여 개에 총 조합원수가 193만 명으로 급증하였다. 그 결과 매년 두 자릿수 임금인상과 근로조건 개선이 이루어졌고, 사용자 주도의 노사관계 관행이 뿌리째 흔들리는 현상이 나타났다.

그 당시(1986~1989년) 대외적으로 저(低)금리, 저(低)유가, 저(低)달러화(엔고)라는 '3저(低) 현상'이 나타난 덕택에 기업들은 비교적 쉽게 노동자들의 요구에 응했고, 그 결과 1989년까지 가파른 임금인상이 계속되었다. 이 시기에 노동조합의 사회·정치적 위상이 높아졌고, 경제성장 과정에서 노동자계층에게 불리하게 형성되었던 분배구조가 대폭 개선되었다. 그러나 1990년부터 대외여건이 악화됨에 따라 경상수지 적자, 물가 불안, 부동산가격 폭등, 설비투자 부진 등으로 실물경제가 둔화되었다. 그럼에도 불구하고 생존권 투쟁의 성격을 띤 이 시기의 노동운동에 정치성이 강하게 개입되면서 '선파업-후교섭'으로 대표되는 '전투적 조합주의'가 확산되었다. 이에 대해 사(社) 측도 주로 공권력에 의존하는 강경한 대응방식을 취했다. 그 결과 1990년대 초에 노사관계는 대립과 상호 불신이 만연하게 되었다.

노사간 대립과 갈등이 격화되는 상황에서 당시 노태우정부(1988-1993)는 수출경쟁력 유지를 위해 '자율'보다는 '사회안정'이라는 관점에서 노사관계를 접근

---

11) 1987년 이후 우리나라 노사관계의 구조변화에 관해서는 『한국의 노동: 1987-2002』(2003, 노동연구원)에 상세하게 분석되어 있다.

하였다. 이에 따라 분규 예방보다는 분규의 조기수습과 같은 사후관리에 중점을 두었다. 문민정부를 출범시킨 김영삼정부(1993-1998)는 노동기본권 인정을 통해 노사관계 제도를 선진화하고, 노동시장의 유연성을 높여 국제경쟁력을 강화하는 제도개선을 추진하였다. 실제로 노사관계개혁위원회에서는 노동조합이 개정을 요구했던 복수노조 금지조항, 제3자 개입 금지조항, 노동조합의 정치활동 금지조항 등 소위 '3금법'과, 사용자측에서 개정을 주장해 온 정리해고제, 근로자파견제, 변형근로시간제 등 '3제법'을 맞바꾸는 방식의 노동관계법 개정을 추진하였다.

그러나 노동조합과 사용자, 그리고 공익대표로 구성된 노사관계개혁위원회에서의 협상은 결렬되었다. 그 이후 정부가 일방적으로 법 개정을 추진하면서 한국노총과 민주노총이 공동 연대총파업을 전개하는 등 극심한 노·정 갈등을 겪게 되었다. 결국 노동계의 총파업에 굴복한 정부가 새로운 법 개정안을 제시함으로써 1997년 3월 노동관계법 개정안이 국회를 통과하였다. 1997년 개정된 노동법은 복수노조 설립 허용, 정치활동 금지조항 삭제, 노동위원회제도 개선 등 노조활동을 보장하는 내용을 담고 있다. 그러나 이 법에는 고용조정제도 도입, 변형근로시간제의 도입, 선택적 근로시간제, 단시간근로제도 등과 같은 노동시장의 유연성을 높이는 제도개선 내용도 담겨졌다. 이외에도 노사관계 현안이었던 전임자 임금지급 금지, 무노동 무임금의 법제화 등이 이루어졌다.

노동운동이 활성화된 후 10년이 지난 시점에서 발생한 1997년 IMF 외환위기는 노사관계의 또 다른 전환점이 되었다. IMF 외환위기를 계기로 구조조정과 노동시장의 유연화가 불가피해졌다. 외환위기 직후 출범한 김대중정부(1998-2003)는 경제위기 극복을 위해 노사정 사회협약을 추진하였다. 노사관계는 구조조정과 노동시장의 유연화가 화두가 되면서 고용안정을 둘러싼 노사간 대립이 심화되었으나, 1998년 노사정위원회가 출범하여 사회적 대화 시스템이 마련되었다. 노사정은 외환위기라는 긴박한 상황 속에서 대외신인도를 높이고, 외환위기를 극복하기 위해 노동시장 유연성 제고를 위한 정리해고제도의 도입과 노동기본권의 확대 등에 대한 사회적 합의를 도출하였다. 이러한 노사정위의 합의안에 대해 민주노총 등 노동계 내부반발이 있었지만, 정리해고제도가 본격적으로 도입되고 근로자파견제도가 개정되는 등 노동시장 유연성을 확대하는 법 개정이 이루어졌다.

[그림 8-12] 노동조합 조직률 및 조합원수

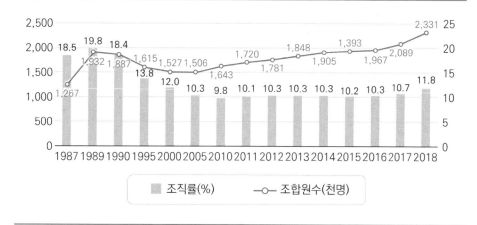

자료: 통계청 KOSIS 통계정보시스템(http://www.kosis.kr/)

　　그러나 경영위기에 몰린 기업들이 정리해고를 통한 본격적인 기업 구조조정에 나서면서 이를 둘러싼 노사갈등이 심화되었다. 민간부문에서 시작된 구조조정은 공공부문 인원감축으로 확산되었고, 은행산업 구조조정이 진행되면서 정리해고 반대투쟁이 잇따라 사회적 갈등이 고조되었다. 정리해고제의 도입과 구조조정을 둘러싼 노사갈등이 이어지면서 노조의 고용안정에 대한 요구도 늘어났다. 그 결과 1997년 이후에는 임금인상 중심의 노사갈등은 줄어든 대신 고용안정 협약, 비정규직 도입 반대 등 고용 안정성 관련 요구가 증가하게 되었다.

　　외환위기로 인한 정리해고 및 구조조정 바람은 노조조직률 하락으로 이어졌다. 인원감축으로 인해 정규직 조합원이 감소하고, 그 결과 노조조직률도 감소하여 2010년에는 9.8%(150만 명)까지 떨어졌다. 그 후로 구조조정의 위협에 맞서 노조가입과 노조설립으로 고용안정을 유지하려는 움직임이 나타나면서 노조조직률은 약간 상승하였지만 여전히 10% 초반에 머무르고 있었다. 그러나 [그림 8-12]에 나타난 것처럼 친노조 성향을 보이는 문재인정부 출범 이후 노조가입률은 빠르게 증가하여 노조가입자가 208만 명을 넘어섰고 노조가입률도 11.8%로 증가하였다.

　　노무현 대통령의 참여정부(2003-2008)는 국제기준에 뒤떨어진 노사관계 제도와 불합리한 관행을 혁신하고 새로운 환경에 조응하는 경쟁력 있는 시스템을 구축하고자 사회통합적 노사관계 구축을 목표로 다양한 정책을 추진하였다. 단기적인 유·불리에 매몰되어 상대방을 투쟁과 극복의 대상으로 인식하는 대립적 노사관행을 개혁하기 위해 '법과 원칙'의 테두리 안에서 '대화와 타협'을 통한 자율적 해결을 원칙으로 노사관계 대응시스템을 구축하고자 하였다. 그러나 우여곡절을 끝에 노사정 합의를 거쳐 노사관계 선진화입법을 완료했음에도 불구하고 '적대와 불신의 노사관계'는 바뀌지 않았다. 한국노총은 참여했으나 민주노총의 불참으로 인해 노사관계 입법사항에 대해 노동계의 반발이 심했고, 그 결과 노사정위원회는 사실상 제 역할을 하지 못하는 상황에 이르렀다.

1990년대 중반 이후 한국의 노동운동은 그 무게중심이 한국노총에서 민주노총으로 이동하는 커다란 변화가 있었다. 타협적인 성격을 가진 한국노총의 영향력이 약화된 반면, 보다 강경하고 투쟁적인 성격을 가진 민주노총의 영향이 커졌다. 더욱이 민주노동당이 2004년 17대 총선을 통해 국회에 진출함으로써 노동운동은 새로운 국면을 맞이하였다. 노조 출신 정치인들이 많아지면서 정책결정에 큰 영향을 미치고 있다.[12]

2008년부터 이명박 정부(2008-2013)와 박근혜 정부(2013-2017)로 이어지는 보수정권이 집권하면서 노사관계는 대립적 관계가 더 심화되었다. 이 당시 친기업적인 정책기조가 이어지기는 했지만, 노조 역시 정치세력화하면서 귀족노조라는 비판에서 자유롭지 못했다. 비정규직의 비중이 급증하고 있었음에도 불구하고, 민주노총의 경우 대기업 정규직의 이해관계를 주로 대변하면서 강경 투쟁 일변도로 나갔기 때문에 절대 다수 노동자의 지지를 받지 못했다. 박근혜 정부는 인구구조의 변화와 빠르게 진행되는 4차 산업혁명, 그리고 급격한 잠재성장률의 하락 등의 이유로 노동시장 개혁을 더 이상 미룰 수 없다고 판단했기 때문에 4대 국정과제 중 하나로 노동개혁을 선정하였다. 2015년 한국노총이 참여한 노사정위원회에서 일반해고, 취업규칙 변경요건 완화, 통상임금 범위, 근로시간 단축, 비정규직 사용기간 연장, 실업급여·산재보험 강화 등의 내용이 담긴 노사정 합의문을 통과시켰고, 공공부문은 100% 임금피크제를 도입하였다.[13] 그러나

---

12) 2019년 민주노총은 조합원이 101만 4천명이고 한국노총은 조합원이 103만 6천 명 수준이다.

13) 근로기준법시행령에 따르면, 통상임금은 근로자에게 정기적이고 일률적으로 소정(所定) 근로 또는 총 근로에 대하여 지급하기로 정한 시간급 금액, 일급 금액, 주급 금액, 월급 금액 또는 도급 금액을 말한다(6조). 여기에는 기본급외에 직무수당·직책수당·기술수당·면허수당·위험수당·벽지수당·물가수당 등과 같이 실제 근무일이나 실제 수령한 임금에 구애됨이 없이 사업주가 고정적이고 일률적으로 지급하는 임금이 모두 포함된다. 그러나 상여금이나

근로기준법, 산업재해보상보험법, 고용보험법, 기간제근로자법, 파견근로자법 등 노동개혁 5법은 19대 국회에 상정되지도 못한 채 모두 폐기되었다.

헌정 사상 처음으로 대통령이 탄핵되면서 촛불시위에 힘입어 출범한 문재인 정부는 집권 초부터 대통령이 인천공항을 방문하여 1만 명 비정규직의 정규직 전환을 약속하는 등 친노동적인 행보를 보였다. 급격한 최저임금 인상과 주52시간 근무 등 노동자의 처우개선을 최우선시하는 정책을 채택하였으나, 자영업자의 어려움이 가중되는 부작용이 나타났다. 2018년 6월 경제사회발전노사정위원회법을 경제사회노동위원회법으로 개정하면서 위원회의 명칭을 노사정위원회에서 '경제사회노동위원회'로 변경하였다. 경제사회노동위원회는 근로자·사용자 등 경제·사회 주체 및 정부가 고용노동정책과 이와 관련된 경제·사회정책을 협의하고, 대통령에게 관련 정책자문을 하는 대통령 직속 자문위원회이다. 여기에는 한국노총과 민주노총 대표, 한국경영자총협회와 대한상공회의소 대표, 고용노동부 장관과 경제사회노동위원회 위원장 등 6자가 참석한다.[14][15]

4. 실업문제와 노사관계의 돌파구

구조적 문제의 해결

1997년 외환위기 이후 실업자 수가 100만 명을 넘고 구직 포기자도 22만 여 명에 달하자 정부는 2000년부터 2003년까지 200만개 일자리 창출을 위한 중장기 실업대책을 마련하였다. 지속적인 일자리 창출을 위한 환경조성, 중소·벤처기업 및 소상공인 육성, 산업별 자리 창출대책의 추진, 해외취업 활성화 대책 등

연월차수당·연장근로수당 등과 같이 근로 실적에 따라 지급 여부와 지급액이 달라지는 임금은 포함되지 않는다.

14) 문재인정부에서는 과거와 달리 전국경제인연합회(전경련)를 재계 대표로 인정하지 않고 있기 때문에 전경련은 경제사회노동위원회에서 배제되었다.

15) 2020년 4월 민주노총 위원장의 노사정 대화 제안을 계기로 22년 만에 노사정이 한자리에 모였다. 5월에는 국무총리를 중심으로 출범한 노사정 대표자회의에서 코로나19 위기극복을 위해 고용유지, 사회 안전망 확충 등을 위한 협력 방안을 골자로 한 합의안이 도출하였다. 그러나 7월 이 합의안이 민노총 투표에서 부결되자 민주노총 위원장이 사퇴함으로써 합의안이 채택되지 못했다.

의 실업대책이 추진되었다. 이와 동시에 대졸 및 고졸 미취업자에 대한 인턴제를 확대시행하고, 여성의 창업을 지원하며 노인전문 인력은행을 설치하는 등 사회적 취약계층의 일자리 창출을 적극적으로 지원하였다.

이러한 정부의 노력이 부분적으로 단기적인 성과를 거두기는 하였으나, 구조적인 문제를 해결하지는 못하였다. 산업수요와 괴리된 인력을 과잉 배출하는 교육시스템, 고용 안정성 추구를 위한 노조의 경직적 태도, 대기업과 중소기업의 근로조건 격차 확대 등 구조적인 문제의 해결 없이는 실업문제의 근본적인 해결이 어렵다. 현재의 청년실업 문제는 단순히 일자리 개수 부족만이 아니라, 구인과 구직의 눈높이 차이를 구조적으로 재생산시키는 노동시장과 생산물시장, 그리고 불합리한 사회정책 때문에 악화되고 있다.

따라서 실업대책은 노동시장 정책만이 아니라, 평생직업교육 훈련과 원활한 전직 지원시스템 구축을 위한 사회교육정책도 반드시 고려되어야 한다. 특히, 생산성과 대우면에서 중소기업과 대기업간의 지나친 격차를 해소할 수 있는 적극적인 정책을 통해 만성적인 중소기업의 구인난과 청년층의 구직난을 동시에 해결해 나가야 한다. 향후 고용창출 및 실업문제는 단순한 양적인 경제성장률의 문제가 아니라 산업의 구조변화, 기업 인력수요 패턴의 변화, 노동시장의 유연성 등 구조적 요인에 의해 결정될 것이다. 따라서 인력정책도 이러한 구조적 변화에 부응하는 고용창출형 성장기조 정착에 역점을 두어야 한다.

4차 산업혁명과 일자리

4차 산업혁명이라는 용어는 2016년 세계경제포럼(World Economic Forum)에서 클라우스 슈밥(Klaus Schwab) 회장이 처음 언급하였다. 4차 산업혁명에 대한 정확히 합의된 정의는 없지만 일반적으로 인공 지능, 사물 인터넷, 빅데이터, 모바일 등 첨단 정보통신기술이 경제·사회 전반에 융합되어 혁신적인 변화가 나타나는 차세대 산업혁명을 의미하는 것으로 해석된다. 4차 산업혁명은 초연결(hyper−connectivity)과 초지능(super−intelligence)을 특징으로 하기 때문에 기존 산업혁명에 비해 더 넓은 범위(scope)에 더 빠른 속도(velocity)로 큰 영향(impact)을 끼친다. 4차 산업혁명을 통해 인공지능(AI)과 로봇이 일상생활에 보편적으로 활용되면서 생산은 물론 소비 패턴도 크게 달라지고 있다. 노동시장과 관련해서도 4차 산업혁명은 일자리 증감, 생산방식의 변화, 노사관계의 변화를 초래할

것으로 보인다.[16)

첫째, 일자리 증감과 관련해서는 4차 산업혁명이 아직 초기단계이기 때문에 그 영향을 예단하기 어렵다. 로봇과 인공지능이 인간의 생산활동을 대체하는 폭이 광범위하기 때문에 일자리가 줄어들 것이라는 전망이 많기는 하지만, 새로운 일자리가 생겨나 전체적으로 고용 총량은 크게 변하지 않을 것이라는 주장도 있다.[17)

둘째, 4차 산업혁명이 진행되면서 생산방식이 크게 바뀔 것이다. 사이버 시스템을 기반으로 로봇 및 인공지능의 역할이 더욱 증가하면서, 기계가 사람의 부족한 육체적, 감각적, 인지적 능력을 보완하여 자동화 수준이 향상될 것으로 보인다. 또한 맞춤형 대량생산(Mass Customization)으로 인해 생산의 서비스화 및 모듈화가 가속화되고, 제조업과 정보통신산업의 융합으로 여러 산업간 수평적 분업이 심화될 것이다. 상품 제조는 더 이상 대규모 자본과 기술을 가진 대기업 위주로 이루어지지 않을 것이다. 기술경쟁력을 갖춘 소규모 제조업체가 더 많이 등장하게 될 것이다.[18)

셋째, 4차 산업혁명이 장기적으로 노사관계에 어떤 영향을 미칠지 판단하기는 어렵지만, 단기적으로는 부정적인 영향을 미칠 것으로 예상된다. 4차 산업혁명으로 인해 인사관리방식이 크게 변화하고 일자리가 감소할 가능성이 있으며 이에 대한 노동자들의 저항이 예상된다. 기업은 자율성과 다양성을 요구하게 되고 그 결과 조직구조는 네트워크형 수평구조 속에서 개인들이 역량을 발현할 수 있는 유연한 형태로 바뀔 것이다. 이에 따라 경력직·개방형 채용이 늘 것으로 예상된다. 또한, 로봇 제어, 인공지능, 사물인터넷 등에 요구되는 기술들이 기업

---

16) 이장원·김기정(2017) 참조.

17) 예를 들어, Frey & Osborne(2013)은 미국 고용의 47%가 자동화로 인해 사라질 위험이 높다고 전망했고, 보스턴컨설팅그룹(BCG)도 제조업 전체 작업공정의 25%가 2025년까지 로봇으로 대체될 것으로 전망하였다. 반면에, 이민화(2016)는 지금까지 모든 산업혁명에서 기술진보에 대항하는 일자리는 사라졌지만, 기술진보가 창출하는 신시장에서 새로운 일자리가 만들어짐으로써 전체적인 일자리의 양은 오히려 늘었다고 주장하였다. 미국 오바마 대통령실(Executive Office of the President, 2016)도 향후 10~20년 동안에 9~47%의 일자리가 인공지능으로 인해 위협받게 되지만, 그만큼의 새로운 일자리가 생겨남으로써 실업률은 비슷하게 유지될 것이라고 예측하였다. 이처럼 일자리의 증감과 관련해서는 쉽게 결론 내릴 수 없다. 그러나 사라질 직종과 새로 생기거나 향후 유망한 직종에 관해서는 비교적 이견이 적다.

18) 이장원·김기정(2017) 참조.

특정적인 기술(firm-specific skills)이 아니라 산업 보편성이 강한 기술(general skills)이기 때문에 기업 간의 인력이동이 더욱 빈번해질 가능성이 크다. 기업은 물론 개인의 경우도 급변하는 환경에의 신속한 적응이 중요한 시대에 살게 된 것이다. 따라서 4차 산업혁명이 진행될수록 고용관계 전반에 관해 노사간 협의 필요성은 더 커질 것이다. 고용보장보다는 일터 혁신을 통한 실질적인 일자리 경쟁력 제고, 임금수준보다는 임금체계의 합리적인 개편 등이 노사간 교섭의제가 되어야 한다. 나아가 환경변화에 대한 적응력을 높이기 위한 인적자원의 훈련과 사회보험의 강화가 더욱 중요해지고 있다.

노동시장의 유연성과 안정성 제고

한국 노조의 과격한 이미지와 경직적 노동시장이 외국인 투자유치 및 국가경쟁력 향상의 걸림돌로 작용하고 있다는 것은 주지의 사실이다. 스위스 국제경영개발원에서 매년 발표하는 노사관계 국제경쟁력 순위에 따르면 한국은 2003년 이후 조사대상국 중 최하위권을 차지하고 있다.[19] [그림 8-13]에 나타난 것처럼 한국의 노사분규 건수는 2004년 462건까지 늘었다가 2007년 138건으로 줄었고 그 이후 감소추세를 보이다가 2019년에 다시 141건으로 증가하였다.

정보화와 글로빌화의 진전에 따라 기업간·국가간 경쟁이 심화되고 기업환경이 수시로 변화하고 있는 상황에서 기업의 생존을 위해 유연한 인력운용은 필수적이다. 외환위기를 계기로 노동시장 유연화를 높이기 위한 제도가 도입되었으나, 노동시장의 이중 구조적 특성으로 인해 현재의 노동시장은 경직성과 불안정성이 공존하는 구조로 남아있다. 즉, 대기업, 노조조직 사업장, 정규직은 고용보호제도를 통해 제도적으로 보호를 받고 있을 뿐만 아니라 기업들의 내부노동시장 관행도 경직성이 높다. 반면에, 중소기업 근로자와 비정규직은 기존의 고용보호제도의 적용조차 받지 못하고 있고, 상대적 저임금에 따른 높은 이직률로 인해 노동시장은 유연하기보다는 매우 불안정한 모습을 보이고 있다.

---

19) 스위스 국제경영개발원(International Institute for Management Development), 세계경쟁력 연감(IMD's World Competitiveness Yearbook) 각 연도 참조.

[그림 8-13] 파업건수 및 근로손실일수

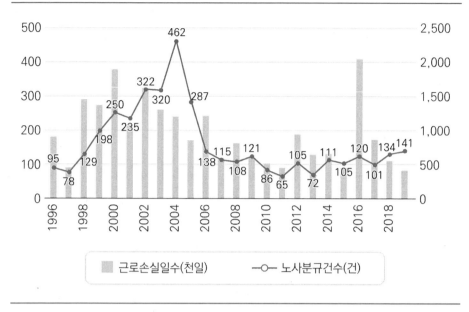

자료: 통계청 KOSIS 통계정보시스템(http://www.kosis.kr/)

이를 해소하기 위해서는 국제적인 기준에 맞게 비정규직 및 중소기업 근로자에 대한 보호를 강화는 동시에 정규직에 대한 고용보호 수준은 다소 완화하는 정책이 필요하다. 또한, 노동시장의 유연성(flexibility)을 높이기 위해서는 해고의 유연화 못지않게 재취업의 유연화가 필요하다. 즉, 전직 지원 서비스, 실업자 직업훈련, 직업알선 등 재취업 인프라 구축에 주력함으로써 노동자의 재취업을 지원하고 이를 통해 노동시장의 유연성을 제고시킬 필요가 있다. 임금체계 역시 성과위주로 개편하고 기업연금제도를 활용하여 퇴직금제도를 합리적으로 개선해야 한다. 이를 통해 임금체계의 유연성을 확보하는 것도 노동시장의 유연성 제고에 크게 도움이 될 것이다.

앞서 살펴본 바와 같이 한국의 비정규직 임금은 정규직의 절반을 조금 넘는 수준으로 소득도 적지만 근로시간도 불안정적이다. 그러나 4차 산업혁명 이후 곧 다가올 미래의 직업을 생각하면 평생을 한 직장에서 일한다는 것 자체가 큰 의미가 없어질 것이다. 현재 중학생이 사회활동을 할 시점이 되면 절반 정도의 직종이 사라질 것으로 전망되는 상황에서 평생직장과 같은 안정성을 논하는 것은 큰 의미가 없다. 앞으로 정작 중요한 것은 소득(income)의 안정성이지 직장

(job)의 안정성이 아니다. 사회안전망(social safety net) 강화를 통해 소득의 안정성을 높이고, 부문별로 임금격차를 줄여나가는 것이 필요하다. 사회안전망 강화 차원에서 최근 '전국민 고용보험제도' 도입이 정치권을 중심으로 추진되고 있다. 그러나 이 제도를 도입함에 있어 고용보험 재정의 조기 고갈 가능성을 십분 고려해야 할 것이다.

한국적 노사관계의 모색

1980년대에 들어 세계경제의 통합이 가속화되고 지식정보화가 진행되면서 산업화된 시장경제 국가들의 노사관계 시스템의 차이가 확연하게 드러나기 시작했다. 경제성장률은 실업률과 역의 관계에 있는 것이 일반적이기 때문에 시대별로 경제성장 여하에 따라 주목받는 노사관계 형태가 다르게 나타났다.

영·미식 노사관계에서는 노사타협보다는 금융·공기업의 구조조정과 노동시장의 유연성이 강조되는 시장경쟁에 의한 규율, 즉 신자유주의적 노사관계가 중시되었다. 반면, 일본·유럽식 노사관계는 기업 또는 사회적 차원에서의 신뢰와 타협을 중시하기 때문에 고용관계가 상대적으로 안정적인 대신 노동시장의 유연성은 떨어졌다. 1970~1980년대에는 영국과 미국에 비해 일본과 독일의 경제실적이 좋았기 때분에 분배가 악화되고 사회갈등이 심각해진 상황에서 유럽과 일본 노사관계 모델이 부각되었다. 그러나 1990년대 들어서면서 독일과 일본의 경기 침체가 지속되는 반면, 미국과 영국의 일자리 창출이 월등히 많았기 때문에 영·미식 노사관계가 다시 주목을 받기 시작했다.

독일의 강한 노동조합과 공동결정제도, 일본의 종신고용제와 연공서열제가 세계화 시대에 필요한 노동시장의 유연성을 떨어뜨리는 것으로 평가되었다. 그러나 아직도 일본과 독일의 제조업이 세계 최고 수준의 경쟁력을 보유하고 있고, 이러한 제조업 경쟁력의 바탕에는 강한 노사협력 시스템이 자리잡고 있다는 점을 간과해서는 안 된다.

한국의 경우 재계는 기업 차원의 합의와 조정을 중시하는 일본형 노사관계를 선호하는 반면, 노동계는 사회적 차원의 합의와 조정을 중시하는 유럽형 노사관계를 선호하였다. 특히, 1980년대 후반까지 일본의 경제실적이 우수했기 때문에 주요 선진국들이 모두 일본을 주목하였다. 그러나 30년 이상 지난 지금 한국의 노사관계는 일본과 상당히 다른 양상을 보이고 있다. 무엇보다 일본기업은 독특한 지배구조로 인하여 노사간의 갈등과 불신의 문제를 기업 내에서 관리할 수 있는 조건을 갖추고 있었다. 즉, 지배주주가 없는 법인간 상호소유구조 (cross-share holding)로 인해 소유와 경영이 철저히 분리되어 있고, 경영진 대부분이 종업원 출신이기 때문에 민주적인 경영지배구조가 가능했다. 일본 대기업의 전문경영인은 99%가 비오너형 경영자들이고 이들의 70% 정도가 내부승진으로 발탁된 사내중역들이다. 반면에, 한국의 경우 기업규모가 큰 재벌도 소유와 경영이 분리되지 않았기 때문에 노사간의 신뢰와 타협이 기업차원에서 제도화되기 어려운 구조를 가지고 있다.

이러한 가운데 노무현대통령의 참여정부(2003~2007) 시절 '네덜란드 모델'이 주목받았다. 이는 "노조는 임금인상을 자제하는 대신 사용자는 노조의 권리와 제한된 범위 내에서 경영참여를 보장"하는 것을 핵심으로 하고 있다. 이 모델이 한국에서 관심을 끌었던 이유는 첫째, 노동시간 단축과 파트타임 노동에 대한 보호와 장려를 바탕으로 한 적극적인 고용창출 모델이 된다는 점과, 둘째 노사간의 균형과 신뢰를 바탕으로 한 노사관계의 모델이기 때문이다. 그러나 네덜란드 모델은 제대로 검토되지도 못한 채 보수와 진보진영에서 모두 부정당했다. 재계는 '노동자의 경영 참여'에, 노동계는 '쉬운 해고와 파트타임 활성화'에 극도의 반감을 보였다. 결과적으로 사회적 대화를 통해 중요한 사회경제정책을 협의하고 결정한다는 '사회협약 모델'이 무산되고, '한국형 사회적 대화기구'인 노사정위원회는 사실상 '파산상태'에 이르게 되었다.[20]

최소한 지금과 같은 노사관계로는 더욱 치열해지는 국제경쟁에서 뒤쳐질 수밖에 없다는 위기의식을 노동자측과 사용자측이 모두 가지고 있다는 점은 분명해 보인다. 노사관계의 개혁은 선진국 진입을 위해서 꼭 필요한 국가적 과제이다. 이를 위해서는 '대립과 갈등의 노사관계'로부터 '참여와 협력의 노사관계'로의 일대 전환이 필요하다. 노사관계 개혁을 통해 '근로자의 삶의 질 향상'과 '기업의 경쟁력 강화'를 균형 있게 실현해야 한다.

---

20) 네덜란드는 1996년 '유연안정성협약'과 1999년 '유연성 및 안정성에 관한 법률' 제정을 통해 파트타임 노동의 차별금지를 명문화하였다. 파트타임 노동자들에게 정규직과 동등한 법적 권리를 보장한 것이다. 이 협약을 통해 유연성(더 많은 파트타임 노동)과 안정성(파트타임 노동의 법적 보호) 간의 균형을 이루었고 평가되고 있다.

CHAPTER

09

양극화되는 소득분배

소득불평등 줄여야 성장과 분배 '두 마리 토끼' 잡는다

　　주요 20개국 그룹(G20)이 성장과 분배를 동시에 추구하는 포용적 성장 촉진을 위해 국제기구들과 머리를 맞댔다. G20는 1999년 기존의 선진 7개국(G7)에다가 경제규모나 무역량이 큰 신흥시장국과 선진국 12개국, 그리고 EU의장국을 포함시켜 출범시킨 경제협력포럼이다. 한국도 중국, 러시아, 멕시코 등과 함께 회원국으로 참가하고 있다. G20이 최근 국제통화기금(IMF)과 발표한 보고서는 세계적으로 국가 간 양극화는 완화되었지만, 국가 내부의 양극화는 증가하는 추세라고 진단했다. 소득 불평등은 기회의 불평등으로 이어지며 세대 간 계층 이동성을 약화하는 악순환이 벌어진다고 봤다. 기술진보와 경제통합은 경제 성장에 이바지했지만, 국민소득에서 임금노동자에게 돌아간 몫을 나타내는 노동소득분배율을 떨어뜨리는 결과를 가져왔기 때문이다.

　　보고서는 이런 문제를 해결하기 위해서는 경제적 기회균등을 통해 생산성과 경쟁을 증가시키고 국가별 상황을 고려해 성장의 혜택을 폭넓게 공유하는 정책이 필요하다고 대안을 제시했다. 선진국은 분배적 조세제도·조세지출, 사회보험 정책을, 신흥국은 성장 친화적 개혁과 개발수요 충족을 위한 세수 확보 정책을 추진해야 한다고 덧붙였다.

　　G20가 OECD 및 세계은행이 공동으로 발표한 보고서도 국가 내부의 불평등이 심화하고 있다는 데 인식을 같이했다. 이 보고서는 불평등이 경제 성장에 부정적이라고 보고, 성장-분배의 시너지를 극대화하는 동시에 불평등 완화 정책을 추진해야 한다고 강조했다. 특히 여성의 경제활동 참여 강화, 사회적 약자를 위한 양질의 일자리 창출, 재분배와 사회안전망 강화를 위한 조세·보조금 제도에 정책 우선순위를 둬야 한다고 조언했다.

자료: 연합뉴스, 2017.7.14.

1. 소득분배의 악화

소득분배는 어떻게 변화하여 왔나?

소득분배의 악화는 노사간의 마찰 등 사회적 갈등을 야기하고, 사회적 결속력을 와해시켜 장기적으로 지속적 성장의 기반을 침해하는 결과를 가져온다. 또한 정치·사회적 불안정성을 높이는 결과를 초래한다는 점에서 심각한 사회문제라고 할 수 있다. 한국은 1990년대초까지만 하여도 성장과 분배를 동시에 달성한 성공사례로 평가되었다. 그러나, 1997년 아시아 외환위기와 2008년 글로벌 금융위기를 겪으면서 고소득층과 저소득층간 소득불평등 문제는 경기변동과 관련된 단기적 문제가 아니라 장기적이고 구조적 문제로 자리잡게 되었다.

한국의 소득분배 문제가 1997년 외환위기 이후 나빠졌다는 것이 중론이다(박종규(2017)). 그렇다면 외환위기 이전까지 한국의 소득분배는 바람직한 수준이었는가? 아니면 원래 좋지 못했는데 더욱 나빠졌다는 것일까? 1960년대 중반 이후 경제성장이 본격적으로 이루어지면서 한국은 소득분배가 다소 개선되는 모습을 보이다가, 1970년대에 들어서서는 다시 악화되었다. 그러나 중공업과 경공업 간, 대기업과 중소기업 간, 그리고 지역 간 불균형 성장에도 불구하고 1990년대 초까지만 해도 우려할 만큼 지속적이고 체계적인 분배구조의 악화는 발생하지 않았던 것으로 보인다.

<그림 9-1>은 우리나라의 지니계수로 측정한 소득불평등도 추세를 보여주고 있다.[1] 지니계수는 0과 1사이의 값을 갖는데, 수치가 높아질수록 소득불평등도가 악화됨을 의미한다(지니계수의 개념에 대해서는 다음 박스를 참조할 것). 소득을 세전과 세후로 구분하여 시장소득과 처분가능소득으로 구분할 수 있는데, 처분가능소득이란 시장소득에다가 공적이전소득을 더한 후 공적이전지출을 뺀 수치를 의미한다. 어떤 기준을 택하든지 소득불평등도는 1997년 외환위기 이후 급격히 나빠졌다.[2] 단적인 예로 시장소득 기준 지니계수는 1997년 0.268에서

---

1) 소득자료는 통계청에서 발표하는 「가계동향조사」에 기초하고 있는데, 2016년까지 발표되고 중단되었다. 2017년 이후에는 「가계금융복지조사」를 사용하여 지니계수를 도출하고 있다 (각주 3 참조).

2) 공적이전소득에는 공적연금, 기초연금, 사회수혜금 및 세금환급금이 포함되며, 공적이전지출에는 경상조세, 연금 및 사회보험이 포함된다.

1999년에는 0.298으로 증가하였다. 또한 처분가능소득 기준 지니계수 역시 1997년 0.257에서 1999년 0.288로 증가하였다.

외환위기 이후 소득불평등도가 악화된 가장 큰 이유는 실업률이 급증하고 전반적으로 실질임금이 하락한 결과라고 할 수 있다. 글로벌 금융위기가 소득불평등도에 미친 영향은 외환위기와 비교하면 크지 않은 것으로 보인다. 그러나 장기적인 추세를 보면 한국의 소득불평등도는 악화되고 있음이 분명하다.

[그림 9-1] 한국의 지니계수 추이

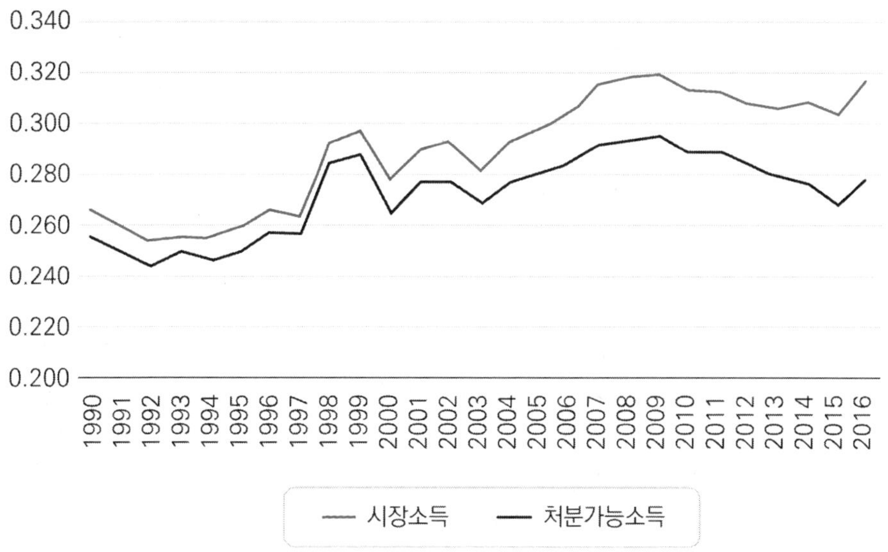

자료: 통계청, "가계동향조사: 소득분배지표," 2020.

소득불평등지수

지니계수(the Gini Coefficient)

로렌츠곡선은 사회구성원을 소득이 가장 낮은 사람부터 높은 순으로 배열하였을 경우 최하위 x%가 전체 소득에서 차지하는 비율 y%를 나타내고 있다. 로렌츠곡선이 대각선에서 멀어질수록 소득분배는 불공평해진다. 지니계수는 로렌츠곡선과 대각선 사이 의 영역(A)을 대각선 아래 영역(A+B)으로 나눈 값이다. 지니계수가 작을수록 분배가 개선되고 있다고 할 수 있다.

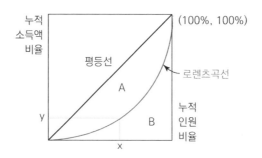

십분위배율(the income decile ratio)과 십분위분배율(the decile dispersion ratio)

십분위배율은 소득순으로 10개 구간을 나눈후, 최상위 10%소득을 최하위 10%소득으로 나눈 값이다. 십분위배율 값이 커질수록 빈부격차가 심화된다고 해석할 수 있다. 십분위배율을 변형한 팔마비율(the Palma index)은 최상위 10%의 소득을 최하위 40%의 소득으로 나눈 값인데 국제비교에 많이 사용된다. 둘 다 숫자가 작을수록 분배가 개선됨을 의미한다. 한편 십분위분배율은 최하위 40% 소득을 최상위 20% 소득으로 나눈 값으로 정의된다. 십분위분배율은 십분위배율과 달리 값이 커질수록 소득분배가 평등해짐을 시사한다.

지니계수로 측정한 한국의 소득불평등도가 악화되고 있다는 점은 부정할 수 없는 사실이다. 하지만 소득의 개념 그리고 소득통계의 정확성에 따라 소득불평등도는 훨씬 더 심각하게 나타날 수 있다. <그림 9-2>는 개인 시장소득(임금 + 사업소득 + 금융소득)을 기준으로 할 때 최상위 10%집단의 비중 추이를 보여주는데, 외환위기 이후 매우 빠르게 증가하였음을 볼 수 있다. 2018년 최상위

10%의 소득비중은 48.9%로 미국보다도 높은 수준이다.

〈그림 9-2〉 최상위 10% 집단의 소득비중 추이

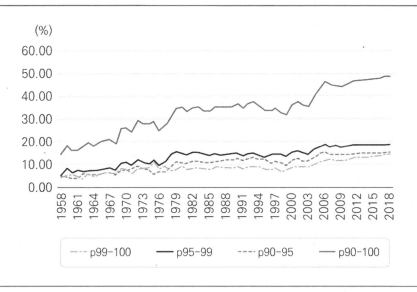

주: p90-100은 최상위 10% 표시. 나머지 p99-100, p95-99, p90-95는 이를 다시 소득순으로 3그룹
   으로 나눈 값을 표시.
자료: 홍민기(2020)

　소득불평등도를 측정하기 위하여 사용하는 원자료의 정확성도 문제가 된다.
정부도 이러한 문제점을 인지하여 2017년부터 가계금융복지조사 자료를 소득분
배지표 도출에 사용하기로 결정하였다. 가계금융복지조사는 가계동향조사보다
표본 수가 많고 행정자료를 활용하여 설문조사를 보완하기 때문에 고소득 자영
업자를 더 정확하게 파악할 수 있다는 장점이 있다.[3] 실제 가계금융복지조사 자
료를 이용하여 도출한 소득분배지표들은 가계동향조사 결과보다 악화되는 모습
을 보였다. 예를 들어 기존 자료를 사용한 지니계수는 2016년 0.304였는데, 새
로운 자료를 사용할 경우 0.355로 높아졌다.

---

3) 가계금융복지조사는 표본규모를 2만 가구로 늘리고, 국세청 과세자료와 보건복지부 건강보
   험료 납부액 자료 등 행정자료를 활용하여 설문조사결과를 보완하고 있다. 공표주기도 기존
   의 분기에서 1년 단위로 바꾸었다.

한국의 소득불평등은 OECD 평균보다 높아

한국은 국제적으로 소득분배 측면에서 다른 개도국에 비하여 양호한 모범적 사례로 지적되어 왔다. 한국의 소득불평등도는 국제적으로 볼 때 어느 정도라고 할 수 있는가? <그림 9-3>은 OECD 회원국들의 지니계수를 비교하고 있다. 기준이 되는 소득개념은 앞에서 소개한 처분가능소득이다. 한국은 2017년 0.355를 기록하여 칠레, 멕시코, 터키, 미국, 리투아니아, 영국, 라트비아 다음으로 높은 소득불평등도를 보이고 있다. 정부개입이 이루어지기 이전 단계의 시장소득을 기준으로 할 경우 한국의 소득불평등도는 OECD 회원국 중 중간 정도를 차지하고 있는 것으로 나타나고 있다. 그러나, 처분가능소득을 기준으로 할 때 한국의 소득불평등도는 OECD 평균을 상회한다. 한국보다 지니계수가 높은 나라는 칠레, 멕시코, 터키, 미국 및 영국 등으로 나타났다. 한국은 가처분소득을 사용할 때와 시장소득을 사용할 때의 소득불평등도가 크게 달라지지 않는 반면, 다른 국가들은 적극적으로 세금이나 사회보장제도를 활용하여 소득재분배 정책을 추진하고 있기 때문이라고 볼 수 있다. 한국은 소득불평등을 해소하기 위한 정부개입이 적극적으로 이루어지지 못하고 있다는 반증이라고 볼 수 있다.

〈그림 9-3〉 한국과 OECD 회원국들의 지니계수 비교

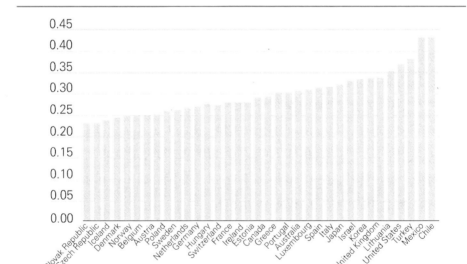

주: 처분가능소득 기준, 2017년 또는 이용가능한 최근치 사용.

자료: OECD Data, "Income Inequality," doi: 10.1787/459aa7f1-en, 2020.

인간개발지수(Human Development Index)

UNDP(United Nations Development Programme)가 매년 발표하는 인간개발지수(HDI)는 한 국가의 평균적인 삶의 질과 수준을 보여준다. 이 지수는 사회구성원인 인간이 발전을 평가하는 기준이여야 한다는 관점에서 장수하고 건강한 삶, 교육을 통해서 획득된 지식, 그리고 양질의 생활수준을 구성요소로 삼고 있다. 아래 그래표에서 HDI1은 2018년 OECD회원국들의 인간개발지수값을 보여준다. 리투아니아가 선두를 차지한 것을 빼면, 예상한 바와 같이 주요선진국들이 수위를 다투고 있다. 한국은 36개 비교대상국 중 21위를 차지하였다. 다음에는 경제 불평등을 반영하여 조정된 인간개발지수(HRD2)를 보도록 하자. 이 지표는 종래의 인간개발지수에서 의료, 교육 및 소득 측면에서의 불평등을 나타내는 값을 삭감하는 방식으로 계산된다.

인간개발지수가 높을수록 삶의 질이 높아지는 경향이 있지만, 경제불평등이 심하다면 사회전체의 평균적 만족도는 떨어질 수 있다. 선진국 중에서도 미국의 경우를 보면 두 지표의 차이가 크게 나타나, 문제가 심각하다는 것을 짐작할 수 있다. 한국의 경우에도 경제 불평등을 반영할 경우 인간개발지수는 21위에서 27위로 떨어진다. 그만큼 한국의 소득불평등도가 높다는 것을 시사한다.

OECD 국가들의 인간개발지수(2018)

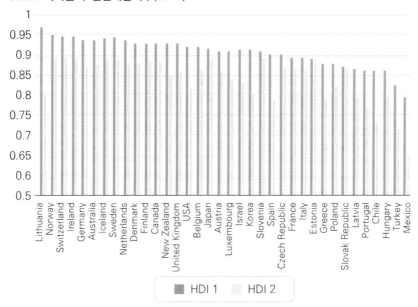

주: HRD2는 경제불평등도를 반영하여 원래 인간개발지수(HRD1)를 조정한 값을 표시
자료: UNDP, *Human Development Report* 2019.

소득불평등 악화의 원인은 무엇인가

이제까지 살펴본 다양한 지표들은 한국의 소득불평등도가 1997년 외환위기 이후 크게 악화되었고, 한동안 주춤하다가 최근 다시금 악화 조짐을 보이고 있음을 가리킨다. 그 원인이 무엇인지에 대해서는 전문가들 사이에서도 논란이 그치지 않고 있다. 우선 근로나 용역 등의 제공으로 얻은 근로소득뿐 아니라, 부동산·주권·현금 등의 자산소유에서 발생하는 자산소득에서의 소득격차가 커졌기 때문이라는 주장이 있다. 한국경제가 고도성장시대를 마감하면서 양질의 일자리 창출이 어려워지고 있다는 점을 주요 원인이라는 또다른 견해도 있다.

먼저 성장률 저하로 인한 소득분배 악화부터 살펴보자. 고도성장기에는 소위 "낙수효과"로 인하여 성장의 혜택이 대기업과 고소득층의 소득이 증가하면 그 일부가 중소기업과 저소득층까지 전달되었다. 그러나, 외환위기 이후에는 세계시장에서 경쟁력을 발휘하는 대기업과 내수에 의존하는 중소기업 및 자영업자간 연결고리가 약해졌다. 여기에다가 외환위기 이후 고용없는 성장이 지속되고 비정규직의 비중이 크게 늘어나면서 소득불평등은 크게 확대되었다. 그렇다면 소득분배 개선에 있어서 지속적 성장과 양질의 일자리 창출의 중요성을 부정하기 힘들 것이다. 물론 성장만으로 소득불평등문제가 저절로 해결되는 것은 아니다. 성장에 따른 분배개선효과가 나타나려면 성장의 혜택이 지소득층에게 골고루 돌아갈 수 있도록 제도 및 정책적 보완이 필요할 것이다.

둘째, 외환위기 이후 대기업과 중소기업간, 그리고 정규직과 비정규직간 임금격차 확대가 소득불평등의 주요한 원인이 되고 있다는 점은 자명한 것처럼 보인다. 그런데 왜 중소기업이나 비정규직 임금이 상대적으로 낮은지를 생각해 보면 생각해 볼 여지가 크다. 대기업의 경우 큰 이익을 남기고 있는 해외시장을 겨냥하여 현지생산을 늘리고 있어 국내 고용을 늘릴 유인은 그만큼 적다고 할 수 있다. 또 임금을 많이 올리지 않아도 쉽게 일할 사람을 구할 수 있고, 그나마 비정규직에 대한 선호가 강한 편이다. 반면에 중소기업의 경우 대기업 하청업체의 경우 불합리한 하도급거래나 납품단가 결정관행 때문에 높은 임금을 주기 어려운 실정이다. 설사 임금을 높인다 해도 고급인력을 구하기가 힘들다. 자영업자들의 어려움은 더 이상 말할 필요가 없을 것이다. 이렇게 보면 임금격차는 구조적인 요인에 기인하며, 줄이기가 쉽지 않아 보인다.

개인소득의 불평등 악화와 함께 또 한 가지 중요한 점은 가구별 불평등을 결정하는 가구구조의 변화이다. 외환위기 이후 20여 년간 가구소득의 불평등이 심화되고 있는 이유로는 노동시장에서의 소득불평등 확대뿐 아니라 고령화로 인한 가구주의 은퇴를 들 수 있다. 따라서 앞으로 고령화가 진행될수록 소득불평등이 더욱 심화될 가능성이 크다는 점에 유념하여야 할 것이다.4)

셋째, 근로소득의 불평등뿐 아니라 이자와 배당소득, 그리고 영업잉여 및 임대료 등을 포괄하는 비근로소득에서 불평등이 확대되고 있다. <그림 9-4>는 전체소득, 임금소득, 그리고 사업·재산소득에 있어서 각각 최상위 1%집단이 차지하는 비중을 보여준다. 1998년이후 매우 빠른 속도로 사업·재산소득의 집중도가 증가하고 있는 데 비하여 임금소득에서의 집중도는 별로 변하지 않았다. 이러한 사실은 임금 불평등보다도 비근로소득의 불평등이 소득불평등 악화의 주원인이 될 수 있음을 시사한다. 이러한 추세가 지속된다면, 금수저-흙수저 논란에서 볼 수 있는 것처럼 계층이동의 기회가 점점 줄어들 수밖에 없다. 또한 한국경제 역시 역동성을 잃고 말 것이다.

〈그림 9-4〉 최상위 1% 집단의 전체소득, 임금소득 및 사업·재산소득 비중 추이

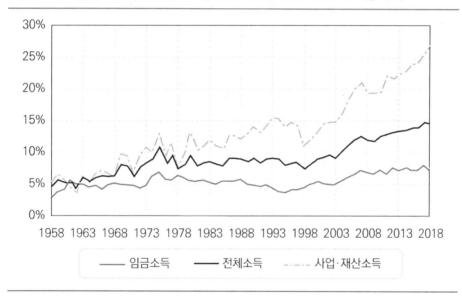

주: 각각의 소득범주에서 최상위 1% 집단이 차지하는 비중 표시.
자료: 홍민기(2020)

---

4) 강신욱(2018)에 따르면 1996~2016년 사이의 20년 동안 소득불평등이 심화된 요인으로 전반기(1996~2006년)에는 노동소득 불평등, 그리고 후반기(2006~2016년)에는 고령화가 지배적이었다. 즉, 최근에는 고령층의 소득이 감소가 불평등을 심화시키는 주요 요인으로 작용하고 있다.

네덜란드의 경제학자 펜(J. Pen)이 쓴 『소득 분배』라는 책을 보면 현실의 소득 불평등 상태를 잘 말해 주는 아주 재미있는 내용이 있다. 펜은 가상의 가장행렬을 연출한다. 그 행렬에는 소득을 가진 모든 사람이 출연한다. 흥미로운 것은 출연하는 사람들의 키가 각자의 소득에 비례한다는 점이다. 소득이 많은 사람은 키다리로, 평균 소득을 가진 사람은 평균 신장(170cm)으로, 소득이 적은 사람은 키가 매우 작은 사람으로 출연한다. 이 가장행렬은 영국에서 1시간 동안 벌어진다. 영국의 모든 인구 모델들이 1시간 동안에 모두 출연해야 하므로 이 가장행렬은 바쁘게 진행한다. 가장행렬에 처음 등장하는 사람들은 머리를 땅 속에 파묻고 거꾸로 나타난다. 거꾸로 서 있다는 것은 키가 마이너스(즉, 소득이 마이너스)라는 뜻이다. 즉, 파산한 사업가나 빚진 사람들이 이들이다. 거꾸로 선 사람들이 지나가고 나면 마치 개미처럼 땅바닥에 붙어선 사람들이 등장한다. 신문배달 소년, 시간제로 일하는 주부 등 소득이 아주 적은 사람들이다. 이들은 소인국 사람들처럼 키가 몇 cm밖에 되지 않는다. 이들이 지나가고 난 한참 뒤에 키가 1m가 채 안 되는 사람들이 등장한다. 정부가 주는 보조금으로 살아가는 노약자와 실업자, 장사가 안 되는 노점상, 사람들이 알아 주지 않는 천재 화가 등이 그들이다. 그 다음에는 1m가 조금 넘는 사람들이 등장한다. 청소부, 지하철 집표원 등 저임금노동자들이다. 이때도 '레이디 퍼스트(lady first : 여성 먼저)'의 원칙이 지켜져 여성들이 먼저 등장한다. 물론 이것은 여성들의 임금이 남성보다 적다는 것을 의미한다. 이렇게 30분이 지나도록 계속 키가 작은 사람들만 등장한다. 그래서 펜은 이를 '난쟁이의 행렬'이라고 불렀다. 이것은 한 사회 내에 소득이 적은 사람들이 그렇게 많다는 것, 다시 말해 소득분배가 불평등하다는 것을 의미한다. 가장행렬이 시작된 후 48분이 지났을 때에야 비로소 평균 신장(170cm)의 사람들이 등장한다. 이것은 사회의 대다수의 평균 소득에도 미치지 못하는 사람들이라는 것을 의미한다.

이후에 등장하는 사람들은 키가 급속히 커진다. 54분이 되면 키가 2m가 되는 키다리들이 등장한다. 대졸 회사원, 교장 등이다. 그 다음에는 5m가 되는 거인들이 등장하는데, 이들은 군 대령, 국영기업 기술자, 성공 못한 변호사 등이다. 59분이 되면 8~12m나 되는 거인들이 대학 교수, 대기업 중역, 고등법원 판사 등을 상징하며, 그 다음에는 20m가 되는 거인들이 수입 좋은 회계사, 의사, 변호사들을 상징하며 등장한다. 마지막 몇십 초를 남겨 놓고는 수십 m의 초거인들이 등장한다. 주로 유명한 대기업의 중역들이고, 약간은 왕족이다. 영국 여왕 엘리자베스 2세의 남편인 필립 공은 60m이고, 석유회사 '쉘'의 전무는 110m이다. 마지막 몇 초에 등장하는 사람들은 키가 너무 커서 얼굴이 구름에 가려져 있으며, 마일(1마일=1,600m) 단위로 키를 재야 한다. 대부분 거대한 유산을 물려받은 사람들이다. 영국의 유명한 가수 톰 존스도 1마일의 키를 자랑하며 등장한다. 맨 나중에 등장하는 석유왕 폴 게티는 키가 10마일이 되는지 20마일이 되는지 알 수가 없을 정도로 크다. 이와 같이 소득에 비례하도록 키를 조정하여 가장행렬을 펼쳐 보니, 키다리는 소수에 불과하다. 이를 통해 한 사회 내에는 소득이 적은 사람이 많고 소득이 많은 사람은 적다는 것을 알 수 있다.

자료 : KOSIS(통계청), 청소년 통계교실, "소득으로 본 난쟁이와 키다리"

2. 빈곤문제는 얼마나 심각한가?

빈곤이란 무엇인가?

빈곤(poverty)은 어떤 사회구성원의 실질소득이 일정 수준에 미달하는 상태로 정의할 수 있다. 옛말에 "가난은 나라도 어쩔 수 없다"고 했지만, 이는 그야말로 옛말이다. 빈곤은 더 이상 개인의 문제가 아니며, 중요한 사회문제로 취급되고 있다. 빈곤문제가 얼마나 심각한가는 해당 경제사회의 삶의 질을 판단하는 데 중요한 지표로 활용된다. 그렇다면 빈곤의 기준선은 어떻게 정하는가? 가장 많이 사용되는 기준은 절대적인 소득 기준이다. 즉, 가구소득이 최소한의 생계를 유지하는 데 필요한 수준에 미달하는 경우가 빈곤에 해당한다. 이러한 정의를 따를 때, 문제는 기준이 되는 소득수준을 어떻게 정하는가에 달려 있다. 대개는 가구를 구성하는 가족 수, 주거환경, 구성원의 평균 연령 등에 근거하여 한 가구가 필요로 하는 최소한의 영양분을 계산하고, 이를 공급할 수 있는 식품구입에 필요한 예산(최소비용)을 계산한다. 이렇게 계산한 식품예산 비용에 일정 배수를 곱한 것을 빈곤선이라고 정의한다. 또한 어떤 가구의 소득이 빈곤선에 미달할 경우는 해당 가구의 모든 구성원을 빈곤층으로 분류한다.[5]

---

5) 미국의 예를 보면 최소비용의 3배를 빈곤선으로 정의하고 있는데, 2018년 4인 가구의 빈곤선은 알라스카와 하와이를 제외한 지역에서는 25,100달러(알라스카와 하와이는 각각 $31,380과 $28,870)이었다. 미국 인구조사국의 공식 통계에 따르면, 2018년 미국의 빈곤층, 즉 소득이 빈곤선 미만인 가구에 속하는 인구는 약 3천 8백 1십만명로서 전체 인구의 11.8%를 차지하였다.1990년대에 들어오면서 전반적으로 빈곤율은 하락 추세로 돌아섰고, 흑인의 빈곤율

한편 절대적 소득 수준 대신 국민 가구소득의 중간값(median), 즉 중위소득을 기준으로 그 일정 비율에 해당하는 수준을 빈곤선으로 정의할 수도 있다. 이렇게 빈곤선에 미달하는 인구를 전체인구로 나눈 비율을 상대적 빈곤율이라고 부른다. OECD는 균등화 처분가능소득(가구의 처분가능소득을 가구원수의 제곱근으로 나눈 소득)이 균등화 중위 소득의 50% 이하에 속하는 인구비율을 상대적 빈곤율로 정의하고 있다.

상대적 빈곤율은 정의 자체가 소득분배 문제와 긴밀하게 연결되어 있다. 그러나 이렇게 상대적인 관점에서 볼 때 원래 빈곤이 의미하는 바와는 차이를 보일 수 있다. 예를 들어 사회구성원 모두가 그 사회가 인정하는 최소한의 소득 이상을 번다고 하여도 소득분배가 평등하지 않은한 상대적 빈곤층은 존재할 것이다. 또한 소득분배가 평등하더라도 구성원 모두가 빈곤선 이하에서 생활하는 경우도 생각해 볼 수 있다. 그럼에도 불구하고 상대적 빈곤율은 일정한 통계적 기준하에 국제비교가 용이하다는 장점이 있다. 또한 빈곤이란 개념이 어느 정도 상대적 박탈감을 포함하고 있다고 한다면 나름대로 의미를 찾을 수 있을 것이다.

한국의 빈곤율은 어떻게 변하였는가?

한국의 경우 빈곤에 대한 연구가 많지 않고, 빈곤선을 얼마로 보아야 하는가를 놓고 많은 논란이 있다. 흔히 쓰이는 빈곤선의 기준으로는 보건복지부에서 매년 발표하는 최저생계비가 있다. 최저생계비에서 의료비·교육비 및 기타 지원액을 차감한 금액을 현금급여기준이라고 한다. 현금급여기준은 소득이 전혀 없는 가구에 현금으로 지급되는 보조금의 최고치인데, 소득 인정액이 있는 경우는 현금급여기준에서 이를 제외한 나머지를 생계비 및 주거비로 지급하며, 교육비와 의료비는 해당 가구원이 있는 경우 별도로 지급하고 있다.

도 크게 줄어들었다. 그럼에도 불구하고 흑인의 빈곤율은 백인의 2배를 넘고 있다.

〈표 9-1〉 최저생계비 추세   (단위: 천원/월)

	2011	2012	2013	2014	2015	2016	2017	2018	2019	2020
1인가구	532	553	572	603	617	650	661	688	682	703
2인가구	906	942	974	1,027	1,051	1,107	1,125	1,138	1,162	1,197
3인가구	1,173	1,218	1,260	1,329	1,360	1,432	1,456	1,473	1,504	1,548
4인가구	1,439	1,495	1,546	1,630	1,668	1,757	1,786	1,807	1,845	1,900
5인가구	1,705	1,772	1,832	1,932	1,977	2,082	2,117	2,142	2,186	2,251
6인가구	1,971	2,048	2,118	2,234	2,286	2,407	2,448	2,476	2,528	2,603

주: 2017년 이후 자료는 의료급여법에 따른 최저보장수준을 의미.

자료: 보건복지부 연도별 고지, "최소생계비" 및 "기준 중위소득 및 생계·의료급여 선정기준과 최저보장 수준," 각호.

그렇다면 최저생계비를 근거로 계산한 절대적 빈곤율은 얼마나 되는가? <그림 9-5>에서 볼 수 있는 바와 같이 도시근로자가구의 절대빈곤율은 1990년대에 들어와 줄곧 감소세를 보이다가 1997년 외환위기로 인하여 급증하였다. 시장소득을 기준으로 할 때 1997년 4.0%에서 1999년 8.6%로, 처분가능소득을 기준으로 할 때는 동기간중 4.8%에서 9.3%로 증가하였다. 2008년 글로벌 금융위기 직후에는 빈곤율이 다소 증가하였으나, 다시 감소세로 돌아섰다. 특히 처분가능소득을 사용할 경우 절대적 빈곤율은 크게 줄었다.[6]

한편 중위소득 50% 미만의 인구비중으로 정의한 상대적 빈곤율추이는 <그림 9-6>에서 보는 바와 같이 증가세를 보이고 있다.[7] 즉, 상대적 빈곤율은 1990년대 들어와 점차 증가하다가 외환위기 이후 급증하였다. 즉 시장소득기준으로는 1997년 8.7%에서 1999년 12.2%으로, 처분가능소득기준는 1997년 8.2%에서 1999년 11.4%로 증가하였다. 2000년대에 들어오면서 상대빈곤율은 잠시 떨어졌다가 다시 증가하였다. 글로벌 금융위기 직후인 2009년에 정점에 달하였

---

6) 보건복지부는 2015년 7월 개정 국민기초생활 보장법 시행 후 "최저생계비" 대신 매년 "기준 중위소득"을 급여 기준으로 활용하기 시작하였고, 2017년부터는 최저생계비기준 절대적 빈곤율 통계 공표를 중단하였다.

7) 통계청의 "가계동향조사"에 나타난 도시가구(1인가구 제외)를 대상으로 한 수치이다 도시가구에는 근로자가구 외 비근로자가구가 포함되는데, 후자는 노동시장에서 근로를 하는 가구원이 한 명도 없는 가구로 정의된다. 당연하겠지만 비근로자가구는 근로자가구보다 평균소득이 낮다.

〈그림 9-5〉 절대적 빈곤율 추이   (단위: %)

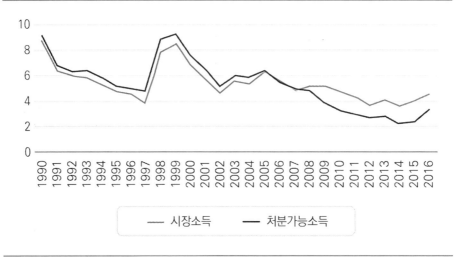

주: 도시근로자가구(1인가구 제외) 대상.
자료: 보건사회연구원, 『빈곤통계연보』, 각호.

는데, 시장소득기준 15.49%, 처분소득기준 13.1%을 각각 기록하였다. 다행히 2010년대에 들어오면서 상대적 빈곤율는 그다지 증가하지 않고 있다.

상대적 빈곤율을 전국가구로 확대하면 도시가구보다 그 수치가 높아진다. 2016년부터 가계금융복지조사 자료를 사용하여 집계한 상대적 빈곤율은 시장소득기준(처분소득기준)으로 2016년 20.7%(17.6%), 2017년 20.8%(17.3%), 그리고 2018년 21.0%(16.7%)로 나타났다. 흥미롭게도 최근 시장소득기준 상대적 빈곤율은 다소 증가하였으나, 처분가능소득기준 상대적 빈곤율은 감소추세를 보이고 있다.

그런데 상대적 빈곤율을 논의할 때 간과하기 쉬운 문제는 연령별로 상대적 빈곤율이 크게 다르다는 점이다. 상대적 빈곤율을 시장소득을 기준으로 살펴보면 2018년의 경우 76세 이상 그룹은 상대적 빈곤율이 69.0%로 가장 높게 나타났으며, 66~75세 그룹이 그 다음으로 55.7%을 기록하였다. 처분가능소득을 적용하더라도 76세 이상 그룹이 55.1%, 그리고 66~75세 그룹이 34.6%로 나타났다. 이러한 사실은 상대적으로 노인의 빈곤문제가 심각함을 시사한다.

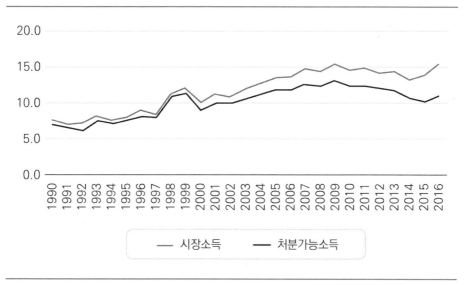

주: 도시가구(1인가구 제외) 대상. 상대적 빈곤율은 중위소득 50% 인구비율로 정의.
자료: 통계청, "가계동향조사: 소득분배지표," 2020.

그렇다면 한국의 빈곤율을 다른 나라들과 비교하면 어느 정도 심각할까? 중위소득 50%를 상대적 빈곤율의 기준으로 정의할 경우 <그림 9-6>은 OECD 회원국들의 전체인구와 66세이상 인구의 상대적 빈곤율을 보여준다. 유감스럽게도 한국은 2018년 전체인구의 상대적 빈곤율이 OECD 회원국 중 미국 다음으로 가장 높은 것으로 나타났다. 게다가 66세 이상 인구를 대상으로 할 경우에는 다른 어느 회원국보다도 월등히 높은 것으로 나타났다. 이는 한국의 빈곤문제, 특히 노년층의 빈곤문제가 매우 심각함을 보여준다고 하겠다.

일반적으로 빈곤정책의 수단으로 최저임금제, 빈곤층에 대한 소득보조, 마이너스 소득세제, 그리고 현물보조 등을 꼽을 수 있다. 한국도 최저임금제는 물론, 빈곤층에 대한 공적부조, 극빈층에 대한 생계비 지원 등 다양한 수단을 활용하고 있다. 그러나, 주요선진국들과 비교하면 개선될 여지가 크다고 하겠다.

<그림 9-7> OECD 회원국들의 상대적 빈곤율 비교

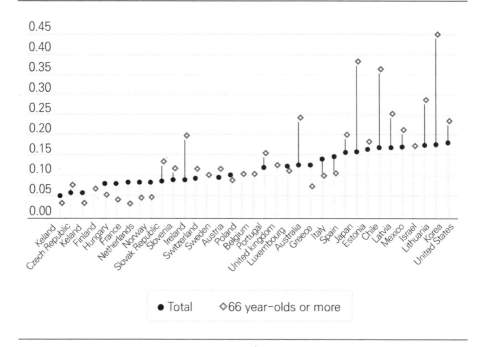

● Total   ◇66 year-olds or more

주: 2018년 또는 최근치.
자료: OECD, Poverty rate(indicator).

 중산층은 몰락하는가

　중산층은 말 그대로 소득 수준이 중간에 위치하고 있는 계층을 의미한다. 중산층은 사회의 중추면서 경제의 안정적 성장에 주도적인 역할을 담당한다. 중산층이 줄어든다면 사회적으로 큰 문제가 아닐 수 없다. OECD가 권장하는 중위소득의 50~150%로 정의한 중산층 비율은 보면 1990년대 초에서 2000년대 후반까지 서서히 감소하였다. 2인 이상 도시가구를 대상으로 할 때 1992년 중산층에 속하는 인구비율은 시장소득기준 75.4%, 그리고 가처분소득기준 76.4%를 기록하였으나, 1997년 외환위기 이후 양 지표는 모두 60%대로 하락하였다. 이후 시장소득기준 중산층 비율은 70% 벽을 깨지 못하고 있다. 다만, 처분가능소득기준 중산층 비율은 약간 회복되어 2014년에 가까스로 70.0%를 기록하였다. 더구나 2015년 이후, 중산층 비율은 다시 하향세로 바뀌었다.

한국의 중산층 비중 추이

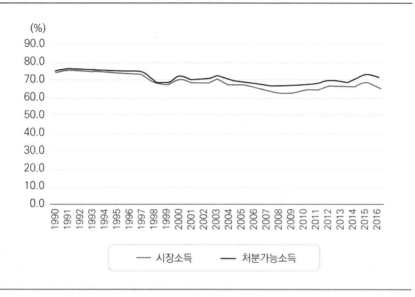

주: 도시가구(1인가구 제외) 대상. 중위소득 50%~150% 인구비중.
자료: 통계청, "가계동향조사: 소득분배지표," 2020.

　그렇다면 줄어든 중산층은 어디로 갔을까? 상대적 빈곤층의 비중이 증가하였다는 사실은 중산층의 일부가 빈곤층으로 이동하였음을 시사한다. 스스로를 중산층으로 여기는 체감중산층의 비중이 빠르게 줄어들고 있다는 점도 문제의 심각성을 일깨워준다. 중산층에 속하는가를 판단할 때, 국민들은 통계상 기준이 되고 있는 소득수준뿐만 아니라 여유로운 생활과 삶의 질, 상당한 수준의 소득과 자산, 평균 이상의 교육수준 등을 떠올리게 마련이다. 이러한 기대와 달리 중산층의 삶이 전반적으로 어려워지고 있음을 볼 수 있다. 정부는 중산층의 기반 확충을 위하여 양질의 일자리 창출 노력을 강화하고 주거 등 서민핵심생계비 부담 경감 노력을 지속하겠다고 천명하였다.

　중산층 비중의 하락은 비단 한국에만 국한된 현상은 아니다. OECD의 '압박받는 중산층'이란 보고서에 따르면 선진국의 중산층 역시 치솟는 생활비와 낮은 임금상승률로 인하여 이중고를 받고 있는 것으로 나타났다(OECD 2019). 동 보고서에서는 중산층의 기준을 중위소득의 75%에서 200%까지로 상향조정하고 있는데, 그 비중은 1980년대 중반 64%에서 2010년 중반 61%로 하락하였다. 새로운 기준에 따르면 한국의 중산층 비중은 2010년 중반 OECD 평균과 비슷한 61.1%를 기록하였다.

3. 사회안전망은 튼튼한가?

사회안전망이란 무엇인가

사회안전망(social safety net)은 흔히 사회복지제도 또는 사회보장제도와 같은 용어로 사용된다. 광의의 사회안전망은 노령, 질병, 실업, 산업재해, 빈곤 등 국민이 처할 수 있는 사회적 위험으로부터 국민을 보호할 수 있는 모든 사회보장제도를 의미한다. 사회보장제도는 1601년 영국의 구민법과 19세기 말 독일 노동자보험제도(1883년 질병보험, 1884년 산재보험, 1889년 노령보험 등)가 그 효시라고 할 수 있다. 근대적 의미의 사회보장제도는 대공황 이후 도입된 미국의 사회보장법이 그 시초라고 할 수 있다. 미국의 사회보장법은 정부가 빈곤문제를 해결하기 위하여 적극적으로 나서야 한다고 천명하고, 연방정부 주도하의 노령연금제도, 주정부 차원의 실업보험, 노령부조, 아동부조, 장애인부조 등을 의무화하였다.

일반적으로 사회보장제도는 사회보험, 공공부조, 사회복지 서비스 세 가지 범주로 구분된다. 사회보험은 정부에 의해 실행되는 강제적 보험제도이다. 노후보장을 위한 국민연금제도와 질병의 치료나 재활을 위한 건강보험제도가 그 대표적인 예라고 할 수 있다. 한편 노동자를 대상으로 하는 산업재해보상보험제도와 고용보험제도도 현대적 사회보장제도의 필수 요소이다. 공공부조는 생활 유지 능력이 없거나 생활이 어려운 국민의 최저생활을 보장하고 자립을 지원하는 제도이다. 사회보험과 같이 일정한 기여금을 부담하고 혜택을 누리는 것이 아니라, 정부가 경제적 능력이 없는 사람들에게 기본적인 생계급여, 의료급여, 교육급여, 주택급여 등을 국민의 세금을 재원으로 하여 무상지급 한다는 점이 특징이다. 사회복지 서비스는 상담·재활·직업소개 및 지도, 사회복지시설 이용 등을 제공하여 정상적인 사회생활이 가능하도록 지원하는 제도이다. 대상에 따라 노인복지, 장애인복지, 아동복지, 여성복지 등으로 나눌 수 있으며, 재원은 공공부조와 마찬가지로 조세수입으로 충당한다.

이상과 같은 사회보장제도는 기본생활의 보장, 소득의 재분배, 그리고 사회적 연대감 증대를 그 목적으로 한다. 그중에서 가장 기본적인 목표는 저소득층 및 빈민층에 대하여 경제적 불안을 해소하면서 기본적 생활을 보장하는 것이라고 볼 수 있다. 이러한 의미에서 협의의 사회안전망은 사회적으로 소외당할 가능성이 많은 계층에게 정상적인 생활을 할 수 있도록 도와주는 최후의 장치로서, 정부와 공공부문의 주도하에 최저생계 수준 이상의 소득을 보장할 수 있는 제도를 의미한다.

한국의 사회안전망 체계

<표 9-2>는 우리나라의 사회안전망 체계를 보여준다. 우리나라의 사회안전망은 사회보험과 공공부조를 중심으로 짜여 있다. 우선 1차 안전망으로 건강보험, 국민연금, 고용보험, 산재보험 등 사회보험이 소득을 보전해 주는 역할을 한다. 그 다음 2차 안전망인 공공부조와 공공사회서비스를 제공한다. 마지막으로 사망, 질병, 화재 등 긴급사태가 발생한 경우에는 긴급구호제도가 제3차 안전망의 역할을 맡고 있다. 1차 안전망인 사회보험제도는 1964년 산재보험 도입을 시작으로, 1977년 의료보험, 1988년 국민연금, 그리고 1995년 고용보험 도입으로 틀을 갖추게 되었다.

한국의 사회안전망은 외견상 선진국과 비슷한 틀을 갖추었다. 그러나, 내용이나 운영면에서 보면 사회안전망이 충분히 촘촘하지 못하다. 무엇보다도 사회보험이 적용되지 못하는 사각지대가 존재한다. 즉 비정규직 노동자나 영세 자영업자의 경우 사회보험이나 공공부조혜택을 받을 수 없는 경우가 종종 발생한다. 또한 국민기초생활보장제도는 부양의무자나 재산상태 등의 선정기준을 엄격히 적용한 결과 실제로는 최빈계층이지만 지원대상에서 탈락하는 경우가 발생한다. 이러한 문제점을 해결하려면 소득인정액이 최저생계비의 120% 이하인 차상위계층까지 그 대상을 확대하여야 한다는 주장도 제기되고 있다. 다른 한편으로 국민들에게 사회복지 서비스 제공을 강화할 수 있는 하부구조의 구축이 요구되고 있다. 즉, 국민에게 효과적으로 서비스를 전달할 수 있도록 서비스 체계를 개편하고 사회복지 전문인력 확보 및 전문성 제고에 주력하여야 할 것이다.

〈표 9-2〉 한국의 사회안전망 체계

사회안전망	성격	구성	프로그램
1차 안전망	구성원의 취약 계층전락 예방	사회보험	국민연금
			건강보험
			고용보험
			산재보험
2차 안전망	취약계층 지원	공공부조	국민기초생활보장제도(생계, 의료, 주거) 기초연금, 장애인연금
		공공사회서비스	고아원, 양로원 등 시설과 서비스
		공공근로	공공근로 프로그램
3차 안전망	위기상황시 생계 및 건강유지 지원	긴급복지지원	천재지변과 같은 재난시 금전 및 현물지원 및 사회복지 서비스 지원

자료: 김안나(2006)

사회안전망을 선진국 수준에 맞도록 확충하여야 한다는 사회적 요구는 어느 때보다 거세다. 그러나, 사회안전망만으로 소득불평등이나 빈곤문제를 해결하는 데는 원천적으로 한계가 있을 것이다.

 국민기초생활보장제도

1961년 제정된 생활보호법은 보호 대상이나 급여의 제약으로 사회안전망으로 서는 커다란 문제점을 안고 있었다. 1997년 외환위기로 인한 대량실업을 계기로 제정되어 2000년 11월부터 시행된 국민기초생활보장법은 실업과 빈곤을 퇴치하 기 위한 포괄적이고 진일보한 공적부조 제도라고 하겠다.

국민기초생활보장법은 부양 의무자가 없거나 부양을 받을 수 없는 사람들에게 생계, 주거, 의료, 교육, 출산, 장례 그리고 자활을 위한 급여를 제공하도록 규정 하고 있다. 이 중 생계비와 주거비는 소득이 일정 기준, 즉 현금급여 기준에 미치 지 못할 경우 그 차액을 지불하도록 규정하고 있다. 2020년 생계·의료급여 최저 보장수준 및 선정기준은 아래 표(원/월)와 같다.

2020년도 생계·의료급여 최저보장수준 및 선정기준

구 분	1인가구	2인가구	3인가구	4인가구	5인가구	6인가구	7인가구
금액 (원/월)	527,158	897,594	1,161,173	1,424,752	1,688,331	1,951,910	2,216,915

주: 1) 8인 이상 가구는 1인 증가시마다 265,005원씩 증가
  2) 생계급여액 = 생계급여 최저보장수준(대상자 선정기준) − 소득인정액
자료: 보건복지부 고시 제2019-173호, "2020년 기준 중위소득 및 생계·의료급여선 정기준과 최저보장수준."

국민기초생활보장법에서는 근로능력자에 대한 지원 프로그램을 포함하키고 있는 것이 특징이라고 할 수 있다. 근로능력이 있는 경우에는 자활에 필요한 사업 참여를 조건으로 생계급여를 지급한다. 따라서 기초생활보장 대상자로 선정되면 가구별로 자활지원 계획서를 작성하여 제출하여야 한다. 그 다음에는 지역 및 가구별 자활지원 계획에 의거하여 직업훈련, 창업지원, 자활근로 등을 겨냥한 자활급여가 제공된다. 그렇지만 실제 소득수준이 현금급여 기준에 미달하면서도 혜택을 받지 못하는 빈곤층이 존재하고, 절대 빈곤층과 생활 형편에 큰 차이가 없음에도 불구하고 혜택을 받을 수 없는 준빈곤층에 대한 지원이 전무하다는 문제를 안고 있다. 이러한 문제를 해결하려면 관리시스템을 보다 정교하게 개선하고 재정지원을 늘려야 할 것이다.

4. 소득불평등을 어떻게 줄일 것인가?

소득불평등의 뿌리부터 손대야

외환위기와 글로벌 금융위기를 거치면서 복지와 형평이 강조되는 사회적 분위기가 점점 고조되어 왔다. 여기에다가 코로나 사태는 일상적인 경제활동이 어려울 경우 저소득층에 대한 정부의 긴급복지지원이 얼마나 절실한가를 일깨워 주었다. 한국경제는 어떻게 하면 양극화하는 소득분배 문제를 해결할 수 있을 것인가? 이를 위해서는 소득불평등이 심화되는 근본원인에 대한 면밀한 검토와 이에 대한 대응이 요구된다.

경제협력개발기구(OECD)는 「2017년 한국경제 보고서」에서 정규직과 비정규직의 임금격차가 너무 커서 소득 불평등을 심화시킨다고 평가하고 노동시장의 이중구조 해소를 구조개혁의 우선과제로 꼽았다. 이를 위한 방안으로 정규직 근로자에 치우친 고용 보호를 합리적 수준으로 조정하고, 최저임금을 인상하며 비정규직에 대한 직업훈련과 사회보험 가입 확대가 필요하다고 강조하였다.

정규직과 비정규직간 임금불평등이 소득불평등의 주요원인이라는 점은 앞에서도 강조한 바가 있다. 기업별 단체협상은 정규직과 관련된 사안만을 다룰 뿐 비정규직이 처한 열악한 근로조건은 외면하는 경향이 있다. 정규직 노조 입장에서는 비정규직 노동자들이 정규직의 고용보장과 안정적 임금상승의 안전판 역할을 하고 있기 때문에 비정규직의 처우에 관심을 갖을 인센티브를 찾기 어렵다. 그렇다고 비정규직 노동자들이 별도의 단체교섭을 통하여 임금을 올릴 수 있는 방안은 현실적으로 추진하기 힘들다. 따라서 비정규직 문제는 우선적으로 이들이 노동시장에서 요구되는 역량을 갖출 수 있도록 질 높은 교육과 훈련 기회를 제공하는 데 초점을 맞춰야 한다. 또한 정부가 관리하는 취업 및 창업 알선기관을 확장하고 효율화하는 것이 바람직하다.[8]

임금 불평등을 해소하기 위하여 인위적으로 임금수준을 조정하려는 시도는 바람직하지 못하며 성공할 확률도 낮다. 4차산업혁명시대 같이 창의성과 혁신이 성장의 원동력이 되는 상황에서 능력에 따른 소득격차를 인정하여야 한다. 그러나, 개인의 능력차이가 타고나는 것인가는 별개의 문제이다. 우리 사회에 기회의 평등이 있는가라는 의문이 제기된지도 꽤 많은 시간이 흘렀다. 최상위 10% 소득 집단과 나머지 90% 집단이 공정하게 경쟁하려면 최상위 집단이 능력의 차이로 포장하여 기회의 불평등을 내리물림하는 고리를 차단하여야 할 것이다.[9]

이와 관련하여 자산증식 및 증여, 그리고 상속에 대한 세금을 엄격하게 적용함으로써 소득불평등이 악화되거나 계층이동성이 제한되는 것을 막아야 한다. 한국의 소득불평등도가 시장소득을 기준으로 할 때와 처분가능소득을 기준으로

---

8) 비정규직의 정규직화가 공공부문을 제외한 민간부문에서 얼마나 효력이 있을지 의문시된다. 이철승(2019)는 현실적인 비정규직 대책으로 관대한 실업보조금, 재훈련, 그리고 고용보조 시스템 도입을 대안으로 제시한다.

9) 조귀동(2020)은 기회의 평등을 위하여 근본적인 수준의 교육 기회와 능력 배양 기회가 주어져야 한다고 주장한다. 이를 위하여 영유아기부터 공공보육이나 공교육을 강화하여야 한다고 강조한다.

할 때 큰 차이가 없다는 점도 소득재분배를 위하여 보다 적극적인 조세정책이 요구됨을 시사한다고 하겠다.

복지제도의 강화

소득불평등은 산업혁명에 성공한 선진국들이 일찍이 고민했던 문제이다. 자본주의사회가 발전하면서 빈곤, 실업, 주거 및 환경, 질병과 건강 문제 등이 심각한 사회문제로 대두되었고, 국가가 이를 해결하기 위하여 적극 개입하게 되었다. 소득불평등을 완화하려면 일차적으로 불평등의 원인을 치유하여야 하며, 그 다음 단계로는 저소득층을 겨냥한 복지제도의 강화가 요구된다.

산업혁명의 후발주자인 한국은 사회보장제도의 하부구조나 인적자원이 아직 부족하고, 재원 확대도 숙제로 남아 있다. 무엇보다 한국은 복지제도를 확대하기 위하여 사회보장관련 지출을 확대하여야 한다. <그림 9-8>은 OECD 회원국들의 사회보장비 지출이 GDP에서 차지하는 비중을 보여준다. 한국은 2018년 11.1%를 기록하여 멕시코(7.5%)와 칠레(10.9%)에 이어 OECD 회원국 중 가장 낮은 수준에 머무르고 있다.

OECD 회원국들과의 비교는 한국이 복지관련 지출을 늘려야 한다는 주장에 당위성을 부여하는 것처럼 보인다. 그러나, 한국의 재정여력으로는 당장 사회복지지출을 획기적으로 올리기 어렵다. 그렇다고 소득세나 상속세를 올려서 재원을 확보하는 방안은 많은 나라들이 경쟁적으로 세율을 낮추고 있는 상황에서 상당한 조세저항이 예상된다.[10] 따라서 점진적인 재원확충방안을 고민하는 동시에 재정지출의 우선순위를 조정할 필요가 있을 것이다.

한국이 궁극적으로 복지국가를 지향한다고 할 때 어떠한 비전과 추진체계를 추구할 것인가도 고민해야 할 문제이다. 선진국들의 경험을 보면 국민들의 복지향상을 중요한 임무로 삼는 복지국가를 지향한다는 점에서는 공통점이 있지만, 민주주의 전통, 경제발전 단계, 정치적 구도의 차이 등으로 인하여 상당히 다른 모습을 보여준다.

---

10) 피케티(Thomas Piketty)는 『21세기의 자본』이란 저서를 통하여 자본주의 체제는 시간이 흐를수록 자본소득의 비중이 점점 높아지는 불평등화의 내재적 성향이 존재한다고 밝혔다. 그는 불평등의 심화를 타파하려면 범세계적인 자본세를 도입하여야 한다고 주장하였다.

〈그림 9-8〉 OECD 회원국들의 GDP 대비 사회적 지출 비율

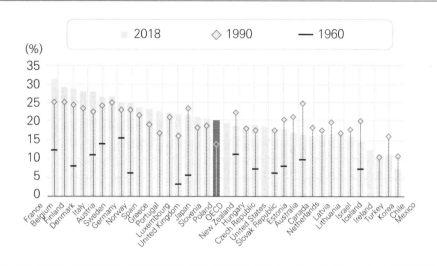

자료: OECD, "Social Expenditure Update," 2019.

<표 9-3>에서 보는 바와 같이 복지국가의 유형은 자유주의 복지국가, 보수적 조합주의 복지국가, 그리고 사회민주주의 복지국가의 세가지로 구분할 수 있다.[11] 복지에 대한 정책 우선순위가 가장 높은 유형은 북유럽에서 발전한 사회민주주의 복지국가이다. 노동당이나 사회민주정당의 쇠퇴로 복지지출이 많이 감소하였음에도 불구하고, 이들 북구 국가들의 사회보장제도가 미국과 같이 작은 정부를 표방하는 자유주의 복지국가보다는 훨씬 잘 정비되어 있다. 한편 보수적 조합주의의 경우 사회보험을 강조하는데 보험가입의 의무와 사회보장에 관한 혜택이 고용여부에 따라 결정되며 보험재정이 원칙적으로 소득에 상응하는 보험당사자의 분담금에 의존한다. 독일, 프랑스와 이탈리아가 보수적 조합주의 국가의 대표적인 사례라고 할 수 있다.

---

11) 복지국가의 구분은 개인의 복지가 시장에 의존하지 않고도 이루어질 수 있는 탈상품화의 정도와 복지국가정책에 의한 사회계층체계의 형태를 기준으로 하고 있다. 자유주의적 복지국가는 저소득층에 초점을 맞춘 공적부조 프로그램을 중시하는데 탈상품화 효과가 적고 다차원적 사회계층체계를 갖게 된다. 조합주의적 복지국가는 국가가 사회복지의 주요한 제공자이지만 사회보험을 위한 혜택이 사회적 지위에 따라 크게 차이가 나기 때문에 탈상품화 효과에 한계가 있다. 또한 사회적 지위차이 유지에 대한 강조로 국가복지의 재분배효과가 거의 없다. 마지막으로 사회민주적 복지국가는 가능한 최대 수준의 평등을 추구하기 때문에 탈상품화의 효과가 가장 크고, 사회 모든 계층을 하나의 보편적이고 포괄적인 복지체계로 통합한다(김태성·성태륭(2000)).

〈표 9-3〉복지국가의 유형

유형	특징	사례
사회민주주의 복지국가 (social democratic welfare state)	• 사회민주주의 이념에 기초한 정치세력이 주도 • 사회복지서비스와 소득보장제도가 모두 발달	스웨덴, 노르웨이, 핀란드
보수적 조합주의 복지국가(conservative corporatist welfare state)	• 소득보장제도 발달, 사회복지 서비스 미발달 • 여성 경제활동참여 미약	독일, 오스트리아, 프랑스, 이탈리아
자유주의 복지국가 (liberal welfare state)	• 사회복지서비스와 소득보장제도 모두 미흡 • 개별 구성원의 책임 강조	미국, 캐나다, 호주, 영국

자료: 김승택(2001)

한국사회의 평등주의 정서를 고려할 때 사회복지서비스와 소득보장제도가 둘 다 발달한 사회민주주의 복지국가 모델이 눈길을 끄는 것은 당연할지도 모른다. 하지만 이러한 모형을 따라가기는 쉽지 않다. 이들 사회민주주의 국가들이 강력한 복지국가를 지향하게 된 역사적 배경도 우리와 상이하다. 예를 들어 스웨덴은 노사간 단체협상을 통하여 동일 직종내에서는 기업별 차이 없이 단일임금을 체결하여 경제 전반적인 효율성을 높이는 동시에 노동자계층이 중심이 되어 복지제도를 확장한 바 있다. 한국은 이러한 사회적 협약을 체결하기 힘든 것이 현실이다.

한국의 복지제도가 지향하여야 할 목표는 좀 더 또 시간을 두고 충분한 논의가 필요하다. 일단 제도를 도입하고 나면 이를 되돌리거나 개혁하는 것은 쉽지 않기 때문이다. 영국 보수당의 대처수상은 '요람에서 무덤까지'라는 복지제도를 과감하게 뜯어 고쳤다. 이후 집권한 노동당의 블레어 총리가 형평과 효율성의 조화를 강조한 '제3의 길'을 주창한 것은 노동당의 이념인 사회민주주의를 기반으로 보수당의 경제적 자유주의를 절충한 것으로 평가할 수 있다. 한국도 포용적 성장정책이 지향하고 있는 혁신과 경쟁을 통하여 효율성의 제고와 저소득층에 대한 사회안전망 강화를 균형있게 추진하여야 할 것이다.

기본소득 논쟁

  2020년 코로나19 감염증이 확산되면서 심각한 경기침체가 가시화되자 경기도와 서울시 등 일부 지자체에서 재난기본소득이란 명목으로 거주민에게 일괄적인 소득보조금을 지급하였다. 중앙정부도 가구당 최대 100만원까지 긴급재난지원금을 지급하기로 결정하였다. 이에 따라 기본소득에 대한 관심이 자연스럽게 높아지고 있다.

  기본소득(Basic Income)이란 모든 국민에게 최소한의 인간다운 생활을 보장하기 위하여 자산, 소득, 일과 관련없이 무조건적으로 모든 국민에게 정기적으로 일정액의 소득을 지급하는 제도이다. 즉, 무조건성, 보편성, 그리고 개별성이 기본소득의 기본요건이다. 무조건성은 노동 수행을 조건으로 내세우지 않고 "노동으로부터의 자유"를 보장하려는 이념을 반영하다. 보편성은 소득이나 자산 크기와 관계없이 국민 모두에게 일괄적으로 지급, 그리고 개별성이란 가구가 아닌 개인 단위로 지급함을 의미한다. 기본소득은 개념이 명쾌하고 기존의 사회복지프로그램을 통합을 통한 관리비용절감, 빈곤 완화 등 정당성이 강조되고 있다. 그러나, 재정확보를 위한 세금 증가, 근로동기 악화, 불평등 완화 효과 미미 등의 이유로 반대도 만만치 않다.

  아직 기본소득을 전면적으로 시행하고 있는 국가는 없다. 하지만 몇몇 국가에서는 제한적 실험을 통하여 그 효과를 검증하고 있다. 특히 핀란드의 경우는 국가차원에서 기본소득을 실험한 유일한 사례라는 점에서 주목을 받고 있다. 핀란드는 사회보장급여를 받고 있는 사람중 무작위로 2,000명에게 동일한 금액을 2017년 1월 1일부터 2018년 12월 31일까지 2년 동안 한시적으로 매달 560유로를 기본소득으로 지급하였다. 2019년 핀란드 사회보장국은 실험의 예비결과를 발표하였다. 핵심내용은 두 가지인데 1차년도(2017년)에는 고용증가가 나타나지 않았다는 것과 2차년도(2018년) 마지막에 실시한 설문조사결과 기본소득 수급자들의 행복도와 삶의 질 수준이 현저하게 높아졌다는 점이다. 이러한 결과를 어떻게 해석할 것인가를 놓고 기본소득의 찬반론자간 의견이 갈리는 것은 자명하다고 하겠다.

  현실적으로 가장 큰 쟁점은 재원을 어떻게 마련하는가이다. 기본소득을 주장하는 쪽에서는 현실적인 도입가능성을 높이기 위해 낮은 수준의 부분도입을 선호한다. 하지만 비판론자들은 이러한 낮은 수준의 기본소득은 기본소득이라고 볼 수 없고, 사회안전망으로서의 효과가 약하다고 반박한다. 이러한 맥락에서 한국의 기본소득제도는 코로나 사태 때 시행된 재난기본소득과 같이 기존의 사회보장체계와 충돌하지 않고, 재정에 무리가 되지 않는 범위내에서 시도되다가 향후 확대여부를 재검토하는 방식으로 추진될 가능성이 크다.

기본소득 실험 사례

영역	국가		
	핀란드	네덜란드	캐나다(온타리오주)
보편성	현재 사회보장급여를 받고 있는 25~59세 개인 2천명	사회보장급여(참여활동)를 받고 있는 600~900명	18~65세 빈곤층
개별성	개인에게 지급	개인 또는 부부에게 지급	개인에게 지급
조건성	실험 참가자의 혜택감소가 없거나 사적 소득의 자산조사 없음	실험그룹에 따라 다름	조건 없음
획일성	균등 지급	실험그룹에 따라 다름	실험그룹에 따라 다름
주기/영구성	2년간 매월 지급	2년간 매월 지급	3년간 매월 지급
방식	현금	현금	현금

자료: 조권중 외 "기본소득의 쟁점과 제도연구," 서울연구원, 2017.

CHAPTER

10

불안정한 부동산시장

부동산감시기구 신설, 어떻게 봐야하나?

찬성

초저금리 시대에 조금이라도 더 높은 수익을 쫓아다니는 것을 넘어 정책의 실효성을 무너뜨리는 시장 교란 행위가 만연한 현실을 생각하면 감독기구 설치의 필요성은 충분하다. 정부가 이미 부동산 시장의 불법행위 대응반을 만들어 운영하고 있다고는 하지만 여러 부처에서 소수의 인력이 파견된 임시조직이다 보니 시장교란 행위를 제대로 감시하기가 쉽지 않았다. 시장을 상시 모니터링하면서 탈세나 대출 규제 위반 등 이상 거래가 포착되면 즉시 대응하는 데 한계가 있었을 것이다. 아무리 좋은 정책이라도 실효성이 담보되지 않으면 무용지물이다. 정책을 무력화하려는 시장교란 행위를 제대로 적발해내는 수단이 확보되지 못하면 정책의 효과를 거두기 어렵다. 상시 시스템을 만들어 부동산 시장을 제대로 모니터링하고 분석하는 조직의 필요성은 이미 입증됐다.

반대

결국 정부가 논란이 돼온 부동산거래 감시기구를 연내 출범시키기로 했다. 정부는 부동산 투기를 차단하고 시장교란 행위를 적발·처벌하는 '부동산거래분석원' 설치를 공식화했다. 정부는 금융정보분석원(FIU)과 자본시장조사단의 사례를 참고해 조직을 확대하기로 했다.

전문가 사이에서는 부동산 거래 조사를 전담하는 행정기관이 별도로 설치될 경우 부동산 시장에 대한 정부 통제가 과도해질 수 있다는 우려가 나온다. 지금도 부동산 거래와 관련해 세금은 국세청이, 대출은 금감원이, 불법행위 단속은 국토부 등이 각각 챙기는데 굳이 별도의 기관을 만들 필요가 있느냐는 지적이다. 설상가상으로 여당은 분석원의 역할을 강화하기 위해 보험료·금융자산·신용정보 등 개인정보를 조회할 수 있는 법안까지 밀어붙일 태세다. 이번 정기국회에서 해당 법안이 통과되면 인력과 권한이 강화된 분석원이 금융정보까지 손에 쥐면서 많은 국민의 사생활을 감시하는 '빅브라더' 같은 기구가 될 위험이 있다. 정부 기구는 일단 만들어지면 축소는커녕 갈수록 비대해진다는 점에서 더욱 걱정스럽다.

자료: 연합뉴스, 2020.9.2. "교란행위 막되 부작용 최소화하는 '부동산거래분석원' 기대한다"의 일부발췌: 서울경제, 2020.9.3. "세계유례없는 부동산감시기구, 빅브라더 만드나"의 일부발췌

1. 부동산, 무엇이 문제인가?

부동산은 토지와 건축물과 같이 움직일 수 없는 재산을 의미하는데, 한국에서 이러한 용어가 처음 사용되기 시작한 것은 1912년 3월에 공포된 <조선부동산증명령> <부동산등기령> 때부터라고 한다. 일제 강점기 때도 부동산으로 돈을 번 사람이 얼마나 있었는지 모르겠지만, 우리 사회에서 언제부터인가 부동산은 자산 증식의 가장 효과적인 수단으로 인식되기 시작하였다. 그만큼 부동산은 현금이나 유가증권, 또는 다른 실물자산과 비교하여 수익률이 높으면서도 위험성이 낮았다고 할 수 있을 것이다.

투자자의 입장에서 보면 수익성이 높으면서 동시에 위험성이 낮은 금융상품을 찾기 힘들다. 저금리시대로 접어듦에 따라 마땅한 투자처를 찾지 못하는 개인자금이 부동산, 특히 주택시장으로 흘러들어왔다. 안정적인 수익을 보장해주는 부동산 투자를 선호하는 것은 당연한 것으로 여길 수 있다. 하지만 우리 사회의 분위기는 그렇지만은 않다. 부동산으로 돈을 번 사람들을 훌륭한 투자자가 아니라, 불로소득을 노리는 투기꾼으로 간주하는 경향이 있다. 선거철 때마다 부동산으로 돈을 벌었다는 비난은 상대방 후보를 공격하는 단골메뉴가 되었으며, 인사청문회에서 고위공직자들이 적법하지 못한 방법으로 부동산을 보유한 것 때문에 낙마하는 것을 종종 볼 수 있다. 심지어 다주택 보유를 이유로 고위공직에서 물러나는 것을 우리는 목격하고 있다. 적법한 방법으로 부동산에 투자하는 것에도 상당 수의 한국 국민들은 그리 곱지않은 시선을 보낸다. 자산을 주식이나 채권으로 보유하는 것은 투자라고 하면서 부동산의 경우에는 투기라고 하지 않는가.[1] 부동산을 투기라고 보는 입장에서는 부동산이 투기 대상이 되어 가격이 지나치게 높아져서 부동산의 실수요자, 즉 집을 소유하지 못한 서민들과 공장부지를 임대하고 있는 중소기업들이 어려움에 처하게 된다고 보게된다고 주장한다(김태동·이근식(1989)). 만약 이러한 시각이 맞다면 정부가 강력한 규제를 통해서 투기적 수요를 낮추는 것이 부동산 문제를 해결하는 첩경일 것이다. 실제로 이러한 주장은 노태우 대통령 시절 '토지공개념'이라는 이름으로 정부의

---

[1] 1989년 경제정의 실천시민연합, 통상 줄여서 '경실련'이라고 부르는 시민단체에서는 『땅—투기의 대상인가, 삶의 터전인가』라는 소책자에서 주거생활의 터전과 기업의 생산요소로서의 수요를 제외한 자산가치의 보존과 증식수단으로서의 땅은 투기의 얼굴을 가지고 있다고 주장하였다.

부동산규제정책에 상당 부분 반영되었다.

부동산가격을 안정화시키기 위한 정부의 시장개입은 역대 정권들이 가장 중점적으로 추진해온 정책 중의 하나였다. 그러나 부동산가격은 정부가 새로운 부동산정책을 발표할 때마다 잠시 주춤거리는 듯하다 다시 오르는 현상이 반복되어왔다. 부동산 가격상승이 투기 때문이라면 세금을 비롯한 수요억제책을 강화해야 할 것이고, 반대로 공급부족 때문이라면 공급을 제약하는 각종 규제를 풀어야 할 것이다. 부동산 문제의 핵심은 무엇인지 부동산시장의 작동원리를 중심으로 살펴보도록 한다.

2. 상승하는 부동산 가격

치솟는 아파트가격

한국의 부동산 가격은 왜 가파른 상승세를 보이는가. 국토면적이 인구에 비해 작기도 하지만 정서적으로 집에 대한 소유욕이 유별나게 큰 탓도 있는 것으로 보인다. 특히 주택의 경우 1980년에 들어서면서 서울을 비롯한 대도시의 대표적인 주거형태로 아파트가 선호되어 왔다. 아파트는 단독주택에 비해 주거생활이 편리하고 매매가 용이하기 때문에 재테크 수단으로의 수요도 지속적으로 증가해왔다.

한국의 아파트 가격은 1980년대 중반 이후 급등하였으나, 1990년대에는 다소 안정세를 유지하였다. 외환위기 직후 떨어졌던 아파트 가격은 1999년부터 다시 급등하기 시작하였다. <그림 10-1>은 2006년 이후 전국, 수도권, 지방의 아파트 매매가격(실거래가) 지수의 추이를 보여주고 있다. 그림에서 보이는 바와 같이, 서울을 포함한 수도권의 아파트 가격이 2012년까지 큰 폭으로 상승하다가 2018년까지 다소 주춤하였다. 그러나 그 이후 수도권의 아파트 가격은 전국 평균증가율보다 크게 증가하고 있다. 특히, 2019년 이후, 수도권, 지방 모든 지역에서의 아파트 가격이 가파르게 증가하는 패턴을 보여주고 있음을 확인할 수 있다.

지역별로 보면 전반적인 추세가 비슷하지만, 전국보다는 서울이, 그리고 서울에서도 강남3구(강남구, 서초구, 송파구)의 아파트 가격이 보다 높은 증가세를 보였다. 하지만, 2019년부터 실시된 강력한 아파트 규제정책으로 인해 상대적으로 소외되었던 지역의 아파트 가격이 상승하는 풍선효과가 나타났다.

좀 더 자세히 살펴보면 아파트 가격은 1987년 4월부터 1991년 4월까지의 약 4년 동안에 전국적으로 2.3배 급등하였다. 그러나 외환위기 직후인 1998년 한 해 동안 아파트가격은 전국적으로 14%정도 하락하였다. 1999년 초부터 다시 오르기 시작한 아파트가격은 2004년 5월까지 급등세를 보여 강남지역을 중심으로 최고 2~3배 올랐다.

그러나 최근 정부는 행정수도 이전과 관련된 충청권 일부 지역(특히, 세종시 주변 지역)과 서울 전 지역을 투기 대상 지역으로 지정하고, 다주택자들에 대한 중과세 부여, 부동산 양도차익 등 거래세 강화, 공시지가의 대폭 상승 등과 같은 강력한 부동산정책을 실시하고 있다. 이에 2020년 이후 부동산 시장, 특히 아파트 시장의 거래자체가 실종되다 시피하면서 부동산 시장의 급격한 위축을 초래하고 있다.

〈그림 10-1〉 아파트 매매 실거래가격지수(2017.11=100)

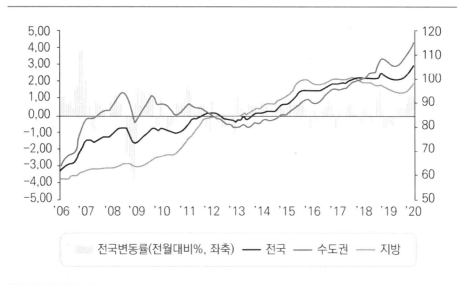

자료: 한국감정원

〈그림 10-2〉 아파트 전세 실거래가격지수(2017.11=100)

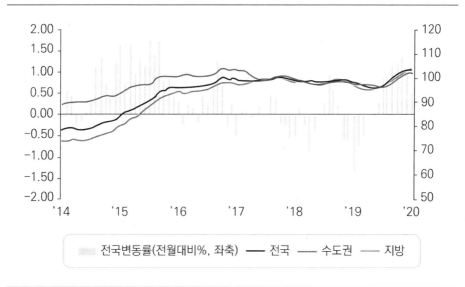

전국변동률(전월대비%, 좌축) ── 전국 ── 수도권 ── 지방

자료: 한국감정원

　뒤에서 논의하겠지만, 장기적인 추세로 보면 부동산가격 상승이 전반적인 물가상승을 크게 상회하였던 것은 아니다. 그러나 서울의 강남지역은 가격 자체가 높기 때문에 다른 지역과 증가율이 같더라도 시간이 경과함에 따라 다른 지역과의 가격차가 눈에 띄게 커졌고, 이에 따라 투기의 온상인 것처럼 비춰진 것도 사실이다. 또 강남지역에 살지 않는 국민에게 위화감을 조성한다는 오명도 뒤집어쓰게 되었다.

　주택소유와는 달리 자본이득의 가능성이 원천적으로 봉쇄되어 있는 전세가격에는 투기적인 요인이 작용할 여지가 없기 때문에 주택가격보다는 오히려 전세가격이 주택시장의 현재 수급 상황을 더 잘 반영하고 있다고 볼 수 있다. <그림 10-2>에서 보는 바와 같이 2016~18년에는 전세가격은 다소 안정되었으나, 2019년 이후 다시 전세가격이 상승하고 있다. 특히, 2017년 이후, 수도권과 지방에서의 전세가격 상승률에는 큰 차이가 나타나지 않고 있다.

　한국에서는 부자든 아니든 내 집 마련이 평생의 숙원사업처럼 되어버린 지 오래이다. 또한 마땅한 투자처를 찾지 못하는 현실에서 부동산은 개인들의 투자대상이 되어왔다. 그러나 곰곰이 생각해 보면 주거서비스를 제공받는다는 측면

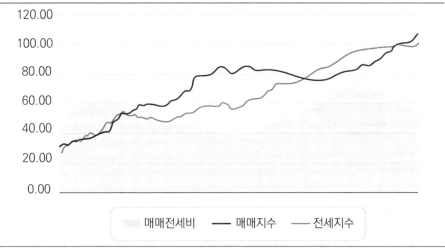

〈그림 10-3〉 아파트 매매가와 전세가 매매가 비율(서울)

매매전세비 ―― 매매지수 ―― 전세지수

자료: 한국감정원

에서는 부동산의 소유에 집착할 이유가 전혀 없다. 다만 다른 나라들에서는 대부분 월세가 보편화되어 있지만 한국은 전세라는 다소 독특한 제도를 통해 주거서비스를 제공받을 수 있다. 서민들 입장에서는 전세를 얻기 위해서도 상당한 목돈마련의 부담이 따르는 것이 사실이다.

　강남의 아파트 가격은 왜 다른 지역보다 빠른 속도로 증가하였는가. 강남의 아파트가격이 거품이 아니라는 반론으로 2001년 이후 강남 지역 아파트가격 급등의 원인을 강남지역의 우수한 주거환경과 사교육시장의 발달과 같은 교육여건에서 찾아야 한다는 주장이 제기된 바 있다. 이러한 주장이 전혀 설득력이 없는 것은 아니지만 우수한 교육여건만을 아파트가격 급등의 주원인이라고 보기는 어렵다. 교육서비스에 대한 접근은 반드시 해당지역 아파트를 사지 않고 전세를 얻더라도 가능한데, 실제로는 아파트가격 상승폭이 전세가격의 상승폭보다 큰 것으로 나타났기 때문이다.

　<그림 10-3>은 서울의 아파트 매매가 대비 전세가 비율을 보여준다. 서울의 동 비율은 40~60% 사이를 기록한다. 2001년에 64%까지 증가한 매매가 대비 전세가의 비율은 이후 하락하여, 48%에서 50%로 올라갔다가 글로벌 금융위기 시기인 2008~2009년에는 38%대까지 하락하였다. 이후 다시 증가하여 2016년에는 사상 최대치인 75%로 크게 상승하였다. 하지만 아파트의 매매가격이 다시

크게 상승함에 따라 매매가 대비 전세가의 비율은 하락세로 전환되었다.[2]

부동산 가격, 거품인가?

부동산 가격은 1990년대에는 안정되었으나, 2000년대에 들어오면서 상승세를 보였고, 특히 강남을 중심으로 하는 특정 지역의 부동산 가격은 다른 지역에 비하여 크게 상승하였다고 할 수 있다. 그렇다면 이러한 부동산 가격 급등은 거품인가?

거품이란 어떤 자산의 가격이 지속적으로 상승하면서 앞으로도 가격이 상승하리라는 기대를 불러일으켜 계속 새로운 투자가 이루어지고, 이 때문에 다시 가격이 상승하는 현상을 의미한다. 이러한 연속적 가격상승과정을 거품이라고 부르는 이유는 가격이 비싸도 앞으로 계속 오를 것이라는 예상이 의심받게 되는 순간, 가격은 순식간에 폭락하게 될 것이기 때문이다. 마치 이솝우화에 나오는 개구리가 자꾸만 뱃속에 바람을 불어넣다가 결국 배가 터져 죽고 마는 것과 마찬가지이다.

가격 거품(버블)은 역사적으로 여러 번 존재하였고, 그 끝은 많은 경우 금융위기로 이어졌다. 그렇지만 돌이켜보면 왜 그 당시 사람들이 특정 자산의 구입에 비이성적으로 몰두하였는지 이해하기 힘들다.[3] 자산시장의 수요와 공급을 결정하는 기초여건과는 무관하게 단순히 사람들의 근거 없는 낙관적 예상 때문에 이러한 현상이 발생하였다고 밖에는 설명할 수 없기 때문이다.

한국 부동산 가격이 거품인지 아닌지를 판단하려면 과연 부동산 가격이 급격하게 또 지속적으로 상승하였는지와 또 이러한 가격상승이 시장의 수요와 공급과 관련된 기초 여건의 변화와 무관하게 이루어졌는지를 살펴보아야 한다. 결

---

2) 전세가/매매가 비율이 높아지면 전세를 안고 사는 경우 구입비용을 줄일 수 있기 때문에 아파트를 구매하려는 수요가 늘고, 그 결과 매매가가 상승하는 경향이 있다. 그러나 저금리 때문에 굳이 전세금을 이용하지 않고 은행으로부터 차입을 통하여 매매대금을 조달할 수 있다면 이와 같은 관계는 성립하지 않는다. 따라서 전세가가 떨어지는데 매매가는 올라가는 현상이 발생하게 된다.

3) 거품은 매니아(mania)라는 정신병의 일환으로 불리기도 하는데, 역사상으로 유명한 예로는 1636~1637년 발생한 네덜란드의 튜립 버블, 1719~1720년 파리에서 발생한 미시시피 주식 버블, 대공황직전의 주가폭등 등을 들 수 있다(The New Palgrave Dictionary of Money & Finance, 1992)

론부터 이야기하자면 한국 부동산 시장에 거품이 있는지에 대하여 명확한 판단을 내리기는 쉽지 않아 보인다.

첫째, 아파트를 포함한 부동산 공급가격을 결정하는 가장 중요한 요소라고 할 수 있는 지가의 상승률을 보면 거품이라고 보기에는 그 증가율이 상당히 낮다. <그림 10-4>는 1987년부터 2019년까지의 지가와 소비자물가지수의 추이를 보여준다. 경제성장률이 높았던 1980년대에 지가상승률이 물가상승률을 크게 상회하기는 하였으나, 전체적으로 보면 지가상승률과 소비자물가상승률은 유사한 상승세를 보인다. 반면 동기간동안 명목 GDP(혹은 1인당 명목 GDP)의 상승폭은 지가의 변동보다 훨씬 크다. 1987년 1인당 GDP는 3,535달러에 불과하였으나, 2019년에는 31,754달러로 거의 10배 이상 증가하였다. 명목 GDP는 가계의 소득과 직결되고 소득이 증가하면 부가 축적되면서 부동산에 대한 수요가 증가하였을 것이다. 하지만, 지가 상승률은 명목소득의 증가와 비교하면 그 폭이 훨씬 작다.

〈그림 10-4〉 지가 및 소비자물가지수 비교(2015=100)

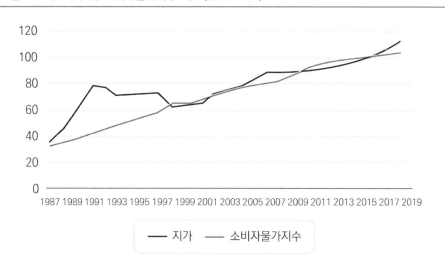

자료: 통계청 국가통계포탈(KOSIS)

둘째, 1980년부터 집계되기 시작한 주가지수는 2007년에 2000고지에 도달하면서 정확하게 20배 증가하였다. 같은 기간 동안 지가는 6.2배 상승하는 데 그쳤다. 자산배분측면에서 볼 때 땅이 주식과 비교하여 가격상승폭이 작다는 사실은 지가상승이 기초여건보다 지나치게 높다는 주장이 타당한지에 대해 의문을 갖게 한다.

셋째, 1991~1998년 기간 중 아파트 실질가격 상승률은 전반적으로 실질경제성장률에 미달하였다. 그러나 1999년 이후부터는 아파트 실질가격의 변동 폭이 커지면서 기간별로 경제성장률을 앞지르는 경우가 나타나고 있다. 이러한 과정에서 서울, 특히 강남 아파트 실질가격은 전국 평균가격의 상승률을 줄곧 능가하였다. 2007년, 2010년, 2019년에는 아파트 가격이 하락하였으며, 특히 수도권에서의 하락폭이 전국 평균보다 더 크게 나타났다.

마지막으로 지역별 아파트 실질가격의 연평균 증가율을 보자. 1987~2007년 기간 중 전국 아파트 실질가격은 연평균 2.4%, 서울(강남) 아파트 실질가격은 연평균 3.8%(4.7%) 상승하였던 반면, 경제성장률은 연평균 6.3%를 기록하였다. 따라서 아파트 가격의 상승율은 경제성장률에도 미치지 못하고 있다. 다만 기준시점을 아파트 가격이 크게 하락하였던 1998년으로 잡으면 전국 아파트 실질가격 상승률은 3.2%, 서울(강남) 아파트 실질가격 상승률은 6.7%(8.7%)를 기록하여 저조한 경제성장률과 대비를 이루고 있다. 그러나 이 역시 외환위기직후의 특수한 경제상황을 반영한 것으로 거품현상으로 간주하기에는 무리가 따른다고 보인다. 최근 10년의 지역별 주택 평균매매가격의 변화를 살펴보면 <그림 10-5>와 같다. 2017년 9월까지 큰 변화를 보이지 않은 주택 평균매매가격은 2017년 하반기부터 급격하게 상승하기 시작했다. 특히 2018년 이후부터 정부의 강력한 부동산 정책이 연이어 발표되었음에도 불구하고 그 상승세는 꺾이지 않고 있음을 확인할 수 있다.

〈그림 10-5〉 종합 주택평균 매매가격 추이

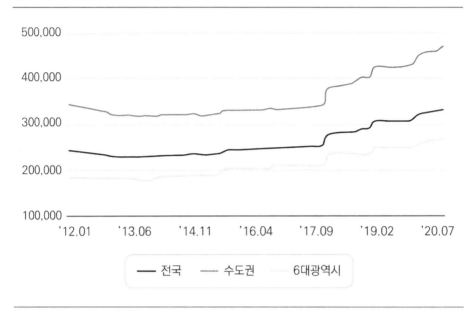

자료: 한국감정원 통계정보

3. 부동산문제의 뿌리

수도권의 인구집중과 부족한 대지

한국 부동산 가격이 수도권, 특히 서울의 강남권을 중심으로 지나치게 높다는 인식이 널리 퍼져있다. 다른 나라에 비하여 지나치게 땅값이 비싸고, 그래서 주택가격도 비싸다는 것이 그 근거이다. 주택가격 문제는 잠시 뒤로 미루고, 먼저 면적당 인구밀도가 높다는 주장부터 살펴보자. 2019년 기준 서울의 인구는 약 9.96백만 명, 인구밀도는 15,763명/km²로서 전 세계 도시에서 57번째로 나타나고 있어 다른 도시에 비하여 서울의 인구 밀도가 상대적으로 크게 높아 보이지 않는다. 하지만, 인구수가 많은 작은 도시를 제외하면 순위가 달라진다. <그림 10-6>에서 보는 바와 같이, 인구 2백만 명 이상의 대도시를 기준으로 살펴보면, 서울은 9번째로 높은 인구 밀도를 보이고 있다.[4]

---

4) 도쿄는 흔히 서울만큼 인구밀도가 높을 것이라고 생각하기 쉽지만 실제 거주인구기준으로

<그림 10-6> 세계 주요도시의 인구밀도(2019)　　　　(단위 : 명, 1km^{2}당 인구밀도)

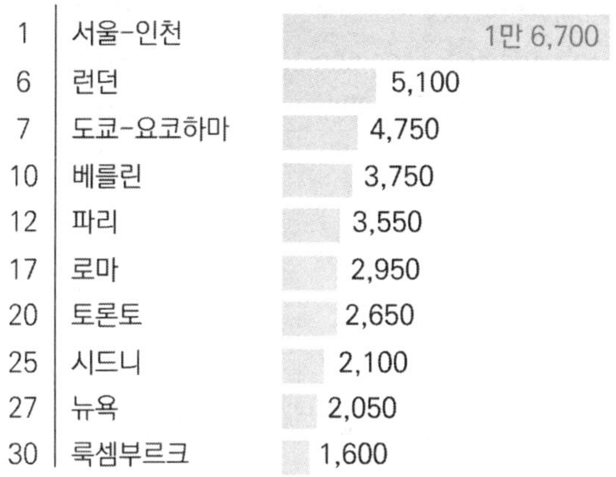

순위	도시	인구밀도
1	서울-인천	1만 6,700
6	런던	5,100
7	도쿄-요코하마	4,750
10	베를린	3,750
12	파리	3,550
17	로마	2,950
20	토론토	2,650
25	시드니	2,100
27	뉴욕	2,050
30	룩셈부르크	1,600

자료: 국토연구원 '세계도시정보'

　　다른 조건이 일정하다면 단위면적당 인구밀도가 높을수록 땅값이 높아질 확률이 높다. 국가별 비교의 경우는 이 밖에도 소득수준, 저축률, 선택 가능한 자산의 종류와 성격 등에 의하여 차이가 발생할 것이지만, 국가 내에서 보면 이러한 조건들은 거의 같다고 보면 된다. 따라서 지역별 인구밀도는 땅값을 결정하는 주요한 요인이 될 것이다. 한국의 km^{2}당 인구밀도를 보면 서울, 부산, 대구, 인천, 광주, 대전, 울산, 경기 순으로 높다. 서울의 인구밀도는 2018년의 경우 km^{2}당 16,277명으로 전국 평균 2,998명의 5배를 넘는다.[5]

　　땅값을 비교할 때 농지나 임야는 집을 지을 수 있는 대지에 비하여 훨씬 싸다. 한국은 지목이라고 해서 땅을 용도별로 분류하였고, 농지나 임야가 대지로 전환되는 것을 엄격하게 규제하고 있다. 그렇다면 전체 토지에서 대지가 차지하는 비중은 얼마나 될까? 놀랍게도 한국 국토 중 대지가 차지하는 비중은 3.1%에 불과하다. 한국은 산이 많은 지형상 임야가 차지하는 비중은 63.6%로 가장 높고, 논과 밭을 합해서 20%를 차지하고 있다. 그리고 도로와 기타 용도로 사용되는 12.4%를 제외한 나머지가 대지에 해당된다. 가뜩이나 땅이 좁은데 대지로 사용

　　보면 런던보다도 낮다(citymayor,com, "The largest cities in the world by land area, population and density", 2007.1.7.)

5) 한국 전체 인구와 면적은 45,628,065명, 15,219.3km2, 서울의 인구와 면적은 9,857,426명, 605.6km2이다(국토교통부, 2018년도 국토의 계획 및 이용에 관한 연차보고서)

〈표 10-1〉 지목별 토지이용 현황(2017.12 기준)   (단위: 백만 ㎡, %)

연도별 지 목	2011	2012	2013	2014	2015	2016	2017
전 체	100,148 (100)	100,188 (100)	100,266 (100)	100,2841 (100)	100,296 (100)	100,339, (100)	100,3634 (100)
1. 농 경 지	20.7	20.6	20.5	20.4	20.2	20.1	20.0
2. 임 야	64.3	64.1	64.0	63.9	63.8	63.7	63.6
3. 대 지	2.8	2.8	2.9	2.9	3.0	3.0	3.1
4. 공장용지	0.8	0.8	0.8	0.9	0.9	1.0	1.0
5. 공공용지	6.3	6.4	6.5	6.6	6.6	6.7	6.8
6. 기 타	5.3	5.3	5.3	5.4	5.4	5.5	5.6

자료: 국토교통부, 2018년도 국토의 이용 및 이용에 관한 연차보고서

되는 땅은 그보다 훨씬 더 작다는 사실은 부동산이라고 보아도 무방할 것이다.

지역별로 농지 및 임야, 그리고 대지의 구성 비율은 다소 차이가 난다. 수도권의 경우가 지방에 비하여 대지의 비율이 높고, 농지 및 임야의 비율은 낮을 것이다. 그런데 수도권은 워낙 인구밀도가 높기 때문에 인구 1인당 대지의 면적을 비교하면 역시 상당한 차이가 존재한다. <표 10-1>은 전국과 서울의 토지이용 추이를 보여준다. 우선 전국평균을 보면 1인당 대지면적은 1973년 $37.2m^2$에서 1998년에는 $44.7m^2$, 2006년에는 $54.5m^2$ 2017년에는 $67.8m^2$ 증가하는 추세를 보이고 있다. 인구가 줄지 않고 증가하는 상황에서 1인당 대지 면적은 어떻게 늘어나는 것일까? 아무리 간척사업이 활발하게 이루어졌다고 해도 한국 국토면적이 늘어나는 데는 물리적으로 한계가 있다. 그 이유는 바로 농지와 임야의 면적이 줄었다는 데 있다. 다시 말해서 농지와 임야에서 대지로 전용이 가능하였다는 말이 된다.

반면, 전국 주요도시의 주거지역 면적은 <표 10-2>와 같다. 2017년 말 기준, 서울의 1인당 주거면적은 $33.0m^2$이다. 서울에서 녹지의 비율은 약 38.7%수준이다. 동비율이 57%에 달했던 1973년도와 비교하면 크게 줄었음을 확인할 수 있다. 다른 대도시의 사정도 크게 다르지 않다. 인구밀도가 높은 수도권의 대지를 확보하기 위하여 농지와 임야를 전용한다면 수도권과 지방간의 격차는 어느 정도 줄어들 것이다. 그러나 환경보존, 지역균형발전, 용도변경에 따른 자본이득 환수 등 복잡한 문제들이 실타래처럼 엉켜있어 쉽사리 이루어지기 힘들 것으로

보인다.[6]

<표 10-2> 지역별 용도지역 현황(2017년)

시 도 별	도시지역					
	계	주거지역	상업지역	공업지역	녹지지역	미지정 지 역
계	17,635.879	2,669.898	330.922	1,181.516	12,616.653	836.891
서울특별시	605.597	325.925	25.295	19.977	234.400	0.000
부산광역시	940.825	143.981	25.229	64.512	546.226	160.877
대구광역시	798.003	121.107	18.280	41.009	617.607	0.000
인천광역시	580.144	118.772	23.391	64.040	288.486	85.456
광주광역시	480.048	86.585	8.964	24.654	359.845	0.000
대전광역시	495.546	71.580	8.801	14.225	400.939	0.000
울산광역시	755.552	67.197	7.583	79.076	515.286	86.410
세종특별자치시	141.469	28.582	5.584	8.221	97.626	1.457
경기도	3,371.075	564.927	61.608	130.078	2,609.047	5.415

자료: 국토교통부, 2018년도 국토의 이용 및 이용에 관한 연차보고서

주택공급과 수요의 지역별 불균형

이제 주택, 특히 아파트가격을 중심으로 한국 주택시장의 문제점에 대하여 살펴보도록 하자. 당연한 말이겠지만 아파트가격은 아파트시장에서 결정된다. 즉, 아파트 가격은 아파트의 수요와 공급에 의하여 결정된다. 아파트는 다른 재화와 달리 공간적인 이동이 불가능하므로 단기간으로 보면 아파트 공급량은 일정하게 주어져 있고, 결국 아파트 가격은 아파트 수요에 의하여 영향을 받는다.

---

6) 한국은 용도지역별로 개별법에 의하여 토지 개발을 제한하는 복잡한 규제제도를 가지고 있다.
   도시지역: 도시계획법에 따라 계획적으로 개발
   준도시지역: 택지, 휴양시설, 농공단지 등의 계획적인 개발
   준농림지역: 환경오염의 우려가 있거나 일정규모 이상의 시설물을 제외하고는 허용행위를 폭넓게 인정
   농림지역: 농어촌발전특별조치법, 보전임지는 산림법이 정하는 바에 따라 행위 규제
   자연환경지역: 자연경관, 수자원, 생태계, 문화재 등 보전을 위하여 개발행위 원칙적 금지
   보전지역: 공원구역은 자연공원법, 상수도보호구역은 수도법, 문화재 보호구역은 문화재보호법을 적용

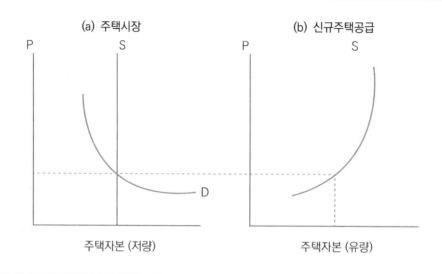

<그림 10-7>은 아파트 시장의 단기균형과 신규물량 공급간의 관계를 보여준다. 왼쪽 그래프는 단기 아파트시장의 수요와 공급곡선을 나타내는데 횡축은 아파트 물량, 그리고 종축은 아파트의 실질가격(＝명목가격/물가)를 표시한다.

아파트에 대한 수요곡신은 부(−)의 기울기를 보이는데, 이는 단독주택, 또는 임대주택 등 대안이 존재한다는 것을 암묵적으로 가정하고 있다. 현재 아파트시장이 균형 상태에 있다면 아파트에 대한 수요량과 공급량이 일치하므로 아파트 가격은 변하지 않을 것이다. 그러나 아파트에 대한 수요가 증가하면 공급이 일정하기 때문에 초과수요가 발생하여 아파트 가격은 올라가고, 이에 따라 새로운 아파트의 공급이 이루어진다. 따라서 신규아파트 공급물량 변화는 기존 아파트의 매매가 변화와 정관계를 가진다. 아파트 시장이 정상적으로 작동한다면 인구밀도가 높을수록 또한 소득수준이 높을수록 수요는 많아지고, 따라서 가격은 높을 것이다. 전 세계적으로 보더라도 이러한 기본적 예측은 대체적으로 현실과 잘 부합된다.

실제 서울의 아파트 매매가와 월세를 조사해 보면, 지역마다 차이가 있지만 매매가는 조사가격보다 더 높고, 월세는 더 낮은 것으로 나타난다.[7] 그럼에도

---

7) 99.9제곱미터기준으로 환산하면, 서울의 아파트 월세는 185만원, 매매가는 2.2억 정도에 해당된다. 월세는 전세에 적용되는 금리를 시중금리보다 높게 책정한 반면, 조사가격은 실제매

불구하고 위 조사결과는 인구집중이 높은 수도권의 가격이 전 세계 공통적으로 높다는 것을 보여준다. 이러한 사실은 한국 부동산가격의 거품논쟁에 대해서도 중요한 단서를 제공한다. 즉, 수도권, 특히 강남과 같은 특정 지역의 아파트 가격이 높은 이유는 근본적으로 공급에 비하여 수요가 많다는 것이 중요한 이유 중의 하나라는 점이다.

단기적으로 수요가 주택가격을 결정하는 요인이라면 장기적으로는 새로운 주택공급이 가격에 얼마나 신축적으로 반응하느냐가 중요한 변수가 된다. 아파트 매매가격이 1991~2000년 기간 중 안정세를 유지한 데에는 1990년 초 신도시를 중심으로 200만호에 달하는 막대한 공급물량의 증대가 결정적인 요인이었다고 볼 수 있다. 1990년대 초 주택공급 증가로 주택보급률은 큰 폭으로 상승하였다. <표 10-3>에서 보는 바와 같이 전국 주택 보급률은 2005년 98.3%, 2018년에는 104.2%로 증가하였다. 1990년에는 72.4%에 불과하였던 전국주택 보급률이 꾸준히 증가하여, 2008년에는 100%를 초과하였다. 수도권(서울)의 주택보급률도 1990년에는 62.3%(57.9%)에 불과하였으나, 2005년에는 86.1%(77.4%), 2018년에는 99.0%(95.9%)이다. 수도권의 주택보급률은 2010년 이후 약 99%대를 유지하고 있으나, 서울의 주택보급률은 2013년을 정점으로 점점 감소세에 있다. 이는 서울의 재건축규제강화에 따라 신규 공급이 한정되었기 때문으로 분석된다.

한 가지 흥미로운 사실은 전국의 주택보급률은 이미 100%를 넘어섰다는 사실이다. 2008년도에 전국 주택보급률은 100.7%를 기록하였고, 수도권과 서울의 주택보급률 또한 100%에 근접하였다. 주택보급률이 100%를 넘어선다는 말은 가구 수보다 주택수가 더 많다는 뜻으로 주택을 2채 이상 보유한 가구가 많다는 말도 된다. 다주택 보유의 목적이 투자인지 투기인지를 단언하기는 어렵다. 심각한 문제는 수도권이 아니라 지방에 과다한 주택공급이 이루어지고 있다는 것이다. 전국적으로 주택보급률이 100%를 넘었음에도 불구하고 수도권을 중심으로 집값이 상승하는 현상은 인구의 지나친 수도권집중에 상당 부분 기인한다고 볼 수 있다. 경제, 문화, 교육 등 많은 부분이 수도권에 집중되어 있는 한, 수도권의 집값은 타지역에 비하여 높을 수밖에 없을 것으로 전망된다.

매가보다 낮게 평가된 것으로 보인다.

부동산은 공급을 늘려도 가격이 상승하는가?

한국 부동산가격을 안정시키기 위하여 수요를 억제하여야 하는가, 아니면 공급을 확대하여야 하는가? 이와 관련된 주요 쟁점중의 하나는 부동산 공급이 늘어도 부동산 가격이 올라갈 수 있다는 주장이다. 이러한 주장은 부동산에 대한 수요량이 가격이 상승할수록 감소하지 않고 증가한다고 전제하고 있다.

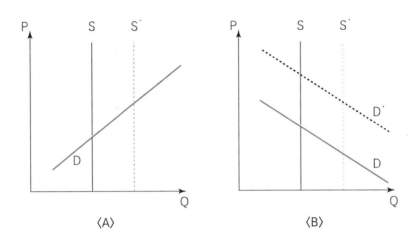

〈A〉   〈B〉

<그림 A>에서 보는 바와 같이 수요곡선의 기울기가 정(+)의 값을 갖는 경우 공급의 증가는 균형가격을 상승시킬 것이다. 그렇다면 부동산은 일반 재화나 용역과 달리 가격이 비쌀수록 수요량이 증가한다고 볼 수 있는가. 경제학에서 가격이 오를 때(내릴 때) 수요량이 증가(감소)하는 재화를 기펜재(Giffen Goods)라고 한다. 부동산 공급이 증가할수록 부동산 가격이 상승한다면 부동산은 기펜재인가? 기펜재의 중요한 특징은 소득이 증가할수록 수요가 감소한다는 사실인데, 이러한 기준으로 보면 부동산은 기펜재가 아니다. 소득이 증가하고 부가 축적될수록 사람들은 보다 넓고 쾌적한 집에서 살기를 원하기 때문이다.

공급이 증가하는데도 불구하고 가격이 상승할 가능성은 언제 발생하는가? 미래에 부동산가격이 올라갈 것이라는 기대(expectation)가 수요를 증가시키는 경우이다. <그림 B>와 같이 부동산 가격 상승에 대한 기대는 수요곡선을 오른쪽으로 이동시키는데, 수요곡선이 공급곡선보다 더 크게 움직인다면 가격은 상승한다. 이렇게 볼 때 부동산 문제의 원인이 투기 때문인지 아닌지는 부동산 가격이 어느 정도까지 기초여건을 충실히 반영하는지와 직결된다고 하겠다. 만약 부동산가격의 상승이 단순히 미래 가격이 상승할 것이라는 막연한 기대에 기초한 것이라면

어느 순간 부동산 시장은 폭락을 면하기 어려울 것이다. 그렇지 않다면 부동산 가격은 시장의 수급사정을 잘 예측한다고 봐야 할 것이다.

〈표 10-3〉 한국 주택보급률 추이 (단위: %, 천가구, 천호)

연도	전국			수도권			서울		
	보급률	주택수	가구수	보급률	주택수	가구수	보급률	주택수	가구수
'05	98.3	15,663	15,887	96.0	7,165	7,462	93.7	3,102	3,310
'06	99.2	15,978	16,105	95.7	7,302	7,628	94.1	3,151	3,350
'07	99.6	16,295	16,364	95.0	7,419	7,813	93.2	3,172	3,403
'08	100.7	16,733	16,619	95.4	7,625	7,994	93.6	3,232	3,454
'09	101.2	17,071	16,862	95.4	7,796	8,169	93.1	3,258	3,501
'10	101.9	17,672	17,339	99.0	8,173	8,254	97.0	3,400	3,504
'11	102.3	18,131	17,719	99.0	8,377	8,464	97.1	3,449	3,553
'12	102.7	18,551	18,057	99.0	8,562	8,651	97.3	3,498	3,595
'13	103.0	18,969	18,408	98.6	8,719	8,845	97.5	3,548	3,638
'14	101.9	19,161	18,800	98.2	8,887	9,049	96.0	3,608	3,756
'15	102.3	19,559	19,111	97.9	9,017	9,215	96.0	3,633	3,785
'16	102.6	19,877	19,368	98.2	9,161	9,332	96.3	3,644	3,785
'17	103.3	20,313	19,674	98.3	9,335	9,497	96.6	3,672	3,813
'18	104.2	20,818	19,979	99.0	9,588	9,686	95.9	3,682	3,840

자료: 통계청

2001년 이후 강남을 중심으로 서울의 아파트값이 전국평균보다 빠르게 상승한 이유를 주택보급률만으로는 설명할 수 없다. 전반적으로 예금금리가 하락하고 주식시장이 불안하였기 때문에 시중의 여유자금이 부동산시장으로 유입되었고, 외환위기 이후 침체한 건설경기를 부양하기 위하여 일시적으로 부동산에 대한 각종 규제를 완화하거나 철폐한 것이 수요를 부추기는 요인으로 작용하였다. 이에 더하여 특정 지역에 대하여 수요가 집중되는 현상이 나타났다라고 할 수 있다.

수도권과 지방, 그리고 수도권 내에서도 지역별로 주택가격이 차별화된다는 것은 수요자가 특정 지역으로 쉽게 이동하기 어려운 부동산 시장의 성격을 잘 반영한다고 하겠다. 전국의 미분양물량 통계를 살펴보면, 이러한 지역별 차이를 잘 보여준다. 2019년 말, 전국의 미분양 주택물량은 약 47,797호로, 전년대비 18.8%가 줄었다. 2013년의 전국 미분양 주택물량(61,091호) 수에 비하여 약 22% 감소하였다. 수도권의 주택 미분양은 6,202호이고, 그 중에서 서울의 미분양은 불과 151호에 그친다. 그 외에 인천은 966호, 경기 5085호를 기록하였다. 반면, 지방의 미분양은 수도권보다 심각하다. 2019년 말 지방의 미분양 주택은 41,595 호로서 미분양 전체의 87%에 해당된다. 이와 같이, 주택의 수요가 수도권 특히 서울지역에 몰리는 수요편중 현상으로 인해 서울 및 서울로 출퇴근이 가능한 수도권 지역의 주택가격이 다른 지역에 비하여 높게 나타난다.

4. 부동산 정책의 성과와 한계

냉탕온탕식의 부동산정책

한국 부동산 정책은 주택공급 확대와 투기억제라는 두 마리 토끼를 목표로 삼아왔다. 주택공급을 확대하려면 땅을 사서 주택을 선설하고 분양할 때까지 장기간의 불확실성을 보상할 만큼 충분한 이윤을 보장해 주어야 한다. 따라서 정부는 주택을 지을 수 있는 택지를 건설사에게 독점적으로 공급해주고, 장기간의 회임기간에 걸친 위험부담을 기꺼이 감수할 만큼의 높은 분양가를 눈감아 주었다. 또한 부동산시장이 침체될 때에는 수요를 부추기는 다양한 경기부양책을 구사하였다. 한편 부동산 경기가 너무 과열된다 싶으면 수요를 억제하는 규제를 도입하곤 했다. 그 결과 한국 부동산정책은 수요를 진작하기 위한 규제완화와 수요억제를 위한 규제강화가 되풀이되는 모습을 보였다.

<표 10-4>는 주요 부동산 정책을 요약한 것인데, 전형적인 냉탕온탕식의 일관성 결여가 큰 특징이라고 하겠다. 즉, 새로운 부동산정책이 나올 때마다 내용은 바로 직전의 정책효과를 반전시키는 데 초점을 맞추고 있다. 주택가격 상승률이 높고 부동산 투기과열이 우려될 때는 거래허가제 도입, 양도소득세 강화, 토지종합세 강화, 종합부동산세 강화 등의 정책 수단을 동원하였다. 그러다가 주택가격 상승률이 둔화되면 주택경기를 활성화한다는 명분하에 조세감면,

분양가 규제완화, 한시적 분양권 전매허용 등을 추진하였다.

1989년에는 200만호 주택건설로 공급을 확대하였고 1990년에는 부동산수요 억제를 겨냥한 토지공개념 3개법을 도입함으로써 부동산 가격안정화를 도모하였다. 그러나 외환위기 이후 부동산경기 침체가 장기화됨에 따라 국민의 정부는 1998~2000년 기간 중 대대적인 부동산관련 규제완화정책을 추진하였다. 이에 더하여 저금리가 형성되고 주식시장이 침체되면서 부동산가격은 급등하였다. 참여정부가 출범한 2002년부터 부동산정책은 다시 규제 쪽으로 선회하게 되었는데, 이를 위하여 분양권전매제한 부활, 양도소득세·보유과세 강화, 신도시 건설, 주택담보대출비율 강화, 개발부담금 재도입, 종합부동산세 실시 등 거의 모든 정책수단을 총동원하였다. 2005년 실시된 8·31조치는 종합부동산세와 양도세 등 과세 강화, 주택담보대출 제한으로 투기수요 억제, 공공택지 공급 및 재개발확대 등으로 주택 공급확대, 그리고, 서민 주거 안정을 위한 지원강화를 골자로 하는 종합적 처방전이라고 할 수 있다. 그 중에서도 8·31조치의 핵심은 부동산 관련 세제의 강화라고 할 수 있다. 주택에 대한 종합부동산세 과세기준을 종전 9억 원에서 6억 원 초과 주택으로 변경하여 적용대상 주택의 범위를 크게 늘렸고, 과세방식도 개인별 합산에서 세대별 합산으로 변경하였다. 세부담 상한액은 1.5배에서 3배로 올리고, 과표적용률을 공시지가의 50%에서 70%로 인상했다. 투기이익 환수를 위하여 양도세 과세를 실거래가 기준으로 바꾸고 2주택자의 양도세도 9~36%에서 50%로 중과하도록 했다.

참여정부의 강력한 부동산규제책은 2007년에 들어오면서 서서히 효과를 발휘하기 시작했다. <그림 10-1>에서 본 바와 같이 전국, 특히 서울의 강남지역의 아파트 시세는 2007년 4월 이후 하향안정세를 보이기 시작했다. 이러한 추세는 2008년 이명박정부 출범직후 부동산규제가 완화될 것이라는 예상이 빗나가면서 점점 더 뚜렷해졌다. 이렇게 보면 세제강화를 위한 부동산수요의 억제는 일단 부동산가격의 안정이라는 소기의 목적을 거두었다고 볼 수 있다. 그러나 부동산거래의 위축과 부동산가격의 하락, 그리고 분양가 규제는 신규주택건설을 위축시켜 장기적으로는 부동산가격을 상승시키는 부작용을 초래하였다.

2008년부터 2014년 기간에는 경제활성화, 주거안정화 등의 대책들이 발표되었다. 부동산시장의 규제를 완화하여, 1세대 1주택자의 비과세요건을 완화하고, 종합부동산의 기준이 되는 고가주택의 기준을 6억 원에서 8억 원으로 상향하였으며, 서울의 강남 3구를 제외한 수도권 모든 지역을 투기지역에서 해제시켰다. 2016년에는 주택시장 활성화를 위하여 주택담보대출 요건을 완화하였고, 재건축 연한 규제를 완화하여 30년 이상 된 아파트를 재건축할 수 있도록 허용하였다. 그리고 공공분야 공급을 축소하였다.

2017년 문재인 정부가 출범하자 부동산 정책의 기조는 다시 규제쪽으로 바뀌었다. 대출규제를 강화하고, 다주택자들에게 부과되는 세금을 상향조정하였으며, 공시지가의 지속적인 상승을 통해 주택보유세를 강화하는 방향으로 부동산 정책을 추진하였다. 2018년에는 수도권 30만호 주택공급개발을 발표하는 동시에 종합부동산세를 강화하기 시작했고, 2019년에는 12.16 부동산대책을 통해 분양가상한제 지역을 확대하고, 투기지역 및 투기과열지구에서의 주택담보대출을 금지하기 시작하였다. 6.17 부동산대책에서는 더욱 강력한 부동산 조치가 발표된다. 주택담보대출을 강화하여 신규주택을 구입할 경우 반드시 6개월 이내에 전입 신고해야 하며, 전세담보대출을 통한 갭투자를 근절하며, 법인이 소유하고 있는 주택에 대해 면제되었던 종부세를 부과하고 양도소득세율을 인상하기로 결정하였다. 7.10대책은 다주택자에 대한 규제를 더욱 강화하였다. 다주택자의 주택 취득세율 대폭 인상하고, 주택보유기간이 2년이 되지 않을 경우에 양도세를 중과세하며, 다주택자의 종합부동산세율을 크게 인상하였다.

한편, 아파트 전세기간과 전세금 상승의 안정화를 위해 정부는 전월세신고제, 전월세상한제, 계약갱신청구권제 등 소위 임대차3법을 개정하였다 이를 통해, 임대료 상승을 5% 이내로 제한하고, 계약갱신요구권을 2년에서 4년(2+2)으로 확대하였다.

<표 10-4> 한국의 주요 부동산정책(1989-2020)

연도	정책	내용
1989	주택 200만호 건설계획	분당, 일산, 평촌, 산본, 중동 등 5개 신도시 건설
1990.3	토지공개념 제도 시행	택지소유상한제, 토지초과이득세재, 개발부담금제
1990.5	부동산 투기억제와 물가안정특별대책 (5.8조치)	비업무용 부동산 처분, 대기업의 부동산 신규취득 불허
1998	부동산관련 규제완화	분양가 자율화, 양도세 한시적 면세, 힌시적 분양권 전매허용, 토지초과이득세 및 택지소유상한제 폐지, 외국인 부동산 소유 자유화
2002	부동산가격 안정대책	분양권전매제한 부활, 양도소득세·보유세 강화, 신도시 건설
2003	부동산가격 안정대책 (10.29 대책)	종합부동산세조기시행, 보유과세과표 현실화, 주택담보대출 기준강화, 담보인정비율하향조정, 판교개발, 강북뉴타운건설
2004	부동산보유세 강화 (10.30 대책)	종합부동산세 신설
2005	부동산가격안정 (8.31 대책)	• 종합부동산세 가구별 합산 • 공여개발, 분양가규제 강화 • 개발부담금 부활, 공시지가 3억원 초과 토지 종합부동산세 부과
2008	11.3 부동산대책	실수요 중심의 시장형성을 통한 주택시장의 안정화관리
2009	부동산세재 대책	양도세 중과세 폐지, DTI수도권 확대
2012	12.3 부동산대책	DTI 규제 완화
2017	주택시장 안정화 방안 (6.19대책)	LTV, DTI강화, 전매제한기간 강화, 조정대상지역 추가지정, 재건축규제강화
	실수요 보호 및 단기투자수요억제방안 (8.2대책)	과열지역 투기수요 차단, 청약제도 정비, 양도세강화, LTV, DTI강화, 자금조달계획 신고 의무화, 서민주택공급확대
	투기과열지구 추가지정 및 분양가상한제 적용개선(8.2후속조치)	투기과열지구 추가지정(성남시 분당, 대구 수성구), 민간택지 분양가 상한제 적용요건 강화
	가계부채종합대책 (10.24)	신DTI도입, 중도금대출 보증요건 강화 등
	임대주책 등록 활성화	임대사업 등록 활성화, 임대차시장 정보인프라 구축, 임차인

연도	정책	내용
	방안(12.13)	보호강화
2018	주택시장 안정대책 (9.13대책)	수도권 30만호 주택공급 개발, 종합부동산세 강화(세율인상, 다주택 부담가중), 양도세강화, 임대사업자 혜택축소, 규제지역 1주택 이상 대출 봉쇄
2019	12.16 부동산 정책	분양가상한제 지역 확대, 종합부동산세 강화, 투기지역 및 투기과열지구 15억 이상 주택담보대출 금지
2020	2.20 부동산 대책	투기지역 및 투기과열지구 주택담보대출 금지
2020	6.17 부동산 대책	• 주택담보대출강화(주택구입시 6개월 내 전입) • 갭투자방지 • 법인투자수요 근절(법인 소유 주택에 대한 종부세 과세, 양도소득세율 인상)
2020	7.10 부동산 대책	• 취득세율; 2~3주택 1~3%→8%, 4주택 이상 4%→12% • 양도세율: 2년 미만 보유시 20%p 중과세 • 종합부동산세: 0.6~3.2% →1.2~6.0% 인상

주: 1) DTI(Debt to Income)는 총부채상환비율의 약자로서 주택담보대출을 받은 채무자의 소득으로 대출 상환능력을 점검하는 지표
   2) LTV(Loan to Value ratio)는 주택담보대출비율의 약자로서 주택을 담보로 돈을 빌릴 때 인정되는 자산가치의 비율

 종합부동산세의 도입

　　과거 부동산 가운데 토지에 대해서는 종합토지세가, 건물에 대해서는 재산세가 따로 부과되어 왔는데, 이들은 지방자체단체가 부과하는 지방세이다. 이에 더해 중앙정부(국세청)가 일정 기준이상의 토지와 부동산을 소유한 자에 대해 추가적으로 세금을 부과하기 시작하였는데, 이것이 종합부동산세이다. 2005년 도입된 종합부동산세는 과거와 달리 소유하고 있는 건물과 토지를 합산한 후, 그 금액이 일정금액 이상이 되는 경우 그 금액에 따라 세금을 누진적으로 부과하는 방식을 택하고 있다. 이는 부동산 과다보유자에 대한 과세강화 차원에서 이루어진 것이지만, 세금의 성격이 국세라는 점에서 지방세의 일부를 국세로 전환하고자 하는 의도도 담겨져 있다고 할 수 있다.

　　2005년 도입 당시에는 공시가격 9억원 초과주택, 공시지가 6억원 초과 토지, 별도합산 과세대상의 경우 공시지가 40억원 초과 사업용 토지에 부과되었으나, 2020년 1월 기준으로 공시가격 6억원 초과주택(1세대 1주택의 경우 3억원 추가

공제), 공시지가 5억원 초과 토지, 별도합산 과세대상인 경우 공시지가 80억원 초과 사업용 토지에 부과되고 있다. 세율은 소유주택의 수 및 초과금액 등에 따라 0.6~4.0%가 적용되고 있다.

2019년 기준 국세에서 종합부동산세가 차지하는 비중은 2.8%에 불과하지만, 부동산 가격의 상승, 공시지가의 현실화, 세율의 인상, 공정시장가액비율(공시지가 대비 세금 부과 기준액의 비율)의 인상 등으로 종합부동산세가 차지하는 비중은 큰 폭으로 증가할 것으로 전망된다.

토지공개념 3법에 대하여 토지보유자들은 사유재산권을 침해한다고 하여, 헌법소원을 제기하였다. 그 결과 1998년에 위헌결정을 받은 <택지소유상한에 관한 법률>과 헌법불합치 판정을 받은 <토지초과이득세법>은 폐지되었다. 다만, <개발이익환수에 관한 법률>은 부동산시장이 침체됨에 따라 개발부담금의 부과가 일시 중지되었다가 2019년 인가사업에 대하여 다시 적용되고 있다.

 토지공개념

정부는 1980년 말 토지에 대한 '투기' 바람을 잠재우기 위하여 강력한 규제정책을 마련하였는데 그 이론적 기초가 된 것이 토지공개념이다. 토지공개념이란, 공공의 이익을 위하여 개인 소유권에 제한을 가할 수 있다는 생각으로 토지를 온전한 사유재가 아니라 공유재(common resources)의 성격이 혼합된 특수재로 간주한다. 정부는 토지공개념을 적용하여 1989년 <택지소유상한에 관한 법률>, <이익개발환수에 관한 법률>, <토지초과이득세법> 등의 3개 관련법을 제정하여 시행하였다.

법률	주요 내용	경과
택지소유상한법	• 6대도시 개인의 택지소유상한 200평으로 제한(법인은 택지소유 원칙 불허) • 소유상한초과시 이용·개발·처분은 5년 이내 한시적 허용 • 초과소유부담금은 2년 이내(이후) 7%(11%)	1999년 4월 29일 위헌판결('택지소유상한 자체는 위헌이 아니나, 200평이라는 소유상한과 처분불이행시 부담금을 부과한 것은 침해받는 사익이 과도') 1998년 8월 폐지

개발이익환수법	• 택지개발, 공단·관광단지·유통단지·골프장 등 조성시 사업시행자에게 개발이익 25%(초기 50%)의 개발부담금 부과 • 지방자치단체, 공공기관 개발사업은 50% 경감	• 외환위기이후 부동산시장활성화를 위하여 유예·인하 • 수도권(비수도권) 2004년(2002년) 1월 1일부터 개발부담금부과중지 • 2006년 1월 1일 재시행
토지초과이득세법	• 별장용 토지, 부재지주 농지 등의 소유자에게 3년 단위로 토지초과이익의 30~50%를 세금으로 징수 • 지가 급증지역에는 1년 단위로 예정과세 뒤 3년 단위로 정기과세 때 정산	• 1994년 헌법불합치 판정(토지가격이 하락하였을 경우 하락분에 해당하는 세금의 환급이 이루어질 수 없기 때문) • 1998년 폐지

자료: 한국부동산연구원

부동산정책의 과제

부동산시장과 관련된 정부의 역할은 무엇인가. 많은 국민들은 정부가 부동산 가격을 안정시켜 서민들이 자신의 집을 장만할 수 있도록 도와야 한다고 생각한다. 그런데 부동산 가격이 빨리 상승하면 국민경제에 어떠한 악영향을 미치는지 한번쯤 곰곰이 생각해 볼 필요가 있다.

같은 자산시장이지만 주식시장 경우에는 주가상승이 투자자들에게는 자신증식효과를 가져오고, 또 주식을 발행하는 기업의 입장에서는 자금조달에도 유리하다고 본다. 따라서 주식시장이 침체될 때에는 정부가 연기금을 동원해서라도 수요를 진작시키려고 애쓴다. 이에 반하여 부동산시장의 경우 토지나 주택 가격이 상승하면 이로 인한 자본이득을 불로소득이라고 간주하는 경향이 있다. 노동이 신성하다고 인정하더라도 땀흘려 일해서 벌어들인 소득만을 정당하게 보고, 노동과 관계없이 가격이 상승하여 발생한 자본소득은 허용해서는 안 된다는 이분법적 사고는 합리적이라고 보기 힘들 것이다.

가격통제가 자원배분을 왜곡한다는 사실을 인정한다면, 부동산 정책은 부동산가격을 안정시키기보다는 한국의 협소한 토지를 효율적으로 활용하여 국민들의 삶의 질을 높이는 데 초점을 맞추어야 한다. 이를 위해서는 부동산 문제를 해결하는 데 시장기능을 존중하면서 그 부작용을 최소화하는 데 중점을 두어야 한다. 이와 관련하여 참여정부의 부동산 정책에 대한 OECD의 평가를 예를 들어 살펴볼 필요가 있다. OECD는 한국 전국의 주택가격 상승폭은 OECD 다른 회원국들과 비교하여 오히려 낮았으며, 오히려 잦은 부동산 정책의 변화로 인해 한국 부동산 가격의 변동성은 증폭되는 경향을 보였다고 분석하였다.

집값 상승은 전 세계적으로 나타나는 공통적인 현상이다. 일례로, 2014년 서울의 집값은 전년대비 5.3% 상승하여 전 세계에서 13번째로 높았다. 동기간동안 뉴욕은 18.8%, 샌프란시스코는 14.3%, 더블린 13.4%, 동경 8.1% 등 서울보다 높은 상승률을 보였다. 가장 최근인 2019년에는 서울이 집값 상승이 프랑크푸르트(10.3%), 타이베이(8.9%) 다음으로 높은 7.6%를 기록하였다.[8] 그런데 OECD는 한국 정부가 분양가 상한제와 분양원가 공개 등 가격통제정책들을 추진함으로써 장기적으로는 주택공급을 제한할 위험이 있다고 경고하였다. 이와 동시에 장기적 관점에서 집값이 오르는 지역의 재건축 제한을 단계적으로 폐지하고 민간 부문의 모기지 시장을 활성화해야 한다고 조언한 바 있다.

부동산관련 조세제도도 부동산거래를 활성화하는 방향으로 개선해나갈 필요가 있다. OECD 통계에 따르면 한국의 재산세율은 0.1~0.4%수준이지만, 종합부동산세율을 고려하면 이 비율은 훨씬 커진다. 재산세 부담의 내역을 보면 거래세 비중이 상당히 높고, 보유세는 낮은 구조를 가지고 있었다. 하지만, 2019년에 한국 정부는 공시지가를 실거래가의 70%까지 반영하도록 하고, 이 비율을 점점 확대할 것임을 발표하였다. 따라서 거래세와 보유세 모두 높아져서, 부동산 소유와 거래에 대한 부담이 점점 커져가고 있는 실정이다. OECD는 한국정부가 부동산 거래세를 낮추고 종합부동산세 등 보유세 강화 정책은 유지하되 집값 안정과 소득 재분배를 보유세에 의존해서는 안 된다고 지적하였다.

부동산시장을 안정시키려면 장기적으로 택지공급을 활성화하여 주택공급을 늘려야 한다. 1990년대 초 200만호 건설에 따른 부동산시장의 안정은 그 단적인 예라고 하겠다. 2003년에는 서울의 집값을 안정화시키기 위해 경기 김포, 화성 및 동탄, 평택, 수원, 성남, 서울 송파, 양주 옥정, 파주 운정 등에 약 600만호를 건설하였고, 2018년에는 3기 신도시(고양, 부천, 남양주, 하남, 인천)에 17.3만호를

---

8) Prime Global Cities Index 참조(https://content.knightfrank.com)

공급하기로 하였다. 문제는 현행과 같은 용도지역지정제도하에서는 수도권에서 새로운 택지의 개발과 공급이 어렵다는데 있다. 이 문제를 해결하려면 농림지역과 자연환경보전지역으로 지정된 토지 중 지정목적에 부합되지 않는 곳을 개발이 용이하도록 용도변경을 허용하는 방안을 검토하여야 한다. 또한 지방정부가 개발이익과 관련된 시비를 우려하지 않고 보다 적극적으로 택지공급을 증대시킬 수 있도록 제도를 개선할 필요가 있다.

한편 저소득층의 주택문제해결에 좀 더 관심과 재원을 집중할 필요가 있다. 부동산은 소득불평등차원에서 민감한 문제라는 점을 인정할 필요가 있다. "사촌이 땅을 사면 배가 아프다"라는 옛 속담처럼 평등주의가 뿌리 깊게 자리 잡고 있는 한국 사회에서 일부 지역의 주택가격이 크게 상승하는 것은 내집 마련의 꿈이 점점 멀어져 가는 계층의 상대적 박탈감을 증대시킬 것이다. 저소득층의 주거문제를 해결하려면 전체 주택재고의 2%에 불과한 영구임대주택과 장기임대주택을 상당 수준으로 끌어올리고, 정부의 재정부담금 비율도 높여야 할 것이다.

다른 시장과 마찬가지로 정부의 시장개입은 시장실패가 존재할 때 이를 치유할 목적으로 이루어지는 것이 바람직하다. 지나친 정부개입은 오히려 부족한 것보다 못한 결과를 초래할 수 있다. 외환위기를 겪으면서 침체되었던 부동산경기가 과열되기 시작한 것은 정부가 경기진작을 위하여 각종 규제를 과다하게 풀고, 또 금리가 낮아지면서 유동성이 부동산시장으로 집중된 결과라고 볼 수 있다. 부동산시장이 침체되면 규제를 완화하고 세금을 감면해 주다가 부동산시장이 과열된다 싶으면 다시 규제를 강화하고 부동산 보유자들에게 중과세를 부과하는 식의 정부개입은 부동산 가격을 안정시키기 보다는 불확실성을 확대시키는 부작용을 낳게 될 것이다.

CHAPTER

11

도래하는 초고령사회

출산율 0.92명 '사상 최저'…"이대로라면 올해 인구 자연감소"

지난해 합계출산율(0.92명)이 사상 최저치를 다시 썼다. 경제협력개발기구(OECD) 국가 중 전년에 이어 유일한 '출산율 1명대 미만' 국가다. 저출산 대책에 대전환이 필요하다는 지적이 나온다. 통계청이 26일 발표한 '2019년 인구동향조사 출생·사망통계 잠정 결과'에 따르면 지난해 한국의 합계출산율은 0.92명을 기록했다. 출생통계 작성(1970년) 이래 최저치다. 여성이 가임기간(15~49세) 낳을 것으로 기대하는 평균 출생아 수가 한명도 되지 않는다는 의미다. 출생아 수는 30만 3,100명으로 전년 대비 2만 3,700명(-7.3%) 줄었다. 무엇보다 출산율 하락 속도가 가파르다. 한국의 합계출산율은 1971년 4.54명을 정점으로 1987년 1.53명까지 떨어졌다. 1990년대 초반에는 1.7명 수준으로 잠시 늘었지만 이후 다시 빠르게 줄기 시작해 2018년(0.98명) 처음 1명 아래로 떨어졌다.

보통 인구를 현상 유지하기 위해 필요한 합계출산율은 2.1명이다. 하지만 한국은 이의 절반에도 미치지 못한다. OECD 회원국 평균(1.65명)은커녕 초(超)저출산 기준(1.3명)에도 못 미치는 압도적인 꼴찌다. 마카오·싱가포르 등이 1명 미만을 기록하고 있지만, 이들은 한국과 동일 선상에서 비교가 힘든 도시 국가다. 김진 통계청 인구동향 과장은 "OECD 국가 중(합계출산율) 1.3명 미만을 경험한 국가는 한국, 포르투갈, 폴란드 정도"라고 설명했다.

문제는 이런 인구감소가 우리 경제, 사회 근간을 흔들 수 있다는 점이다. 생산가능인구가 줄면 경제 활력이 떨어지고, 고령화에 따른 복지 부담이 눈덩이처럼 불어난다. 경제성장과 내수 및 고용에 악영향을 미칠 수밖에 없다. 한국은행은 인구구조 변화로 잠재성장률이 2000~2015년 연평균 3.9%에서 2016~2025년 1.9%, 2026~2035년에는 0.4%까지 추락할 가능성이 있다고 분석했다. (중략)

인구감소 시점도 빨라질 전망이다. 전체 출생아 수에서 사망자 수를 뺀 인구 자연증가 건수는 올해 처음 1만 명 밑으로 내려앉았다. 정부는 2016년 장래인구추계에서 한국의 총인구 감소 시점을 2028년으로 잡았다. 하지만 감소 시점이 앞당겨질 수 있다는 분석이 나온다.

자료: 중앙일보, 2020.02.26.

1. 인구구조의 급격한 변화

지질구조의 변화로 인한 충격을 '지진(earthquake)'이라 하듯이 인구구조의 변화로 인한 사회·경제적 충격을 '에이지퀘이크(agequake)'라 부르기도 한다. 이는 인구구조의 고령화가 우리의 삶에 얼마나 큰 영향을 미칠 것인지를 함축적으로 시사하고 있다.

고령화는 쉽게 말해 한 사회가 노쇠해 가는 것으로 젊은 층에 비해 노년층이 일정 수준 이상으로 증가하는 현상을 지칭한다. 고령화의 정도를 평가하기 위해 인구구조와 관련된 통계를 사용한다. 기본적인 인구구조분석을 위해 UN과 같은 국제기구뿐만 아니라 많은 국가는 인구를 나이에 따라 크게 세 그룹으로 분류하고 있다. 먼저 0~14세까지 인구는 '유소년 인구'로 분류하고, 경제적인 측면에서 노동력을 제공하기 어려운 대상으로 평가한다. 다음으로 15~64세 인구는 '생산가능인구'라 지칭하며, 실질적으로 해당 국가의 경제활동에 가장 중추적인 역할을 담당한다. 다음으로 65세 이상의 인구를 '고령 인구'라 부른다. 이와 같은 인구 분류를 바탕으로 UN은 '고령화 사회(aging society)', '고령사회(aged society)', '초고령사회(super-aged society)'를 구분하는 기준을 제시하였다. UN의 분류에 따르면, 65세 이상 고령 인구가 전체 인구에서 차지하는 비율이 7% 이상이면 해당 국가를 '고령화 사회'로 부르며, 이는 늙어가고 있는 사회라는 의미를 담고 있다. 또한, 고령인구 비중이 14% 이상이면 '고령사회'로 지칭되며, 해당 사회가 이미 늙었다는 의미이다. 더 나아가 해당 비율이 20% 이상이면 '초고령사회'로 지칭하며, 고령화 현상이 매우 심각한 사회를 의미한다.[1]

한국의 경우 고령인구 비중은 1970년 3.1%, 1980년 3.8%, 1990년 5.1%에 불과하였으나, 2000년 7.2%로 상승하여 마침내 고령화 사회로 진입하였다. 그 이후 고령인구 비중은 꾸준히 상승하여 2017년 14.4%를 기록하면서 한국은 고령사회에 진입하였다. <그림 11-1>에 나타난 바와 같이 통계청의 예측에 따르면, 이러한 추세가 지속될 경우 한국은 오는 2025년 고령인구 비중이 20%를 넘어 20.3%에 도달할 것으로 전망되어, 곧 초고령사회로 진입할 것으로 보인다. 또한, 2050년에 이르면 한국의 고령인구 비중은 39.8%에 이를 것으로 전망되고 있다.

---

1) 한국개발연구원(2015), "고령화사회, 고령사회, 초고령사회," click 경제교육, 2015년 1월호.

<그림 11-1> 한국의 고령인구 비중

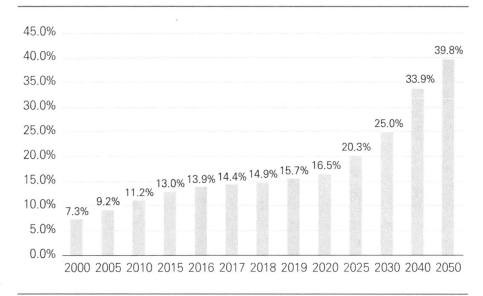

주: 2019년부터는 추정치
자료: 통계청(2019), 2019 고령자 통계

2. 세계 최고의 고령화 속도와 원인

2018년 기준으로 한국의 고령화 수준은 다른 선진국에 비해 심각한 정도는 아니다. 세계은행(World Bank)의 통계에 따르면, 2018년 기준으로 고령인구 비중이 가장 높은 국가는 일본인데 27.6%에 달한다. 그 외에도 이탈리아(22.8%), 포르투갈(22.0%), 독일(21.5%), 프랑스(20.0%), 스페인(19.4%), 영국(18.4%), 캐나다(17.2%), 홍콩(16.9%), 미국(15.8%), 호주(15.7%) 등 대부분의 선진국이 한국보다 더 심각한 고령화 수준을 나타내고 있다.

그러나, 문제는 <표 11-1>에 나타난 바와 같이 한국이 고령사회에 이어 초고령사회로 진입하는 데 걸리는 기간이 매우 짧을 것으로 예상되어, 한국의 고령화 진전속도가 매우 빠르다는 점이다. 한국은 2000년에 고령화사회로 진입한 이후 17년이 지난 2017년에 고령사회로 진입하였다. 그리고 통계청(2019)의 예측에 따르면, 고령사회 진입 후 단지 8년이 지난 오는 2025년에 고령인구 비중이 20.3%를 기록하며 초고령사회로 진입할 것으로 전망되었다. 이와 같은 고

〈표 11-1〉 고령화 진전속도의 비교

	도달 연도			소요 연수	
	고령화사회 (7~14%)	고령사회 (14~20%)	초고령사회 (20%~)	7% → 14%	14% → 20%
한국	2000	2017	2025	17	8
일본	1970	1994	2006	24	12
프랑스	1864	1979	2018	115	39
미국	1942	2013	2028	71	15
영국	1929	1976	2021	47	45
독일	1932	1972	2008	40	36

주: 표에서 % 수치는 고령인구 비중을 의미.
자료: World Bank(2019), 통계청(2019)

령화 진전속도는 영국, 독일, 프랑스 등 서유럽 국가와 비교해도 매우 빠른 속도이며, 미국의 15년, 일본의 12년보다도 더 빠른 속도이다.

<그림 11-2> 역시 동일한 결과를 나타내고 있다. 이 그림은 2019년에서 2050년까지 고령인구 비중이 가장 많이 증가하는 국가를 나타내고 있는데, 한국은 이 기간의 고령인구 증가 폭이 23.0%포인트를 기록하여 세계에서 가장 높은 증가 폭을 기록할 것으로 전망되었다. 또한, UN(2019)의 보고서에 나타난 바와 같이 고령화는 일부 국가가 아닌 전세계에서 급속히 진행되고 있다. 특히, 고령인구 비중의 증가 폭이 높을 것으로 전망된 10개 국가 중 싱가포르, 대만, 마카오, 몰디브, 태국, 홍콩, 브루나이 등 아시아 국가가 8개 국가나 되어, 아시아 지역의 고령화 추세는 특이한 것으로 지적되었다.

한국의 고령화 진전속도는 '베이비 붐(baby boom)' 세대의 고령화로 더욱 빨라질 것으로 전망된다. 한국에서는 제2차 세계대전과 한국전쟁의 종료 이후 1955~63년에 태어난 세대를 '베이비 붐 세대'라 지칭하는데,[2] 이러한 베이비 붐 세대가 고령인구로 편입되기 시작하는 2020년 이후 인구구조의 고령화가 더욱 급격히 진행될 것으로 보인다.

---

2) '베이비 붐 세대'는 제2차 세계대전 기간 떨어져 있던 부부들이 전쟁 종료 이후 다시 만나고 미뤄졌던 결혼이 전후 한꺼번에 이루어지면서 생겨난 세대를 지칭한다. 그러나 이러한 세대는 각 나라의 사정에 따라 그 연령대가 다르다. 미국의 경우 1946~1965년, 일본의 경우 1947~1949년 사이에 출생한 세대를 지칭한다.

<그림 11-2> 고령화 진전속도의 전망 　　　　　　　　　　　　　　　　(단위: %포인트)

	0.0	5.0	10.0	15.0	20.0	25.0
한국						23.0
싱가포르					20.9	
대만					19.9	
마카오				17.7		
몰디브				17.2		
태국				17.2		
홍콩				17.2		
스페인				17.2		
쿠웨이트				17.0		
브루나이				16.5		

주: 2019년부터 2050년까지 고령인구 비중의 증가 폭이 가장 높을 것으로 전망되는 국가
자료: UN(2019), World Population Prospects 2019.

한국에서 고령화가 빠르게 진행되고 있는 것은 출산율의 급속한 하락과 기대 수명의 꾸준한 상승에 기인한다. <그림 11-3>에 나타난 바와 같이 출산율 저하는 개인적 행태의 변화에 영향을 받으며, 기대수명의 상승은 사회경제적 변화에 기인한다. 독신 1인 가정의 증가, 결혼 연령의 상승, 가족계획의 변화, 출산의 기회비용 증가 등에 따른 개인적 행태 변화가 출산율 저하를 초래하였다. 또한, 기술진보와 경제성장, 환경 및 안전도의 개선, 의약 기술의 발전, 건강보호(health care) 향상 등의 사회경제적 변화에 따라 기대수명이 증가하였다. 이러한 출산율 하락과 기대 수명의 증가가 고령화의 핵심적인 원인이다.

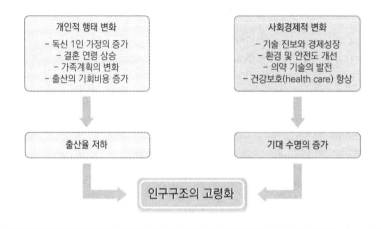

자료: 이재준(2016)

추락하는 출산율

소득수준의 상승에 따라 출산율이 하락하는 현상은 과거 선진국들도 경험한 것이다. 그러나 한국의 경우 출산율 하락이 매우 빠르게 진행되었으며, 현재는 출산율 수준 자체도 선진국보다 낮은 상태이다. <그림 11−4>에서 알 수 있는 바와 같이 한국의 합계출산율(total fertility rate : 15~49세의 가임여성 한 명당 평균 출산율)은 1970년 4.5명에서 1984년 1.7명을 기록하며 처음으로 2명 이하로 내려갔다. 특히 1983년(2.06명)부터는 합계출산율이 한 사회가 전체 인구수를 유지하는 데 필요한 대체출산력(replacement level fertility)[3] 수준에 못 미치고 있다. 그 이후 합계출산율은 꾸준히 하락하여 2018년 처음으로 1명 미만인 0.98명을 기록하였고, 2019년에는 0.92명으로 하락하였다. 이처럼 합계출산율이 1.0명 미만인 국가는 OECD 국가 중 한국이 유일하다.

---

3) 대체출산력은 사회의 전체 인구수가 동일한 수준으로 유지되기 위해서 결혼한 부부가 출산해야 할 평균 자녀수를 말한다. 성장기 동안 사망하는 평균 유아수, 미혼 성인 등을 고려하면 대체출산력은 2명을 약간 상회하는 2.1명(OECD 및 UN 기준)이다.

〈그림 11-4〉 한국의 합계출산율과 장래 기대수명의 변화 추이

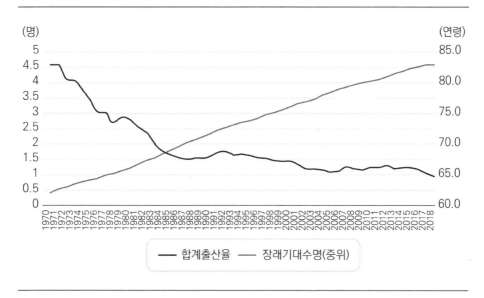

자료: 통계청(2019)

또한, <그림 11-5>에 나타나 있는 바와 같이 한국의 합계출산율은 미국, 프랑스, 일본 등 주요 선진국과 비교해도 낮을 뿐만 아니라 출산율 감소 폭 역시 매우 크다. 1970년 2.0% 내외의 합계출산율을 기록하던 선진국에 비해 한국은 4.7%의 높은 합계출산율을 보였다. 그러나, 1980년대 들어 2.0%대로 떨어진 한국의 합계출산율은 1990년 1.6%를 기록하며 미국(1.9%), 프랑스(1.8%), 일본(1.7%)보다 낮아진 이후 2018년 1% 미만으로 추락하였다.

1960년대 이후 80년대까지 한국에서는 인구증가 억제를 위한 가족계획을 중심으로 인구정책이 시행되었다. 1961년 대한가족계획협회가 설립되면서 본격적인 출산억제운동이 전개되어 1980년대까지 지속되었다. 그러나 <그림 11-6>에 나타난 바와 같이 1990년대 들어 인구증가율이 1% 이하로 감소되면서 출산억제정책의 강도가 약화되었으며, 인구감소에 대한 우려가 대두되기 시작한 2000년대 들어서는 출산을 장려하는 정책으로 전환되었다.

〈그림 11-5〉 주요국의 합계출산율 감소 추이 비교

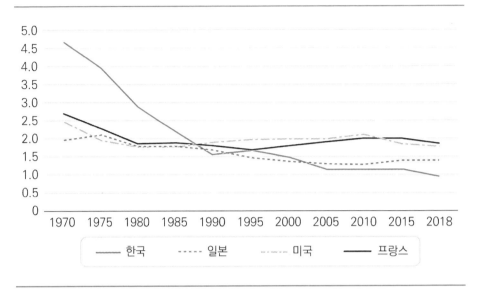

자료: 통계청(2019)

〈그림 11-6〉 우리나라의 총인구와 인구증가율(1971~2020년)   (단위: 명, %)

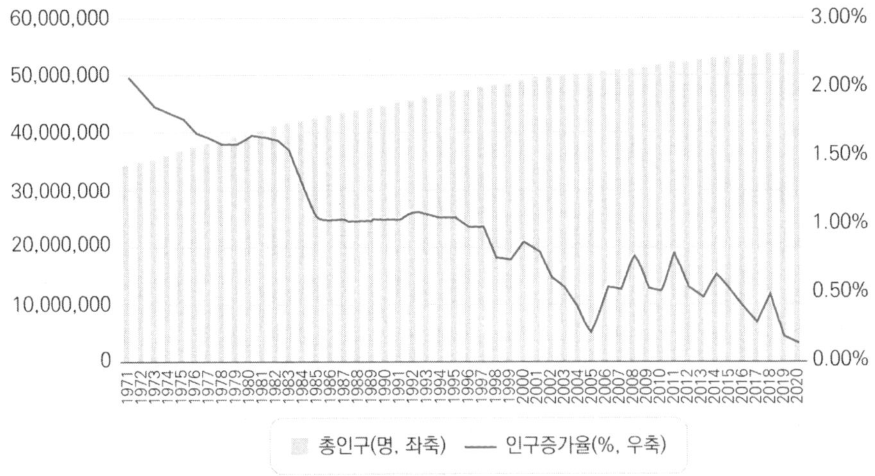

자료: 통계청(2019)

그러나 이러한 정책 전환에도 불구하고 다양한 요인에 의해 합계출산율이 낮아지고 있는데, 특히 혼인 및 출산의 평균연령이 지속해서 상승하고 있다는 점도 합계출산율을 낮추는 요인으로 작용하고 있다. 이는 '출산 및 육아의 기회비용'이 과거에 비해 크게 높아지고 있다는 점과 관련이 있다. 즉 여성의 고학력화에 따라 자아실현 욕구가 증대되면서 그에 따른 경제활동이 증가하고 있다. 출산과 육아로 인해 여성이 직무경력(career)의 희생을 감수해야 하는 것은 출산의 기회비용을 높이는 요인으로 작용한다. 자녀 양육비 및 교육비 등 육아비용이 점차 증가하면서 육아의 기회비용 역시 크게 상승하고 있다.

 결혼 및 출산과 관련된 설문조사 결과

2018년 한국 보건사회연구원이 발표한 '2018년 전국 출산력 및 가족보건복지실태조사'에 따르면, 결혼에 대한 가치관의 변화가 확인되었으며 결혼과 자녀양육에 대한 다양한 국가정책 수요가 존재하는 것으로 나타났다. 먼저, 결혼의 필요성에 대한 미혼 남녀의 인식은 차이가 나는 것으로 나타났는데, 결혼에 대한 긍정적 태도의 응답률이 남성은 50.5%로 절반을 넘은 반면, 여성의 경우 28.8% 수준에 그쳤다.

미혼 남녀(20~44세)의 결혼의 필요성에 대한 태도(단위: %, 명)

구분	반드시 해야 한다	하는 편이 좋다	해도 좋고 안 해도 좋다	하지 않는 게 낫다	모르겠다	계	응답수
미혼남성 (2015)	18.1	42.7	33.0	3.9	2.4	100.0	1,096
미혼남성 (2018)	14.1	36.4	39.2	6.6	3.7	100.0	1,140
미혼여성 (2015)	7.7	32.0	52.4	5.7	2.3	100.0	1,287
미혼여성 (2018)	6.0	22.8	54.9	14.3	2.0	100.0	1,324

자녀의 필요성에 대한 미혼 남녀의 태도 역시 큰 차이를 나타내고 있는데, 불과 3년 사이지만 자녀에 대한 필요성이 감소하는 경향을 볼 수 있다. 특히, 2018년 '자녀가 없어도 무관하다'고 응답한 미혼여성의 비율이 48.0%로 급증하였다.

미혼 남녀(20~44세)의 자녀의 필요성에 대한 태도(단위: %, 명)

구분	꼭 있어야 함	있는 것이 없는 것보다 나을 것임	없어도 무관함	모르겠다	계	응답수
미혼남성 (2015)	39.9	40.6	17.5	1.9	100.0	1,096
미혼남성 (2018)	33.6	34.2	28.9	3.3	100.0	1,140
미혼여성 (2015)	28.4	40.0	29.5	2.2	100.0	1,287
미혼여성 (2018)	19.5	28.8	48.0	3.7	100.0	1,324

'결혼해도 자녀를 가지지 않을 수 있다'는 견해에 대한 기혼여성의 응답결과는 찬성 의견이 61.5%(전적으로 찬성: 12.9%; 대체로 찬성: 48.6%)로 반대 의견 38.5%(별로 찬성하지 않음: 29.4%; 전혀 찬성하지 않음: 9.1%)보다 많았으며, 2015년의 46.2%에 비해 크게 증가하였다.

'결혼해도 자녀를 가지지 않을 수 있다'는 견해에 대한 기혼 여성(15~49세)의 태도

구분	전적으로 찬성	대체로 찬성	별로 찬성하지 않음	전혀 찬성하지 않음	계	응답수
전체 (2015)	6.0%	40.2%	39.3%	14.5%	100%	11,009
전체 (2018)	12.9%	48.6%	29.4%	9.1%	100%	11,207

결혼에 대한 국가 정책이 필요하다고 응답한 기혼 여성 역시 많았는데, 어떤 정책이 가장 필요한지에 대해서는 신혼집 마련이 39.3%로 가장 많았고 청년고용 안정화 20.8%, 청년실업문제 해소 20.5%, 결혼으로 인한 직장 불이익 제거 12.1% 등의 순으로 나타났다.

가장 필요한 결혼 지원 정책에 대한 기혼 여성(15~49세)의 생각

구분	신혼집 마련지원	청년고용 안정화	청년실업 문제 해소	결혼으로 인한 직장 불이익 제거	계	응답수
전체 (2015)	24.1%	28.6%	16.5%	20.3%	100%	–
전체 (2018)	39.3%	20.8%	20.5%	12.1%	100%	10,133

자녀를 안심하고 낳아 기를 수 있는 바람직한 사회를 만들기 위해 필요한 조건에 대해서는 '안전한 자녀 양육 환경 조성'이 15.3%로 가장 많았고 '질 높은 보육 육아지원 시설 확충'과 '자녀 양육 비용 부담 해소'가 각각 14.8%였다. 2015년 높은 순위를 차지했던 '사교육비 경감'은 2018년 조사에서는 3.5%로 크게 하락하였다.

자녀를 안심하고 낳아 기를 수 있는 바람직한 사회 조성을 위해 필요한 조건에 대한 기혼 여성(15~49세)의 의견(1순위)

구분	안전한 자녀 양육 환경 조성	질 높은 보육 육아지원 시설 확충	자녀 양육 비용 부담 해소	사교육비 경감	계	응답수
전체 (2015)	15.9%	12.4%	–	17.9%	100%	11,008
전체 (2018)	15.3%	14.8%	14.8%	3.5%	100%	11,207

[참고: 한국보건사회연구원(2015, 2018a)]

치솟는 장래 기대수명

출산율의 하락과 함께 장래 기대수명(life expectancy)[4]이 높아지는 것도 한국의 고령화 속도가 빠른 이유이다. 소득수준의 향상으로 식생활이 개선되고 의료기술도 발전함에 따라 <그림 11−4>에 나타나 있는 바와 같이 한국의 장래 기대수명은 1970년 62.3세에 불과하였으나 꾸준히 상승하여 1987년 처음으로 70세를 넘어 70.1세를 기록하였고 2009년 80세에 도달하였다. 그 이후 2018년 장래 기대수명은 82.7세에 이르러 앞으로도 지속해서 높아질 것으로 예상된다. <그림 11−7>에서 나타난 바와 같이 한국의 기대수명은 2020년 82.8세(남자 79.6세, 여자 85.7세)이며, 2050년에는 86.7세로 일본(87.9세), 호주(86.9세), 프랑스(86.2세), 영국(85.3세), 미국(83.1세) 등 선진국과 대등한 수준에 이를 것으로 전망된다.

〈그림 11-7〉 기대수명 전망의 국가간 비교(1970~2050년)

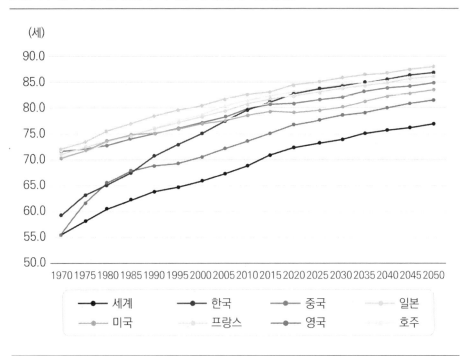

자료: 통계청(2019)

---

4) 기대수명은 0세 출생자가 향후 생존할 것으로 기대되는 평균 생존 연수로, '0세 기대여명'을 의미한다.

3. 고령화, 무엇이 문제인가?

출산율 하락과 평균수명의 연장에 따른 인구구조 고령화는 생산가능인구의 감소, 고령인구의 노동능력 약화 등으로 노동력 저하를 초래한다. 또한, 고령인구에 대한 청·장년층의 부양 부담 증가에 따라 저축률이 하락할 것으로 예상되는데, 이는 노동력 저하와 함께 우리 경제의 성장잠재력을 감퇴시키는 요인이 될 것이다. 아울러 노동 공급의 위축 등에 따른 경제성장 둔화로 조세수입 기반이 취약해져 세수가 감소하는 반면 연금수급자의 증가, 사회복지 관련 지출의 증대 등으로 재정지출은 늘어남에 따라 재정수지가 악화될 것으로 예상된다.

〈그림 11-8〉 고령화의 영향: 거시경제적 파급경로

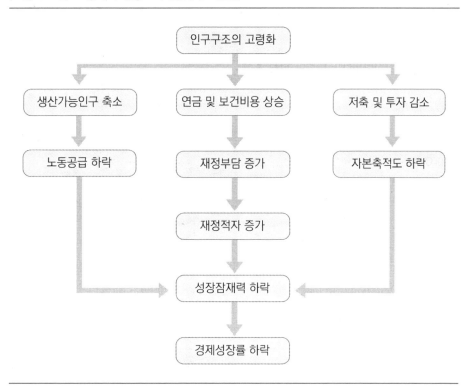

자료: 이재준(2016)을 참고하여 저자 수정

노동공급의 감소

인구구조가 고령화되면서, 상대적으로 한국경제의 생산가능인구(15~64세) 비중은 점차 하락하고 있다. 통계청(2019)의 '장래인구추계'에 따르면, 생산가능인구의 비중은 1970년 54.4%를 기록하다 꾸준히 상승하여 2013~15년 73.4%에 달하였다. 그러나 <그림 11-9>에 나타난 바와 같이 고령화 추세의 지속으로 오는 2024년 생산가능인구의 비중은 70% 이하로 하락하고 2036년에는 60%, 2056년에는 50% 이하로 추락하여 2060년에는 48.0% 수준에 머물 것으로 통계청(2019)은 전망하였다. 앞으로 경제활동참가율이 크게 개선되지 않는다면 생산가능인구가 감소함에 따라 2020년 이후에는 취업자 수 역시 감소하기 시작할 것으로 예상된다. 이와 같은 노동투입량의 감소는 이를 상쇄할 정도로 생산성이 향상되지 않는다면 우리 경제의 성장잠재력을 약화시키는 요인으로 작용할 것이다.

〈그림 11-9〉 생산가능인구 비중의 변화 전망

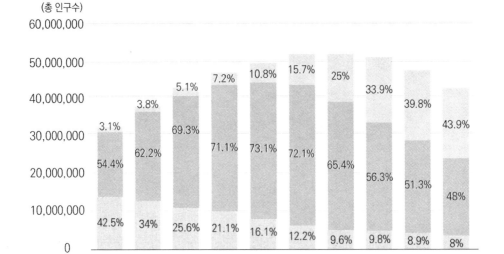

자료: 통계청(2019), 장래인구추계

〈그림 11-10〉 생산가능인구의 연령계층별 비중 전망(%)

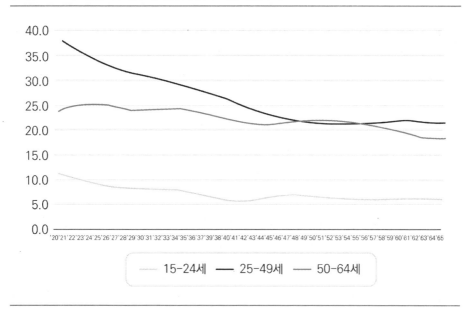

주: 본 전망은 기본 추계로서 출산율, 기대수명, 국제순이동 등이 시나리오별 중위수를 나타낼 것으로 가정
자료: 통계청(2019)

　사회 전반의 고령화에 따른 생산가능인구의 감소와 더불어 〈그림 11-10〉
에 나타난 바와 같이 생산가능인구 내에서도 고령화 현상이 나타날 것으로 예상
된다. 2020년 36.9%의 비중을 차지할 것으로 전망된 25~49세 계층의 경우 그
비중이 점차 하락하여 2065년에는 21.0%에 머물 것으로 예상된다. 경력이 쌓이
면서 기술 축적 및 전문성 제고 효과가 크게 나타나는 일부 직종을 제외하면 고
령층의 노동생산성은 젊은 연령층에 미치지 못하는 것이 일반적이다. 더욱이 지
속적인 재교육이 이루어지지 않는다면 기술혁신이 급속하게 이루어지는 현대사
회에서 고령층의 축적된 전문지식 및 기술은 낙후될 가능성이 크다. 또한, 현재
한국의 경우처럼 연공서열에 바탕을 둔 임금제도의 골격이 유지될 경우, 취업인
구의 고령화는 기업의 입장에서 인건비를 상승시키는 요인으로 작용하게 된다.
과거와 비교하면 연봉제, 성과배분제 등을 도입하는 기업이 증가하고 있으나,
현행 호봉제를 직무급으로 바꾸는 문제를 두고 은행권 경영진과 노사가 대립하
는 것처럼 아직 연봉제, 성과배분제에 대한 노동계의 거부감이 높은 실정이다.

저축률의 하락

일반적으로 고령화가 진전되면 저축 유인이 상대적으로 작은 노년인구의 비중이 상승하고, 청·장년층의 노년층에 대한 부양 부담이 커짐에 따라 저축률이 하락하게 된다. 한국보다 앞서 고령화가 진행되고 있는 선진국들도 대체적으로 고령화로 인한 저축률 하락을 경험하였다. 모딜리아니(Franco Modigliani)의 생애주기가설(life-cycle hypothesis)에 따르면 사람은 연령대별로 저축을 하는 정도가 달라진다. 즉 유년기에는 전혀 저축하지 못하고 빌려 쓰기만 하다가 점점 나이가 들면서 소득이 늘어나 저축을 늘려가게 되며, 노년기에는 그동안 저축한 것을 소비하며 산다는 것이다. 생애주기가설은 전체 인구 중 유년기와 노년기에 속하는 인구 비중이 높을수록 저축률은 하락함을 의미하므로, 한국 역시 고령화가 진행될수록 저축률이 하락할 것으로 예상된다.

인구 비중의 변화에 따라 노년층에 대한 부양 부담이 어떻게 변화하게 될 것인지를 보여주는 것이 <그림 11-11>이다. 1970년대 이후 한국의 총부양비[5]는 유소년 부양비[6]가 대부분을 차지하여, 고령인구보다는 유소년을 부양하는 것이 중요한 시기가 있었다. 그러나, 1970년 83.8%에 달했던 총부양비는 생산가능인구의 증가와 더불어 점차 감소하여 2012년에는 36.2%까지 하락하였다. 하지만, 고령인구가 증가히면서 총부양비는 지속적으로 상승하여 2030년 53.0%, 2050년 95.0%에 달할 것으로 전망된다. 특히, 2056년에는 총부양비가 100.6%를 기록하며 유년인구와 고령인구의 합이 생산가능인구를 초과하게 되며, 이 추세는 점차 심화되어 2065년에는 총부양비가 117.8%에 달할 것으로 전망되었다. <그림 11-11>에 나타난 바와 같이 유소년 부양비는 감소하는 반면 노년 부양비는 계속 상승할 것으로 예상된다.

---

[5] 총부양비 = (유소년인구 + 고령인구) ÷ 생산가능인구
[6] 유소년 부양비 = 유소년인구 ÷ 생산가능인구, 노년 부양비 = 고령인구 ÷ 생산가능인구

〈그림 11-11〉 한국의 인구부양비율 추이 및 전망(%)

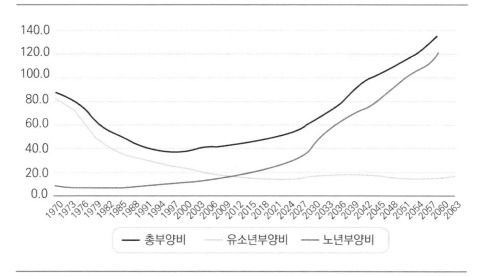

주: 본 전망은 기본 추계로서 출산율, 기대수명, 국제순이동 등이 시나리오별 중위수를 나타낼 것으로 가정
자료: 통계청(2019)

잠재부양비율(potential support ratio)은 평균적으로 65세 이상의 노인 한 명을 부양해야 하는 15~64세 생산가능인구의 수를 의미하는 수치로 노년 부양비의 역수이다. 2015년 현재 주요 선진국의 잠재부양비율은 미국 4.5명, 일본 2.3명, 프랑스 3.3명 등으로 한국의 5.7명보다 낮은 수준이다. 그러나 <그림 11-12>에서 알 수 있는 바와 같이 2040년에는 한국의 잠재부양비율이 1.7명으로 대폭 하락하여 호주(2.9명), 미국(2.8명), 영국(2.5명), 프랑스(2.1명), 독일(2.0명) 등 주요 선진국보다도 낮은 수준이 될 것으로 예상되며, 일본(1.5명)만이 한국보다 낮은 수준을 유지할 것으로 전망된다. 그러나 2060년에는 일본(1.3명)보다 한국(1.1명)이 더 낮은 수준으로 하락할 것으로 예상된다. 즉 2060년 한국에서는 평균적으로 15~64세 인력 1.1명이 한 명의 고령자를 부양해야 하는 것이다. 이러한 변화는 생산가능인구의 저축 여력을 감소시켜 저축률의 하락을 가져오고 이는 다시 투자재원을 축소하여 경제의 성장잠재력을 약화시키는 원인으로 작용할 소지가 크다.

이와 같이 고령화가 진행되면서 노동공급이 감소하고 저축률이 하락함에 따라 경제성장률은 하락할 것으로 예상된다. <그림 11-13>에 나타난 바와 같

이 OECD(2018)의 장기 경제성장률 전망에 따르면, 한국의 기간별 연평균 경제
성장률은 2001~2010년 기간 중 5.41%, 2011~20년 3.52%를 기록하고 그 이후
10년마다 2.96%, 1.90%, 1.37% 등으로 하락하다가 2051~2060년에는 1.25%로
OECD 평균(2.13%)뿐만 아니라 프랑스(2.82%), 영국(2.52%), 미국(2.18%), 독일
(1.57%), 일본(1.32%) 등 주요 선진국보다 낮을 것으로 전망되었다.

〈그림 11-12〉 주요국의 잠재부양비율 추이 및 전망(명)

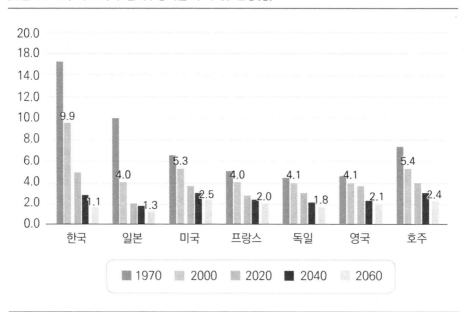

주: 본 전망은 기본 추계로서 출산율, 기대수명, 국제순이동 등이 시나리오별 중위수를 나타낼 것으로 가정
자료: 통계청(2019)

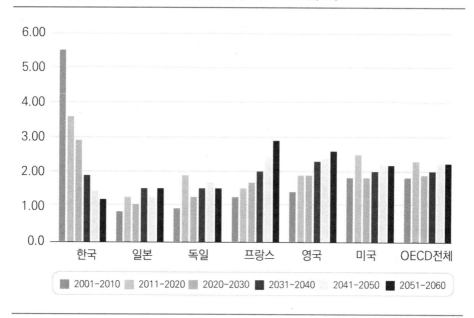

〈그림 11-13〉 주요국의 장기 경제성장률 전망(2001~2060년, %)

주: 현지 통화 기준, 기간별 연평균 GDP 성장률
자료: OECD(2018), "Economic Outlook: Long-term Baseline Projections".

재정수지의 악화, 연기금의 고갈

고령화에 따른 생산가능인구 및 취업자수의 감소와 경제성장의 둔화 등은 조세수입 및 사회보장기여금 수입을 지속적으로 감소시킬 것이다. 따라서 경제활동참가율의 획기적 증가가 없는 한 재정수입의 감소가 불가피하다. 반면 연금수급자의 증가, 노인의료비 및 복지비 등의 상승은 재정지출의 급증 요인으로 작용할 것이다.

국회 예산정책처(2020)에 따르면, 2018년 31.2조의 흑자를 보이던 통합재정수지[7]는 2019년 12.0조원의 적자로 전환된 이후 적자 규모가 2030년 80.9조원, 2040년, 150.6조원, 2050년 246.4조원, 2060년 338.2조원으로 증가할 전망이며, GDP 대비 적자 비중 역시 2060년에는 9.9%에 달할 것으로 예상된다. 관리재정수지[8]의 경우에도 적자 폭이 점차 확대되어 2060년에는 197.6조원의 적자 규모

---

7) 일반적으로 정부 예산은 일반회계, 특별회계, 공공기금 등으로 구성되는데, 공공기금까지 재정의 범위에 포함하여 재정수지를 검토하는 것이 '통합재정수지'이다.

〈표 11-2〉 장기 재정수지 전망　　　　　　　　　　　　　　　　　(단위: 조원, %)

	2020	2030	2040	2050	2060
통합재정수지 (GDP 대비 비율)	-111.1 (-5.7)	-80.9 (-3.4)	-150.6 (-5.4)	-246.4 (-7.9)	-338.2 (-9.9)
사회보장성기금 수입 (GDP 대비 비율)	73.6 (3.8)	122.6 (5.1)	127.8 (4.6)	118.3 (3.8)	106.2 (3.1)
사회보장성기금 지출 (GDP 대비 비율)	62.9 (3.3)	90.7 (3.8)	138.6 (5.0)	193.4 (6.2)	246.9 (7.2)
사회보장성기금 수지 (GDP 대비 비율)	10.7 (0.6)	32.0 (1.3)	-10.9 (-0.4)	-75.1 (-2.4)	-140.6 (-4.1)
관리재정수지 (GDP 대비 비율)	-121.8 (-6.3)	-112.9 (-4.7)	-139.7 (-5.0)	-171.3 (-5.5)	-197.6 (-5.8)
국가채무 (GDP 대비 비율)	860.1 (44.5)	1,819.6 (75.5)	2,905.9 (103.9)	4,113.3 (131.1)	5,415.4 (158.7)

주: 전망액은 2020년 불변가격임.
자료: 국회예산정책처(2020)

를 나타낼 것이며 GDP 대비 비중 역시 5.8%에 이를 것으로 전망된다. <표 11-2>에서 통합재정수지와 관리재정수지의 차이가 결국 4대 사회보장성 기금(국민연금기금, 사학연금기금, 산재보험기금, 고용보험기금)인데, 이러한 기금에서 나타나는 적자 규모가 점차 확대됨을 알 수 있다.

결국, 재정수지가 악화된다는 것은 정부의 수입에 비해 지출이 많아짐을 의미하는데, 정부의 재정지출에서 지출 근거와 요건이 법령에 명시되어 예산 편성권자의 재량이 개입될 여지가 없는 경직성 지출을 '의무지출(mandatory spending)'이라 한다. 이러한 의무지출은 건강·고용·산재 보험이나, 국민·공무원·군인·사립학교 교직원 등의 연금 등 사회보험 부문 지출, 지방교부금, 지방교육재정 교부금 등을 포함한다. <표 11-3>에 나타난 바와 같이 의무지출 규모와 비중 역시 증가할 것으로 전망되는데, 2020년 258.2조원의 의무지출이 2060년 685.8조원으로 증가할 것으로 예상된다. 이러한 의무지출 중 가장 큰 비중을 차지하는 것이 복지 분야인데, 이 분야는 2020년 의무지출 대비 49.4%를

---

8) '관리재정수지'는 통합재정수지에서 4대 사회보장성 기금(국민연금기금, 사학연금기금, 산재보험기금, 고용보험기금)을 제외한 것이다.

차지하며 127.5조원에 달하고 그 이후 꾸준히 증가하여 2060년에는 393.7조원으로 의무지출 대비 비중이 57.4%로 증가할 것으로 예상된다.

〈표 11-3〉 의무지출에 대한 세부 분야별 장기 전망 (단위: 조원, %)

	2020	2030	2040	2050	2060	연평균 증가율
의무지출	258.2	371.3	479.0	590.2	685.8	2.2
(GDP 대비 비율)	(13.3)	(15.4)	(17.1)	(18.8)	(20.1)	
– 복지 분야	127.5	193.2	263.8	333.0	393.7	2.5
(GDP 대비 비율)	(6.6)	(8.0)	(9.4)	(10.6)	(11.5)	
– 지방이전재원	107.8	137.6	162.2	182.0	196.1	1.3
(GDP 대비 비율)	(5.6)	(5.7)	(5.8)	(5.8)	(5.7)	
– 이자지출	15.7	33.8	68.2	68.2	88.8	4.0
(GDP 대비 비율)	(0.8)	(1.4)	(2.2)	(2.2)	(2.6)	
– 기타 의무지출	7.2	6.7	6.9	6.9	7.1	0.0
(GDP 대비 비율)	(0.4)	(0.3)	(0.2)	(0.2)	(0.2)	
의무지출 대비 비중						
– 복지 분야	(49.4)	(52.0)	(55.1)	(56.4)	(57.4)	(55.1)
– 지방이전재원	(41.8)	(37.1)	(33.9)	(30.8)	(27.2)	(31.4)
– 이자지출	(6.1)	(9.1)	(9.6)	(11.6)	(14.4)	(12.2)
– 기타 의무지출	(2.8)	(1.8)	(1.4)	(1.2)	(0.9)	(1.3)

주: 전망액은 2020년 불변가격임.
자료: 국회예산정책처(2020)

복지 분야의 지출이 증가하는 가장 핵심적인 이유는 고령화인데, 고령인구의 증가로 의료보험과 각종 연금 지출이 늘어나기 때문이다. 특히, 고령인구의 증가는 노인질환에 대한 의료·요양 서비스의 수요를 증대시킨다. 인구 고령화에 따라 장기 요양 입원, 간병 서비스 등에 대한 수요 증가로 인해 사회적 비용 및 재정 부담이 증가한다. 이처럼 의무지출 중 사회복지지출의 비중이 크게 상승함에 따라 인구 고령화는 재정적자 및 국가부채의 증가를 초래하고 국민의 조세 및 사회보험료 부담을 가중시킨다. 재정수입의 감소 및 지출 증가는 재정수지를 악화시키고, 이는 경제성장에 악영향을 끼쳐 '재정수지 악화 → 경제성장 둔화 → 재정수지 악화'로 이어지는 악순환을 초래할 가능성이 있다. 결국, 현세대의 고령화에 따른 경제적 부담은 다음 세대에게 전가될 소지가 있는 것이다.

인구구조의 고령화는 공적연금제도에도 큰 영향을 미칠 것으로 예상된다. <표 11−4>에 나타난 바와 같이 복지 분야 의무지출 중 공적연금이 가장 높은 비중을 차지하고 있는데, 공적연금 중 국민연금, 공무원연금, 사학연금, 군인연금의 순으로 비중이 높으며 그 중 국민연금에 대한 의무지출의 연평균 증가율이 4.3%로 가장 높다. 또한, 사회보장지출 중에서 노인장기요양보험에 대한 의무지출의 연평균 증가율이 1.5%로 높으며, 규모 측면에서는 고령화로 인한 건강보험지출 증가세가 두드러진다.

〈표 11-4〉 의무지출에 대한 세부 분야별 장기 전망 (단위: 조원, %)

항목	세부 내역	2020	2030	2040	2050	2060	연평균 증가율
	복지 분야 (GDP 대비 비율)	127.5 (6.6)	193.2 (8.0)	263.8 (9.4)	333.0 (11.5)	393.7 (11.5)	2.5
공적 연금	국민연금	29.2	58.6	102.5	154.0	204.7	4.3
	사학연금	4.5	6.3	7.7	8.8	10.3	2.1
	공무원연금	18.2	26.6	33.2	40.2	45.9	2.0
	군인연금	3.5	4.6	5.7	6.7	7.7	1.8
	소계	55.4	95.8	149.0	209.6	268.5	3.5
사회 보장	건강보험	10.1	17.2	19.2	20.4	21.2	1.5
	노인장기요양보험	1.4	2.5	2.7	2.9	2.9	1.5
	고용보험	14.6	13.1	14.3	15.2	15.7	0.2
	산재보험	5.6	6.7	7.4	7.7	7.8	0.7
	소계	31.7	39.6	43.6	46.2	47.7	0.9
공공 부조	국민기초생활보장	13.5	20.5	26.9	30.3	31.4	1.7
	기초연금	13.3	22.3	30.1	33.8	34.1	1.8
	영유아교육	3.4	3.8	3.3	2.9	2.4	-0.6
	아동수당	2.3	1.8	1.5	1.1	0.8	-2.5
	소계	32.5	48.4	61.8	68.1	68.7	1.5
기타 복지 분야	보훈	4.7	5.4	5.3	5.0	4.9	0.1
	기타 복지	3.2	4.0	4.1	4.1	4.0	0.5
	소계	7.9	9.5	9.3	9.1	8.9	0.3

주: 전망액은 2020년 불변가격임.
자료: 국회예산정책처(2020)

특히, 고령화로 인해 공적연금제도의 지속가능성이 위협받고 있는데, 매우 빠른 고령화 속도와 연금 가입자－수급자의 구조적 불균형으로 더욱 심각한 연금재정위기에 직면할 가능성이 있다. 국회예산처(2020)에 따르면, 국민연금 가입자 수는 인구 감소 및 경제활동인구 감소에 따라 전체적으로 2019년 2,216만명에서 2060년 1,220만명까지 감소할 것으로 전망되었다. 그러나, 국민연금을 받는 수급자 수는 2019년 488만명에서 2060년 1,689만명으로 꾸준히 상승할 것으로 전망되었다. 이에 따라 국민연금 수급률은 2019년 22.0%에서 점차 상승하여 2040년 72.6%까지 증가하고 2050년 107.1%, 2060년 138.4%를 기록하며 수급자 수가 가입자 수보다 많은 상황이 도래할 것으로 예상되었다.

이에 따라 국민연금의 '저부담－고급여' 불균형구조가 그대로 유지된다면 국민연금의 안정성은 크게 훼손될 것이다. <그림 11－14>에 나타난 바와 같이 2019년 현재 국민연금기금의 적립금은 681.5조원 규모이며, 2039년까지 1,430.9조원으로 증가할 것으로 전망된다. 그러나, 수급자 수가 가입자 수보다 많아지고 지출이 수입보다 높은 상황이 지속된다면, 국민연금기금의 적립금은 급격히 줄어들어 오는 2054년 완전히 고갈될 것으로 예상된다. 이는 인구 고령화의 급진전에 따라 국민연금의 현재 구조로서는 제도 유지가 사실상 불가능해짐을 의미한다. 연금개혁이 이루지지 않으면 다음 세대들은 현세대에 비해 2~3배가 높은 보험료를 납부하거나, 급여 수준의 현격한 삭감을 감수해야 할 가능성이 높다. 또한, 과다한 보험료 부담은 기업의 고용비용을 증가시켜 기업경쟁력 약화와 고용 회피, 실업증대 등을 야기할 우려도 있다. 국민연금뿐 아니라 공무원연금, 군인연금, 사립교원연금에서도 고령화에 따라 유사한 문제가 발생할 것으로 예상된다.

〈표 11-5〉 국민연금 가입자 수, 수급자 수, 수급률 장기 전망　　　　　(단위: 만명, %)

	2019	2020	2030	2040	2050	2060
가입자 수(A)	2,216	2,204	2,023	1,776	1,495	1,220
수급자 수(B)	488	522	874	1,290	1,601	1,689
수급률(B/A)	22.0	23.7	43.2	72.6	107.1	138.4

자료: 국회예산정책처(2018)

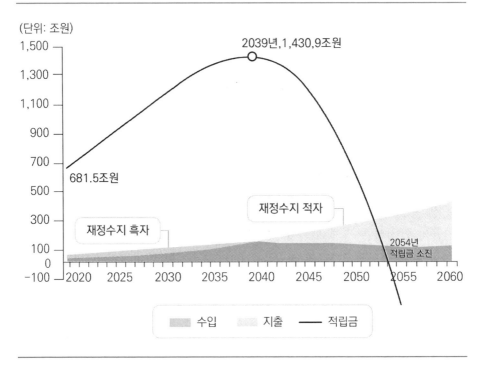

자료: 국회예산정책처(2018)

4. 초고령사회, 어떻게 대비할 것인가?

출산장려정책의 문제점과 향후 과제

11.2절에서 살펴본 바와 같이 정부의 정책 기조는 인구증가 억제를 위한 가족계획에서 2000년대 들어 출산을 장려하는 정책으로 변화하였다. 노무현 정부에서 저출산 대응 관련 기본계획(2006~10년)이 처음 수립되었고, 그 후 이명박 정부의 제2차 기본계획(2011~15년), 박근혜 정부와 문재인 정부에서 제3차 기본계획(2016~20년)이 수립되면서 각각 42.2조, 109.9조, 197.5조가 투입되었다. 총 349.6조라는 엄청난 예산을 투입하였지만, 한국의 낮은 출산율은 추락을 거듭하고 있다.

저출산의 원인은 크게 4가지로 분류할 수 있다. 첫째 원인은 미래소득의 불안정성에 기인하는 소득 요인이며, 둘째는 육아의 편익과 비용에 기인하는 육아 요인이다. 셋째는 라이프 스타일의 변화에 따른 생활 가치관 요인이며, 넷째는 양성 불평등으로 인한 사회적 요인이다.

그러나 그동안 출산율을 올리기 위한 정부 정책은 지나치게 사회구조적 단순 지원에만 초점을 두고 있다. 저출산 현상은 지극히 개인적인 문제에서 시작해 사회적인 문제로 확산되는 것이기 때문에, 개인의 상황에 대한 공감 없는 사회구조적 단순 지원으로는 저출산 문제를 해결할 수 없다. 특히, 청년 해외취업지원, 대학 인문역량 강화, 공교육 역량 강화 등 저출산과 직접적인 연관성이 없는 정책이 2016~2018년 시행계획 기준으로 예산의 절반을 차지하였다.

이보다는 일과 가정의 양립 사각지대를 해소하고 자녀를 양육할 예정이거나 양육 중인 부부를 위한 출산과 양육 지원이 시급한 실정이다. 정부는 아이를 낳고 기르는 부모의 부담을 줄일 수 있도록 보육비 및 교육비 지원을 확대하고, 자녀를 키우는 부모가 내는 세금을 줄여 주는 등 보다 적극적인 지원정책을 수립할 필요가 있다. 또한, 맞벌이 부부가 마음 놓고 아이를 맡길 수 있는 보육 시설을 확대하여야 하며, 어린 자녀를 키우는 동안 일을 쉴 수 있게 해 주는 육아휴직 제도를 보다 확대할 필요가 있다.

고령화 대응 정책의 기본 원칙

고령화는 소득수준의 향상, 의료기술의 발달 등에 따라 필연적으로 나타나게 되는 현상이다. 이에 적절히 대처하지 못하면 경제의 역동성 저하, 성장잠재력의 훼손, 삶의 질 저하 등을 초래할 가능성이 있으므로 중장기적인 관점에서 종합적인 대비책을 마련해야 한다. OECD 각료이사회에서는 고령화가 사회 전반에 미칠 영향에 대비하기 위한 7가지 원칙을 다음과 같이 제시하였다.

① GDP 대비 공공부채를 축소하여 재정적인 어려움을 미연에 방지할 것.
② 퇴직 후의 소득을 다양화하여 안정된 노후 생활을 보장할 것.
③ 조기 퇴직을 방지할 것.
④ 금융시장과 연금을 연계시켜 재정적 안정을 꾀할 것.
⑤ 인력을 개발하여 생산성을 높일 것.

⑥ 노인 보호에 있어 될 수 있으면 시설보호를 피하고 재가(在家) 보호를 시행할 것.[9]

⑦ 위 사항의 이행을 위한 국가 단위의 실천 전략을 세울 것.

아래에서는 한국보다 먼저 고령화를 겪고 있는 주요 선진국이 고령화에 어떻게 대처하고 있는지를 살펴보고, 고령화에 대비한 주요 과제를 적시해 보도록 한다.

선진국의 고령사회 대처 사례

일본

일본의 고령사회 대처 정책과 관련하여, 해당 대책의 수립 경위, 목적, 방향성, 내용 등을 바탕으로 1990년대 중반 이후의 기간을 ① 저출산 대책 초기(1995~2004년), ② 차세대 육성 지원으로서의 저출산 대책 시기(2005~2009년), ③ 포괄적 아동·육아 지원 시기(2010~2016년)로 나눌 수 있다.[10] 일본 저출산 대책은 1994년 수립된 소위 '엔젤 플랜(Angel Plan)'과 함께 시작되었는데, 이는 1995~2004년 10년간 시행된 저출산 대책의 기본 방향과 중점 시책을 포함한다. 초기 5년간 달성해야 하는 구체적 목표를 정한 '긴급 보육 대책 등 5개년 사업' 역시 수립되었고, 1999년 구체적 정책 목표의 달성도를 검증한 이후, 이를 바탕으로 1999년 소위 '신 엔젤 플랜'이 수립되어 육아지원 중심의 저출산 대책이 시행되었다. 그러나 이러한 대책에도 불구하고 일본의 저출산 문제가 악화하자, 2005년 일본 정부는 차세대를 짊어질 아이를 육성하는 가정을 사회 전체가 지원한다는 관점에서 법 정비를 포함한 차세대 육성을 위한 저출산 대책인 '자녀·육아 응원 플랜'을 마련하였다. 하지만 이와 같은 적극적인 정책 노력에도 불구하고 일본의 저출산 현상은 지속하였고 인구 고령화 역시 가속되었다. 특히, 2007년 일본 정부는 '일과 생활의 조화(워크 라이프 밸런스) 헌장' 및 '일과 생

---

9) 재가보호란 보호를 필요로 하는 사람들이 자신의 가정에서 보호를 받는 것을 의미한다. 또한, 재가 복지서비스는 여러 가지로 도움이 필요한 노인, 장애인, 아동을 특정 시설에 수용하지 않고 지역사회 내에서 봉사원을 가정으로 파견하거나 재가복지센터로 통원을 하게 하여 일상생활을 위한 서비스와 자립할 수 있는 프로그램을 제공하는 것이다.

10) 이 부분은 한국보건사회연구원(2018c)을 참조하였다.

활의 조화 추진을 위한 행동 지침' 등을 수립하여, 취업과 출산·육아의 양자택일 구조를 해소하기 위해 근로 방식을 재검토하여 일과 생활의 조화를 실현할 필요가 있음을 지적하였다.

또한, 일본 정부는 취업·소득 분야의 대책 방안으로 고령자 고용·취업기회의 확보, 평생 능력개발, 공적연금제도의 안정적 운영 등을 제시하고 있다. 이 중에서도 공적연금제도의 안정적 운영이 큰 과제로 대두되어 있으며, 이는 사회보장 부문의 구조개혁과 관련이 깊다. 일본 정부는 향후 급증할 것으로 예상되는 사회보장비 부담을 줄여서 재정 안정화를 도모하기 위한 목적으로 공적연금보험을 축소하는 개혁을 추진 중에 있다.

그러나 정치적 이해관계가 엇갈리는 연금개혁의 특성상 강력한 연금개혁이 추진되지 못하고 있다. 특히 고령자의 노동시장 참여를 독려하기 위해 정년을 70세까지 연장하는 방안을 정치권에서 논의하였다. 그러나, 이와 연동된 연금 수급연령의 70세 연장과 가입기간 상한의 증가와 관련된 논의 역시 저출산·고령화 시대 공적연금의 재정 지속성을 확보하기 위한 중요한 정책대응임에도 불구하고 정치적 사회적 반발이 커 일본 정부는 구체적인 추진전략을 제시하지 못하고 있다.[11] 일본은 이와 같은 정책의 결과 수많은 시행착오를 겪으며 여전히 한계를 보여주고 있지만, 출산율이 1.4~1.5명 수준을 유지하며 조금씩 정책적 효과를 나타내고 있다.

영국

영국은 1990년 이전까지는 청년실업 문제를 해소하기 위해 고령근로자 퇴직 장려 정책을 시행하였다. 그러나 1990년대 들어 고령자의 경제활동참여율 하락, 잠재부양비율의 상승 등 고령화의 문제점에 대한 우려가 대두되었다. 이에 따라 영국 정부는 이를 해소하기 위해 고용주의 무분별한 연령차별을 개선하는 정책을 시행해 왔다. 또한, 2009년 영국 정부는 고령화에 대응하는 포괄적 전략을 마련하기 위해 '모든 연령을 위한 사회건설'이라는 보고서를 발간하고, 이를 통해 고령자에 대한 복지정책을 강화하고 연금 및 퇴직 연령을 조정하였다. 특히, 노인의 사회참여와 통합을 증진시키기 위해 2010년부터 고령 포럼(English Forums on Aging), 에이징 웰(Aging Well) 등과 같은 고령자 단체 프로그램을 운

---

11) 송지연(2019)

영하기 시작하였다. 또한, 통합공제(Universal Credit),[12] 장애생활수당 개혁, 주거급여(Housing Benefit), 새로운 지방복지 보조제도 등 고령자와 관련된 사회보장 체계를 개선하였다. 더불어 노인이 새로운 정보기술을 이용하도록 관련된 교육 프로그램을 운영하는 등 평생학습의 활성화와 교육체계의 적응력 강화에도 영국 정부는 노력하고 있다.[13]

프랑스

프랑스는 지난 1993년 합계출산율이 1.73까지 하락하면서 저출산이 심각한 사회문제이었던 국가이었으나, 1995년 이후 합계출산율이 오히려 반등하면서 2015년 이후 2.0명 수준을 유지하고 있다. '일과 가정의 병행'이라는 문화 확산을 통해 합계출산율의 반등에 성공한 이후 프랑스의 인구는 증가하고 있는데, 이민인구의 유입 역시 중요한 인구증가의 요인으로 작용하고 있다.

그러나, 프랑스 역시 고령화의 부정적 영향이 점차 확대되고 있으며, 특히 고령화 관련 노령퇴직연금, 건강보험 등 공공재정 지출은 꾸준히 증가하고 있다. 프랑스는 인구 고령화와 글로벌 경쟁이라는 환경 속에서 국가의 미래 잠재성장률을 제고하고 지속적인 성장의 틀을 유지·확대하기 위해 노령퇴직연금, 건강보험, 고령층 고용시장 등 사회보장시스템에 투입되는 자원의 재배치를 고려하고 있으며, 이를 위해 사회보장 각 부문에서 재정적자를 해소하기 위한 개혁을 진행하고 있다. 2010년 퇴직연금 개혁은 노동계, 야당, 사회단체를 비롯하여 고등학생까지 참가한 반대시위에도 불구하고 단행되었는데, 동 개혁은 법정정년을 60세에서 62세로 연장하고 퇴직연금 수령 시점을 기존 65세에서 67세로 연장하였다. 그러나, 고령층의 고용을 촉진하기 위해서는 노동시장, 특히 임금 구조의 개혁이 필요하나 프랑스의 강한 조합주의 전통으로 인해 이를 추진할 정치적 동력이 충분하지 못하다는 것이 프랑스 정부의 고민이다.[14]

---

12) 2013년 영국 정부는 근로세액공제, 아동세액공제, 주택급여, 소득보조, 실업수당 등 30여 개에 이르는 복지급여를 통합하여 가구당 근로시간이 많을수록 지원액이 증가하도록 복지개혁을 단행하였다.
13) 한국보건사회연구원(2018b)
14) 한국보건사회연구원(2012)

노동 공급기반의 강화

인구 고령화가 노동력 저하와 이로 인한 성장잠재력 약화로 이어지지 않도록 하기 위해서는 노동 공급기반을 강화하는 것이 긴요하다. 우선 고령인구의 경제활동 참가 및 기업의 고령인구 고용을 적극적으로 유도해야 한다. 이를 위해 고령층이 연령을 이유로 신규고용, 배치, 승진, 퇴직 등에서 불이익을 받지 않도록 해야 할 것이며, 고령층의 퇴직 시기를 실질적으로 연장시키기 위한 정책을 모색해야 할 것이다. 또한, 연공서열에 의한 임금제를 임금피크제로 변경하면 고령자에 대한 기업의 부담을 경감시킬 수 있어 고령자의 고용을 유지하는 데 도움이 될 수 있다.15) 기업에서의 일자리는 아닐지라도 비영리단체(Non-Profit Organization)에서의 유급 자원 활동 등 사회적 일자리를 창출하는 것도 고령자의 경제활동 참여를 촉진하는 데 도움이 될 것이다. 더불어 고령자 취업의 중요한 장애요인인 산업기술의 급격한 변화에 대응할 수 있도록 평생교육체제를 강화하는 것도 중요하다.16)

이와 같은 고령 인력의 활용 이외에 여성의 경제활동참가율을 높이는 것도 노동력 확충을 위해 매우 중요한 과제이다. 한국은 여성의 경제활동참가율이 <표 11-6>에서와 같이 주요 선진국에 비해 낮은 수준이어서 여성인력의 활용 여지가 상대적으로 크다고 할 수 있다. 여성인력의 노동시장 참여를 촉진하기 위해서는 여성의 경력단절을 야기하는 요인들을 분석해,17) 이를 해결할 수 있는 정책이 고안되어야 한다. 특히, 여성의 경제활동을 제약하는 가장 큰 요인으로 지적되고 있는 육아부담이 경감될 수 있도록 보육서비스에 대한 지원을 대폭 확대할 필요가 있다. 보육서비스 기반의 확충은 여성의 경제활동 참여를 늘

---

15) 임금피크제란 일정한 연령 이후 업무능력이 떨어지는 장기근속 직원에 대해 임금을 줄여서라도 고용을 유지하는 능력급제의 일종으로 일본과 미국, 유럽의 일부 국가에서 공무원과 일반기업 직원을 대상으로 선택적으로 시행되고 있다.

16) 유럽의 경우 조기퇴직제도 개혁(공공연금·세금·사회보장제도 등의 개혁을 통해 조기퇴직 유인을 철폐)을 통한 고령자의 노동시장 참여율을 제고시키고 있으며, 고령 근로자에 대한 취업기회 확대 및 취업능력 향상 프로그램 운영을 통해 일하고자 하는 고령자들에게 고용기회를 더욱 확대하고 있다.

17) 여성가족부의 '2019년 경력단절여성 등의 경제활동 실태조사'에 따르면, 만 25~54세 여성 중 결혼, 임신, 출산, 양육, 가족 돌봄 등으로 경력단절을 경험한 여성은 35.0%로 나타났다. 또한, 경력단절을 처음 경험하는 나이는 평균 28.4세이며 경력단절 이후 다시 일자리를 얻기까지 7.8년이 걸리는 것으로 조사되었다.

릴 뿐만 아니라 출산 및 육아의 기회비용을 감소시킴으로써 출산율의 하락 속도를 둔화시키는 효과도 가져올 수 있다. 이를 통해 중장기적으로 합계출산율이 대체출산율 수준을 유지할 수 있도록 해야 할 것이다. 아울러 정부기관 등이 선도적으로 여성채용목표를 확대·실시함으로써 여성의 경제활동 참여에 대한 사회적 편견과 불평등을 제거하기 위해 노력하는 것도 중요하다.

〈표 11-6〉 주요국 여성의 경제활동참가율 비교(2018년 기준)

한국	일본	싱가포르	미국	캐나다	독일	스웨덴	영국	호주
52.9%	52.5%	60.2%	57.1%	61.3%	56.0%	70.8%	58.0%	60.5%

자료: 통계청(2019)

 영화 '82년생 김지영'

　　2019년 10월에 개봉된 '82년생 김지영'은 1982년 봄에 태어나 누군가의 딸이자 아내, 동료이자 엄마로 2019년 오늘을 살아가는 '지영'의 삶을 그려낸 영화이다. 이 영화는 1999년 남녀차별을 금지하는 법안이 제정되고 그 이후 여성부가 출범함으로써 성평등을 위한 제도적 장치가 마련된 이후에도 보이지 않는 방식으로 존재하는 내면화된 성차별적 요소가 작동하는 방식을 30대를 살고 있는 한국 여성들의 보편적인 일상을 통해 보여준다. 육아와 직장생활을 병행하던 지영은 명절 음식을 만드는 과정에서 시집살이 갈등과 직장생활에서 보이지 않는 여성차별 등을 겪으면서도 자신의 정체성을 잃어버리고 멍하니 앉아있는 경우가 많아진다. 자기의 정체성을 찾아가는 이 시대를 살아가는 여자들의 삶을 묘사한 이 영화는 개봉 4일 만에 100만 관객을 돌파했으며, 개봉 18일인 11월 9일 300만 관객을 돌파했다. 이 영화 개봉 이후 남녀 차별에 대한 토론이 확산되는 등 한국 사회에 큰 반향을 일으켰다.

인구구조의 고령화가 급격히 진행되면서 노동 공급기반을 강화하기 위해 이민과 관련 다문화 정책에 대한 관심이 높아지고 있다. 이민 정책의 기본이 되는 법령은 국적법, 출입국 관리법, 재한 외국인 처우 기본법 등이다. 1990년대 이후 이민자가 급속히 증가하면서 체계적이고 합리적인 이민 정책 수립과 시행의 필요성이 높아짐에 따라, 관련 업무를 전담할 이민청 신설에 대한 논의가 2003년부터 시작되었으나, 2020년까지 별다른 진전은 없는 실정이다. 이민이 급증한 이유는 외국인 노동자에 대한 수요 증가와 농촌 지역의 결혼 적령기 여성의 부족 등이다. 먼저, 1990년대 이후 한국경제의 인건비가 높아지면서 중소기업을 중심으로 외국인 노동자에 대한 수요가 점점 늘어나고 있다. 또한, 산업화로 인해 도시화가 진행되면서 농촌인구의 도시 이주 역시 급속히 진행되었다. 농경사회의 전통에 따라 농촌에 남은 자녀 중 상당수는 아들인 경우가 많았기 때문에, 농촌 지역의 결혼 적령기 여성이 부족해졌다. 이에 결혼이민자들은 이와 같은 한국사회의 특수성에서 시장의 원리에 따라 결혼소개소 등의 알선으로 한국으로 이주하게 되었다.

그러나, 정부는 '외국인과 더불어 사는 열린 사회'를 구축한다는 비전을 제시하고 있지만, 그 비전을 실현하는 목표, 전략, 정책은 모두 근본적으로 차별적이라는 평가를 받고 있다. 정부는 자본과 기술을 갖춘 고급인력을 국익과 경제의 관점에 적극적으로 수용하는 가운데, 재외동포와 결혼이민자를 민족과 국민으로 포섭하고 단순노무인력과 불법체류자를 적극적인 통제와 관리의 대상으로 배제해 나가는 기본정책을 시행하고 있다. 그러나, 정부는 충분한 논의와 사회적 합의 없이 일방적인 다문화 정책을 펴고, 불법체류자에 대해서는 충분한 대책이 부족한 실정이다. 따라서, 신규 이민자 집단에 대한 이해와 포용 없이 일방적인 입장만 강요할 경우 이민자 집단과 원주민 간의 갈등은 고조될 수밖에 없으므로, 이민과 다문화 가정에 대한 충분한 논의를 거쳐 사회적 합의를 도출할 필요가 있다.

연금제도의 정비

노인 인구의 증가에 따른 사회적 부담의 증가를 미리 예방하기 위해서는 종합적인 노후소득보장체계를 구축하는 것이 중요하다. 고령화로 인하여 발생하는 노인 문제의 대부분이 고령 인구의 소득이 불확실하다는 점에 기인하므로 정부 주도의 연금제도와 같은 노후소득보장체계를 통해 이러한 불확실성을 해소해야 한다. 그러나 다른 한편으로는 급격한 고령화로 인하여 사회적 안전망(social safety net)인 연금제도마저 제 기능을 하지 못할 가능성에 대한 불안감이 팽배해 있다. 따라서 정부는 고령화로 인해 연금재정이 급격히 악화하지 않도록 국민연금제도를 개혁하여야 할 것이다.

먼저 소득대체율(연금수급액 / 퇴직 전 소득액)을 인하하고 보험료율(표준 월 소득 대비 연금보험료) 역시 단계적으로 인상하여 연금재정의 부담을 완화하여야 한다.[18] 또한, 2020년 현재 국민연금의 수급개시 연령은 1952년생 이전의 경우 60세, 1953~56년생은 61세, 1957~60년생은 62세, 1961~64년생은 63세, 1965~68년생은 64세, 1969년생 이후는 65세이다. 그러나, 향후 진행될 급속한 고령화를 고려하면 급여개시 연령을 조정할 필요도 있으며, 동시에 정년 연장과 함께 논의될 필요가 있다.

이와 같은 노력을 통해 국민연금 등 공적연금제도의 안정성을 높임과 동시에 <표 11-7>에 제시된 바와 같이 기업연금 및 퇴직연금, 개인연금 및 주택연금(농지연금) 등의 사적연금을 확충하여 노후소득보장체제를 다층화해야 할 것이다.[19] 다층적 노후소득보장체제에서 국민연금 등 공적연금은 고령 인구의 기초생활을 보장하고, 기업연금 및 퇴직연금은 표준적인 생활을 유지하게 하며, 개인연금은 그보다 더 여유로운 생활을 위한 것이다. 이러한 다층적 노후소득 보장체제는 공적연금의 지속가능성 유지와 함께 연금 사각지대의 해소를 위해 매우 중요하다. 더불어 고령화에 따른 사회보장 지출이 증가함에 따라 재정수지가 악화될 가능성이 높으므로 정부재정의 건전성을 유지하도록 해야 한다. 고령화 진전으로 인한 복지·의료비 등의 지출 증가는 억제하기 어려운 만큼 여타 부문

---

18) 국민연금의 경우 2020년 3월 현재 소득대체율은 40%이며, 보험료율은 9%이다. 2019년 복지부는 '더 내고 더 받는' 개혁안으로 보험료율과 소득대체율 조합을 각각 12%/45%, 13%/50%로 제시하였으나, 제20대 국회와 정부는 국민의 반발을 우려하여 실질적인 논의를 하지 못했다.

19) 기업연금제도(Corporate Pension)는 기업이 독자적으로 또는 근로자와 함께 갹출·적립한 기금을 바탕으로 퇴직 이후 근로자에게 일종의 연금을 지급하는 제도이다. 퇴직연금은 기업이 근로자에게 지급해야 할 퇴직급여(퇴직금)를 회사가 아닌 금융회사(퇴직연금사업자)에게 맡기고 기업 또는 근로자의 지시에 따라 운영하여 근로자 퇴직 시 일시금 또는 연금으로 지급하는 제도이다. 또한, 개인연금(Individual Retirement Pension: IRP)은 근로자가 공적연금이나 기업연금 이상의 연금을 받기 위해 개인 차원에서 적립하는 것이다. 주택연금(농지연금)은 본인이 소유하고 있는 주택이나 농지를 담보로 연금을 지급받을 수 있는 금융상품을 지칭한다.

〈표 11-7〉 다층적 노후소득 보장체제

3층	개인연금, 주택연금(농지연금)
2층	기업연금, 퇴직연금
1층	국민연금
0층	기초연금
빈곤층	국민기초생활보장

자료: 저출산 · 고령사회 위원회(2017)

에서 재정지출 효율성을 높이려는 노력도 요구되고 있다.

고령화시대 신산업의 육성

산업화에 따른 핵가족화 진전 이전에는 대가족 체제에서 자식이 부모를 부양하는 경우가 대부분이었다. 그러나 핵가족화 경향이 심화함에 따라 부모와 자식의 동거 비율이 급격히 감소하고 있고, 인구의 급속한 고령화에 따라 고령 인구의 복지 수요가 급증하고 있다. 따라서 노인층에 특화된 상품 및 서비스를 제공하는 실버산업(silver industry)의 육성이 시급하다. 실버산업은 기본적으로 영리사업이나 공익성이 높고 고용 창출 효과도 크므로 정책적으로 육성할 필요가 있다. 한국의 실버산업 시장 규모는 2000년 17조 원에서, 2005년 27조 원, 2010년 41조 원에서 2020년에는 125조 원까지 성장할 것으로 추정되고 있다. 실버산업을 육성하기 위하여 정부는 행정적 · 재정적 지원체제를 강화하여 민간기업들이 실버산업에 대한 투자를 확대할 수 있는 유인을 제공해야 한다. 아울러 가정 간호사, 노인복지사, 개호복지사(care manager) 등 재가보호 서비스(home care services)의 세부 분야별로 전문인력을 양성하기 위한 자격제도를 마련함으로써 실버 서비스의 질적인 향상도 도모해야 할 것이다.

CHAPTER

12

환경문제와
지속가능한 성장

🎙 삶의 질을 위협하는 미세먼지

　　미세먼지 계절관리제의 효과와 우호적인 기상 여건 및 코로나19 여파로 활동
이 줄어들면서 2020년 상반기에 대기 질이 일시적으로 개선되었지만, 인구의 대
부분이 세계보건기구(WHO)가 규정한 임계값(10μg/m³)을 훌쩍 넘는 농도의 미세
먼지에 노출되어 있다(아래 그림 참조). WHO 기준의 약 두 배에 달하는 서울의
미세먼지 농도는 조기사망률을 큰 폭으로 높이고 아동 건강에 악영향을 미치고
있다. 대기 오염이 심각한 지역의 학교에 다니는 아동의 학습 성과는 그렇지 않
은 아동에 비해 지속적으로 상당히 낮은 수준을 유지한다. 더 심각한 것은 대기
오염이 코로나19의 영향을 악화시킬 가능성이 있다는 것이다. 한국은 미세먼지의
약 절반이 공장, 발전소, 디젤차량 등 국내 오염원에서 나온다. 나머지는 주변 국가
에서 오는 것이다. 미세먼지 문제 해결을 위해 2019년 4월에 독립기구로 출범한
한국의 국가기후환경회의(NCCA; National Council on Climate and Air Quality)의

<국민의 평균적인 미세먼지(PM₂.₅) 노출 농도: OECD 회원국 간 비교(2017년)>

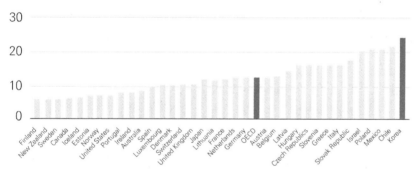

주: 한 국가의 평균적인 미세먼지(PM2.5) 노출 농도는 그 국가의 국민이 일년간 평균적으로 노출
　　되는 미세먼지의 농도를 말함. 이는 지역별 인구를 가중치로 하여 일년간 지역별 미세먼지 농
　　도(μg/m³)를 가중평균한 값이며, WHO는 이 값이 10μg/m³이 넘지 않도록 해야 한다고 권
　　고하고 있음.
자료: OECD(2020), Environment at a Glance Indicators

주요 과제 중 하나는 주변국과의 협력을 강화하여 대기오염과 기후변화 문제를
해결하는 것이다. 2019년에 대기오염이 "사회 재난(social disaster)"으로 지정되
면서 재난관리기금을 긴급히 사용할 수 있게 되었다. 대응사업에는 노후 디젤차
량 교체와 공기청정기 구매 시 보조금 지급 및 재생에너지 지원이 포함되었다.
수도권을 중심으로 대중교통망 확충 계획도 추진되고 있다. 정부는 국내에 오염
원이 있는 미세먼지(PM₂.₅)를 2024년까지 2016년 대비 35% 감축한다는 목표 하
에 석탄화력발전소 폐쇄를 포함한 추가 조치를 시행하고 있지만 노출을 WHO 기

준 아래로 낮추기 위해서는 지속적인 노력을 기울여야 할 것이다.

자료: OECD(2020), OECD 한국경제보고서: 개요, p. 37

1. 환경오염을 원했던(?) 시대

예로부터 우리는 스스로 한국을 "산좋고 물좋고 인심도 좋은 나라"라고 불러 왔다. 여전히 한국이 인심 좋은 나라인지는 모르겠으나, 이제 한국을 산좋고 물좋은 나라라고 부르기는 어렵다는 데 많은 이들이 동의할 것이다. 시내의 하천에서 목욕도 하고 가재도 잡았다는 말은 옛이야기가 되어 버린 것이다. 왜, 누가 이러한 변화를 가져왔는가? 우리는 그 옛 시절로 돌아가기를 원하는가? 대답은 자명하다. 이러한 변화는 경제적으로 더 풍요로운 삶을 갈망했던 우리 스스로 선택하였던 것이다. 또한 우리 대부분은 환경은 깨끗했지만 경제적으로 빈곤했던 그 시절로 돌아기기를 원치 않을 것이다. 이제 우리는 경제적으로 풍요로운 동시에 산과 물도 좋은 나라를 원하고 있는 것이다.

우리 경제는 1960년대부터 급속한 성장과정을 거쳐 왔으나, 환경보전에 대한 인식이 부족하여 경제성장과 더불어 환경오염 문제가 누적되어 왔다. 성장지상주의 경제개발을 추진하는 과정에서 환경오염물질의 배출량이 점증하였고 급기야는 국내 자연의 자정능력을 초과하게 되어 환경문제가 심화되었다. 그러나 소득이 증가함에 따라 쾌적한 환경에 대한 욕구가 증대되었고, 최근에는 환경을 도외시한 경제성장은 의미가 없다는 인식이 확산되고 있다. 그 결과 환경경영을 표방하는 기업들이 늘어나고 있으며, 경제성장과 환경보전을 동시에 달성하기 위한 여러 정책 수단도 등장하고 있다. 이하에서는 한국이 본격적으로 경제개발을 시작했던 시점부터 경제성장과 함께 환경문제가 어떻게 진행되어 왔는지를 살펴보고자 한다.

1960년대는 한국이 경제개발계획을 본격적으로 추진하기 시작했던 시기이다. 경공업을 중심으로 수입대체를 추진하고, 사회간접자본을 확충하였으며, 중공업 육성을 위한 기반을 조성하였다. 이 시기에는 빈곤의 해결이 절체절명의 과제였다. 배고픔을 해결하기 위해서 공장에서 나오는 검은 연기가 하늘을 뒤덮기를 원했던 시대였던 것이다. 경제개발의 초기였고 기본적으로 농업 중심의 산업구조를 보유하고 있었기 때문에 대부분의 환경오염물질은 농약이나 비료에서 발생하였고, 산업 활동의 증가에 따라 배출되는 오염물질이 환경의 자정능력을 초과하지 않았으므로 환경문제는 발생하지 않았다.

 울산시 공업탑 탑문 내용(울산공업센타 기공식 치사문)

사천 년 빈곤의 역사를 씻고 민족 숙원의 부귀를 마련하기 위하여 우리는 이곳 울산을 찾아 여기에 신 공업 도시를 건설하기로 하였습니다. 루르의 기적을 초월하고 신라의 영성을 재현하려는 이 민족적 욕구를 이곳 울산에서 재현하려는 것이니, 이것은 민족 재흥의 터전을 닦는 것이고, 국가 백년대계의 보고를 마련하는 것이며, 자손만대의 번영을 약속하는 민족적 궐기인 것입니다. 제2차 산업의 우렁찬 건설의 수레소리가 동해를 진동하고 공업생산의 검은 연기가 대기 속에 뻗어나가는 그날엔, 국가와 민족의 희망과 발전이 눈앞에 도래하였음을 알 수 있는 것입니다.

빈곤에 허덕이는 겨레 여러분, 5·16 혁명의 진의는 어떤 정권에 대한 야욕이나 정체의 변조에도 그 목적이 있었던 것은 아니었으며, 오로지 이 겨레로부터 빈곤을 구축하고 자손만대를 위한 영원한 민족적 번영과 복지를 마련할 경제재건을 성취하여야 되겠다는 숭고한 사명감에서 궐기했던 것입니다. 이 울산 공업도시의 건설이야말로 혁명정부의 총력을 다할 상징적 웅도이며 그 성패는 민족 빈부의 판가름이 될 것이니, 온 국민은 새로운 각성과 분발 그리고 협동으로서 이 세기적 과업의 성공적 완수를 위하여 분기 노력해 주시기 바라마지 않습니다.

자료: 1962년 2월 3일 국가재건최고회의 의장 육군대장 박정희

1970년대는 중화학공업 중심의 수출지향적 경제개발을 추진했던 시기이다. 경제개발에 가속도가 붙기 시작하면서 철강, 비철금속, 기계, 조선, 석유화학 등 오염물질의 배출이 심한 중화학공업을 중점 육성하였다. 산업화, 특히 중화학공업 부문의 증가에 따라 산업 폐수와 대기 오염물질의 발생량이 점증하였으며, 주요 하천의 오염, 대기질의 악화 등으로 인해 환경문제가 발생하기 시작하였다. 이에 따라 정부는 환경기준 및 배출허용기준의 설정, 환경감시제도의 도입,

오염방지시설의 의무화 등을 규정한 '환경보전법'을 제정하였다. 그러나 여전히 성장지상주의적 경제개발정책으로 인해 환경문제를 해결하기 위한 노력은 미흡하였다.

1980년대는 고속 경제성장이 지속되고, 에너지 사용량이 급속히 증가하여 에너지 집약적인 산업구조가 고착화되기 시작하였으며, 환경은 지속적으로 악화되었다. 1980년대 초에 보건사회부의 외청으로 환경청이 발족되어 환경문제를 관장하는 독립적인 정부조직이 탄생하였다. 그러나 1980년대 중반까지의 환경정책은 우선순위에서 개발정책에 밀려 실질적인 효과를 발휘하지 못하였으며 민간단체가 환경문제를 거론하는 것이 반국가적인 행동으로 간주되는 경우도 있었다. 1980년대 중반에 들어와서는 종래의 산업활동에 따른 환경오염과 더불어 자동차 배기가스, 도시하수, 도시폐기물, 녹지와 자연생태계의 파괴 등 소비생활에서의 환경오염문제도 대두되었다. 이에 따라 1980년대 중반을 넘어서면서 민주화, 경제적 형평 등에 대한 요구의 분출과 함께 쾌적한 환경에 대한 욕구도 급증하게 되었다.

경제성장과 환경오염물질 배출량 간의 관계에 대한 연구에 따르면, 1인당 소득수준이 낮은 경우에는 소득수준이 올라갈수록 오염물질 배출량이 증가하다가 일정 소득수준을 넘어서면 오염물질 배출량이 감소하는 것으로 나타난다. 이를 환경 쿠즈네츠곡선이라 한다. 물론 대상 지역과 오염물질의 종류에 따라 전환점이 되는 1인당 소득수준이 다르게 나타난다. 그러나 환경 쿠즈네츠곡선은 사람들이 소득이 증가함에 따라 단순히 경제적인 풍요로움만을 추구하지는 않는다는 것을 보여준다. 소득이 일정 수준을 넘어서면 사람들은 쾌적한 환경이 경제적인 풍요로움 못지않게 삶의 질을 개선하는 데 중요하다고 인식하는 것이다. 한국의 경우 이와 같은 인식의 변화가 1980년대 후반 이후 나타나기 시작한 것이다.

1990년대에는 1980년대의 산업구조가 유지되면서 환경문제도 더욱 심화되었다. 에너지 집약적인 산업구조가 고착되어 한국은 대표적인 에너지 다소비 국가군에 속하게 되었다. 그러나 소득 증가에 따라 환경문제를 도외시하면서 경제개발을 추진하는 것에 대한 부정적인 인식이 점차 확산되었다. 페놀 유출 사고, 유조선 침몰로 인한 원유 유출 사고 등 몇 차례의 환경사고가 환경문제의 심각성에 대한 인식을 제고시켰으며, 기업들도 환경친화적인 기업경영에 눈을 돌리기

[그림 12-1] 환경 쿠즈네츠 곡선

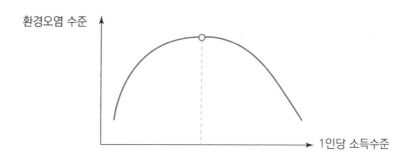

시작하였다. 이러한 인식의 변화를 바탕으로 민간 환경단체의 활동이 활발해지고 그 영향력이 확대되었다. IMF 외환위기가 발생하여 국민소득이 격감하는 시기를 거치면서도 이러한 인식은 확고히 자리 잡았다. 외환위기 발생 직후에도 주요 일간지에 거의 매일 환경관련 기사가 실렸다는 것은 소득이 감소했음에도 불구하고 환경문제에 대한 관심이 줄어들지 않았음을 의미한다.

정부조직에 있어서도 1990년 환경청이 환경처로, 1995년 환경처가 환경부로 격상되었으며, 환경보전기본법의 제정과 더불어 대기, 수질, 환경분쟁 등 분야별로 세분화된 법령이 도입되었다. 환경문제에 대한 인식이 높아지면서 환경관련 분쟁도 증가하고 있으며, 분쟁판정에서도 국민의 쾌적한 삶에 대한 권리를 폭넓게 인정하는 추세이다. 다른 한편으로는 지방자치제가 시행되면서 환경문제와 관련하여 지역간 갈등도 점차 커져가고 있다. 정부는 날이 갈수록 복잡해져 가는 환경분쟁을 처리하기 위하여 환경분쟁조정제도를 마련하였다. 환경분쟁조정은 간편한 절차와 적은 비용으로 사건당사자의 이해관계를 조정하여 쉽게 피해배상을 받을 수 있도록 도와주는 데 목적이 있다.[1]

---

1) 환경조정위원회는 중앙과 지방으로 구분되는데, 중앙위원회에서는 2018년 238건을 처리한 바 있다. 분쟁원인을 보면 소음·진동인 사건이 208건(87%)으로 가장 많았고, 일조피해가 16건으로 그 뒤를 이었다. 피해내용은 정신적 피해가 전체의 70.6%(총 168건)로 높은 비중을 차지한다.

2. 환경문제도 경제문제

환경오염물질이 환경의 자기정화능력을 초과하지 않는 상태에서는 환경문제는 발생하지 않는다. 이러한 상태에서는 환경의 자기정화 서비스를 사용하는 데(환경오염물질을 배출하는 데) 비용을 지불할 필요가 없다. 그러나 환경오염물질이 환경의 자기정화능력을 초과하게 되어 환경문제가 발생하면 누군가가 그에 따른 피해를 입게 된다. 이러한 환경피해를 방지해야 한다는 인식이 확산되면 환경문제를 야기하는 행위를 억제하기 위해 여러 가지 수단과 조치가 도입된다. 결국 환경문제를 해소하려는 여러 움직임은 환경문제를 야기하는 경제활동을 제약하게 되는 것이다. 이 절에서는 우리 국민의 환경의식이 어떠한지를 먼저 알아보고 환경문제가 어떻게 경제문제와 직결되는지를 몇 가지의 대표적인 사례를 통해 살펴보기로 한다.

높아져가는 환경의식

앞 절에서 살펴본 바와 같이 한국에서는 1980년대 중반을 넘어서면서 환경문제가 불거지기 시작하였고 우리 국민의 환경문제에 대한 인식도 변화하기 시작하였다. 국민소득이 증가하고 몇 차례의 환경사고를 겪으면서 환경문제에 대한 인식이 크게 제고되었으며, 환경을 희생하면서 경제개발을 추진하는 것에 대한 부정적인 인식도 높아지고 있다. 우리 국민의 환경문제에 대한 인식을 보여주는 설문조사를 통해 이를 확인해 보도록 하자.

국민환경의식조사는 환경 전반에 대한 국민의 인식과 환경정책에 대한 수요를 파악하기 위해 2012년부터 매년 실시되어 왔다.[2] 이하에서는 2018년 조사결과를 바탕으로 우리 국민의 환경의식 수준, 환경보전과 경제개발에 대한 우선순위 등을 알아본다. 먼저 전반적인 환경문제에 대한 평소의 관심도를 조사한 결과 응답자의 약 74%가 '관심이 있다'(매우 관심 + 관심이 있는 편)고 답하였는데, 이는 2017년 조사결과(약 54%)에 비해 크게 상승한 것이다.

우리나라의 환경 전반 및 부문별 만족도에 대한 설문조사의 경우 '환경 전반'

---

2) 환경정책평가연구원 환경가치연구단 (2018), 환경·경제 통합분석을 위한 환경가치 종합연구: 2018 국민환경의식조사

에 대한 만족도는 5점 척도에서 2.52점으로 나타났다. 가장 낮은 부문은 대기(공기)질에 대한 만족도로 2.05점인 반면, 자연경관(경치)에 대한 만족도가 3.22점으로 가장 높게 나타났다. 지난 설문조사와 비교하여 대기(공기)질에 대한 만족도가 낮아지고 있는데, 미세먼지 문제가 국민의 환경인식에 부정적인 영향을 미쳤던 것으로 보인다.

한편 환경보전에 대한 전반적인 태도를 설문조사한 결과 약 70%의 응답자가 '다소 불편하더라도 환경친화적 행동을 우선한다'라고 답하였다. 이는 일상생활에서 자신이 환경보전을 위한 행동을 하고 있다고 인식하는 국민의 비중이 2/3를 상회한다는 것을 의미한다.

우리나라의 발전을 평가하는 기준에 대한 설문조사에서는 '경제적, 환경적, 사회적 기준을 동일하게 적용해야 한다'는 응답이 약 50%로 가장 높게 나타났다. '2012 - 2017년 국민환경의식조사' 결과와 견주어 보면 '경제적, 환경적, 사회적 기준을 동일하게 적용해야 한다'는 응답 비율이 크게 높아졌으며 '경제적 기준'이나 '환경적 기준'을 우선적으로 적용해야 한다는 응답 비율은 낮아졌다. 이와 같은 설문조사 결과는 한국 국민들이 발전을 평가함에 있어 경제적인 측면과 환경적인 측면을 함께 고려하는 경향이 강화되고 있음을 의미한다. 한편 2014년 유럽연합 28개국에 대해서도 유사한 설문조사(European Commission, 2014)가 실

<그림 12-2> 한국의 발전을 평가하는 기준에 대한 설문조사 결과

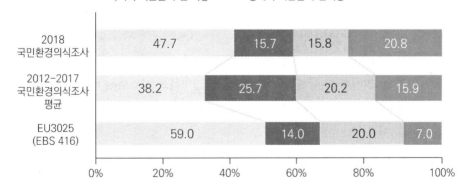

자료: 환경정책평가연구원 환경가치연구단(2018), 환경·경제 통합분석을 위한 환경가치 종합연구: 2018 국민환경의식조사

시되었는데 유럽연합의 경우 '경제적, 환경적, 사회적 기준을 동일하게 적용해야한다'는 의견이 59%로 한국보다 높게 나타났다.

환경을 도외시한 경제개발이 야기한 환경피해

이처럼 우리 국민들의 환경의식이 변화한 것은 환경을 도외시한 경제개발로 인해 환경적 · 경제적 피해가 증가하는 가운데 소득수준의 향상에 따라 쾌적한 환경에 대한 욕구가 커지고 있음을 반영한다. 경제개발에 따라 발생하는 환경피해 사례는 매우 포괄적이고 다양하다. 아래에서는 대표적인 사례로서 간척사업에 따른 환경적 · 경제적 피해를 살펴보도록 하자.

이제까지 경제개발의 일환으로 다양한 국토개발사업이 추진되어 왔다. 간척사업으로 추진된 시화호와 새만금 사업도 대표적인 국토개발사업의 사례이다. 그러나 이러한 간척사업은 상당한 환경적 · 경제적 피해를 이미 유발하였거나 유발할 우려가 있는 것으로 평가되고 있다. 먼저 시화호 담수화 사업은 환경영향평가조차 하지 않은 채 1987년 4월 경기도 안산시 오이도와 대부도를 잇는 물막이 공사로 시작되었다. 1994년 1월 제방이 완공돼 1700만 평 규모의 담수호가 생겨났다. 시화호 사업에는 4,930억 원의 막대한 예산이 투입되었으나 불과 2년 뒤인 1996년 4월 담수의 오염 악화로 악취가 진동하면서 주민과 환경단체들의 비난이 거세지자 수자원공사가 갑문을 열어 오염된 물을 인근 바다로 방류하였다. 방류 이후 뒤늦게 폐수정화 등 환경시설을 확충하느라 2,000여 억원이 추가로 소요되었으며, 1996년부터 2005년까지 4,500억원의 수질개선 예산이 소진되었다.

시화호 사례와 유사한 새만금사업은 농지 28,300ha와 담수호 11,800ha의 수자원을 확보하여 미래의 식량 부족, 물 부족 시대에 미리 대비할 목적으로 정부가 1991년부터 추진하였던(전북 부안에서 군산 앞바다의 비응도를 연결하는) 간척사업이다. 1996년 시화호 오염이 사회적으로 문제가 되면서 환경단체 등이 새만금호의 수질 문제를 제기함에 따라 정부는 사업을 일시 중지하고 환경문제에 대한 중간점검과 필요한 추가대책 등을 마련하기 위해 민관공동조사단을 구성하여 새만금호의 경제성, 갯벌의 가치, 수질, 해양환경 등을 조사하였다. 이 과정에서 사업을 계속 추진하려는 정부 당국 및 해당 지자체와 새만금 간척사업에 따른 환경 악화를 이유로 공사 중단을 요구하는 시민단체가 첨예하게 대립하였다. 대

법원의 사업추진 판결에 따라 2006년 4월 방조제 물막이공사가 완료되었으나 여전히 개간지의 활용 방식에 대한 논란이 이어지고 있다.

 갯벌? 황금벌!… 우리나라 연안 가치 무려 16조

'농지의 100배' 가치 지닌 갯벌

갯벌을 보전해야 하는 이유나 필요성은 갯벌의 경제적 가치만 봐도 명확히 드러난다. 2012년 시행된 '2단계 연안습지 기초조사' 보고서를 보면 갯벌 1㎢에서 파생되는 경제적 가치는 63억 1,000만원에 이른다. 한국의 전체 갯벌 면적이 2487.2㎢인 점을 감안하면 총가치는 약 16조 원에 달할 것으로 추산된다. 갯벌은 바지락, 낙지 등의 수산물 생산기능, 생태관광과 연계한 여가 제공기능, 바닷물 정화기능, 철새 등의 서식처 제공기능을 복합적으로 갖고 있다. (중략) 갯벌을 메워 농지나 산업용지로 쓰던 과거 개발정책이 '보전'에 초점을 맞추는 쪽으로 전환될 수밖에 없는 이유도 여기에서 찾을 수 있다. 한국의 서해안과 남해안에 펼쳐진 갯벌은 북유럽의 바덴해(Wadden Sea)와 함께 세계 5대 갯벌로 분류된다. (중략)

서울 면적 2배 보호습지 지정…세계유산 신청

사실 한국은 갯벌을 간척·매립하는데 주력했다. 산업화 시대에는 더 그랬다. 1987년부터 2013년까지 간척·매립 등으로 사라진 갯벌은 전체의 22.4%(약 716㎢)나 된다. 한번 훼손된 갯벌은 되살리기 어렵다. 해수부가 2010년부터 '역(逆)간척'이라 불리는 갯벌 복원사업을 하고 있지만 지금까지 복원한 갯벌은 1.08㎢에 불과할 정도다. 이 때문에 정부는 2001년부터 습지보호지역을 지정해 무분별한 개발을 막는 등 남은 갯벌 보존에 상당한 공을 들이고 있다.

갯벌의 경제적 가치(km^2 기준)

항목	가치
보존가치	20억 3,000만원
수산물 생산기능	17억 5,000만원
수질 정화기능	6억 6,000만원
여가 제공기능	2억 5,000만원
서식처 제공기능	13억 6,000만원
재해 방지기능	2억 6,000만원

합계 63억 1,000만원

정부는 한발 더 나아가 갯벌의 유네스코 세계유산 등재를 신청할 계획이다. 지금까지 세계유산으로 등재된 갯벌은 바덴해가 유일하다. (중략) 해수부는 독일의 랑어욱섬을 사례로 든다. 바덴해 연안에 위치한 랑어욱섬에는 약 2,000명의 주민이 살고 있다. 1923년 시작된 간척사업으로 섬이 황폐화됐었지만 86년부터 간척사업을 중단하고 제방을 터 갯벌 생태계를 복원했다. 이 갯벌을 보러 여름이면 랑어욱섬을 찾는 관광객 수만 하루 평균 10만명을 웃돈다. (중략) 정부는 내년 말까지 5년 단위로 관리계획을 수립할 방침이다. 보호지역별로 생태자원을 발굴하고, 해양생태계 보전을 바탕으로 창출되는 경제적 이익을 지역주민이 공유하는 '선순환 관리구조'를 담을 계획이다.

자료: 국민일보, 2018.09.08.

마찬가지로 2009년부터 2012년까지 4대강의 수자원 이용가치 제고를 목표로 추진되었던 4대강 개발사업도 약 23조 원에 달하는 개발비용이 투입되었음에도 불구하고 환경피해에 대한 우려가 지속적으로 제기되고 있는 사례이다. 2009년 국토해양부는 기후변화에 대비하여 수자원 확보와 홍수대책을 마련하고, 오염물질 유입과 갈수기 수량 부족 등으로 인한 수질 및 생태계 악화를 방지하며, 일자리 창출과 지역경제 활성화를 추진할 필요가 있다며 하천정비사업과 수질개선사업 등으로 구성된 「4대강 살리기 마스터플랜」을 발표하였다. 이 마스터플랜에서는 4대강 사업을 추진하면 물 부족과 홍수피해를 근본적으로 해결하고, 수질을 개선하며 하천복원으로 건전한 수생태계를 조성하고, 국민 여가문화와 삶의 질을 향상시키는 등의 사업효과가 기대된다고 하였다.[3] 사업이 완료된 이후 4차례에 걸쳐 4대강 사업의 여러 측면에 대한 감사가 시행되었다. 2018년 발표된 4차 감사보고서는 4대강 사업의 결정(4대강 마스터플랜 수립과정, 수질개선대책 수립과정, 재원조달방식 등의 적절성), 사업추진 절차(법정계획 수립, 환경영향평가, 예비타당성조사 등의 적절성), 사업의 집행(사업비 관리 및 집행, 시설물 안정성 및 유지

---

3) 2008년 추진되었던 대운하 사업이 중단된 이후 국토해양부는 2009년 6월 이상기후로 인한 홍수·가뭄 등에 대비한다는 명목으로 4대강 살리기 마스터플랜을 수립·발표하였다. 이후 위 마스터플랜 사업내용을 하천기본계획 등 관련 법정계획에 반영하고 예비타당성조사·환경영향평가 등 사전절차와 공사 발주·입찰 등을 거쳐 2009년 10월부터 주요 공사에 본격 착공하였다. 마스터플랜에 따르면 구 국토해양부·환경부 등이 4대강 본류에 시행하는 사업은 2011년까지 완료할 계획이었으나 실제로는 2012년 말 주요 공사가 완공되었다. 감사원 (2018)에서 인용.

관리의 적절성) 등에 대한 감사 결과와 4대강 사업의 성과 분석 결과를 발표하였다. 4차 감사보고서는 4대강 사업의 설계 단계부터 사업의 세부사항(강 최저수심, 조기 착공 및 완공, 환경영향평가 기간 단축 등)에 대한 충분한 검토가 이루어지지 않았음을 지적하였다. 또한 성과 분석을 통해 4대강 사업의 경제성을 분석한 결과 2013년을 기준으로 50년간의 총편익(홍수피해 예방, 수질개선, 수력발전 및 골재 판매 등)은 6.6조 원인 반면, 총비용(사업비, 유지관리비, 재투자)은 31조 원으로 나타나 사업의 경제성이 매우 미흡(비용 대비 편익 비율이 0.21)한 것으로 분석되었다. 그럼에도 불구하고 여전히 사업의 입안 및 시행 과정에 있어서의 절차적인 문제와 더불어 사업의 개발 효과(다기능 복합공간 확보, 홍수 방지와 용수 확보 등)와 환경 피해(수질 저하, 생태계 파괴 등)에 대한 논란이 지속되고 있다.

기업활동과 가정생활에서 반드시 발생하는 환경문제

생산 및 소비 활동 과정에서도 수질오염, 대기오염, 산업폐기물, 소음 등의 다양한 환경피해가 발생한다. 우리 경제는 수출에서 환경오염물질을 다량으로 배출하는 석유화학, 철강 등의 중화학산업 부문이 차지하는 비중이 높다. 따라서 고도성장 과정을 거치면서 기업활동에 따른 환경오염물질 발생량은 지속적으로 증가되어 왔으며, 1980년대 중반을 넘어서면서 이로 인한 환경문제의 심각성이 지속적으로 지적되었다. 그 가운데 결정적으로 그 심각성을 일깨운 상징적인 사건이 1990년대 초에 발생한 D전자의 페놀유출사고이다. 이 사고에 대해 피해보상을 요구한 신고 건수는 1,958건, 액수는 24억 5천만원에 이르렀다. 임산부 8명이 자연유산, 임신중절 등으로 인한 정신적·신체적 피해보상을 요구하기도 하였다. 또한 민간 환경단체를 중심으로 D식품에 대한 불매운동이 전국적으로 전개되었다. 결국 D그룹은 이 사건으로 인해 시장점유율의 하락과 함께 기업 이미지에 큰 타격을 입게 되었다. 이후 기업들은 환경문제에 큰 관심을 보이게 되었으며 환경경영을 표방하는 사례도 증가하고 있다.

낙동강 페놀오염 사건

두 번에 걸쳐 일어난 낙동강 페놀오염사건은 한국의 대표적인 수질오염 사건이다. 페놀은 유독물로 피부암과 생식이상을 일으키고 태아에도 영향을 끼치는 유해물질이다. 1차 페놀오염은 1991년 3월 16일 구미공단 D전자에서 페놀 원액이 파손된 파이프를 통해 낙동강으로 유입되어 발생하였다. 정수장에서는 페놀 원액의 유입 사실을 모르고 염소 투입량을 늘렸다. 이 결과 염소와 페놀이 반응하여 클로로페놀을 생성, 악취가 심하게 발생하였다. 오염된 정수장 물이 대구시 거의 모든 지역에 식수로 공급되어, 이 물을 식수로 마신 일부 주민들은 두통과 구토증세를 보이기도 하였다. 2차 페놀오염은 D전자가 다시 조업을 시작한 지 5일 만인 4월 22일 발생하였다. 부실 보수공사로 인해 페놀탱크 파이프 이음새 부분이 파열되어 페놀 원액 1.3톤가량이 낙동강으로 유입되면서 대구지역에 다시 식수공급이 중단되었다.

1990년대에 들어오면서 기업활동에 따른 환경문제를 해소하기 위해 다양한 환경 규제가 도입되었다. 이전에는 직접적으로 기업의 환경설비 요건을 규정하거나 오염물질 배출량을 제한하는 직접 규제(command and control)가 환경 규제의 대부분을 차지하였다.[4] 그러나 1990년대 초부터 환경오염물질 배출량에 따라 부과금을 책정하는 배출부과금제도, 사용된 후에 환경오염을 야기할 가능성이 있는 제품에 적용되는 제품부과금제도와 폐기물의 재활용을 촉진하기 위한 생산자책임재활용제도 등이 시행되고 있으며 그 적용 범위가 확대되고 있다.[5]

한편 세계 주요 국가들이 온실가스 감축을 포함하여 여러 환경문제를 해결하기 위한 정책수단으로 배출권거래제(ETS: Emission Trading System)를 활용하는

---

4) 환경문제를 해결하기 위한 정책수단으로는 정부 당국의 지시·통제로 구성되는 직접 규제와 시장기능을 활용하는 경제적 유인수단(economic instruments)이 있다. 경제적 유인수단이란 환경문제를 야기하는 오염물질이나 제품에 세금 또는 부과금을 적용함으로써 경제주체들이 환경오염을 줄이도록 유인하는 수단으로 피구세(Pigouvian tax)가 가장 고전적인 형태이다.

5) 한국의 배출부과금은 대기 및 수질 오염물질을 배출하는 업체에 대하여 정해진 기준에 따라 배출량 단위당 부과금을 납부하도록 하는 제도이다. 따라서 배출부과금은 배출업체가 오염물질을 배출하기 위해 지불해야 하는 가격이라 할 수 있다. 한편 생산자책임재활용제도는 생산자에게 제품의 소비 후에 발생하는 폐기물의 재활용에 대한 의무를 부과하여 생산단계에서부터 폐기물의 재활용까지를 고려하여 제품을 디자인하고 포장재의 사용도 줄이도록 유도하는 제도이다.

사례가 늘고 있다.[6] 2015년 파리협정의 타결로 기후변화에 대처하기 위한 신기후체제가 출범하였는데, 이에 발맞추어 한국도 온실가스 감축 목표를 2030년 BAU 배출량의 37%로 결정하였다.[7] 한국은 온실가스 감축을 위하여 여러 정책 수단을 활용하고 있는데, 시장메카니즘을 활용하여 보다 효과적으로 온실가스 배출량을 줄이기 위한 배출권거래제가 그 중 하나이다.[8]

온실가스 배출권거래제는 배출권 할당대상 업체들에게 배출권을 할당하고 업체들간의 배출권 거래를 허용하는 제도이다.[9] 한국은 온실가스 감축 로드맵 및 배출량 목표치를 고려하여 배출허용총량과 배출권 할당량을 설정하였는데, 온실가스 예상배출량의 약 70~80%에 해당하는 배출권이 배출권거래제 대상업체들에게 할당되었다.[10] 배출권을 할당받은 업체들은 자신이 보유한 배출권의 양에 맞추어 온실가스를 배출할 수 있는데, 배출량을 많이 감축하여 배출권이 남는 업체는 다른 업체에게 잔여 배출권을 판매할 수 있고, 배출권 할당량을 초과하여 온실가스를 배출하고자 하는 업체는 다른 기업으로부터 부족한 배출권을 구입할 수 있도록 허용하는 것이다. 업체들은 자신의 온실가스 배출감축 비용과 배출권 가격을 고려하여 자신에게 가장 유리한 수준의 배출량을 결정하게 된다. 따라서 할당대상 업체들의 온실가스 총배출량은 통제되면서 온실가스 배출량을 줄이기 위한 비용은 절감되는 효과가 나타난다. 또한 온실가스 배출량

---

6) 2020년 현재 배출권거래제도는 국가군(EU회원국＋아이스랜드, 리히텐슈타인, 노르웨이), 개별 국가(대한민국, 스위스, 뉴질랜드 멕시코, 카자흐스탄), 국가 내의 일부지역(미국의 일부 주, 중국의 일부 도시, 일본의 일부 도시 등)에서 시행되고 있으며, 향후 배출권거래제를 도입할 예정이거나 도입을 고려하고 있는 국가도 다수 있다. International Carbon Action Partner－ship(2020), *Emission Trading Worldwide* 참고

7) 온실가스로는 이산화탄소(CO_2), 메탄(CH_4), 아산화질소(N_2O), 수소불화탄소(HFCS), 과불화탄소(PFCS), 육불화황(SF_6) 등이 있다. BAU는 Business As Usual의 약자이며, BAU 배출량은 별다른 감축노력이 없는 경우의 배출량을 말한다.

8) 산업계, 시민단체 등 각계의 의견수렴을 거쳐 2012년 「온실가스 배출권의 할당 및 거래에 관한 법률」이 제정되었고, 2015년부터 온실가스 배출권거래제가 시행되고 있다.

9) 배출권 할당대상 업체는 기준연도 연평균 온실가스 배출량이 125천톤 이상인 업체 또는 25천톤 이상인 사업장의 해당 업체이다. 온실가스 감축 로드맵에 따라 배출허용 총량을 설정하고, 과거 배출량 또는 배출효율을 기준으로 배출권을 대상업체에게 할당한다. 과거 배출량 기준(Grandfathering): 과거 온실가스 배출량에 따라 할당하는 방식. 배출효율 기준(Benchmark): 배출시설의 배출원단위를 기준으로 할당함으로써 제품 생산량이 동일하나 온실가스 배출량이 적은 배출시설에게 상대적으로 많은 배출권을 할당하는 방식.

10) 2015년 배출권거래제의 출범 당시에는 23개 업종 520여 개의 업체에 배출권이 할당되었다.

감축을 위한 투자를 통하여 할당량 이하로 온실가스를 배출하는 업체는 잉여 배출권을 판매하여 수익을 거둘 수 있으므로 배출권거래제는 대상업체의 배출량 감축을 위한 투자를 유도할 수 있다.[11]

기업 입장에서 볼 때 이러한 환경정책수단들은 기업활동에 대한 제약으로 작용한다. 기업들은 원자재 조달, 생산, 판매 등의 의사결정을 할 때 정부가 시행하는 여러 환경정책수단들을 고려해야 한다. 기업들이 환경정책수단을 따르는 과정에서 오염물질 배출량을 줄이고 환경관련 부과금을 납부해야 하는 등 추가적으로 경제적인 비용을 부담하게 되는 것이다. 이제 기업들은 비용을 부담하지 않고서는 환경오염물질을 배출할 수 없게 되었으며, 더욱이 환경관련 각종 부과금 및 부담금의 수준이 지속적으로 상승하고 있어서 기업들은 이에 적응하기 위한 노력을 강화해 나가야 할 것이다.[12]

---

11) 본 단락의 내용은 환경부 홈페이지의 배출권거래제도에 대한 설명을 참고하였다.

12) 2015년 온실가스 배출권거래제가 도입된 이래 2015~2017년의 1차 계획기간과 2018~2020년의 제2차 계획기간이 진행되었는데, 2019년까지 거래량이 20배 증가하였고 배출권 가격은 점진적으로 상승하였다. 배출권거래제를 통해서 관리되는 온실가스 배출량은 2017년 기준 전체 온실가스 배출량의 80% 내외이며 그 비중은 점차 증가하고 있다. 그러나 1차 계획기간의 배출권 무상 배분으로 인해 대상 업체들의 탄소효율성 개선 효과가 미흡하였다. 대상 업체들이 배출권거래제를 단지 규제 의무의 이행 수단으로만 인식하여 시장을 활용한 감축 투자가 활발하지 못하고 감축설비 설치, 기술 개발 등에 미온적인 모습을 보이고 있다. 또한 해당 업체들은 1차 및 2차 계획기간이 3년으로 짧아서 장기 감축 투자계획을 추진하기 어렵고 정부 정책의 장기적인 일관성이 부족하다는 문제점을 지적하고 있다. 이에 따라 2021년부터 시작되는 배출권거래제 3차 계획기간부터는 계획기간을 5년 단위로 늘려 배출허용총량을 결정하고, 무상할당 업종에 대한 기준을 개선하며 유상할당 비율을 확대할 계획이다. 2025년에는 감축목표, 배출권 가격 등을 감안하여 배출권의 10% 이상을 유상으로 할당할 예정이다. 국회예산정책처(2020), "지속성장을 위한 기후변화 대응전략" 참고.

〈그림 12-3〉 배출권거래제의 작동 원리

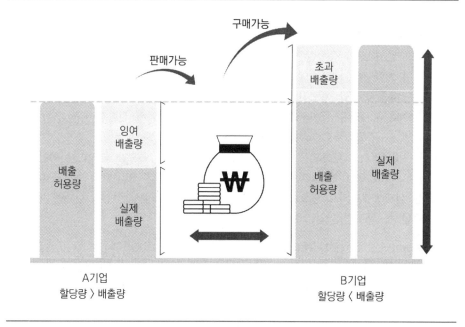

일반 가정에서도 다양한 환경오염물질을 배출하는데, 가장 큰 부분을 차지하는 것이 생활쓰레기이다. 일회용 플라스틱 용품의 소비가 지속적으로 확대되고, 택배를 위한 포장재가 과도하게 사용되고 있는 것도 생활쓰레기의 배출량 증가로 이어지고 있다. 쓰레기는 매립 또는 소각 처리되는 과정에서 경제적 비용을 유발한다. 1990년대 중반까지만 해도 일반 가정은 쓰레기를 배출하는 데 비용을 거의 부담하지 않았으며, 그에 따라 생활쓰레기 배출량은 지속적으로 증가하였다. 1995년 도입된 쓰레기종량제는 이러한 상황을 바꾸는 데 큰 기여를 하였다. 쓰레기종량제가 시행됨에 따라 일반 가계도 이제는 환경문제를 야기하는 것에 대해 경제적 비용을 부담하게 된 것이다. 쓰레기종량제 시행 이후 쓰레기 발생량은 지속적으로 감소하고 있다. 매립지 쓰레기 반입량의 감소로 쓰레기 처리비용이 절감되었으며, 재활용량이 증가하는 등 생활양식이 쓰레기 배출량을 줄이고 재활용을 늘리는 방향으로 변화하고 있다.[13]

---

13) 쓰레기 종량제의 생활쓰레기 발생량, 재활용량 및 경제적 이익에 대한 분석은 환경부(2014), 「쓰레기 수수료 20년: 종량제 성과평가 및 개선방안 마련 연구」 참고

chapter 12 환경문제와 지속가능한 성장 **353**

세계 1위 파운드리 TSMC가 풍력 전기 쇼핑 나선 이유는

대만에 본사를 둔 세계 1위 반도체 파운드리 업체인 TSMC는 지난 7일 덴마크 국영 외르스테드와 풍력발전 전기 공급계약을 맺었다. 20년 동안 전기를 공급하는 장기 계약이다. 외르스테드는 대만에서 50㎞ 떨어진 해안에 2025년까지 풍력발전 단지를 건설할 예정인데, 이곳에서 생산한 전기를 TSMC에 공급할 예정이다. TSMC 부사장은 "TSMC는 물론 대만 에너지 전략에서 전환점이 될 것"이라고 말했다. (중략) 글로벌 기업을 중심으로 재생에너지 도입 경쟁이 속도를 내고 있다. 'RE100'으로 대표되는 기업의 재생에너지 전환에 속도가 붙었다는 평가다. 재생에너지 100%(Renewable Energy 100%)의 줄임말인 RE100은 풍력과 태양광 등 신재생에너지로 필요한 에너지를 모두 충당하는 캠페인이다. 현재는 애플과 구글 등 글로벌 기업 200여곳이 참여하고 있다. (중략)

SK하이닉스도 애플과 손잡고 친환경 에너지 전환에 속도를 내고 있다. 애플이 최근 공개한 '공급사 클린 에너지 2020 프로그램'에 따르면 SK하이닉스는 애플의 클린 에너지 계획에 참여하는 71개 파트너사 중 하나로 이름을 올렸다. SK하이닉스의 파트너사 참여는 올해가 처음으로, 애플 공급사인 한국 기업 중 유일하다. SK하이닉스 관계자는 "해외 사업장을 기준으로 100% 재생에너지를 사용하는 계획을 추진하고 있다"고 말했다. (중략)

애플은 2018년 재생에너지 100%를 선언했다. 팀 쿡 애플 최고경영자(CEO)는 "애플의 모든 매장과 법인 사무실은 100% 재생에너지로 구동된다"고 말했다. 애플이 에너지 프로그램을 매년 공개하는 건 글로벌 협력사 압박용이다. 애플은 지난 4월엔 "2030년까지 부품 공급과 최종 상품 조립 등에서도 재생에너지 사용 100%를 달성하겠다"고 선언했다.

국내는 어떨까. 재계에선 국내 기업에 RE100을 도입하기 위해선 법 개정이 필요하다는 주장이 나온다. 현재 전기사업법에 따르면 전기판매사업은 한국전력이 독점하고 있다. 재계 관계자는 "한전이 석탄·원자력·재생에너지로 생산한 전기를 모아 한꺼번에 판매하고 있어 국내에선 RE100 달성을 위한 재생에너지 비율을 계산할 수 없는 상황"이라고 말했다. 이에 따라 국회에선 한전을 거치지 않고 전기를 거래할 수 있는 전기사업법 개정안이 최근 발의됐다. 국회를 통과할 경우 전기 판매 시장이 크게 변화면서 RE100 도입도 속도를 낼 것으로 보인다.

자료: 중앙일보, 2020. 7. 28.

개선되어야 할 한국경제의 환경친화도

이상에서 개략적으로 살펴본 바와 같이 환경을 도외시한 경제개발, 기업활동과 가정생활 등 경제주체의 모든 경제활동에서 환경문제가 발생하며, 이를 해소하는 데는 경제적 비용이 든다. 선진국 진입의 문턱에 있는 우리 경제는 앞으로 환경문제와 관련하여 계속 경제적 비용을 지불해야 할 것인가? 이를 가늠해 보기 위해 경제활동과 관련된 몇 가지 환경지표를 살펴보기로 하자.

먼저 환경오염물질의 배출과 밀접한 관계를 지니는 에너지 사용량과 관련하여 우리 경제의 현 상태를 가늠해 보자. 2000년대 전반에는 OECD 평균보다 낮았던 한국의 1인당 에너지 사용량이 2017년에는 OECD 평균을 크게 상회하고 있다. 이는 한국의 GDP 규모가 꾸준히 확대되고 국민소득 수준이 향상됨에 따라 에너지 소비량이 빠르게 증가하고 있음을 의미한다. 한편 에너지 원단위(energy intensity)는 경제활동에 따른 에너지 사용의 효율성을 나타내는 지표인데, 한국의 에너지 원단위는 꾸준히 낮아지고 있다.[14] 그러나 <그림 12−4>에서 알 수 있듯이 2017년 한국의 에너지 원단위는 OECD 회원국 평균치의 약 2배 수준이며, 이는 한국이 1달러의 부가가치를 생산하는 데 OECD 회원국 평균보다 약 2배에 달하는 에너지를 사용하고 있다는 것을 의미한다. 또한 <그림 12−5>에 나타나 있듯이 전체 발전량에서 재생에너지에 의한 발전량의 비중이 OECD 평균과 비교하여 매우 낮다. 이는 한국이 여전히 친환경 에너지의 발굴 및 사용에 있어 매우 미흡한 단계에 있음을 보여준다.

---

14) 에너지 원단위는 GDP 1달러를 생산하는데 소요되는 에너지량으로 계산되며, 에너지량은 TOE (Tons of Oil Equivalent), 즉 석유환산톤으로 측정된다. IEA(2019), World Energy Balances 2019 참조.

〈그림 12-4〉 에너지 사용량과 원단위의 국가간 비교(2017년)

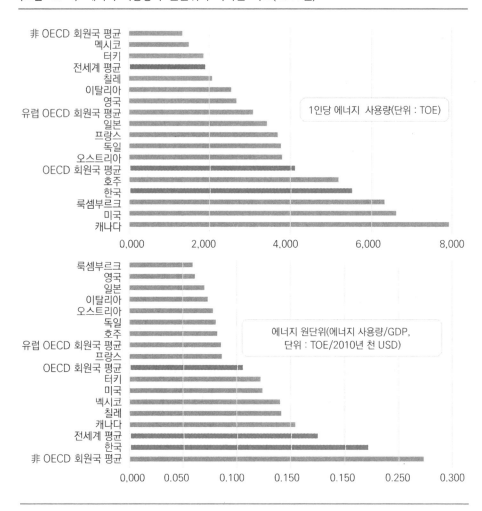

자료: IEA(2019), World Energy Balances 2019

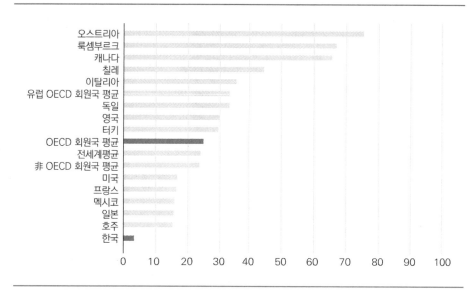

자료: IEA(2019), World Energy Balances 2019

이와 더불어 경제활동과 관련하여 주요 대기오염물질이 어느 정도 배출되고 있는가를 알아보는 지표로 GDP 대비 주요 대기오염물질 배출량을 살펴보면 <그림 12-6>과 같다. 그림에서 알 수 있는 바와 같이 2017년 한국의 GDP 대비 질산화물(NOx)과 이산화탄소(CO_2)의 배출량은 OECD 평균치를 크게 상회하고 있다. 즉 GDP 1달러를 창출하는 데 한국은 OECD 평균치보다 많은 양의 질산화물과 이산화탄소를 배출하고 있는 것이다. 이는 에너지 원단위와 함께 우리 경제가 주요 선진국에 비해 환경친화적인 경제구조를 지니고 있지 못함을 의미한다. 향후 한국도 선진권 경제로 진입함에 따라 에너지 원단위나 GDP 대비 오염물질 발생량이 감소하게 될 것으로 예상할 수 있다. 그러나 이러한 변화는 우리 경제의 환경적 효율성이 높아져야만 달성될 수 있으며, 그 과정에서 환경규제는 더 강화될 것이고 그에 따라 경제주체가 부담해야 할 경제적 비용 또한 증가할 것이라는 점을 쉽게 예상할 수 있다.

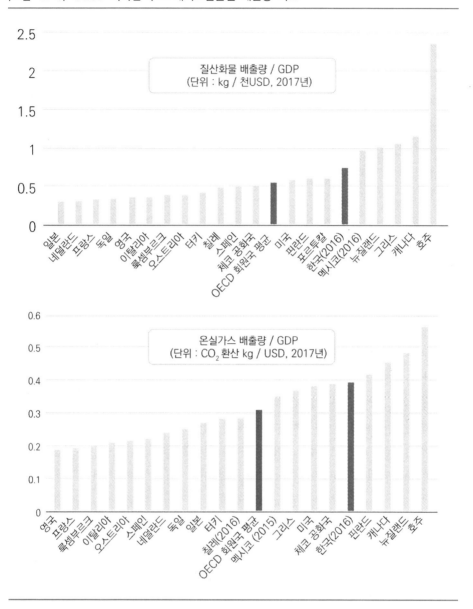

〈그림 12-6〉 OECD 국가간 주요 대기오염물질 배출량 비교

자료: OECD(2019), Environmental Indicators at a Glance

3. 국경을 넘어서는 환경문제

경제활동의 세계화와 함께 환경문제의 성격도 변화하고 있다. 환경문제의 세계화라는 말이 나타내듯이 환경문제가 광역화하고 있으며, 제품의 전주기(life-cycle), 즉 원료 채취, 생산, 유통, 소비, 폐기 등 모든 단계에서의 환경문제가 관심의 대상으로 떠오르고 있다. 과거 환경문제는 환경오염이 발생하는 국가에 국한된 것이었다. 낙동강의 수질오염, 공단지역의 대기오염 등이 대표적인 예이다. 그러나 전 세계적으로 급속한 경제 개발과 교류가 이루어짐에 따라 국경을 넘어서 이동하는 환경문제가 대두되었다. 한국의 경우 중국으로부터 오는 것으로 추정되는 미세먼지, 황사, 서해 오염 등의 환경문제가 그것이다. 1980년대 이후에는 지구적인 환경문제가 세계적인 주목을 받고 있다. 오존층 파괴, 기후변화 등 지구상 모든 국가에 영향을 미치는 환경문제가 부각되었기 때문이다. 이러한 환경문제를 해소하기 위한 국제적 노력으로서 각종 국제환경협약이 체결되어 다양한 대책이 논의되고 있다. 국제환경협약이 담고 있는 주요 내용으로는 해당 환경문제를 야기하는 오염물질의 사용 제한, 오염물질 및 제품에 대한 무역규제, 개도국에 대한 재정·기술지원 등이 있다 또한 WTO를 중심으로 무역과 환경을 연계하여 환경문제를 이유로 무역을 제한하는 조치를 도입하려는 움직임도 있다. 이하에서는 이러한 문제에 대해 고찰해 보기로 한다.

봄날을 뒤덮는 모래바람

황사는 중국과 몽골 지역의 고비사막에서 발생하는 가는 모래로 편서풍을 타고 중국을 거쳐 한반도와 일본으로 이동하여 건강과 산업, 교통 부문 등에서 경제적인 피해를 야기한다. 개인들이 직접적으로 느끼는 황사의 피해는 호흡기계, 안과 등의 질환이 증가하는 것이다. 이와 더불어 공기정화기, 마스크 등의 구입, 황사 이후 세탁, 청소 등을 위한 추가적인 비용이 발생한다. 또한 황사가 발생하는 기간 동안 실외활동이 제약됨으로 인해 입게 되는 간접적인 손실도 존재한다. 이와 같이 개인들의 피해를 추정한 연구결과에 따르면 연구자별로 다소 차이가 있기는 하지만 대략 연간 1~6조원의 피해비용이 발생하는 것으로 나타나고 있다. 산업부문에서는 황사의 영향을 받을 것으로 추정되는 11개 업종을 대상으로 설문조사를 실시한 결과 황사가 조사대상 기업의 생산활동에 영향을 미친다는 답변이 56%에 달하였다. 특히 전자, 유리, 정밀기기 등의 산업부문에서는 황사가 발생하는 시기에 불량 발생률이 증가하는 것으로 나타나고 있다. 교통 부문에서는 황사먼지에 의한 시정장애와 강풍으로 항공기와 선박의 운항이 제한되는 피해가 발생하고 있다.[15]

삶의 질을 위협하는 미세먼지

2000년대 이후에는 입자의 크기가 매우 작은 미세먼지의 대기 중 농도가 상승하면서 미세먼지가 핵심적인 대기오염문제로 대두되었다.[16] 황사는 자연적으로 생성된 모래와 흙먼지로서 칼륨, 철분 등의 토양 성분으로 이루어져 있는 반면, 미세먼지는 산업시설, 발전시설, 자동차 배기가스 등에서 발생하는 중금속, 유해 화학물질 등이 들어 있다는 점에서 차이가 있다. 미세먼지에 비해 입자의 크기가 큰 황사도 건강, 산업상의 피해를 야기하지만, 입자의 크기가 매우 작은 미세먼지는 잘 보이지 않으며 인체에의 침투가능성이 높아서 국민이 누리는 일상생활의 질을 위협하고 있다.

미세먼지는 흙먼지, 꽃가루 등에서 자연적으로 발생하기도 하지만, 경제활동이 증가하면서 연료 연소(산업·발전시설, 자동차 등)에 따른 배기가스에 포함된 미세먼지, 건설현장, 도로 등에서의 발생하는 비산먼지 등 인위적으로 발생하는 미세먼지가 전체 발생량의 대부분을 차지한다. 미세먼지는 직접 배출(1차 배출)과 간접 배출(2차 생성)을 통해 배출되는데, 1차 배출은 경유자동차, 공장 발전소 등에서 배기가스 또는 매연의 형태로 배출되는 것이며, 2차 생성은 황산화물(SOx), 질소산화물(NOx), 휘발성유기화합물($VOCs$) 등이 배출된 후 대기 중에서 화학반응을 거쳐 미세먼지로 전환되는 것이다.

---

15) 강광규 외(2004), 신영철(2005) 등 참고

16) 미세먼지는 입자의 크기에 따라 PM_{10}과 $PM_{2.5}$로 나뉘는데, PM10은 직경이 $10\mu m(1/1000mm)$보다 작은 먼지(꽃가루, 곰팡이 등의 직경과 유사한 크기)이며, $PM_{2.5}$는 직경이 $2.5\mu m$보다 작아서 사람 머리카락 직경의 1/20~1/30보다도 작은 먼지이다. 한국의 미세먼지(PM_{10}) 농도는 2002년 $76\mu g/m^3$에서 2012년 $41\mu g/m^3$으로 개선된 이후 2013년부터 다시 $45\sim46\mu g/m^3$으로 증가하였다. 2015년부터 환경정책기본법의 대기환경기준에 추가하여 관리중인 초미세먼지($PM_{2.5}$) 농도는 2018년 전국 $23\mu g/m^3$, 서울 $23\mu g/m^3$으로 WHO 권고기준($10\mu g/m^3$) 및 선진국 주요도시(LA $13.3\mu g/m^3$, 런던 $10\mu g/m^3$)에 비해 높은 수준을 보이고 있다(환경백서 2019 pp. 55−58).

OECD의 한국 환경성과평가

한국은 에너지 믹스(energy mix: 전력을 어떤 방법 또는 원천으로 생산하는지를 나타내는 비율)에서 재생에너지가 차지하는 비율이 OECD 국가들 중 가장 낮은 수준이다. 산이 많은 지형, 분쟁 수역, 높은 인구밀도 등 다른 국가들에 비해 재생에너지 개발이 힘든 조건이지만 활용 가능한 기회는 남아있다. 한국 정부는 풍력 및 태양광 발전을 한국의 신재생에너지 믹스의 새로운 축으로 삼으려 노력하고 있으며, 태양열 및 지열 에너지의 비중 확대를 강력히 추진하고 있다. 한국은 2035년까지 총에너지공급량(TPES)에서 재생에너지가 차지하는 비중을 11%로 증가시킨다는 목표를 보유하고 있는데, 이러한 목표의 달성을 위해서는 재생에너지 생산에 대한 지원을 확대하고 에너지 수요를 관리하는 노력을 배가해야 할 것이다. 한국은 최근 에너지 정책 초점을 공급 증대에서 수요 억제로 전환했는데, 이는 증가하는 대기 오염과 온실가스 배출에 제동을 걸기 위해 필수적이고 긍정적인 변화이다. (중략)

대기오염은 초미세먼지($PM_{2.5}$)에 대한 노출과 지표면 오존 문제가 심각해짐에 따라 건강과 관련된 문제로 떠오르고 있다. 2005~2013년 대기 오염으로 인한 조기 사망자의 수가 29% 증가한 것으로 추정되며, 인구 증가 및 고령화, 도시화로 인해 2060년에는 그 숫자가 거의 세 배에 달할 것으로 예상된다. 이것이 한국을 대기 오염에 가장 취약한 국가로 만드는 요인들이다. (중략) 산업은 많은 오염물질의 최대 배출원이며, 해당 분야의 PM_{10} 배출량은 산업 공정과 연소에 화석연료가 광범위하게 이용됨에 따라 2000년보다 네 배 가량 증가했다. 도로 교통은 질소산화물(NO_X)과 일산화탄소(CO)의 가장 큰 배출원이다. 월경성 입자, 특히 중국의 산업단지에서 유입되는 초미세먼지와 중국과 몽골의 사막에서 날아오는 황사는 한국의 미세먼지 농도를 더욱 악화시킨다. 그러나 유입되는 대기오염의 비중이 어느 정도인지는 정확히 알려지지 않았다. 한국은 이러한 오염 물질을 관리하고 완화시키기 위해 지역 대화와 협력에 적극 참여하고 있다.

자료: OECD, 대한민국 환경성과평가 2017, 요약본, p. 10

2018년 서울의 초미세먼지($PM_{2.5}$) 평균 농도($23\mu g/m^3$)는 LA($13.3\mu g/m^3$), 런던($10\mu g/m^3$) 등에 비해 상당히 높은 수준이다. 한국에서는 수도권과 도시권 중심의 인구·차량 집중, 제조업 중심의 산업화, 화력발전의 증가 등으로 단위 면적당 미세먼지 배출량이 증가해 왔다. 이에 더하여 중국에 인접하고 편서풍 지역에 위치한 지리적인 여건으로 미세먼지가 중국으로부터 유입되고 있으며, 강수

량의 계절적 편차가 크고 대륙성 고기압으로 대기 정체가 자주 발생하는 기상여
건도 한국의 미세먼지 문제 해결을 어렵게 하는 요인으로 작용하고 있다. 2000
년대 이후 정부가 꾸준하게 추진하였던 대기개선정책에 따라 한국의 미세먼지
와 초미세먼지의 연평균 농도는 지속적으로 하락해 왔지만, 여전히 한국의 연평
균 초미세먼지 농도는 WHO 권고치(10μ g/m³)의 두 배를 넘는 상태이다. <그
림 12-7>는 WHO 권고치를 초과하여 초미세먼지에 노출되고 있는 국민의 비
중을 국가간 비교한 것이다. OECD 회원국의 경우 그 비중이 평균적으로 약
60%인데, 한국에서는 국민의 거의 모두가 WHO 권고치를 초과하는 미세먼지에
노출되고 있음을 알 수 있다.

〈그림 12-7〉 WHO 권고치를 초과하는 미세먼지(PM₂.₅) 농도에 노출되는 국민의 비중(%):
OECD 회원국 간 비교(2017년)

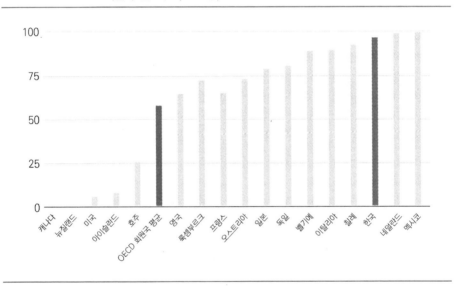

주: WHO의 미세먼지(PM₂.₅) 노출 농도 권고치는 10μg/m³임.
자료: OECD, Environment at a Glance 2020

미세먼지로 인해 가시거리가 줄어들어 생활에 불편함을 느끼는 문제도 있지만, 보다 심각한 점은 미세먼지가 국민의 건강을 위협하고 있다는 것이다. 미세먼지, 특히 초미세먼지는 입자크기가 매우 작기 때문에 인체에 깊이 침투하여 알레르기성 비염, 기관지염, 폐기종, 천식, 폐포 손상 등을 야기하고 조기 사망률을 높이는 것으로 알려지고 있다.[17] OECD 보고서는 초미세먼지를 포함한 대기오염으로 회원국들이 입게 될 경제적인 피해(GDP 감소, 의료비용 증가 등)를 추정하였는데, 2060년에 한국은 OECD 회원국 중에서 가장 큰 경제적인 피해를 입을 것으로 예상하였다.[18] 국내 연구에서도 미세먼지로 인한 건강 영향, 생산활동 제약 등으로 연간 약 1~4조 원의 피해가 발생하는 것으로 추정되었다.[19]

국내 미세먼지 발생의 경로는 국내 배출과 국외 영향으로 구분되는데, 각 경로별 미세먼지 발생량의 비중은 월별(계절별) 기후조건(풍향/풍속, 강수량 등)에 따라 달리 나타난다. 국외 영향은 미세먼지가 주로 중국으로부터 유입되는 것을 말한다. 국내 미세먼지에 대한 국외 영향은 평상시 30~50%, 고농도 시에는 60~80%에 달하는 것으로 추정된다(다음 글상자 참조). 국내 초미세먼지($PM_{2.5}$)의 주요 배출원을 살펴보면 수도권은 경유차(22%), 건설기계 등(20%), 냉난방(11%), 사업장(11%), 비산먼지 등(10%) 순이며, 전국적으로는 사업장(40%), 건설/기계(16%), 발전소(14%), 경유차(11%), 냉난방(5%) 순으로 나타났다. 국내 미세먼지 배출량 중에서 간접 배출(2차 생성)을 통한 배출량이 약 70%를 차지한다.[20]

---

17) 환경백서 2019 pp. 55-58. 2013년 국제암연구소(IARC)는 초미세먼지를 1군 발암물질로 신규 지정한 데 이어, 2014년 세계보건기구(WHO)는 한 해에 미세먼지로 인해 조기에 사망하는 사람이 700만명에 이른다고 발표하였다.

18) OECD(2016), The Economic Consequence of Outdoor Air Pollution. 동 보고서는 한국의 경우 조기사망률 증가, 질환 증가 등에 따른 건강 비용이 2060년까지 약 5배 증가될 것으로 전망하였다. 또한 2060년에 의료비 증가, 노동생산성 저하, 농작물 수확 감소 등으로 인하여 발생하는 연간 비용이 GDP의 0.63% 수준에 달할 것으로 예상하였다.

19) 관계부처 합동(2019), "미세먼지 관리 종합계획 2020~2024" 참고. 미세먼지로 인한 야외활동 제약에 따라 소상공인, 야외근로자 등 경제적 약자에게 피해가 가중될 수 있다는 점도 지적되었다.

20) 환경부(2019), 환경백서 2019

〈표 12-1〉 수도권 초미세먼지(PM$_{2.5}$) 생성 비율 　　　　　　　　　　　　　　　　(단위: 톤/년)

구분	합계	경유차	건설 기계	냉난방	발전소	비산먼지	사업장	생물성 연소	휘발유차 등	에너지 수송·저장 /유기용제 등
1차	16,146 (28%)	2,888 (22%)	3,773 (32%)	364 (5%)	674 (13%)	5,685 (100%)	710 (11%)	1,934 (88%)	8 (0%)	110 (2%)
2차	42,316 (72%)	10,048 (78%)	8,088 (68%)	6,311 (95%)	4,497 (87%)	0 (0%)	5,937 (89%)	261 (12%)	1,836 (100%)	5,338 (98%)

자료: 환경부(2019), 환경백서 2019

 동북아 장거리이동 대기오염물질 공동연구 보고서

　　환경부 소속 국립환경과학원은 한·중·일 3국의 동북아 장거리이동 대기오염 물질 연구결과를 토대로 정책결정자를 위한 '동북아 장거리이동 대기오염물질 국 제공동연구(LTP: Joint research project for Long-range Transboundary Air Pollutants in Northeast Asia)' 요약 보고서를 발간했다. 한·중·일 과학자들은 2000년부터 단계적으로 황산화물, 질소산화물 등 대기오염물질에 대한 연구를 추 진하였고, 4단계 연구기간인 2013~2017년 동안의 초미세먼지(PM$_{2.5}$)에 대한 연구 결과까지 추가하여 이번 보고서를 작성했다.

　　2017년을 대상으로 대기질 모델 기법을 이용하여 초미세먼지(PM$_{2.5}$)에 대한 3 국 주요 도시(한국: 서울/대전/부산, 중국: 베이징/톈진/상하이/칭다오/선양/다롄, 일본: 도쿄/오사카/후쿠오카)의 국내외 영향을 분석한 결과, 자체 기여율은 연평균 기준으로 한국 51%, 중국 91%, 일본 55%로 나타났다. 2017년 연평균 기준으로 중국 배출원의 우리나라 3개 도시에 대한 평균 영향은 32%, 일본에 대한 영향은 25%로 나타났다. 한·중·일 3국 과학자들은 이번 보고서를 위한 연구가 각국의 최신 배출량 자료를 사용하여 '배출원-영향지역 관계'를 분석했다는 점에 큰 의미 를 부여했다.

〈한·중·일 도시별 초미세먼지(PM$_{2.5}$) 상세 기여율〉

수용지	배출원	중국	한국	일본	기타
베이징	중국 연구결과	96	0	0	4
	일본 연구결과	86	5	2	6
	한국 연구결과	93	0	0	7

서울	중국 연구결과	23	63	0	13
	일본 연구결과	39	30	3	28
	한국 연구결과	39	42	1	18
대전	중국 연구결과	30	55	1	14
	일본 연구결과	34	48	2	16
	한국 연구결과	37	47	1	15
부산	중국 연구결과	26	62	2	11
	일본 연구결과	31	57	2	11
	한국 연구결과	29	57	2	13
도쿄	중국 연구결과	16	1	74	9
	일본 연구결과	30	8	53	9
	한국 연구결과	14	2	71	13

자료: 환경부(2019), '동북아 장거리이동 대기오염물질 국제공동연구(LTP)' 요약 보고서, 보도자료

지구환경문제도 경제문제

전세계 모든 국가에 영향을 미치는 지구환경문제로는 오존층 파괴, 생물다양성 파괴, 기후변화 등 여러 가지가 있으나, 여기서는 대표적인 예로서 오존층 파괴와 기후변화 문제를 살펴보고자 한다. 오존층 파괴 문제를 해소하기 위해 체결된 몬트리올의정서는 오존층 파괴 물질에 대한 무역금지를 규정하고 있다. 의정서 가입국들은 비가입국들과 오존층 파괴 물질을 수출·입하는 것이 금지된다. 또한 이러한 물질을 사용하였지만 실제로 이러한 물질들을 포함하고 있지 않은 제품에 대해서도 일정한 유예기간 후에는 비가입국과의 교역을 금지할 수 있는 여지를 남겨 놓았다. 의정서의 도입 초기에 한국은 주력 수출 품목인 가전제품, 자동차 등에 냉매 용도로 프레온가스를 사용하고 있었기 때문에 의정서에 가입하지 않을 경우 수출입에 큰 제약을 받을 상황에 직면하였다. 그에 따라 한국은 의정서에 가입하였고, 오존층 파괴 물질에 대한 대체물질을 지속적으로 개발하여 현재는 수출입에 별다른 제약을 받지 않고 있다.

오존층에 생긴 구멍

1970년대 초 과학자들은 대기권에 존재하는 염화불화탄소(CFCs)가 성층권의 오존층에 영향을 줄 수 있음을 경고하였다. 염화불화탄소는 오존층 파괴물질(ODS: Ozone Depleting Substances) 중 가장 중요한 물질로 1892년 벨기에에서 처음 생산된 이래 1929년 미국에서 열교환 물질로 사용되기 시작하였다. 그 후 염화불화탄소는 냉장고, 에어컨 등에 사용되는 냉매제, 에어로솔 스프레이의 분사제, 쿠션 등 부드러운 폼 제작에 쓰이는 발포제(blowing agent : 기포를 형성하여 플라스틱 폼을 만드는 데 사용되는 가스나 휘발성 액체), 전자회로의 세정제 등에 광범위하게 사용되어 왔다. 오존층의 파괴는 대기권의 자외선 복사를 증가시켜서 인간과 생태계에 큰 피해를 가져온다. 우선 인간의 건강에 미치는 영향으로는 자외선의 증가로 인한 피부암의 증가를 들 수 있다. 약 1%의 오존층 파괴는 1~2%의 자외선 증가를 가져오며, 이에 따라 피부암 발생이 약 2% 증가한다는 연구 결과가 있다. 또한 비정상적인 방향으로부터 복사되는 자외선에 오래 노출되면 각막에 급성염증, 백내장 등이 발생할 수도 있다. 자외선에의 지나친 노출은 인간과 동물의 면역 반응을 약화시킬 수도 있으며, 식물의 성장에도 영향을 미친다. 실험 결과에 따르면, 비정상적으로 자외선에 많이 노출된 쌀이나 콩은 수확량이 감소되며, 일부 영양소가 자외선과 화학적으로 반응하여 독성으로 변하게 된다.

지구환경문제 중에서 환경적·경제적으로 파급효과가 가장 클 것으로 예상되는 것이 기후변화 또는 지구온난화 문제이다. <그림 12−8>에 나타나 있듯이 지구온난화를 야기하는 온실가스의 배출량은 기후변화협약을 통한 세계적인 감축 노력에도 불구하고 지속적으로 증가해 왔다(다음 글상자 참조). 전세계적으로 온실가스의 약 2/3가 화석연료의 연소에서 발생하는데, 화석연료는 주로 에너지를 생산하는 데 사용된다. 에너지는 모든 경제활동에 필수적인 투입요소이므로 전세계적으로 경제활동이 증가하면 에너지 사용량도 늘어나게 된다. 에너지 사용의 효율성이 개선되거나 온실가스 흡수원이 증가한다면 온실가스 배출량의 감소에 도움이 될 수 있을 것이다. 효율성이 높은 생산기술의 개발, 청정 및 재생 에너지의 생산, 산림의 온실가스 흡수용량 확대 등이 온실가스 배출량 감소에 기여할 수 있다. 그러나 온실가스의 대부분이 화석연료의 연소에서 발생하므로 온실가스 배출량을 줄이거나 통제하기 위해서는 에너지 사용량과 화석연료

소비량을 통제하는 것이 필요한데, 이는 필연적으로 경제활동에 부정적인 영향을 미치게 될 것임을 쉽게 예상할 수 있다.

〈그림 12-8〉 전세계 온실가스 배출량의 변화(CO_2환산 Gt)

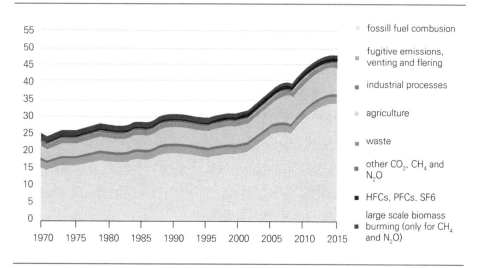

자료: IEA(2019), CO_2 Emissions from Fuel Combustion, p III.4

 온실 속의 지구

　산업혁명 이후 인간의 경제활동이 활발해짐에 따라 이산화탄소(CO_2), 메탄(CH_4), 아산화질소(N_2O), 염화불화탄소(CFCs) 등 인위적 요인에 의한 온실가스의 배출이 증가하였다 이중에서도 에너지 특히 화석연료의 사용에 기인한 이산화탄소 배출량의 급격한 증가는 지구온난화를 가속화하는 주요 요인으로 지목받고 있다. 전 세계적으로 온실가스 저감이 이루어지지 않을 경우, 지구의 평균기온은 2100년까지 섭씨 1.4~5.8도 상승할 가능성이 있는 것으로 추정되고 있다. 기상학자 및 생태학자들은 이와 같은 급격한 변화가 생태계에 비가역적인 재앙을 초래할 수 있음을 경고하고 있다. 지구온난화는 해수면의 상승을 유발하고, 강수량의 감소에 따른 사막화 현상의 심화, 집중 호우, 태풍, 엘니뇨(El Nino) 등의 이상기후 현상을 야기하는 등 매우 심각한 문제를 초래할 수 있다는 것이 전문가들의 일반적인 견해이다.

　이러한 기후변화 문제를 해소하기 위하여 1992년 기후변화협약이 체결되었다. 기후변화협약의 궁극적인 목적은 지구 기후체계의 변화가 위험한 수준에 이르는 것을 방지할 수 있는 수준으로 온실가스의 농도를 안정화시키는 것이다. 기후변화협약은 각국이 '차등의 공동 책임'(Common but Differentiated Responsibilities) 원칙하에 각국의 능력, 사회 경제적 여건에 맞게 온실가스 저감을 위해 노력해야 함을 밝히고 있다. 기후변화협약을 보다 구체화한 교토의정서에 이어 신기후체제를 출범시킨 파리협정이 2015년 타결되었다.[21]

<표 12-2>에서 알 수 있듯이 한국은 2016년 기준 세계 11위(OECD 회원국 중에서는 4위)의 온실가스 배출국이며, 2017년의 경우 한국의 온실가스 배출량의 약 85%가 연료의 연소에서 발생하였다.[22] 1970년대 이래 석탄, 석유, 가스 등 연료의 연소에 따른 CO_2 배출량이 매우 빠른 속도로 증가하였다.[23] OECD는 2017년 한국에 대한 환경성과평가 보고서에서 온실가스 배출량 증가 추세가 상당 기간 이어질 것이며, 한국 정부가 제시한 2030년 온실가스 배출량 목표치의 달성 가능성이 매우 낮을 것으로 예상하였다.[24]

온실가스 배출량이 증가하고 있음에도 불구하고 온실가스 배출과 관련하여 긍정적인 모습도 관찰된다. <표 12-3>에 나타나 있듯이 한국의 CO_2 총배출량과 1인당 배출량이 지속적으로 늘어나고는 있으나, 에너지 사용의 효율성을 의미하는 에너지 원단위(TPES/GDP PPP)와 탄소 집약도(CO2/TPES)는 꾸준히 감소하는 모습을 보이고 있다. 다만 CO_2 원단위(CO2/GDP PPP)는 2000년대까지 다소 낮아지다가 2010년대 들어 높아지고 있다. 이는 GDP 1달러를 창출하는 과정에서 발생하는 CO_2의 배출량이 늘어난다는 것을 의미한다. 향후 한국 경제가 경제 성장과 온실가스 감축을 함께 달성하기 위해서는 CO_2 원단위를 낮출 수 있는 방안을 마련하고 실행해 나가야 할 것이다. 온실가스 배출량을 억제하기 위해 여러 방안을 모색할 수 있으나, 핵심적인 과제는 화석연료로부터 발생

---

21) 기후변화협약의 체결 이후 동 협약의 내용이 구체화되고 강화되어온 과정, 그리고 2015년 타결된 신기후체제의 주요 내용은 "환경부(2016), 파리협정 길라잡이" 참고. 미국의 오바마 정부는 파리협정과 신기후체제의 출범에 적극적으로 참여하였으나, 그 이후 트럼프 정부는 파리협정에서 탈퇴하였다.

22) IEA(2019), CO_2 emissions from fuel combustion, p. II.265

23) 한국의 연료 연소에 따른 CO_2 배출량은 2000년~2017년 동안 40% 증가하였다. IEA(2019), CO_2 Emissions from Fuel Combustion, p II.264

24) OECD(2017), "대한민국 환경성과평가 2017, 요약본"

〈표 12-2〉 국가별 온실가스 총배출량 현황(2016년 기준 순위) (단위: CO_2 환산 백만톤)

	국가	'90년	'00년	'16년	출처[1]
1	중국	-	-	12,205[2]	UNFCCC, IEA
2	미국[3]	6,371	7,232	6,492	UNFCCC
3	인도	-	1,524	2,687[2]	UNFCCC, IEA
4	러시아	3,187	1,901	2,097	UNFCCC
5	일본[3]	1,270	1,375	1,306	UNFCCC
6	브라질	551	728	956[2]	UNFCCC, IEA
7	독일[3]	1,251	1,045	911	UNFCCC
8	인도네시아	267	520	822	UNFCCC
9	이란	251	443	742[2]	WRI, IEA
10	캐나다[3]	602	731	708	UNFCCC
11	대한민국[3]	292	503	693	-
12	멕시코[3]	445	536	688[2]	UNFCCC, IEA
13	사우디	188	278	607[2]	WRI, IEA
14	호주[3]	420	485	547	UNFCCC
15	남아공	347	439	546[2]	UNFCCC, IEA

주 1) UNFCCC: 유엔기후변화협약에 제출한 온실가스 통계(부속서 I 국가는 1990~2017년 배출량, 비 부속서 I 국가는 최신 국가보고서), WRI: 세계자원연구소(World Resources Institute)에서 UN FCCC, 국제에너지기구(IEA), 미국 환경보호청(EPA) 및 에너지정보청(EIA), UN식량농업기구(FAO) 자료 등으로 산정한 국가별 온실가스 총배출량(1990~2014년), IEA: 국제에너지기구(International Energy Agency)에서 발표하는 연료연소에서 발생하는 CO_2 배출량(1990~2016년)

2) 최신 국가보고서에 제공된 온실가스 총배출량에 IEA의 연료연소 CO_2 비중을 적용하여 계산한 추정치. 단, 2014년 이후 통계를 제공하는 국가보고서가 없는 사우디, 이란은 WRI 총배출량(1990~2014년)에 IEA 연료연소 CO_2 비중을 적용하여 추정

3) 경제협력개발기구(OECD) 회원국

자료: 환경부, "국가 온실가스 인벤토리 보고서 2019(1990~2017)"

하는 온실가스 배출량을 억제하는 것이다. 이는 결국 화석연료 및 에너지 가격의 상승을 야기할 것이다. 이에 따라 일반 소비자의 에너지 소비 비용이 증가할 것이며, 에너지 다소비 산업에서(철강, 석유화학 등) 생산단가와 제품가격도 상승하게 되어 수출제품의 경쟁력이 저하될 가능성이 클 것으로 예상된다.

〈표 12-3〉 한국의 CO_2 배출량 관련 주요 지표: 1990년 대비 변화

	1990	1995	2000	2005	2010	2015	2017	1990-2017
CO_2 배출량	100	154	186	197	238	251	259	159%
Population index	100	105	110	112	116	119	120	20%
1인당 GDP PPP	100	142	178	219	261	294	309	209%
1인당 CO_2 배출량	100	147	169	176	205	211	216	116%
에너지 원단위(TPES/GDP PPP)	100	104	104	92	89	84	82	-18%
탄소 집약도(CO2/TPES)	100	99	92	87	88	86	85	-15%
CO_2 원단위(CO2/GDP PPP)	100	95	88	95	99	102	104	4%

자료: IEA(2009), CO_2 Emissions from Fuel Combustion, p. II. 265

 '신종 감염병 창궐' 기후변화가 원인인가?

중국에서 발생한 신종 코로나바이러스 감염증 등 신종감염병이 자주 창궐하는 것은 지구온난화로 인한 기후변화 영향 때문으로 지적되고 있다. 기후변화로 신종플루, 사스(중증급성호흡기증후군), 메르스(중동호흡기증후군) 등 신종감염병의 창궐 주기는 갈수록 짧아지고 있는 반면 확산 속도는 더 빨라지고 확산 범위도 더 넓어지면서 지구촌을 공포로 몰아넣고 있는 상황이다. (중략)

이 같은 신종 감염병은 질병에 존재하는 종간 장벽을 넘어 동물과 사람을 오가며 병을 일으키는 '인수 공통 감염병'이라는 공통점이 있다. 바이러스 진화 과정에서 생긴 돌연변이가 종간 장벽을 무너뜨리고 인간에게 치명적인 신종 질환을 유발한다. 사스는 박쥐와 사향 고양이로부터, 메르스는 낙타를 거쳐 사람에게 전파됐다. 코로나19의 원인 역시 우한 수산물 시장에서 거래된 박쥐가 지목되고 있다.

감염병 전문가들은 신종 감염병 발생 빈도가 잦아진 근본 원인으로 기후변화를 꼽는다. 지구온난화로 고온 다습한 환경이 늘어나면서 신종 바이러스가 출현하고 이를 매개하는 모기나 박쥐 등의 서식지가 넓어졌다는 것이다. 여기에 항공기 등 교통 발달과 여행객의 증가로 바이러스 이동시간이 급격히 줄어들어 전 지구에 신종 감염병의 창궐을 불렀다는 분석이다. 통상 바이러스의 잠복기가 최대 2주 정도인데, 2~3일이면 세계 어디든 갈 수 있는 여건이 마련되면서 전염병 파급력이 훨씬 커진 것이다.

자료: 헤럴드 경제 2020.02.05.

4. 함께 가야 할 경제성장과 환경보전

지속가능한 개발과 환경친화적 경제의 추구

경제성장과 환경보전은 양자택일의 문제인가? 이에 대한 대답은 어느 정도의 기간(time horizon)을 놓고 경제성장과 환경보전을 바라보느냐에 달려 있다. 단기적으로 경제성장과 환경보전은 상충관계(trade-off)에 있다. 즉, 일정한 시점에서 경제개발을 위해서는 환경문제를 감수해야 한다. 문제는 '환경문제를 계속 야기하는 경제개발이 지속될 수 있는가?'이다 현 시점에서 환경을 도외시한 경제개발을 추진하는 것이 미래 세대의 경제개발 잠재력을 훼손하는 결과를 초래할 수 있기 때문이다.

우리가 살고 있는 현시점뿐만 아니라 우리의 후손이 살게 될 미래까지 포함하여 경제성장과 환경보전을 고려해야 한다는 개념이 '지속(지탱)가능한 개발'(sustainable development)[25]이다. 미래 세대가 처하게 될 상황까지 고려하게 되면 경제개발과 환경보전은 더 이상 양자택일의 문제가 아니다. 경제성장이 지속될 수 있으려면 환경보전을 함께 고려해야 하므로 경제성장과 환경보전에 대해서는 통합적인 의사결정이 필요하게 된다. 더욱이 한국 국민의 환경의식은 지속적으로 높아지고 있어, 향후 환경문제를 도외시한 경제개발이 추진되기는 어려울 것이다.

환경문제를 해소하기 위해 도입되는 각종 조치에 대해서도 장기적인 관점에서 그 효과를 파악해야 한다. 예를 들어 에너지세를 올릴 것인지에 대해 의사결정을 한다고 하자. 에너지세의 상승은 장기적으로 기업, 가계 등 경제주체의 에너지 절감 노력을 유발하여 에너지 소비가 효율적인 경제구조를 구축하는 시발점이 될 수 있다. 더불어 에너지 소비에 따른 환경문제를 해결하는 데도 큰 도움이 될 것이다. 문제는 고율의 에너지세가 에너지집약적 산업의 경쟁력, 특히 수출경쟁력에 단기적으로 부정적 영향을 미친다는 것이다. 그렇다면 단기적인

---

[25] 경제개발과 환경보전의 통합을 지향하는 '지속가능한 개발' 개념은 1987년 UN의 '환경과 개발에 관한 세계위원회'(The World Commission on Environment and Development)가 발간한 Our Common Future라는 보고서를 통하여 구체적으로 제시되었다. 이 개념에 따르면 지속가능한 개발이란 미래 세대가 경제적·환경적으로 필요로 하는 것들을 희생시키지 않으면서 현재 세대가 필요로 하는 것들을 충족시키는 개발(development that meets the needs of the current generation without sacrificing those of the next)로 정의된다.

부정적 효과 때문에 에너지세를 현 수준에서 유지하거나 오히려 낮추어야 할 것인가? 궁극적으로 에너지 효율적인 그리고 환경친화적인 경제구조를 구축하는 것이 올바른 방향일 것이다. 따라서 단기적인 부정적 효과를 완화하면서 장기적인 긍정적 효과를 극대화할 수 있는 방안을 모색하는 것이 바람직하다. 단기적인 충격을 완화하기 위해서는 일정 기간에 걸쳐 에너지세를 점진적으로 올림으로써 경제주체가 적응할 여유를 제공하는 것도 한 방안이 될 수 있을 것이다.

미세먼지와 기후변화에의 대응 방향

이러한 맥락에서 한국 정부가 미세먼지와 기후변화 문제에 대해 추진하고 있는 정책 비전과 과제를 살펴보면 다음과 같다. 먼저 미세먼지 문제의 경우 한국의 미세먼지 발생량을 결정하는 국내 배출 여건, 국외 유입의 영향, 기상 여건 등을 감안할 때 한국 정부의 미세먼지 저감을 위한 노력은 쉽게 성과를 거두기 어려운 상황이다. 결국 국내 미세먼지 발생량을 줄이기 위해서는 국내 배출량의 지속적인 감축 노력과 함께 미세먼지의 국외 유입을 감소시키기 위한 한·중 환경협력의 확대가 필요할 것이다. 이를 위해 한국 정부는 <그림 12-9>에서와 같이 국내 산업부문, 수송부문, 발전부문, 농업·생활부문 등에서 국내 미세먼지 배출량을 삼축하기 위한 과제를 추진하고, 동아시아 미세먼지 발생량의 저감을 위한 협약을 모색하는 노력을 수행해 나갈 예정이다.

기후변화 문제의 경우에도 한국 정부는 온실가스 배출량의 감소를 위하여 다양한 정책적 노력을 전개하고 있다. 2019년 한국 정부가 발표한 "기후변화대응 기본계획"은 지속가능한 저탄소 녹색사회를 구현하기 위하여 온실가스 배출량를 감축하고 기후변화에의 적응 역량을 제고해 나간다는 목표를 제시하였다.[26]

---

26) "관계부처 합동(2019), 제2차 기후변화 대응계획" 참고

〈그림 12-9〉 한국 정부의 미세먼지 저감을 위한 비전과 중점과제

비전	맑고 깨끗한 공기, 미세먼지 걱정 없는 대한민국

목표	16년 대비 초미세먼지 연평균 농도 35% 이상 저감 전국 초미세먼지($PM_{2.5}$) 연평균 농도: '16년 26$\mu g/m^3$ → '24년 16$\mu g/m^3$

	분야	15대 중점 추진과제
국내 배출 감축	산업부문	① 배출총량제 전국 확대 ② 사업장 점검 및 단속 강화
	수송부문	③ 노후 경유차 감축 강화 및 저공해차 보급 확대 ④ 선박 및 항만 관리기준 강화 ⑤ 노후건설기계 관리 강화
	발전부문	⑥ 석탄발전 미세먼지 저감 ⑦ 친환경에너지 전환(중장기)
	농업·생활부문	⑧ 축산 환경 관리 강화 ⑨ 저녹스 보일러 보급 확대
국민 건강	국민건강 보호	⑩ 미세먼지 고농도 계절관리제 도입 ⑪ 실내공기질 관리 강화
국제 협력	동아시아 대기협력	⑫ 동아시아 미세먼지 저감 협약 추진(중장기) ⑬ 실체적 협력사업 확대
기반 ·소통	과학적 접근·실천 국민참여·소통	⑭ 미세먼지 해결 다부처 기술개발 사업 ⑮ 참여와 숙의를 통한 사회적 합의 도출

자료: 관계부처 합동(2019), "미세먼지 관리 종합계획 2020~2024", 미세먼지특별대책위원회

향후 한국의 온실가스 배출량은 지속적으로 증가하여 별다른 감축 노력이 전개되지 않는다면(BAU) 2030년에는 약 8억 5,000만 CO_2환산톤으로 증가하고, 이 중 87%가 에너지부문에서 배출될 것으로 전망된다. 한국 정부는 온실가스 배출량 목표치를 달성하기 위하여 4대 배출원(전환, 산업, 건물, 수송)에서 집중적으로 온실가스 배출량을 줄여나갈 예정이다.[27] 에너지 믹스의 전환 부문에서는 친환경 에너지 믹스로의 전환, 혁신적인 에너지 수요관리, 에너지 가격체계 합리화 등의 과제가 포함되어 있다.[28] 한편 산업 부문에서는 에너지효율 개선, 신기술 적용, 냉매 규제, 연료 대체 등의 과제를 추진할 계획이다.[29]

한편 앞에서 살펴본 바와 같이 한국은 시장을 활용하여 온실가스를 효과적으로 감축하기 위하여 2015년부터 온실가스 배출권거래제를 운용하고 있다. 향후 2030년까지 온실가스 총배출량 목표치를 달성하기 위하여 배출권거래제가 적용되는 업체들에 대한 배출허용총량 및 배출권 할당량을 지속적으로 줄여나갈 계획이다. 또한 배출 업체의 책임을 강화하기 위하여 배출권의 유상할당 비율을 늘리고 무상할당 기준을 개선할 예정이다. 나아가 배출 업체들의 온실가스 감축을 위한 투자를 촉진할 수 있도록 배출권 할당방식을 고효율·저배출 업체에 유리하도록 변경하는 방안을 모색할 계획이다.[30]

---

27) 한국이 국제사회에 제시한 온실가스 배출량 목표치는 2030년 배출량 전망치(BAU) 대비 37% 감축된(또는 2017년 배출량 대비 24.4% 감축된) 5억 3,600만 CO_2환산톤이다. 이 목표치는 파리협정에 따라 한국이 자발적인 감축 목표로 제시한 것(NDC; Nationally Determined Contribution)이다.

28) 에너지 믹스(energy mix)는 전력을 어떤 방법(원천)으로 생산하는지를 나타내는 비율이며, 최근에는 석유, 석탄 등 화석연료의 사용량 비중이 줄어드는 반면 원자력, 태양열 등과 같은 신재생 에너지의 사용 비중이 증가하고 있다(출처: 매경시사용어사전).

29) 8대 부문별 온실가스 감축을 위한 과제의 구체적인 내용은 앞의 자료(관계부처 합동(2019)) 참고.

30) 기획재정부·환경부(2019), 제3차 배출권거래제 기본계획

〈그림 12-10〉 한국 정부의 온실가스 감축을 위한 비전과 전략

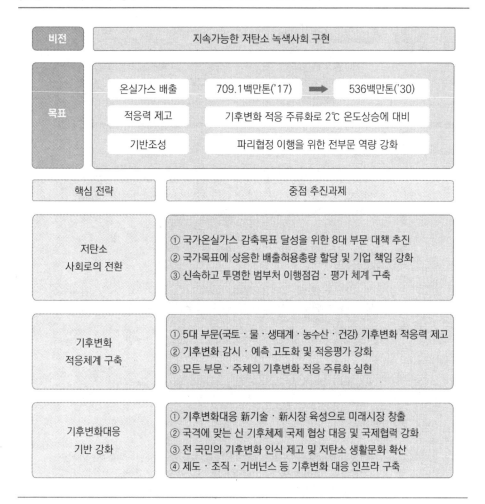

비전	지속가능한 저탄소 녹색사회 구현

목표	온실가스 배출	709.1백만톤('17) ➡ 536백만톤('30)
	적응력 제고	기후변화 적응 주류화로 2℃ 온도상승에 대비
	기반조성	파리협정 이행을 위한 전부문 역량 강화

핵심 전략	중점 추진과제
저탄소 사회로의 전환	① 국가온실가스 감축목표 달성을 위한 8대 부문 대책 추진 ② 국가목표에 상응한 배출허용총량 할당 및 기업 책임 강화 ③ 신속하고 투명한 범부처 이행점검 · 평가 체계 구축
기후변화 적응체계 구축	① 5대 부문(국토 · 물 · 생태계 · 농수산 · 건강) 기후변화 적응력 제고 ② 기후변화 감시 · 예측 고도화 및 적응평가 강화 ③ 모든 부문 · 주체의 기후변화 적응 주류화 실현
기후변화대응 기반 강화	① 기후변화대응 新기술 · 新시장 육성으로 미래시장 창출 ② 국격에 맞는 신 기후체제 국제 협상 대응 및 국제협력 강화 ③ 전 국민의 기후변화 인식 제고 및 저탄소 생활문화 확산 ④ 제도 · 조직 · 거버넌스 등 기후변화 대응 인프라 구축

주: 온실가스 배출감축을 위한 8대 부문은 산업, 건물, 수송, 폐기물, 농축산, 에너지 믹스의 전환 등임.
자료: 관계부처 합동(2019), 제2차 기후변화 대응계획, p. 34

1992년 유엔기후변화협약 채택(1994년 발효)

1992년 환경개발회의(UNCED)에서 서명을 시작한 기후변화협약은 형평성, 공통의 그러나 차별화된 책임과 개별 국가의 능력을 고려하여 선진국과 개발도상국에 다른 종류의 기후변화 대응 의무를 부과하였다.

※2016년 5월 현재, 196개국과 유럽연합(EU)이 당사국. 우리나라는 1993년 가입.

1997년 (COP3) 교토의정서(2005년 발효)

기후변화협약을 구체적으로 이행하기 위하여 제3차 당사국총회가 채택한 교토 의정서는 제1차 공약기간인 2008년에서 2012년까지 선진국의 온실가스 배출량을 1990년도 수준에 비하여 평균 5.2% 감축하도록 규정하고 있다

※ 2016년 5월 현재, 191개국과 유럽연합(EU)이 당사국. 우리나라는 2002년 비준.

2007년 (COP13) 발리행동계획 채택

제13차 당사국총회는 발리행동계획을 채택하여 교토의정서 제1차 공약기간 이후 에 적용될 합의문을 채택하기 위한 Post-2012 협상을 시작하였다.

2009년 (COP15) 코펜하겐 총회에서 post-2012 협상 결렬

Post-2012 협상 시한이었던 2009년 제15차 당사국총회에서 국가 간 의견 차이와 협상 과정상 문제로 협상이 결렬되어 기후체제에 위기를 초래하였다.

2011년 (COP17) 더반 총회에서 교토의정서 공약기간 연장, 신기후체제 수립을 위한 Post-2020 협상 개시

제17차 당사국총회는 교토의정서 제2차 공약기간을 2013년부터 2020년까지로 정하였으며, 2015년 제21차 당사국총회를 협상 시한으로 설정하고 신기후체제를 위한 Post-2020 협상을 시작하였다.

※ 교토의정서 제2차 공약기간을 규정한 도하개정문은 2016년 5월까지도 발효되지 않음.

2015년 (COP21) 신 기후체제의 기반이 되는 파리협정 채택

※ 미국의 오바마 정부는 파리협정에 적극적으로 참여하였으나, 트럼프 정부는 기후 변화의 과학적 근거가 미흡하다고 주장하며 2019년 파리협정에서 탈퇴하였음. 트럼 프 정부의 뒤를 이은 민주당의 바이든 정부는 기후변화 대응을 미국의 주요 과제로 제시하며 새 정부를 출범시키면서 파리협정에 복귀하였음.

자료: 환경부(2016), 파리협정 길라잡이, p. 15

함께 풀어나가야 할
남북경제협력

남·북 경협 "효과 미진" vs "성장률 상승"

문재인 정부가 남·북 경제협력에 드라이브를 걸고 있는 가운데 경협 효과를 두고 경제학자 사이에 의견의 차이를 보이고 있다. 북한의 개혁·개방을 수반하지 않는 경협은 효과가 크지 않다는 주장과 경협이 한국과 북한의 경제성장률을 큰 폭으로 끌어올릴 수 있다는 주장이 맞붙었다.

효과미진

회의론자들은 서로 다른 경제체제에서 이뤄지는 '낮은 단계의 경협'은 효과가 미진하다고 주장하였다. 남·북한 제도가 워낙 다르고 경제 규모도 차이가 크기 때문이라는 것이다. 이들은 한국은행과 한국산업단지의 산업연관분석을 이용해 2012년 개성공단이 남한경제 국민총소득(GNI)에 미치는 효과를 추정한 결과 0.012~0.043%에 그쳤다고 분석했다. 개성공단과 같은 특구가 10개 생겨도 남한 GNI를 0.1~0.5% 정도 증가시키는 데 그친다는 의미다. 또한, 낮은 단계의 경협만으로는 무역 효과를 더한다 해도 남한경제를 1% 정도 증가시키는 데 그칠 것이라고 주장하였다.

성장률 상승

긍정론자들은 문재인 정부의 '한반도 신(新)경제구상' 10대 사업으로 향후 20년간 한국은 연 3%에서 4.6%, 북한은 연 1.8%에서 3.4%로 각각 1.6%포인트씩 연평균 경제성장률 상승효과가 있을 것으로 내다봤다. 경협에 드는 투자비 대비 경제적 효과가 크다는 점에서이다. 대북제재가 완화되면 새로운 남북경협이 추진되면서 북한에 대한 '퍼주기'가 아닌 '남북경제의 새로운 성장 동력'이 될 수 있다고 주장하였다.

북한의 개방이 전제

남북경협효과에 대한 논란과 달리, 개방은 북한경제에 이득이 될 것이라는 주장에는 별다른 이견이 없다. 북한의 무역 이익은 최종재만 고려해도 1인당 실질소득의 3~5%이며, 중간재, 자본축적, 기술 진보에 따른 성장 효과 등을 감안하면 후생 효과가 상당하다는 것이다. 그러나 북한이 과거 폐쇄 경제체제 전략으로 돌아갈 경우 기회비용이 매우 클 수 있다는 것이다. 하지만 북한경제의 개방으로 무역을 통해 한국경제에 미칠 영향은 매우 제한적이며 직접적인 투자 효과는 크지 않다는 신중론도 제기되었다.

자료: 조선비즈 2019.02.14

1. 남북한 경제협력, 왜 필요한가?

남한과 북한 사람들이 모여 행사를 하게 되면 '우리의 소원은 통일'을 합창한다. 그러나 '무엇이 통일인가?'라는 질문은 쉽게 대답하기 어려운 문제이다. 왜냐하면, 이 질문에 대해서 많은 사람이 제각기 다양한 방식으로 이해하고 다른 답을 갖고 있기 때문이다. 크게는 남한과 북한의 통일에 대한 목표와 정책이 다른 것은 물론이거니와, 남한 내에서도 개인과 단체 그리고 정당에 따라 각기 다양한 견해를 가지고 있다. 때로는 통일에 대한 다양한 입장이 사회적·정치적 갈등의 요인으로 작용하기도 한다. 한국사회는 통일을 실현해야 할 목표로 받아들이고는 있으나, 이를 실천하는 방법과 과정에 대한 사회적 합의가 아직 이루어지지 않고 있다.

한국국방연구원의 '2018 국방사회조사통계사업 정기조사 보고서'에 따르면 2018년 설문조사 결과, '통일해야 한다'는 여론은 50.8%로 2016년보다 10.8%포인트 하락하였고 통일하지 말아야 한다는 응답은 47.3%로 2016년(36%)보다 11.3%포인트 상승한 것으로 나타나고 있다.

〈표 13-1〉 통일여부와 북한에 대한 인식(%)

		2016	2018
통일여부	통일해야 한다.	61.6	50.8
	통일하지 말아야 한다.	36.0	47.3
	잘 모르겠다.	2.4	1.9
북한에 대한 인식	협력해야 할 대상	24.7	31.1
	적대 대상	24.6	16.6
	협력할 수도 있고 적대할 수 있는 대상	49.3	50.4
	잘 모르겠다.	1.4	2.3

자료: 2018 국방사회조사통계사업 정기조사 보고서, 국방연구원[1]

---

1) 해당 자료는 비공개 자료로 KBS 보도 내용을 기초로 저자 재작성

또한, 한국청소년정책연구원의 2018년 중학교와 고등학교 1~2학년생을 대상으로 한 통일의식과 북한 이미지에 대한 설문조사에서 통일은 반드시 해야 한다고 답한 사람은 19.8%에 불과하다. 따라서 통일의 당위성에 대한 논란이 심화되고 있는 것도 현실이다. 통일연구원 조사에서도 한국인의 71%가 통일과 경제문제 중 선택해야 한다면 '경제를 선택한다'라는 결과가 나왔다. 이는 대다수 한국인이 남북통일은 지금보다 더 나은 삶을 영위할 수 있는 통일이기를 바란다는 것을 의미한다.

일반적으로 보면 정치적으로 매우 다른 남북한 체제가 정치적인 측면에서 서로의 공통분모를 찾고 쉽게 접근하기란 쉽지 않은 일이다. 특히, 체제경쟁에서 남한에 크게 뒤진 북한은 정치적인 접근이 곧바로 체제의 위기로 다가올 수 있음을 항상 경계하고 있다. 그런데 이러한 걱정 없이 상호 이익이 되는 방향으로 협력을 모색할 수 있는 분야가 경제라는 점에서 남북한 경제협력은 매우 중요하다. 경제협력은 상호 교역의 증대, 개성공단과 같은 특구에 대한 직접투자의 확대, 노동 및 기술 분야에서의 교류 등 다양한 분야에서 일어날 수 있을 것이다. 특히, 남북한 경제협력이 순조롭게 이루어지고, 남북한 사이에 한반도 차원에서의 산업배치 등 고차원적인 협력이 가능해진다면, 남북 경제협력은 통일을 향한 과정에서 매우 중요한 수단이 될 수 있다.

이러한 측면에서 살펴보면, 남북한 간의 경제협력을 추진함에 있어 통일이라는 궁극적 목표와 함께 현실적인 경제적 이해관계를 동시에 고려해야 한다. 단기적으로는 북한경제의 특수성과 남북한 경제의 상이성을 바탕으로 양쪽의 경제교류에 대한 각종 제한조치를 철폐하고 교류를 활성화함으로써 남북한 모두의 경제적 이익을 증진시켜 나가야 할 것이다.

2. 위기의 북한경제

〈그림 13-1〉 우주에서 바라본 한반도 야경

출처: NASA, 2017. 3. 2.
   https://commons.wikimedia.org/wiki/File:Korean_Peninsula_at_night_from_space.jpg

북한경제의 특징

북한의 경제체제는 생산수단을 국가와 협동단체가 소유하는 사회주의적 소유제도와 자원의 배분을 국가가 담당하는 계획경제체제를 근간으로 한다. 즉 북한경제는 기본적으로 중앙집권화된 경제이며 중앙의 지시에 따라 계획대로 운영되는 경제이다. 다시 말하여 경제계획 수립을 비롯한 모든 경제적 의사결정 권한과 이에 필요한 정보의 흐름이 중앙에 집중되어 있으며, 하부조직은 중앙의 명령에 복종하게 되어 있는 중앙집권적 명령경제체제이다.

그러나 1990년대 경제위기 이후 재정 위기로 중앙집중적 계획화가 불가능해지면서 북한 당국은 국가가 해결해야 할 중요 경제지표인 국방공업, 기간산업, 선행경제[2] 부문 등을 제외하고는 해당 기관이나 공장·기업소에서 자체계획을

---

2) 인민경제 4대 선행부문은 북한이 경제 정상화를 위해 역점을 둬야 할 부문을 제시한 것으로

세우도록 하였고, 주민들은 장마당 등 자생적으로 등장한 시장에 의존하는 상황이 되었다. 즉 국가에 의한 배급제를 축소하고 주민이 시장과 상점에서 생필품을 자체 구입하도록 하는 '경제관리개선조치'를 2002년 7월에 시행하였다. 이는 기존의 중앙집권적인 계획경제체제에 시장 경제적 요소를 일부 도입한 것이다. 또한, 시장화 현상이 확대되면서 북한 당국은 개인의 소유 범위를 부분적으로 확대하고 있다. 그러나 북한 당국은 2005년 10월 식량 전매제 도입(배급제 재도입) 이후 개인 경작지 및 상행위 단속, 종합시장 폐쇄, 화폐개혁 등 시장경제 요소의 확산을 막기 위해 중앙집권적 계획경제를 고수하기 위한 노력도 지속해 왔다.

2009년 11월 단행된 화폐개혁 조치도 시장 활동의 확대를 통제하기 위해 단행된 극단적인 조치였다.[3] 그러나 이 조치가 북한 당국의 의도와 달리 주민의 빈곤을 심화시켜 불만을 일으키게 되면서 2010년 2월경부터 다시 시장 활동 허용과 외환사용 묵인 등의 통제를 완화하는 조치를 취하고 있다. 이후 북한의 시장화 현상은 양적으로 확대되는 한편 합법적인 공식 경제영역까지 확장되고 있다. 북한은 확대되고 있는 시장화 현상을 인정하고 시장을 국가관리하에 두기 위한 '우리식 경제관리방법'이라는 경제관리 개선조치(2013년)를 단행하였다. 즉 농업 분야에서는 '분조관리제하의 포전담당책임제'(2014년)를, 국영기업 분야에서는 '사회주의 기업책임관리제'(2014년) 등을 통해 경제단위에 자율성을 부여하고, 물질적 인센티브제를 도입한 조치를 시행한 바 있다. 이로써 북한 경제체제는 계획경제와 시장이 공존하는 이원적인 구조를 지니게 되었다.

전력, 석탄공업, 금속공업, 철도운수를 가리킨다. 북한은 이를 통해 생산과 건설에 필수적인 동력과 연료, 기본 자재와 원료, 수송을 보장하고 인민생활 향상과 경제발전을 기대하고 있다.

3) 교환비율은 현금의 경우 100:1, 은행에 저금한 돈의 경우 10:1이었다. 이로 인해 비정상적인 통화팽창 현상을 근절할 수 있는 물질적 토대를 마련하고 경제관리에서 사회주의 원칙과 질서를 더욱 튼튼히 다져 나갈 것이며, 상품이 국영 상업망을 통해 유통되는 등 국가의 경제능력이 강화됨에 따라 보조적 공간의 기능을 수행하던 시장의 역할이 점차적으로 약화될 것을 기대한다고 북한 당국은 밝힌 바 있다. 그러나 화폐개혁이 단행되자마자 곧바로 식량 가격이 폭등하고 물자 부족 사태가 벌어지는 등 후유증이 너무 크게 나타나는 등 화폐개혁의 부정적인 영향이 심각한 것으로 나타났고, 이에 따라 북한 당국도 화폐개혁을 단행한 지 몇 개월 만에 다시 시장을 개방하고 외화 사용을 전면 허용하는 등 화폐개혁 이전으로 되돌아가게 되었다.

남북한 경제력 비교

한 나라 경제의 전반적 성과를 나타내는 가장 일반적인 지표는 GDP, 1인당 GDP, 그리고 성장률이다. 그러나 사회주의 국가인 북한은 이러한 통상적인 지표를 사용하지 않고 사회적 총생산물(Gross Social Product: GSP)과 물적 순생산물(Net Material Product: NMP)이라는 개념을 사용하고 있다.[4] 한국은행은 1990년부터 UN의 국민계정체계(System of National Accounts: SNA)에 따라 북한의 국민소

〈표 13-2〉 남북한 경제력 비교

	1990	1995	2000	2005	2010	2015	2016	2017	2018
국민소득(GNI)								(단위: 십억 원)	
남한(A)	197,415	427,012	647,274	950,685	1,324,587	1,663,207	1,747,144	1,846,181	1,898.453
북한(B)	16,407	17,170	18,978	24,792	30,049	34,512	36,373	36,631	35,895
A/B	12.1	24.9	34.1	38.3	44.1	48.2	48.0	50.3	52.9
1인당 국민소득(GNI)								(단위: 십억 원)	
남한(A)	461	947	1,377	1,973	2,673	3,260	3,411	3,589	3,679
북한(B)	81	79	84	105	124	139	146	146	143
A/B	5.7	12.0	16.5	18.8	21.5	23.4	23.3	24.5	25.8
무역액(수출+수입)								(단위:억 달러)	
남한(A)	1,348.6	2,601.8	3,327.5	5,456.6	8,916.0	9,632.6	9,016.2	10,521.7	11,400.6
북한(B)	41.7	20.5	19.7	30.0	41.7	62.5	65.3	55.5	28.4
A/B	32.3	126.9	168.9	181.9	213.8	154.1	138.0	189.6	400.9
경제성장률								(단위: %)	
남한	9.8	9.6	8.9	4.3	6.8	2.8	2.9	3.2	2.7
북한	-4.3	-4.4	0.4	3.8	-0.5	-1.1	3.9	-3.5	-4.1

자료: 한국은행 경제통계시스템(https://ecos.bok.or.kr/)

---

[4] 우리가 사용하고 있는 GDP는 1년 동안 생산된 부가가치의 총량을 의미하지만, 북한이 사용하고 있는 국민소득은 '사회적 총생산물', 즉 '일정한 기간 동안 사회적 모든 생산부문에서 창조된 물질적 부를 전 사회적 범위에서 개괄한 총량에서 소비된 생산수단을 보상하고 남는 부문, 즉 그해에 새로이 창조된 가치'로 정의된다. 따라서 북한의 경제 수준을 비교 가능한 지표를 통하여 분석하기 위하여 자본주의적 개념에 부합하는 북한의 총 GNI와 1인당 GNI를 별도로 추계하고 있다.

득(Gross National Income: GNI)을 추정하여 발표하고 있다.[5] 이를 기준으로 남북한의 경제력을 비교하면 <표 13-2>와 같다.

1960년대까지만 하더라도 구소련 등 사회주의 경제권에 속한 국가들은 상대적으로 높은 경제성장률을 보였다. 그러나 이것이 사회주의 체제가 자본주의 체제보다 효율성이 높았기 때문이 아님은 역사가 증명하고 있다. 생산자원은 한정된 것이기 때문에 생산성의 향상 없이 생산요소의 투입을 지속해서 늘려 경제성장을 지속하는 것은 불가능하다. 또한 효율성에 대한 인센티브 없이 강제성에 의존한 성장에는 한계가 있다.

북한경제 역시 1970년대 상반기까지만 해도 상대적으로 고도성장을 해온 것으로 알려져 있다. 그러나 북한식 계획경제의 모순이 누적됨에 따라 1999년 이전 10년 가까이 연평균 -4.3%의 성장을 나타내었다. 1999년 이후 북한경제는 이전의 마이너스 성장 추세를 벗어나고 있으나 선순환적인 경제 회복세를 나타내고 있지는 못하다. 즉 1999~2005년간 연평균 약 2.2%의 플러스 성장세를 나타냈지만, 2006~2010년간 연평균 -0.1%, 2011~2015년간 연평균 0.6%로 침체를 유지하다가, 2016년 3.9%, 2017년 -3.5%, 2018년 -4.1%의 경제성장률을 보여주고 있다.

그 결과 남북한 간에는 엄청난 크기의 경제적 격차가 발생하였다. 2018년 현재 북한의 명목 GNI는 약 35조 9천억 원으로 남한의 1/53 수준에 불과한데, 이는 1990년의 1/12에서 4배 이상으로 격차가 확대된 것이다. 1인당 GNI에 있어서도 남북한 간 격차는 여전히 심화되고 있다. 2018년 현재 북한의 1인당 GNI는 143만 원으로 남한의 1/26에 불과하다. 이 역시 1990년의 1/6 수준에서 4배 이상 확대된 것이다. 특히 무역총액 규모에서는 2018년 현재 북한의 무역총액은 28억 4천만 달러 수준으로 한국의 1/400에 불과하다.[6] 남한이 1990년대 말 외환위기와 2008년 글로벌 금융위기를 겪었음에도 비교적 꾸준히 성장을 지속해왔지만, 북한은 장기간 경제침체를 벗어나지 못하고 있는 것이다.

---

5) 한국은행은 1991년부터 북한의 경제력을 우리의 산업연관표와 UN의 국민계정체계(System of National Accounts)를 적용해 국민소득 및 경제성장률 등의 주요경제통계들을 발표하고 있다. 따라서 북한경제와 관련한 통계는 실제와 다소 격차가 있음을 유의해야 한다.

6) 물론 2018년은 북한에 대한 UN의 경제제재가 시행되어 무역총액의 규모가 매우 낮게 나타나고 있기는 하지만 북한의 무역 규모가 사상 최대치를 기록한 2013년 기준으로 보더라도 한국의 1/147에 불과하다.

〈표 13-3〉 남북한 주요 지표 비교

	1990	1995	2000	2005	2010	2015	2016	2017	2018
발전용량								(단위: 만Kw)	
남한(A)	2,102	3,218	4,845	6,226	7,608	9,765	10,587	11,691	11,909
북한(B)	714	724	755	782	697	743	766	767	815
A/B	2.9	4.4	6.4	8.0	10.9	13.1	13.8	15.2	14.6
원유도입량								(단위: 만 배럴)	
남한(A)	30,837	62,495	89,394	84,320	87,242	102,611	107,812	111,817	111,628
북한(B)	1,847	806	285	383	385	385	390	385	385
A/B	3.9	8.0	13.7	17.0	20.0	27.8	22.6	23.6	22.9
곡물 생산량								(단위: 만 톤)	
남한(A)	663.5	547.6	591.1	552.0	483.6	484.6	470.7	446.6	439.8
북한(B)	402.0	345.1	359.0	453.7	N/A	451.2	481.0	470.1	455.8
A/B	1.7	1.6	1.6	1.2	N/A	1.1	1.0	0.9	1.0
조강생산량								(단위: 만 톤)	
남한(A)	2,312.5	3,677.3	4,310.7	4,782.0	5,891.4	6,967.0	6,857.5	7,102.9	7,246.4
북한(B)	336.4	153.4	108.6	116.8	127.9	107.9	121.8	109.0	81.0
A/B	6.9	24.0	39.7	40.9	46.1	64.6	56.3	65.2	89.5
자동차 생산 대수								(단위: 만대)	
남한(A)	132.2	252.6	311.5	369.9	427.2	455.6	422.9	411.5	402.9
북한(B)	1.3	0.9	0.7	0.5	0.4	0.4	0.4	0.3	0.3
A/B	101.7	280.7	445.0	739.8	1,068.0	1,138.8	1,101.2	1,206.7	1,567.6
시멘트 생산량								(단위: 만 톤)	
남한(A)	3,357.5	5,513.0	5,125.5	4,791.7	4,742.0	5,134.8	5,650.7	5,740.0	5,209.2
북한(B)	613.0	422.0	460.0	593.0	627.9	669.7	707.7	683.8	583.2
A/B	5.5	13.1	11.1	8.0	7.6	7.7	8.0	8.4	8.9
철도 총연장								(단위: km)	
남한(A)	3,091	3,101	3,123	3,392	3,557	3,874	3,918	4,078	4,261
북한(B)	5,045	5,112	5,214	5,235	5,265	5,304	5,226	5,287	5,289
A/B	0.6	0.6	0.6	0.6	0.7	0.7	0.7	0.8	0.8
도로 총연장								(단위: Km)	
남한(A)	56,715	74,273	88,775	102,293	105,565	107,527	108,780	110,091	110,714

	1990	1995	2000	2005	2010	2015	2016	2017	2018
북한(B)	23,000	23,339	23,633	25,495	25,950	26,183	26,176	26,178	26,180
A/B	2.5	3.2	3.8	4.0	4.1	4.1	4.2	4.2	4.2
선박보유							(단위: 만 톤)		
남한(A)	711	633	615	1,007	1,427	1,339	1,304	1,270	1,170
북한(B)	54	90	85	90	80	100	93	101	101
A/B	13.2	7.0	7.2	11.2	17.8	13.4	14.0	12.6	11.6

자료: 한국은행 경제통계시스템(https://ecos.bok.or.kr/)

<표 13-3>은 경제활동의 규모를 보여주는 주요 지표를 통해 남북 생산역량의 격차를 살펴본 것이다. 이 표는 남북한의 경제력의 격차는 심화하고 있으며 남북한 간의 체제경쟁이 실질적으로 끝났음을 말해 준다. 오히려 세계 최빈국을 휴전선 위에 두고 있다는 사실이 남한에 부담으로 작용하고 있다. 우리 입장에서 북한은 그야말로 '이웃에 사는 가난한 형제'가 아닐 수 없다. 북한은 정치·군사적인 측면은 제쳐두고라도 경제적인 관점에서 볼 때도 골치 아픈 존재임이 분명하기는 하지만 동시에 우리가 마냥 모른 채 두고 볼 수만은 없는 상태이다.

1980년대 말부터 시작된 사회주의 국가들의 체제 붕괴와 시장경제 체제로의 전환으로 인해 북한경제는 고립되었으며, 1990년대 중반 이후에는 경제난과 대기근을 겪게 되었다. 대외적 고립과 경제난, 경제제재 등으로 인해 북한체제의 위기는 2000년대 이후에도 지속되고 있다.

중국과 베트남 등 사회주의 국가도 개혁·개방을 통해 시장경제 중심의 세계경제 질서에 편입되기 위해 부분적인 개혁·개방을 모색하였다. 그러나 북한은 전반적인 위기 상황에서 오히려 핵 능력 강화를 통해 경제문제 해결과 체제 유지를 도모하고있다. 김정은 체제는 '경제·핵 병진 노선'을 제시하면서 핵 무력의 지속적인 강화를 통해 체제 공고화를 시도해왔으며, 2017년 11월 정부 성명을 통해 '핵 무력 완성'을 선포하였다. 이후 북한은 2018년 4월 당중앙위 제7기 제3차 전원회의에서 '경제·핵 병진 노선'의 완료를 선언하고 경제건설에 총력을 기울일 것을 선언하였다. 북한은 경제·핵 병진 노선에서 경제건설 총력 집중으로 노선을 변경하고 핵실험과 미사일 발사 중단, 풍계리 핵실험장의 폐쇄 등의 조치를 취한 바도 있다. 이는 북한도 경제 회생과 체제 유지를 위해 대외적 고립에서 벗어나 국제사회 질서에 편입돼야 하며, 한국과 서방 국가들로부터의 지원이 필요하다는 것을 인식하고 있기 때문으로 판단된다.

기형적 산업구조

국민소득은 북한의 전반적인 경제 수준을 보여 주지만, 더 구체적으로 경제의 구조적 특징을 알기 위해서는 산업구조에 대한 이해가 필요하다.[7] 북한경제의 기본구조는 3대 경제발전 노선에서 비롯되었다.[8] 3대 노선이란 첫째, 자립적 민족경제 건설 노선, 둘째, 중공업 중심의 불균형 성장전략, 셋째, 군사·경제 병진 전략을 일컫는다. 이러한 전략은 빠른 시간 내에 북한경제의 공업화를 추진하는 데 기여하였으나, 결과적으로는 북한경제의 몰락이라는 결과를 초래한 정책 노선이었다.

'자립적 민족경제 발전'이란 결국 세계 경제체제의 분업적 구조에 적응하기보다는 자급자족의 경제체제를 운영하는 전략이었다. 북한의 이러한 발전전략은 세계 경제에의 편입을 통해 비교우위를 갖춘 산업을 중심으로 국제경쟁력을 확보함으로써 발전해 나가기보다는, 극도의 수입대체정책을 취함으로써 폐쇄적 경제구조를 초래하였다. 물론 북한이 이러한 전략을 채택한 것은 동서 간 냉전 시대에 불가피한 선택이었으며 냉전 시대의 종료 이후에는 체제 보장을 위해 어쩔 수 없었다는 견해도 있다. 하지만 개혁·개방을 통해 성장하고 있는 중국이나 베트남의 경우와 비교해 보면 선택의 여지는 있었다고 보는 것이 타당할 것이다.

폐쇄적 경제구조에 따른 비효율적 자원 배분은 대체로 다음과 같은 결과를 초래하였다. 첫째, 북한은 자립적인 민족경제 수립을 위하여 식량 자급을 중시하였으며, 따라서 경제력에 비하여 지나치게 많은 생산자원이 농업부문에 집중되었다. 둘째, 구소련 등 사회주의권 국가들이 일반적으로 그랬던 것처럼 중공업 위주의 극단적인 불균형 성장전략을 채택하였으며 이는 결과적으로 북한경제의 생산성 확보에 부정적으로 작용하였다. 성장의 초기에는 일정한 자원을 특정 부문에 집중시킴으로써 그 산업을 빠른 속도로 육성할 수 있지만, 특정 산업

---

7) 한국의 산업구조에 대해서는 본서의 3장 참조
8) 2019 북한 이해. 통일연구원, 2018, pp. 118−119

의 성장이 경공업, 서비스업 그리고 시장수요 등과 유기적으로 결합하지 못할 경우 오히려 경제에 역작용을 하기 때문이다. 또한, 중공업 위주의 성장전략은 해외시장의 확보가 중요한데 북한이 채택한 폐쇄적인 경제구조에서는 이의 해결이 어려웠다는 것도 문제를 심화시키는 요인이다.[9]

김정은 정권하에서도 북한은 여전히 폐쇄적인 경제하에서 자력갱생을 최우선 목표로 삼고 있다. 이는 남한을 비롯한 많은 동아시아 국가들이 성공적 경제발전의 원동력이었던 대외지향적인 발전전략과 대조를 이루는 것이다. 이 전략은 궁극적으로 북한의 경제체제가 전반적인 효율성을 확보하는 데 장애 요인으로 작용하였으며, 오늘날의 남한과 극도로 확대된 경제 격차를 나타내는 결과를 초래하는 원인으로 작용하였다고 할 수 있다.[10]

<표 13-4>는 북한 산업구조의 변화를 요약하고 있다. 이 표를 살펴보면 오늘날 정상적으로 성장하는 국가들의 산업구조와는 많은 차이가 있음이 드러난다. 농림어업이 1990년대 이전에는 평균 25% 내외를 차지하다가 점점 상승하여 1999년 31.4%로 정점을 기록한 이후 2010년까지 점차 하락하다가 그 이후 약간의 변동을 보이며 20% 초반을 차지하고 있다. 이에 반하여, 광공업 부문 비중은 한때 정점인 60%(1980년)를 나타내었다가 최근에는 크게 하락하여 대략 30% 수준을 유지하고 있다.

---

9) 남한도 1970년대에 중화학공업 육성정책을 사용하였다는 점에서 유사한 점이 있다. 그러나 남한의 경우, 어느 정도 경공업의 성장과 수출이 바탕이 되었으며 궁극적으로 세계시장에 진출하는 것이 목적이었다는 점에서 근본적 차이가 있다.

10) 물론 남한도 처음부터 개방적인 정책을 적극적으로 시행한 것은 아니었다. 남한도 초기에는 수입대체정책을 통하여 국내산업을 보호하려고 하였음은 잘 알려진 사실이다. 그러나 남북한 간의 근본적인 차이는 남한의 보호정책은 궁극적으로 비교우위의 산업을 확보함으로써 국제경쟁력을 갖춘 산업을 중심으로 성장을 지향하였으나 북한은 이러한 국제적 비교우위 구조와는 무관하게 일체형 산업구조를 형성해 나갔다는 사실에 있다.

〈표 13-4〉 북한의 산업구조 추이

	1990	1995	1999	2000	2005	2010	2015	2016	2017	2018
국내총생산	100	100	100	100	100	100	100	100	100	100
농림어업	27.4	27.6	31.4	30.4	25.0	20.8	21.6	21.7	22.8	23.3
광공업	40.8	30.5	25.6	25.4	28.9	36.3	32.7	33.2	31.8	29.4
광업	9.0	8.0	7.3	7.7	9.9	14.4	12.2	12.6	11.7	10.6
제조업	31.8	22.5	18.3	17.7	19.0	21.9	20.4	20.6	20.1	18.8
(경공업)	6.2	6.8	6.1	6.5	6.7	6.6	7.0	6.9	6.8	6.8
(중화학공업)	25.6	15.7	12.2	11.2	12.4	15.3	13.4	13.7	13.3	12.0
SOC, 서비스, 정부 등	31.8	41.9	43.0	45.2	46.1	42.9	45.7	45.1	45.4	47.3

자료: 한국은행 경제통계시스템(https://ecos.bok.or.kr/)

이러한 산업구조는 남한경제 또는 다른 개도국 경제와 비교해 볼 때 매우 기형적인 것으로 평가할 수 있다. 광공업 중에서 광업이 차지하는 비중이 다른 국가들에 비하여 상대적으로 높은 사실은 제조업의 부진한 발전양상을 함축적으로 나타내주고 있다. 특히 최근 수년간 농림수산업의 비중과 광공업의 비중이 동시에 하락하고 있는데, 이는 1990년대를 통틀어 마이너스 성장을 기록한 경제난이 광공업뿐만 아니라 농림수산업의 중요한 비중을 차지하는 식량 생산에도 부정적인 파급효과를 가져왔기 때문으로 판단된다.

북한이 서비스 부문에서 높은 비중을 보이는 것은 서비스 부문을 생산 활동으로 보지 않는 북한에서 실물경제를 뒷받침하는 상업, 유통, 금융, 보험 등의 서비스 부문이 발전하였다기보다는 최근 몇 년간 대형 수력발전소, 고속도로, 주택 등 건설 분야에서의 생산 활동이 상대적으로 활발하였기 때문이다. 즉, 북한에서 서비스 산업의 비중이 높은 것은 산업구조 고도화에 의한 것이 아니라 농림수산업과 광공업의 생산 부진에 따른 것이다.

중화학공업 우선주의에 기초한 불균형 성장전략 및 군사·경제 병진 노선은 북한의 공업구조에 중화학공업 부문의 비중이 매우 높은 불균형 현상도 가져왔다. 우선 북한의 제조업 중에서 중공업 대 경공업의 비율이 거의 2:1로 나타나고 있다. 또한, 북한의 중화학공업 중심의 불균형 전략은 시장의 수요를 반영하지 않음으로써 자원의 커다란 낭비를 초래하였다. 북한은 중화학공업 중에서도 특히 기계·

화학공업을 중심으로 성장하였으며 이는 군사·경제 병진 전략에 따라 군수산업으로 계열화되었다. 이와 같은 정책은 과거 사회주의권 국가들이 자본주의 국가들과의 체제경쟁에서 우위를 확보하기 위한 것으로 북한으로서는 자연스러운 것이었다. 그러나 지나치게 높은 군수산업의 비중은 경제 전반에 많은 부담을 주었다.

〈표 13-5〉 남북한 재정 규모 비교   (단위: 억 달러)

	1990년	2000년	2005년	2010년	2015년	2016년	2017년	2018년
북한(A)	166	96	29	52.4	68.6	73.2	77.5	82.4
남한(B)	388	774	1320	1741	2320	2408	2520	2763
B/A	2.3	8.1	45.5	33.2	33.8	32.9	32.5	33.5

자료: 통청 북한경제 포털

한편 북한경제는 사회주의 체제의 특성상 국가재정이 경제 전체에서 매우 높은 비중을 차지하고 있다. 계획경제란 정부가 계획에 따라 자원을 배분하는 경제체제를 의미하는데, 구체적으로는 정부가 교육, 주택, 의료비용뿐만 아니라 원칙적으로는 개별기업의 자본형성 및 투자 그리고 운영자금을 부담하고 있다. 그러나 부진한 생산 활동과 경제난으로 인해 국가재정의 총규모는 남한보다 매우 적은 수준이다.

대외무역의 변화

냉전 시기 북한의 자력갱생 발전노선은 핵심 경제정책 기조의 하나로서 북한의 대외경제 관계를 최소한 수준으로 유지케 하였다. 북한의 대외경제 의존도는 아주 낮은 수준이었으며, 북한의 무역 규모는 1960년 3.1억 달러에서 1988년 54.2억 달러에 이르기까지 빠르지는 않지만, 꾸준히 증가해 왔다. 본격 경제난 도래 이전 구소련과의 사회주의 우호 무역이 자체적으로 조달할 수 없는 원유 등 전략 물자들을 공급해 주었으므로, 구소련은 북한 대외무역의 약 80% 비중을 차지했었다. 그러나 1990년대 사회주의 경제권의 붕괴 이후 1998년도에 14.4억 달러까지 추락하였다.

북한은 탈냉전 이후 시장경제체제로 단일화된 국제 경제 질서 변화에 맞추어 자본주의 시장경제 국가들과 새로운 대외경제 관계를 모색해야만 했었다. 그러나 개혁·개방의 지체로 구 사회주의 경제권에만 집중된 대외무역 관계의 지속은 어려웠으며, 이로 인해 외화난에 직면하게 되었다. 2000년대 이후 북한의 대외무역은 경제성장률 추이와 다르게 상대적으로 큰 성장세를 보여 왔다. 2000년 19.7억 달러 불과했던 대외무역이, 2005년 30억 달러, 2010년 41.7억 달러, 2014년 76.1억 달러로 크게 성장해 나갔고, 대북제재가 강화되는 국면에서도 2016년에는 65.3억 달러를 기록하였다. 그러나 2017년 들어 북한의 대외교역 규모는 전년 대비 15% 이상 감소하여 55억 5,000만 달러(남북교역 제외)로 축소되었다. 종합해 보면 김정은 집권 이후 북한의 연평균 무역 규모는 2017년을 제외하고 2011년에서 2016년간 68.1억 달러로서 김정일 정권 후반기(2006~2010년)의 연평균 34.6억 달러에 비해 2배 성장하는 모습을 보였다.

〈표 13-6〉 북한의 무역변화 추세 (단위: 백만 달러, %)

연도	수출		수입		수지
	수출액	증감률	수입액	증감률	
2001년	971	0.0	2,929	0.0	−1,958
2002년	981	1.0	1,783	−39.1	−802
2003년	971	−1.0	1,605	−10.0	−634
2004년	1,281	31.9	2,249	40.1	−967,574
2005년	1,350	5.4	2,404	6.9	−1,054
2006년	1,841	36.3	2,706	12.6	−865
2007년	2,547	38.4	3,146	16.3	−599
2008년	2,225	−12.6	4,310	37.0	−2,085
2009년	1,459	−34.4	2,951	−31.5	−1,492
2010년	2,138	46.6	3,623	22.7	−1,485
2011년	3,423	60.1	3,852	6.3	−429
2012년	3,168	−7.5	4,298	11.6	−1,130
2013년	3,635	14.7	4,374	1.8	−739
2014년	3,398	−6.5	4,026	−7.9	−628
2015년	3,109	−8.5	3,471	−13.8	−362
2016년	2,903	−6.6	3,137	−9.6	−234
2017년	1,958	−32.6	3,432	9.4	−1,474
2018년	330	−83.1	2,322	−32.3	−1,992

자료: 한국무역협회 북한무역통계 / 남북반출입통계

이는 첫째, 김정은 집권 이후 북한이 무연탄 등 광물자원의 수출과 노동력 수출을 대폭 늘리고, 이를 통해 획득된 외화가 수입 능력 확대를 초래했으며, 둘째, 시장의 양적·질적 성장이 내수 및 소비시장의 확장을 초래해 무역 수요를 견인했기 때문이다. 마지막으로 셋째, 김정은 정권이 외화벌이 증대에 초점을 맞춘 대외무역 활동의 자율성 확대와 함께 외화획득경로 다양화 정책을 시행했기 때문이다.

그러나 김정은 집권 이후 2011~2016년까지 보여 준 대외무역의 양적 성장은 북한경제의 실물 생산력 회복에 토대를 두고 전개된 것은 아니다. 그 이유는 첫째, 무역수지 적자가 지속적으로 확대되고 있기 때문이다. 북한의 무역수지 적자는 1990년대 연평균 4.9억 달러에서 2000년대 이후 매년 8~15억 달러로 늘어났으며, 한 번도 무역수지 흑자를 보여 준 적이 없다. 전문가들은 북한이 매년 누적되는 무역수지 적자를 무역외수지(노동력 수출, 관광 수입, 비공식 무역 등)로 메운 것으로 분석하고 있다. 둘째, 북한 무역 규모의 성장이 광물자원 및 위탁가공 제품의 수출과 각종 다양한 공산품 완제품, 식량·원유 등 전략 물자의 수입이라는 후진국형 무역구조 고착 속에 전개되어 왔기 때문이다. 북한의 수출 구조에서 무연탄·철광석·아연 등 광물자원 수출은 매년 55~65%의 비중을 차지해 왔고, 최근에는 북한 노동력을 활용하는 의류 위탁가공 제품이 제2위, 수산물이 제3위의 수출상품으로 자리 잡고 있다. 2016년의 경우 광물자원(50.3%), 위탁가공 제품(25.8%), 수산물(6.9%) 등 3대 수출상품의 비중이 전체 수출액 중 83%로서 편중되어 있다. 반면, 북한은 전자 및 IT 기기제품, 차량, 각종 생활용 공산품, 공장 및 건축용 설비 자재, 위탁가공용 섬유류, 식량, 원유 등 다양한 제품들을 어느 한 제품에 편중되지 않고 골고루 수입하고 있다. 셋째, 북한의 대외무역 대상국이 다변화되어 있지 못하고 압도적으로 중국에 편중되어 가는 구조로 성장해 왔기 때문이다. 북한의 대중 무역의존도는 2000년 24.4%에서 2017년 94.8%로 증가해 대외무역 자체가 대중국 교역으로 고착되고 있다. 이는 유엔 대북제재 강화와 북·일 교역, 남북경협이 중단된 풍선효과, 중국 동북 3성 지역 경제와 북한경제의 상호의존성, 중국의 대북 전략 등 요인이 종합적으로 작용한 결과라 볼 수 있다. 2017년 하반기 이후 북한의 대외경제 부문은 제6차 북 핵실험으로 채택된 유엔 대북제재로 인해 상당한 영향을 받은 것으로 판단되고 있다. 그 이유는 무연탄을 비롯한 광물자원, 섬유 위탁가공 제품, 수산물 등 수출

〈표 13-7〉 북한의 10대 무역국 추이(2001~2018)　　　　　　　　　　　　(단위: %)

순위	2001(비중)	2005(비중)	2010(비중)	2015(비중)	2018(비중)
1	일본(30.1)	중국(32.5)	중국(45.3)	중국(59.3)	중국(91.8)
2	중국(17.3)	한국(22.4)	한국(25.0)	한국(29.3)	인도(1.4)
3	한국(8.8)	태국(7.0)	인도(7.5)	인도(2.3)	러시아(1.3)
4	브라질(6.3)	러시아(4.8)	이집트(4.4)	러시아(0.9)	잠비아(0.8)
5	사우디(5.7)	카타르(4.2)	남아공(2.9)	태국(0.9)	모잠비크(0.4)
6	인도(4.1)	일본(4.0)	브라질(1.9)	필리핀(0.7)	브라질(0.3)
7	태국(3.0)	브라질(2.8)	네덜란드(1.1)	파키스탄(0.5)	사우디(0.3)
8	멕시코(2.7)	독일(2.2)	러시아(0.8)	부르키나파소(0.4)	파키스탄(0.3)
9	싱가포르(2.7)	싱가포르(1.6)	멕시코(0.8)	우크라이나(0.4)	가나(0.2)
10	독일(2.4)	멕시코(1.6)	독일(0.8)	트리니다드(0.4)	독일(0.2)

자료: 한국무역협회 북한무역통계, 남북반출입통계

금지와 더불어 신규 노동력 수출의 금지 등 규제를 받게 되었기 때문이다. 또한, 장거리 미사일 발사 시험에 따른 유엔 대북제재는 산업용 기계, 철강 등 산업생산에 필수적인 품목들의 수입까지 금지하고 있어 경제에 영향을 미치고 있는 것으로 판난된다.

2001~18년 북한 대외무역 상위 10개국의 비중 평균은 중국(50.3%), 한국(17.8%), 인도(4.7%), 일본(3.4%), 태국(2.7%), 브라질(2.4%), 러시아(1.9%), 독일(1.2%), 싱가포르(1.0%), 사우디(1.0%) 순이다.

또한, 2001년 30% 이상의 점유율을 보이던 일본과의 무역이 최근에는 거의 발생하지 않고 있으며 2018년에는 중국의 점유율이 91.8%를 차지하고 있어 중국과의 무역이 거의 대부분임을 알 수 있다. 즉 2001년 일본, 중국, 한국 순에서 일본의 독자 제재 및 개성공단 가동으로 인한 남북교역 증가로 2010년 중국, 한국, 인도 순으로 변화했고 최근 2018년에는 개성공단 폐쇄 및 강화된 대북제재로 인해 중국, 인도, 러시아 순으로 변화하였다. 북한의 무역 상대국은 국제기구 통계상 2001년 130개국 이후 지속적으로 증가하여 150여 개국을 유지하였으나 강화된 대북제재로 2018년 141개국으로 감소하였다.

<표 13-8>은 북한의 10대 수출품목 추이를 보여준다. 2001~2018년 북한 수출 10대 품목(HS 6단위 기준)은 무연탄(18.8%), 철광석(4.2%), 남성방한외투

〈표 13-8〉 북한의 10대 수출품목 추이(2001~2018)　　　　　　　(단위: HS6)

순위	2001	2005	2010	2015	2018
1	기타연체수산물	무연탄	무연탄	무연탄	시계
2	채유용종자	기타연체수산물	철광석	인쇄회로	페로실리콘
3	게	철광석	정제유	남성방한외투	가발
4	전자집적회로	아연	아연	면티셔츠	사출기계
5	마그네시아	오징어	비합금선철	여성방한외투	텅스텐
6	마그네시아	비합금선철	여성하의	남성하의	전기에너지
7	남성정장	송수신기부품	남성방한외투	철광석	모형
8	전자집적회로	컴퓨터부품	송수신기부품	정제유	몰리브데넘
9	여성외투	송수신기	여성방한외투	남성외투	유리자재
10	입출력장치	철스크랩	오징어	은	진단용 시약

주: 남북반출입통계는 개성공단 폐쇄로 남북교역이 전면 중단된 2016년 수치까지 합산하여 반영
자료: 한국무역협회 북한무역통계, 남북반출입통계

(2.1%), 여성방한외투(1.7%), 아연(1.6%), 정제유(1.6%), 오징어(1.3%), 남성바지 (1.2%), 남성외투(1.0%), 견과류(0.9%) 순이다.

　북한은 70~80년대 이후 산업이 고도화되지 못해 제품 경쟁력이 부족하여 비교적 가공과정이 적고 매장량이 풍부한 무연탄, 철광석, 마그네사이트 등의 광물과 오징어, 견과류 등의 1차 산품, 저렴한 노동력을 활용한 의류 임가공 제품에 편중된 수출구조를 가지고 있다. 하지만 무연탄과 철광석을 포함한 대다수 광물의 수출은 2017년 8월 UN 대북제재 결의안에 따라 전면 수출이 금지되었고, 의류 임가공품 또한 2017년 9월 UN 대북제재 결의안에 따라 전면 금수 조치 되어 수출에 어려움이 가중되고 있다.

북한경제의 위기 원인

　북한경제는 한마디로 위기에 처해 있다고 요약할 수 있다. 북한경제는 1990년부터 1998년까지 9년 연속 마이너스 경제성장을 했으며 1990년대 말에는 10년 전과 비교하면 경제 규모가 25% 이상 축소되었다. 이와 같은 경제 상황의 악화에 따른 위기감은 북한 당국이 경제개혁 조치(7.1조치)를 취하도록 만들었고 이에 따라 북한경제는 1999~2005년간에는 연평균 약 2.2%의 플러스 성장을 유

지하는 등 어느 정도 안정되는 조짐이 나타나기도 하였다. 그러나 2006~2015년간 다시 침체되었고 2016년에는 3.9%, 2017년 -3.5%, 2018년 -4.1%의 성장률을 보이게 되었다. 김정은 집권 이후 시장 활용정책과 대외무역 및 경제개선조치에 의해 플러스 성장을 보이고는 있으나 예전의 경제 상황으로 회복하기에는 역부족이라 판단된다. 즉, 북한경제는 고질적인 병폐라 할 수 있는 근본적인 공급 부족에 따른 위기 상황에 처해있다. 북한경제가 어려운 원인은 기본적으로 정상적인 경제활동에 필요한 자원이 부족하기 때문이다. 자본주의 사회의 경제문제는 경기가 순환하는 과정에서 수요와 공급의 괴리, 그중에서도 수요부족으로 인한 경기침체에 기인하는 경우가 대부분이다. 그러나 북한의 경우는 경기 순환상의 문제라기보다는 경제체제의 생존에 필요한 기본적인 물자가 절대적으로 부족하다는 데 심각성이 있다.

첫째, 가장 기본적인 문제는 식량난이다. 각종 자료에 의하면 북한은 전체 소요 식량의 20~30% 정도가 부족한 것으로 나타나고 있다. 북한의 식량 수요는 평균 530만 톤 수준인데 2000년대 이후 양호한 기상조건, 자체 농업기반 복구 노력 등에 의해 400만 톤 이상의 생산량을 회복하였고 2013년 이후부터는 매년 평균 480만 톤 수준의 생산을 유지하고는 있지만, 부족량은 연평균 50만 톤 수준이다.[11] 북한은 2019년 2월에는 UN에 긴급 식량 지원을 요청하였는데,[12] UN은 북한 주민의 43%인 1,090만 명이 식량 부족에 처해 있으며, 특히 생후 6개월에서 23개월 사이 영유아의 1/3이 최소 적정 식사량을 공급받지 못하고 있고, 어린이 5명 중 1명이 만성적인 영양실조에 따른 발육 부진에 시달리고 있다고 발표하였다.[13] 또한, FAO와 WFP 공동으로 작성된 보고서에서는 2018년 북한의 총 식량 생산량은 평균 이하인 490만 톤으로 추정하였는데 이는 2008~2009년 이후 최저수준임을 밝혔다.[14] 북한이 이처럼 식량난에 허덕이는 것은 1970

---

11) FAO, "Crop Prospects and Food Situation", No. 1, February 2008에 의하면 2006년에 400만 톤을 생산하였으나 2007년에는 생산량이 300만 톤으로 떨어져 2008년에는 약 200만 톤의 식량이 부족할 것으로 예상되기도 하는 등 FAO는 2008년에도 북한을 식량 위기국으로 분류하였다. 또한, 최근까지 약 20년 이상 북한을 식량 부족 국가로 분류하고 있다.

12) "북한, UN 기구에 긴급 식량 지원 요청," VOA Korea, 2019.2.21., <http://voakorea. com/a/4797248.html>

13) UN Resident Coordinator for DPR Korea, "2019 DPR Korea Needs and Priorities," 2019. 3.6., <https://reliefweb.int/sites/reliefweb.int/files/resources/DPRK%20NP%202019%20Final. pdf>

년대에 도입된 소위 '주체 농법'의 실패에 기인하고 있다. 즉, 열악한 농업 인프라 기반 위에 대규모 인력의 투입에 식량 증산을 의존하고 있고 기상조건의 변화에 크게 영향받는 구조이기 때문이다. 북한은 식량 부족을 한동안은 배급량의 축소로 대처해 왔다. 그러나 구공산권이 붕괴함에 따라 이들 국가로부터의 협력이 사실상 중단되자 식량문제가 전면으로 부상하게 된 것이다.[15] 이에 따라 김정은 정권은 국가경제발전 5개년 전략(2016－2020)에서 식량문제의 완전해결을 농업 분야의 최우선 목표로 설정하고 있다.

둘째, 에너지 및 원자재가 부족하다. 북한은 중화학공업을 중심으로 경제개발을 추진하였기 때문에 에너지 수요가 상대적으로 높은 산업구조로 되어 있었으나, 북한 에너지 공급의 약 70%를 담당하고 있는 석탄 생산량이 채탄 장비 노후화와 신규설비도입 지연으로 지속적으로 감소하여 에너지난을 겪게 되었다. 에너지난은 무엇보다도 산업의 전반적인 생산력에 가장 직접적으로 영향을 미친다는 점에서 북한경제 위기의 근본적 원인으로 볼 수 있다. 1990년대 이후 계속되고 있는 북핵 문제를 기본적으로 북한의 에너지 문제 해결을 위한 대책으로 보는 견해도 여기서 비롯된다. 석탄 생산의 감소는 사연스럽게 화력발전소의 생산능력을 감소시켜 북한의 전력생산을 크게 저해하고 있다. 곧 북한은 발전 능력 그 자체가 부족하기보다는 발전에 필요한 석탄 생산에 문제가 있는 것이다.[16] 한편, 북한의 에너지난은 원자재 생산에 차질을 빚음으로써 경제의 악순환을 초래하고 있다. 즉, 에너지의 부족은 원자재의 부족으로 이어지고 이는 다시 공장 가동률을 저하시켜 에너지 생산에 필요한 생산요소의 부족을 초래하는 구조를 안고 있다.

셋째, 북한은 세계에서 몇 안 되는 폐쇄국가이다. 그렇지만 북한이라고 해서 외부와 완전히 단절하고 살기란 불가능하다. 1970년대 중반까지 무상원조와 유상원조를 들여와 전후 경제복구, 군사력 증강, 사회주의적 경제개발 등에 투자했다. 그러나 1970년대 후반 외채상환 불능사태가 발생하면서 북한은 외화난으로 인하여 북한경제의 생존에 필요한 물자를 구입하는 것이 거의 불가능한 상황에 직면해 있다.

---

14) FAO and WFP, "Democratic People's Republic of Korea(DPRK) FAO/WFP Joint Rapid Food Security Assessment," 2019.5., <http://www.fao.org/3/ca4447en/ca4447en.pdf>

15) 이와 함께 1995년부터 3년 연속으로 자연재해가 겹치면서 생산능력이 크게 감퇴한 것도 주요한 요인으로 꼽힌다.

16) 실제 발전량은 발전 능력의 약 30%에 불과한 것으로 알려져 있다.

북한에서 장마당(시장) 등 사적 경제활동을 통해 소득을 얻는 사람 비중이 절반에 육박한다는 탈북민 설문조사 결과가 나왔다.

북한연구학회와 현대리서치연구소는 지난해 상반기까지 국내 입국한 탈북민들을 대상으로 실시한 '북한 경제사회 실태연구' 결과를 13일 공개했다.

통일부 의뢰로 진행된 이번 조사결과에 따르면, 2001년 이후 '사경제 전업 종사자'와 '국영경제·사경제 겸업 종사자' 비중이 지속적으로 상승했다.

'사경제 종사자'란 공공기관이나 국영기업 등이 아닌 각종 시장경제 활동을 통해 소득을 얻는 사람을 말한다. '사경제 종사자' 비중은 2006~2010년 34.1%로 처음으로 '국영경제 종사자'(28.5%)를 넘어선 데 이어 2016~2019년 48%까지 확대됐다. '국영경제 종사자' 비중은 24%로 줄었다.

특히 '종합시장' 매대 상인 경험자들은 최근 북한의 시장 규모에 대해 '탈북 10년 전에 비해 매우 커졌다'(25.8%), '조금 커졌다'(30.1%)라고 답해 전반적으로 북한의 시장규모가 커지고 있음을 보여줬다. 종합시장 매대는 국가 재산으로 이를 사고파는 행위는 처벌 대상이지만, 실질적으로는 국가에 돈을 주고 매대를 구입해 장사를 하고 세금을 내는 '자영업' 활동이 활발하게 이뤄지고 있는 것이다.

자료: 경향신문, 2020. 2. 13

http://news.khan.co.kr/kh_news/khan_art_view.html?art_id=202002131427001#csidx62874e3f372e84180100593647f8f59

3. 남북한 경제교류의 현황

일반적으로 경제교류의 형태는 크게 수출입과 투자의 형태로 이루어진다. 그러나 남북한의 경제교류는 여타 국가 간 교류와 다른 특징이 있다. 첫째, 남북한 간에 발생하는 물자의 교역에 대하여 여타 국가와는 달리 수출입이라고 부르지 않고 반입 반출이라고 한다. 이는 남북한이 서로를 국가로 인정하지 않고 영토의 일부로 간주하고 있어 국가 간 수출입의 개념을 적용하는 것이 적절하지 않기 때문이다. 국가 간의 수출입이 아니므로 상호 관세를 부과하지 않는 것도 큰 특징이다. 둘째, 남북한의 경제교류는 비거래성 교역의 비중이 높다.[17] 즉, 북한에 대한 경제적 지원 및 경제협력 사업용 교역은 정책적 목표에 따른 것이다. 셋째, 투자는 남한의 대북한 투자만이 이루어지고 있다. 그리고 북한체제 성격상 대북투자는 개별적으로 이루어지기보다는 나진선봉경제특구, 개성공단 사업 등 대단위 사업에 참여하는 형태가 일반적이다. 남북한 간의 교역 관계는 대체로 경제협력, 일반교역, 비상업적 거래 및 위탁가공 교역의 네 가지 형태로 진행되고 있다.

일반적인 반·출입 활동 이외에 남북한 교역에서는 위탁가공 교역(임가공교역) 역시 중요한 비중을 차지하고 있다. 위탁가공 교역이란 남북의 자본력과 북한의 저렴한 노동력이라는 상호보완성을 활용하는 교류의 형태이다. 남한의 제조업자가 모든 원자재를 북한으로 반출하고 북한은 저렴한 노동력으로 조립공정을 수행한 후 최종제품을 다시 남한에 반입할 경우 제품의 가격경쟁력을 확보할 수 있다. 예를 들어, 남한의 청바지 제조업자가 국내의 높은 임금 때문에 국제시장뿐만 아니라 국내시장에서 가격경쟁력을 확보하기 힘들다면, 디자인과 재단까지 마친 청바지 재료를 북한에 반출하여 단순 봉제 공정을 수행한 후 완제품을 다시 반입하는 경우를 들 수 있을 것이다.

남북교역의 추이

남북한 간의 교역은 1989년에 시작된 이래로 2016년 개성공단의 전면 중단 이전까지는 어느 정도 부침은 있으나 꾸준히 증가하여왔다. <표 13-9>에서 볼 수 있듯이 남북교역액은 물자교역이 처음 시작된 1989년 약 1,900만 달러에서 최대규모를 보인 2015년에는 약 27억 달러로 약 90배 이상의 수준으로 확대되었다. 남한은 남북교역에서 1997년까지는 지속적인 적자를 보였으나 위탁가공 교역과 경협용 교역이 증가하면서 1998년 명목상의 흑자로 전환되었고 이러한 추세는 지금까지도 계속되고 있다.[18]

---

17) 남북교역은 거래성 교역과 비거래성 교역으로 분류되고 거래성 교역은 다시 상업적 교역과 위탁가공 교역으로 나누어진다. 비거래성 교역은 경제협력사업용과 지원용으로 구분된다. 따라서 거래성 교역 가운데서도 상업적 교역이 일반적 의미의 교역에 해당한다.

18) 명목 교역지수가 1998년 이후 흑자로 전환된 것은 금강산사업, 한반도에너지개발기구(KEDO)

남북한 간에 이루어지고 있는 반입 및 반출품목의 구성은 북한의 경제 여건 및 남북한 경제교류의 변화 양상을 잘 반영하고 있다. 남한의 주요 반입품목은 1997년 이전까지 광산물(금괴 등) 및 철강·금속제품아연괴 선철 등이 주종을 이루었으나 1998년 이후에는 섬유류, 농림수산품이 주종을 이루고 있으며, 철강금속 및 광산물이 그 뒤를 잇고 있다. 남한이 북한으로 반출하는 품목들은 반입품목들보다 한층 다양화되어 있는 특징을 나타낸다. 특히 위탁가공 교역을 위한 반출과 각종 비거래성 반출에 따른 반출이 이루어지고 있기 때문으로 분석된다. 반출물자의 변화추이에서 특기할만한 사항들은 다음의 세 가지로 요약할 수 있다. 첫째, 1990년대 중반~말 사이에는 위탁가공 교역이 활성화되었었는데, 이 기간에는 섬유류 반출의 비중이 연평균 50%를 웃돌기도 했으나, 1997년 이후 인도적 지원 등 비거래성 물자 반출이 늘어나면서 섬유류 이외의 반출 비중이 증가하였다. 둘째, 1999년 이후에는 화학공업 제품의 반출 비중이 크게 증가한 것으로 나타나고 있는데 이는 북한 측에 대한 비료 지원 확대에 기인한다. 셋째, 남한의 대북한 반출품목들은 남한기업들이 북한에서 운영하고 있는 사업들의 일반적인 모습을 보여주고 있다. 화학 및 농림수산품을 제외할 경우 반출품목이 남한의 사업을 중심으로 결정되고 있다. 이는 북한이 남한 제품을 적극적으로 구매하지는 않고 있다는 것을 의미하는데, 이는 외화 부족이라는 현실적 어려움에 기인하기도 하지만, 다른 한편에서는 남한기술에 지나치게 종속되는 것을 피

〈표 13-9〉 남북한 교역현황 (단위: 백만$)

연도	반입	반출	계	연도	반입	반출	계
1989	19	–	19	2012	1,074	897	1,971
1990	12	2	14	2013	615	521	1,136
1995	223	64	287	2014	1,206	1,136	2,342
2000	152	273	425	2015	1,452	1,262	2,714
2005	340	715	1,055	2016	186	147	333
2010	1,044	869	1,913	2017	–	1	1
2011	914	800	1,714	2018	11	21	32

자료: e-나라지표

의 중유 지원, 경수로 건설 사업, 대북 물자지원 등 비거래성 반출이 늘어난 것이 주요 원인이다.

하려는 북한 당국의 정치적 의도도 작용한 결과이기도 하다.

남북한 간의 위탁가공 교역사업은 1992년에 시작되었다. 처음 4개 업체의 9개 품목으로 시작된 이 사업은 2000년 남북정상회담 개최 등을 통해 크게 개선된 남북경협 분위기에 편승하여 2000년에는 157개 업체로 확대되었으며, 품목수도 꾸준하게 증가하여 2002년 중 311개로 정점을 맞이하였다. 그러나, 소규모 업체들의 도산, 북한 핵 문제에 따른 분위기 악화 등이 작용하여 최근 수년간 지속적으로 참여기업 수와 품목이 감소하고 있다. 위탁가공 교역은 남한의 자본력과 기술력, 북한의 노동력이라는 남북한의 경제적 상호보완성을 가장 효율적으로 활용할 수 있는 부분이기도 하다. 그러나, 이 사업을 보다 활성화하기 위해서는 남북한 간의 경제교류에 대한 정치, 안보 등 비경제적 제약요인이 완화되어야 한다. 특히, 최근 문제가 확대되고 있는 남한의 제조업 공동화 문제도 이 사업을 통해 완화시킬 수 있다는 점에서 위탁가공무역 확대의 제약요인을 제거하는 작업이 더욱 중요하다.

대북투자의 변화

1992년 10월 대우그룹이 최초로 북한에 대한 투자를 개시하고 1994년 11월, '제1차 남북경협 활성화 조치'가 시행된 이후 남한기업들의 대북투자는 꾸준히 증가하였다. 1995년 한국정부가 대우그룹의 대북투자 협력사업을 승인함으로써 대우그룹은 북한 남포에서 셔츠, 가방, 상의 등 3가지 품목을 합작 생산할 수 있게 되었다. 1996년 1월 대우그룹은 다시 북한의 삼천리 종합회사와 합작하여 남북한 최초의 공동경영회사인 '민족산업종합회사'를 설립하고, 같은 해 8월부터 생산에 들어가 한국과 일본에 제품을 수출하기 시작하였다. 남한 정부는 1998년에 '남북경협 활성화 조치'를 추가로 발표한 이후로 북한에 대한 투자 규모 제한을 완전히 폐지하는 등 남북한 경제협력을 확대하는 조치를 시행하였다. 이로써 외환위기와 내수위축이라는 곤경에 빠져 있었음에도 남북한 투자 협력 허가를 받은 한국기업들의 사업 영역은 기존의 섬유봉제업 등 경공업에서부터 농수산업 그리고 광업과 관광 등 다양한 영역으로 확대되었다.

지금까지 수행된 대북투자사업 중 가장 규모가 큰 것으로는 현대아산이 한국관광공사와 공동으로 진행하였던 금강산 관광지구 협력사업을 들 수 있다. 그런데, 금강산 관광사업을 제외한 남북한 간의 기타 투자 협력사업은 비교적 그 규모가 작은 편이다. 이러한 남북한 간 투자 협력사업 중에서 개성공단 조성사업은 매우 중요한 의미가 있는 것으로 판단된다. 개성공단은 현대와 북한의 조선아시아태평양위원회 간에 합의서가 정식 채택(2000. 8. 22)되면서 공식적으로 시작된 이후 2008년 중반까지의 약 8년 동안 비약적으로 발전하였다. 사업계획에 따르면, 현대는 총 10억 달러를 투자하여, 2,000만 평(공단부지 800만 평, 배후도시 1,200만 평) 규모의 산업단지를 단계별로 건설할 예정이다. 현재 제1단계로 100만 평에 대한 부지조성공사가 완성되었는데, 제2단계에서는 300만 평을, 제3단계에서는 400만 평을 각각 개발해 섬유, 신발 등 노동집약적 경공업 분야로부터 시작하여 추후에는 자동차 부품, 기계, 전기, 전자, 통신, 컴퓨터, 정밀화학 산업 등으로 다각화된 기업들을 유치하려는 야심 찬 계획을 추진하게 되어 있다. 이와 함께 개성시를 포함하는 배후도시에는 물류단지, 호텔, 비즈니스 센터, 학교, 병원, 주거단지 등을 배치할 계획으로 알려져 있다.[19]

개성공단 사업에서 진행된 중요한 사항들은 다음과 같이 정리할 수 있다. <표 13-10>을 통해 볼 수 있듯이 다양한 형태의 조치들이 여러 차원에서 취해졌다. 남북 당국은 투자사업의 효과를 극대화하기 위한 제도적 정비를 위해 중요한 합의를 도출하였는데, 예를 들면 투자보장 등 4개의 경협합의서 발효(2003.8.20.), '개성공단통관 검역 통신합의서'발효(2005.8.1), 양국 정상 사이의 '남북 관계발전과 평화번영을 위한 선언'(2007.10.14.) 등 다양한 형태의 당국자 간 합의가 이루어졌다. 남북 당국자 간 합의 외에도 사업자가 자체적으로 취한 조치, 북한이 취한 조치 및 국내에서 취한 조치 등 다양한 조치들이 취해지고 있다.

---

19) 1999년 10월 김정일은 현대그룹 정주영 명예회장을 접견하고 북한 서해안에 공업단지를 조성하려는 계획에 큰 관심을 보이고, 현대그룹의 계획에 동의했다. 2000년 8월, 현대그룹과 북한 당국은 개성지역에 공동으로 산업단지를 구축하는 데 의견을 같이하고 현대그룹과 북한 아태평화위원회 간의 협의서를 체결했다. 현대그룹은 산업단지 토목건설과 개발을 진행함과 동시에 개성시와 판문군, 화평리 100만 평 후보 용지에 관한 현지탐사와 지질조사를 실시하기로 약속했다.

〈표 13-10〉 개성공단 사업추진 경과

2000.08	현대아산-북한 간 「공업지구개발에 관한 합의서」 채택
2002.11	北, 「개성공업지구법」 제정
2002.12	「개성공업지구 통신 · 통관 · 검역에 관한 합의서」 채택
2003.06	「개성공업지구 통신 · 통관 · 검역에 관한 합의서」 채택
2004.01	「개성공업지구와 금강산관광지구의 출입 및 체류에 관한 합의서」 채택
2004.06	시범단지 입주기업 계약 체결(15개 기업)
2005.09	개성공단 1단계 1차 기업 분양(24개 기업)
2007.05	우리 쪽, 「개성공업지구 지원에 관한 법률」 제정
2007.06	개성공단 1단계 2차 기업 분양(183개 기업)
2013.01	개성공단 총생산액 20억 달러 달성
2013.04	北, 개성공단 북한 근로자 전원 철수
2013.08	「개성공단 정상화를 위한 합의서」 채택
2013.08	개성공단 남북공동위원회 구성
2013.09	재가동
2013.09	공동위 사무처 개소
2013.9~12	개성공단 남북공동위원회 5차 회의
2015.07	개성공단 남북공동위원회 6차 회의
2016.02~2020.03	개성공단 전면 중단

자료: 통일부 www.unikorea.go.kr

개성공단이 추후 보다 성공적으로 추진된다면 남북한 경제협력을 위한 중요한 기반이 구축될 수 있다. 우선 개성공단은 남북한의 상호보완적 경제 관계를 극대화함으로써 양측에 실질적인 이득을 가져다줄 것이다. 즉, 남한의 입장에서는 중국 등 후발 개도국에 대하여 경쟁력을 상실하고 있는 경공업을 이전시킴으로써 국내의 산업구조조정을 촉진하면서도 제품의 경쟁력을 확보할 수 있다. 북한의 시각에서 볼 때, 개성공단은 직접 고용을 창출하여 국민소득을 증진시킬 것이다. 또한, 개성지역에 산업을 유치하는 것은 북한경제 전반의 자본형성에 기여할 것이다. 개성공단의 활성화는 북한 내 여타 지역 및 산업에 연계 효과를 유발하고, 대외적 신인도 향상을 통하여 북한경제를 연착륙시키는 데 도움이 될 것이다.

〈표 13-11〉 개성공단의 고용 및 생산 현황[20]

시점	입주기업 수(개소)	북측근로자(명)	남측근로자(명)	생산액(만$)
2005	18	6,013	507	1,491
2006	30	11,160	791	7,373
2007	65	18,478	785	18,478
2008	93	25,142	1,055	25,142
2009	117	42,561	935	25,647
2010	121	46,284	804	32,332
2011	123	49,866	776	40,185
2012	123	53,448	786	46,950
2013	123	52,329	757	22,378
2014	125	53,947	815	46,997
2015	125	54,988	820	56,330

자료: http://kosis.kr/statHtml/statHtml.do?orgId=101&tblId=DT_1ZGAB6

이상과 같은 실질적인 효과 이외에도 개성공단이 남북한 경제협력 및 남북관계 전반에 미치는 의미도 중요하다. 개성공단이 활성화된다는 것은 이를 뒷받침하기 위한 각종 경제적·사회적 간접자본이 뒷받침되어야 한다는 것을 의미한다. 예를 들어, 남북한을 잇는 수송 및 통신체계의 정비작업이 이미 시작되었지만, 앞으로도 지속해서 확충되어야 하며, 남북한의 인적·물적 교류가 광범위하게 전개되어야 한다. 또한, 경제교류를 뒷받침하기 위한 각종 법과 제도의 정비와 그 과정에서 일어나는 조정 활동을 통하여 더욱 장기적이고 전반적인 경제협력에 필요한 무형적 자산의 축적이 이루어져야 한다.[21] 궁극적으로 통일이라는 관점에서 볼 때 양측 간의 총체적인 이질성을 완화함으로써 궁극적으로 통일비용을 줄이는 효과를 가져올 것이다.

---

20) 가동 중단 직전인 2015년 기준으로 볼 때 개성공단에서 근무하는 북한 근로자 1인당 월 최저임금은 약 73.9달러였으며 월평균 인건비(기업이 부담하는 사회보험료 포함)는 약 188달러 수준으로 다른 해외투자 대상국 대비 매우 낮은 수준에 불과하였다.

21) 이 중에는 이미 남북한 간에 체결된 투자보장합의서, 이중과세방지합의서, 상사분쟁 해결절차합의서, 청산결제합의서 등의 세부 규범이 포함되어 있으며, 이러한 공동규범의 확대는 경제적 측면에서 남북한의 체제 이질성이 갖는 문제점을 완화하는 데 이바지할 것이다.

대북지원 현황과 특징

국제사회의 대북지원은 1995년 북한에서 발생한 홍수피해에 대하여 다양한 국제기구가 중심이 되어 인도적 지원을 제공하는 것으로 시작했다. 국제사회의 대북 인도적 지원은 여러 방식으로 진행되고 있는데, 크게 식량 구호, 식수 및 의약품 지원, 상하수도 설비 지원, 농업 재건과 산림 조성 프로그램 지원, 교육 프로그램 지원 등이 주요 내용으로 구성되어 있다. 국제사회는 식량 지원을 비롯한 인도적 지원을 북한의 정치 및 안보문제와는 분리하는 것을 원칙으로 하고 있다.

그런데, 이러한 국제사회의 대북한 지원은 몇 가지 측면에서 중요한 특징을 보이고 있다. 첫째, 종래 인도적 차원의 대북한 지원이 주종을 이루어 왔으나 최근 들어 개발지원형 사업들이 늘어나고 있다는 점이다. 둘째, 이러한 국제사회의 지원은 북한 핵 문제 등 정치적인 환경 악화에 따라 대폭 감소하는 경향을 보이고 있다. 즉, 북한은 이러한 지원의 축소를 알면서도 이보다는 자신의 정치적 목적 달성이 더 중요하다는 판단을 하고 있는 것으로 분석된다. 셋째, 최근들어서는 국제사회의 인도적 지원자금이 제대로 사용되고 있는가 하는 데 대한 의구심이 증대되고 있다는 점이다. 특히, 북한이 각종 국제기구의 지원자금을 핵 개발, 해외 부동산 구매 등으로 전용했다는 의혹에 대한 국제기구와 미국 간의 공방은 이러한 의구심의 좋은 예라고 할 수 있다. 이러한 문제들에도 불구하고 북한에 대한 인도적 지원은 대체로 꾸준하게 증가해 왔으며, 앞으로도 커다란 변화가 없는 한 지속해서 확충될 것으로 예상해 볼 수 있다.

〈표 13-12〉 국제기구의 대북지원 추이(1996-2019)

구분	국제기구(만 달러)				합계	
	WFP	UNICEF	WHO	기타	만 불	억 원
1996	200	100	-	5	305	24
1997	2,053	394	70	150	2,667	240
1998	1,100	-	-	-	1,100	154
2001	1,725	-	46	-	1,771	229
2002	1,739	-	59	-	1,798	243
2003	1,619	50	66	-	1,735	205
2004	2,334	100	87	-	2,521	262
2005	-	100	81	-	181	19
2006	-	230	1,167	-	1,397	139
2007	2,000	315	1,181	50	3,546	335
2008	-	408	1,147	19	1,574	197
2009	-	398	1,408	30	1,837	217
2011	-	565	-	-	565	65
2012	-	-	-	210	210	23
2013	-	604	605	-	1,208	133
2014	700	-	631	-	1,331	141
2015	210	400	-	412	1,022	117
2016	-	-	-	9	9	1
2017	-	-	-	-	-	-
2018	-	-	-	-	-	-
2019	450	350	100	-	900	106
합계	14,130	4,014	6,648	885	25,676	2,850

자료: 통일부 대북지원정보시스템(http://hairo.unikorea.go.kr)

한국도 북한에 대한 원조를 시행하고 있으며 그 규모는 다음 표에 나타나고 있다.

〈표 13-13〉남한의 대북지원현황 (단위: 억 원)

	정부 차원		민간차원	총액
	무상지원	식량 차관	(무상)	
1995	1,854	0	2	1,856
1996	24	0	12	37
1997	240	0	182	422
1998	154	0	275	429
1999	339	0	223	562
2000	977	1,057	386	2,420
2001	976	0	782	1,757
2002	1,140	1,510	578	3,228
2003	1,097	1,510	766	3,373
2004	1,314	1,359	1,558	4,231
2005	1,360	1,787	780	3,927
2006	2,273	0	709	2,982
2007	1,983	1,505	909	4,397
2008	438	0	726	1,164
2009	294	0	377	671
2010	204	0	201	405
2011	65	0	131	196
2012	23	0	118	141
2013	133	0	51	183
2014	141	0	54	195
2015	140	0	114	254
2016	2	0	28	30
2017	0	0	11	11
2018	12	0	65	77

자료: e-나라지표

2004년 12월 15일 가동에 들어가 '메이드 인(made in) 개성'이라는 원산지표시를 붙인 스테인리스 주방용품(냄비)을 생산하기 시작한 개성공단은 남북한 사이의 경제협력을 위한 새로운 시대를 열어갈 것으로 기대된 바 있다. 1998년 6월 정주영 현대그룹 전회장이 '통일 소' 500마리를 직접 몰고 판문점을 통해 북한으로 들어간 이른바 '소 떼 방북'이 서울에서 금강산과 개성으로 가는 화해협력과 평화의 빗장을 열어놓은 것이었다면, 개성공단에서 생산된 제품을 남한 소비자들이 아무런 거리낌 없이 구매할 수 있게 된 것은 본격적인 남북 경협시대의 개막을 의미하였다.

2020년 12월 현재 그 운영이 중단되어 있기는 하지만 개성공단은 가동한 지약 10여 년의 기간 동안 가동기업의 수가 2005년의 18개에서 2015년에는 125개로 확대되었고, 이 기업들에 고용되어있는 종업원들도 6,500여 명에서 5만 6천여 명으로 크게 늘어난 바 있다. 특히, 북측의 근로자 수가 2005년의 6,000여 명에서 2015년에는 5만 5천여 명으로 비약적인 증가세를 나타내었고, 가동기업이 생산해 내는 생산액은 연간 56억 달러에 달한 바 있다. 이는 개성공단이 남북한 모두에게 중요한 희망적인 협력프로젝트임에 틀림없다는 사실을 상징적으로 표현해주고 있다고 하겠다. 이러한 점이야말로 우리 정부가 2006년 초부터 2007년 3월까지 미국 정부와 벌였던 한미FTA 협상에서 개성공단에서 생산된 제품을 북한산이 아닌 국내산으로 인정받기 위해 노력한 이유일 것이다. 남북한 양측 정부와 국민은 개성공단 사업에 민족화합과 평화정착이라는 상징성을 부여하였다. 이러한 염원의 불꽃을 계속 살리기 위해 우리의 협상단은 다른 협상 분야에서 어느 정도의 양보를 하더라도 '개성공단 생산품의 국내산 인정을 꼭 받아 내라'는 협상지침을 가지고 있었다고 한다. 비록 완전하게 국내산으로 인정받지는 못하지만, 개성공단에서 생산된 제품들은 한미FTA협정 부속서에서 규정한 바와 같이 '한반도 역외가공 지역위원회(Committee On Outward Processing Zones On The Korean Peninsula)'의 결정에 따라 특혜관세를 부여받을 수 있게 되었다. 남한과 북한이 서로 윈-윈 할 수 있는 공동의 협력프로젝트가 성사된 것이라는 평가가 가능하다.

4. 남북한 경제협력의 과제

인도적 요인과 정치적 요인의 동시 고려

대북지원은 인도적 요인과 함께 정치적 요인이 고려되고 있어 매우 복잡한 논란을 낳고 있다. 이는 북한의 군사적 위협, 통일의 방식 그리고 인도적 관점 등과 관련하여 존재하는 다양한 입장의 차이에서 비롯되는 것이다. 그러나 분명한 것은 북한에 대한 인도적 지원은 국내외 정치적 상황의 변화에도 불구하고 남한뿐만 아니라 국제적으로 지속되어 왔으며 심지어는 핵을 둘러싸고 첨예한 대결을 보이는 미국도 인도적 지원을 계속하고 있다는 사실이다.

국제사회의 북한에 대한 지원과 별도로 남한도 여러 가지 형태의 인도적 지원사업을 추진하여 왔다. 북한의 대규모 식량난이 나타났던 1995년 본격적으로 시작된 남한의 대북한 인도적 지원은 주로 무상원조와 식량 차관의 두 가지 형태로 진행되었으며 남한이 북한에 대한 지원 중에서 가장 중요한 역할을 하고 있다. 직접적인 지원 외에도 정부는 각종 국제기구를 통한 간접적 지원방식도 병행하고 있다. 남한의 대북지원 규모가 국제사회에서 가장 큰 비중을 나타내고 있는 것은 같은 민족의 입장에서 당연한 일이다.

통일비용 측면에서의 지원

대북지원은 향후 통일의 과정에서 긍정적인 역할을 할 것이다.[22] 특히 남북경협과 함께 대북지원은 장기적으로 통일비용을 절감하는 데 긍정적으로 작용할 수 있다. 통일비용은 통일의 시점에서 남한과 북한의 경제력 차이에 비례할 것으로 분석된다. 이 때문에 당장 통일이 이루어질 경우, 남한 경제력이 북한을 감당할 수 있을 것인가에 대해서는 회의적인 평가가 일반적이다. 궁극적으로는 통일을 이루어야 할 것이지만 이를 위한 사전준비도 중요하다. 남북경협은 북한의 개혁개방을 촉진함으로써 양자 간의 경제력 차이를 축소하고 나아가 통일의 비용을 절감하는 데 기여할 수 있다는 점에서 매우 중요한 통일의 수단인 것이다. 통일비용에 대한 논의가 시작된 시점은 1990년대부터인데 1990년 갑작스럽

---

22) 물론 우리 사회에서 적지 않은 한국 국민이 대북지원은 북한체제를 연장시킴으로써 통일을 저해할 수 있다는 견해를 보이는 것도 사실이다.

게 독일 통일이 이뤄지면서 우리 역시 예상치 못한 시점에 통일이 될 수 있다는 관측이 높아졌기 때문이다. 또한, 햇볕정책을 추진했던 김대중·노무현 정부 이후에도 '통일세 등을 준비할 때가 됐다'(이명박 정부)라거나 '통일 대박'(박근혜 정부) 등의 의견이 정권 차원에서 나오면서 통일의 비용 및 효과에 관한 연구가 활발히 진전되었다. 하지만 연구기관별 통일비용 추정치는 매우 다르게 나타나고 있다. 2005년 이후 주요 연구 결과 중 최소치는 150조 원(산업은행·2011년)이고 최대치는 3,100조 원(국회예산정책처, 2015)으로 통일비용을 추산하고 있다.[23] 그러나 대부분 연구의 공통점은 통일 시점이 늦어질수록 남북한 소득 격차 확대에 따라 통일 이후 추가로 투입돼야 할 비용이 증가한다는 점이다. 또한, 통일비용이 한번 지출하면 가치가 소멸하는 '비용'이 아닌 새로운 가치가 생산되는 '투자'로 봐야 한다는 견해도 있다. 다만, 남북경협이 좀 더 효과적인 결과를 낳기 위해서는 이를 소화할 수 있는 북한의 경제적 기초 여건이 마련되어야 한다. 대북지원은 일방적인 원조의 의미만 있는 것이 아니라 장기적으로 통일비용을 절감하기 위한 사전준비의 하나로 간주해야 할 것이다.

한반도 안보 상황안정을 위한 협력수단

남북경협의 순조로운 진행은 북한 핵 문제의 평화적이고 조속한 해결과 밀접하게 연결되어 있다. 그러나 반대로 남북한 경제협력은 한반도 안보 상황의 안정을 위한 전략적 수단으로서 매우 중요한 의미가 있다. 경제협력을 통하여 북한의 경제가 안정된다면 북한정권 역시 핵을 통한 체제보장보다는 개혁·개방을 통한 경제발전을 통한 체제보장의 방향으로 나갈 수도 있을 것이다. 물론 UN의 경제 제재 등 현실적인 제약을 고려한 협력방안을 모색하여야 할 것이며 국제사회와의 공조를 통하여 실질적인 협력수단으로서의 경제협력을 도모하여야 한다.

경제협력 실천 방안

단기적으로 남북한 경제협력에서는 매우 실천적인 접근방법을 택할 필요가 있다. 이는 상호보완성을 기반으로 남북한 모두의 경제적 이해관계를 증진시키

---

23) 이렇게 상이한 추정치가 나오는 이유는 추정 방식이나 지출 기간, 투자에 따른 목표치 등에 따라 비용도 달라지기 때문이다.

는 방식이다. 이를 위해서는 양측이 남북한 물자교류와 투자 활동을 촉진시킬 수 있는 제도적·물리적 인프라의 확충에 노력함으로써 기업의 활발한 대북투자를 유도해 나가야 한다. 북한이 관심을 갖고 있는 특구 중심의 개발전략을 남한이 적극적으로 활용하는 것은 이러한 인프라의 구축에 매우 효과적이며 장기적인 남북한 경제협력의 기초가 될 수 있다. 따라서 개성공단과 금강산사업의 성공은 매우 중요한 의미를 갖는다. 이들 사업의 성공은 북한이 관심을 갖고 있는 신의주지역과 나진·선봉지역의 개방을 촉진하고 나아가서는 평양·남포지역의 개방을 유도할 수 있다. 즉 북한의 주요거점지역을 중심으로 남북한의 상호보완성을 활용해 나가는 것이 단기적으로 가장 유효한 전략일 것이다.

남북한 경제협력은 단기적인 목적에 그치는 것이 아니고 장기적으로 통일을 지원하는 유효한 수단이 되어야 한다. 북한체제가 단기간 내에 붕괴할 것을 전제로 남북경협을 추진하는 것은 현실적이지 않다. 특히, 북한이 독일의 통일사례를 주도면밀하게 분석하면서 체제를 끝까지 유지하기 위해 모든 수단을 다 동원할 것으로 예상해 볼 수 있기 때문이다. 이러한 대내외 환경하에서 남북한 경제협력의 장기적 목표는 개혁개방을 통한 북한경제의 안정화를 도모한 이후 남북한 경제통합을 추진하는 데 두어야 한다. 이미 남북한 기본합의서는 남북한의 전반적인 특혜교역에 대한 기초를 제공하고 있다. 따라서 이러한 합의를 보다 구체적인 형태로 실행해 나가는 방안을 고려할 필요가 있다. 구체적인 예로서 북한의 개성공단과 남한의 인천 및 안산지역의 공단을 공동의 경제특구로 지정하는 방안을 모색할 수 있다. 마찬가지로 금강산과 설악산을 공동의 경제 및 관광특구로 설정할 수 있다. 이러한 공동특구 구상은 그 실효성에 대한 구체적인 검증이 필요할 것이나, 장기적으로 남북한이 전반적인 경제통합을 향해 나아가는 출발점이 될 것으로 기대된다. 즉, 이러한 접근 및 접촉의 확대를 통해 북한 사회의 변화를 유도하는 것이야말로 독일이 분단 후 오랫동안 꾸준하게 추진했던 "접촉을 통한 변화" 정책을 한반도적인 시각에서 추진하는 것이다.

문재인 정부의 남북한 경제협력 정책

2020년 현재 한국정부의 국정전략 중의 하나인 남북한 화해협력과 한반도 비핵화의 추진 수단 중 남북한 경제협력 과제로 찾아볼 수 있는 것은 '한반도 신경제지도 구상 및 경제통일 구현'과 '남북경제교류 활성화를 통한 남북관계 발전'을 들 수 있다. 먼저 한반도 신경제지도 구상 및 경제통일 구현은 그 목표를 남북 간 경협 재개 및 한반도 신경제지도 구상 추진과 남북한 하나의 시장협력을 지향함으로써 경제 활로 개척 및 경제통일 기반 구축하는데 두고 있다. 한반도 신경제지도 구상 실행의 주요 내용은 다음과 같다.

- 동해권 에너지·자원 벨트(금강산, 원산·단천, 청진·나선을 남북이 공동개발 후 우리 동해안과 러시아를 연결)
- 서해안 산업·물류·교통 벨트(수도권, 개성공단, 평양·남포, 신의주를 연결하는 서해안 경협 벨트 건설)
- DMZ 환경·관광 벨트(설악산, 금강산, 원산, 백두산을 잇는 관광 벨트 구축 및 DMZ를 생태·평화안보 관광지구로 개발)

문재인 정부는 이러한 3대 벨트 구축을 통해 한반도 신성장동력 확보 및 북방경제 연계 추진한다는 것이다. 또한, 민·관 협력 네트워크를 통해 남북한 하나의 시장협력 방안을 마련하고, 여건 조성 시 남북 시장협력을 단계적으로 실행하여 생활공동체를 형성시키며 남북경협 재개를 통해 남북경협기업의 피해에 대한 지원을 조속히 실시하고자 하고 있다. 또한 남북관계 상황을 감안하여 유연하게 민간 경협의 재개를 추진하며 여건 조성 시 개성공단 정상화 및 금강산 관광을 재개하고, 남북공동 자원 활용을 위한 협력을 추진하려 하고 있다. 이와 더불어 남북 접경지역 발전을 추진하고자 하는데 통일경제특구 지정·운영, 남북 협의를 통한 접경지역 공동관리위원회 설치, 서해 평화협력 특별지대 추진 여건 조성 등을 추진한다는 것이다. 이러한 수단을 통하여 한국정부는 남북경협 활성화로 통일 여건 조성 및 고용창출과 경제성장률을 제고하고 동북아 경제공동체 추진으로 한반도가 동북아지역 경협 허브로 도약한다는 효과를 기대하고 있다.

04

한국경제의 미래

CHAPTER

14

한국경제의 미래와 과제

세계인이 바라보는 대한민국

문화체육관광부와 해외문화홍보원은 우리나라를 포함한 16개국 8,000명을 대상으로 온라인에서 설문)한 '2019년도 대한민국 국가이미지 조사 결과'를 발표했다. 국가이미지 조사는 우리나라에 대한 세계인의 인식을 체계적으로 분석하기 위해 지난 2018년부터 시작했다.

외국인의 76.7% 한국 긍정적 평가

외국인(76.7%)과 우리 국민(64.8%) 모두 우리나라의 전반적 이미지를 긍정적이라고 평가한 비중이 더 높았다. 우리 국민이 스스로 평가하는 국가이미지는 전년(54.4%) 대비 10%포인트 이상 상승해 외국인이 평가하는 이미지와의 격차(11.9%포인트)가 작년(25.9%포인트)에 비해 많이 좁혀졌다. 긍정적 이미지의 요인은 한국 대중음악(케이팝)·영화·문학 등 대중문화(38.2%)가 가장 높았고, 경제수준(14.6%)·문화유산(14.0%)·한국 제품 및 브랜드(11.6%)가 그 뒤를 이었다. 문화 한류가 긍정적 국가이미지 형성에 크게 기여한 것으로 보인다.

자료: 서울문화투데이(2020.2.4.)

 2020년 3만 달러 아슬아슬… 선진국 문턱에서 미끄러지나

한국은행이 2020년 6월 2일 발표한 2019년 국민계정 잠정통계에 따르면, 지난해 1인당 명목 국민총소득(GNI)은 원화 기준 3천 743만 원, 달러 기준 3만 2천 115달러로 집계됐다. 우리나라 1인당 GNI는 2017년 3만 1천 734달러로 올라선 뒤 지난해까지 3년 연속 3만 달러대를 유지했다. 하지만 올해의 경우 신종 코로나바이러스 감염증(코로나19) 사태에 따른 국내총생산(GDP) 감소, 전반적 원화가치 하락(원/달러 환율 상승) 추세 등에 따라 3만 달러 수성이 불확실한 상황이다. 박양수 한은 경제통계국장은 "한은이 추정한 올해 성장률(실질 GDP 성장률) 전망치가 -0.2%이고, 1분기 GDP 디플레이터 등락률(-0.6%)을 고려한 연간 디플레이터 등락률을 -0.8% 정도로 가정하면, 올해 명목 GDP 성장률은 -1% 정도로 추정된다"며 "여기에 환율까지 5% 정도 절하돼야 달러 기준 1인당 GNI가 3만 달러 밑으로 떨어질 가능성이 있는 것"이라고 설명했다.

자료: 연합뉴스(2020. 6. 3)

1. 한국경제, 위기인가? 도약인가?

　앞에서 논의된 바와 같이 한국경제는 지난 60년 동안 한강의 기적이라 할 수 있는 눈부신 성장을 달성했다. 1960년대 초 일인당 GDP가 100달러 미만인 최빈국에서 2017년 3만 달러를 돌파하면서 세계 7개 국가만이 지금까지 이룩한 30−50클럽 국가가 됨으로써 규모면에서 명실상부하게 선진국의 대열에 합류한 것으로 평가되고 있다.[1] 한국경제의 발전을 돌이켜보면, 60년대에서 80년대 그리고 1997년 외환위기와 2008년 글로벌 금융위기를 전후하여 시대별로 특징적인 경제환경이 있었고 그에 대응하는 다양한 정책적 변화도 있었다. 그 중에서 한국경제에 가장 큰 구조적 변화를 초래한 것은 역시 외환위기라고 할 수 있다. 외환위기 이전까지만 해도 한국경제는 비교적 저임금, 초과수요, 투자의 고수익, 그리고 국내시장의 보호와 후발자 이익이라는 환경하에서 연평균 7~8%의 고도성장을 누려왔다. 그러나 외환위기를 극복하는 과정에서 구제금융을 제공한 IMF와 같은 국제기구나 외부 신용공여기관의 압력에 의해서 강력한 경제구조조정을 단행했는데, 이는 오히려 한국경제의 기본적인 체질을 개선시키고 전반적인 경쟁력이 향상되는 긍정적인 결과로 귀결되기도 했다. 그럼에도 불구하고 2008년 글로벌 금융위기를 통하여 여전히 한국경제의 취약한 구조가 여실히 드러남으로써 선진경제로 확고히 진입하기 위해서는 많은 난관이 대내외적으로 산적해 있음을 확인했다.

　대내적으로 외환위기 이전에는 약 7%대에 달하던 잠재성장률이 2020년에는 2.5% 수준으로 추산되는 등 지속적으로 하락하는 추세를 보이고 있으며 사회의 곳곳에서 양극화가 심화되고 있다. 대기업과 중소기업 간, 정규직과 비정규직 간, 제조업과 서비스업 간 그리고 상위 소득 10%와 나머지 계층 간의 격차가 점차 확대되고 있다. 특히 실질적인 청년실업이 20% 중반으로 급증하고 비정규직의 비율은 20% 초반 수준에 달하고 있다. 기업들은 노동시장의 경직성과 과도한 규제 때문에 국내에서의 시설투자를 지속적으로 축소하는 대신 해외직접투자를 확대하고 있다. 이러한 기업의 투자 감소 현상은 궁극적으로 일자리 감소로 이어지고 이로 인해 내수가 크게 활성화되지 못하고 있다. 또한 저출산/고령

---

　1) 30−50클럽은 인구가 5천만 명이 넘으면서 소득수준이 3만 달러를 초과하는 국가들의 집단을 지칭한다.

화로 인해 실질적인 주 생산가능연령인 25~64세 인구는 2020년 증가세를 멈춘후 2024년부터 본격적으로 감소할 것으로 전망되고 있다. 이와 더불어 한국은 2017년 65세 이상의 인구가 전체 인구의 14.4%를 기록하며 이미 고령사회에 도달했으며 2025년에는 그 비중이 20%를 넘어 초고령사회에 진입할 것으로 예측된다. 이러한 인구구조의 변화로 인해 한국경제는 성장잠재력이 약화되고 소비가 위축되는 상황이 초래될 것으로 예상됨에 따라 일본과 같은 장기불황 위험에 처할 가능성이 증대하고 있다.

대외환경도 어렵기는 마찬가지다. 그동안 한국경제를 지탱해 준 수출이 중국, 인도 등 거대한 저임금 경제권의 급속한 부상으로 그 기반을 잠식당하고 있고 더 이상 과거와 같은 국내시장 보호나 후발주자로서의 혜택에 의지할 수 없는 실정이다. 또한 최근 전개되고 있는 미국과 중국 간의 경제패권전쟁이 지속될 경우 앞으로는 한국경제가 커다란 수혜자였던 신자유주의에 입각한 자유무역지향의 세계화 추세가 확산되기보다는 보호주의적 교역질서가 강화될 것으로 예상되어 대외의존성이 강한 한국경제에 부정적인 환경이 조성될 수 있다. 또한 한국경제는 중국과의 무역비중이 전체 무역규모의 25% 이상을 차지할 정도로 중국경제에 대한 의존도가 매우 높은 상태인데 2020년 코로나19 사태에서 관찰되었듯이 중국을 중심으로 형성된 현재의 글로벌 공급망 재편이 빠르게 진행될 경우 다른 어떤 국가보다도 큰 타격을 받을 것으로 예상된다. 이러한 최근 대외환경의 변화는 대외의존도가 큰 한국경제가 복합적인 위기상황에 당면하게 될지도 모른다는 우려가 커지고 있다. 이와 더불어 한국경제의 환경친화도가 개선되고 있지만 여전히 선진국 수준에 미치지 못하고 있는 상황에서 세계적인 환경규제의 강화로 인해 한국제품의 상대적 경쟁력이 위협받을 가능성이 증가하고 있다.

이제 한국경제는 과거의 각종 위기에 슬기롭게 대처했던 지혜와 저력을 십분 활용하여 이러한 산적한 대내외 어려움을 헤쳐나가 명실상부한 선진국으로 안착할 수 있을 것인지 아니면 현재 이 수준에서 더 나아가지 못하고 선진국 문턱에서 주저앉는 '중진국 함정'에 빠지거나 아니면 심지어는 일부 중남미 국가들처럼 후진국으로 추락할 것인가 하는 절대절명의 기로에 서 있다. 이 장에서는 한국경제가 매우 복합적이고 커다란 위기상황에 처해 있기는 하지만, 이러한 위기를 극복하고 명실상부한 선진국으로 도약하기 위한 비전과 비전 실현을 위해 필요한 경제정책의 기본 전략 그리고 구체적 정책과제를 모색해 보기로 한다.

2. 한국경제의 비전과 기본 전략

21세기 한국경제의 비전: 포용적 선도국가

한국경제가 지향해야 하는 21세기의 비전은 무엇이어야 하는가? 지향하는 목표와 비전이 분명할 때 비로소 무엇을 어떻게 해야 하는지를 구체적으로 적시할 수 있을 것이다. 최빈국에서 세계적으로 유례가 없는 짧은 기간에 산업화와 민주화를 동시에 이룩해서 세계가 선망하는 대상인 한국이 향후 지향해야 하는 비전은 선진화 구체적으로는 '포용적 선도국가'의 실현이라고 할 수 있다. 그동안 이룩한 산업화와 민주화는 '재빠른 추격자(fast follower)'로서 국민 모두 공감하는 구체적인 비전과 목표를 향해 온 국민의 역량을 집결해서 성공적으로 달려온 결과이다. 그러나, 이제는 추격자가 아닌 '최초의 선도자(first mover)'로서의 역량을 갖춘 선도국가가 한국경제의 새로운 비전이 되어야 한다. 선도국가는 방법이나 제도, 문화 그리고 실물 등 제반 분야에서 복제 내지는 따라잡기 국가가 아닌 창조국가가 되어야 한다는 것을 의미한다.[2] 창조국가는 기존의 사고의 틀을 뛰어 넘어 새로운 패러다임과 장르를 만들어내는 국가이다. FAANG으로 대표되는 미국의 거대 IT기업들은 상업성을 떠나 바로 선도국가, 즉 선진화된 국가의 창의적인 기업의 모습을 보여준다.[3] 동시에 미래의 한국경제는 단순히 국민들의 1인당 소득수준을 선진국 수준으로 높이는 경제가 아니라 모든 국민들이 인간으로서의 품위를 유지할 수 있도록 삶의 질을 보장해 주는 국가가 되어야 한다. 즉 한 단계 높은 효율성과 더불어 구성원 모두에 대한 따뜻한 배려와 혜택이 폭넓게 제공되는 포용적 선도국가가 되어야 한다. 그렇다면 포용적 선도국가를 달성하기 위한 기본 전략은 어떠해야 하는가? 여기서는 세 가지 기본전략이 제시된다.

---

[2] 최진석(2018) 참조

[3] FAANG은 미국의 페이스북, 아마존, 애플, 네플릿스 그리고 구글을 뜻한다.

선도국가를 위한 첫 번째 전략: 지속적 성장을 위한 기반 공고화

일정수준 이상의 물질적 기반이 확보된다고 해서 선진국가에 걸 맞는 삶의 질이 보장될 수 없다. 그러나 반대로 성장없는 선진화는 현실적으로 달성되기 어렵다. 즉 선진화를 위한 과정이 생태친화적이고 환경친화적이어야 하지만 성장 자체가 문제시 되어서는 안 될 것이다.

선진화를 위한 잠재성장률을 일정한 수준 이상으로 유지하기 위해서는 급변하는 세계경제 환경에 걸맞는 성장동력을 확보해야 한다. 양적인 국민소득 측면에서 일인당 국민소득이 2020년 현재 대략 주요 선진국 수준인 4만 달러 이상은 되어야 할 것이다. 대다수 국가들의 경험에서 볼 때 한 국가가 선진국에 진입하면서도 지속적으로 일정수준 이상의 경제성장을 유지하기란 여간 어려운 일이 아니다. 일본의 경우 1990년 초반 버블 붕괴 이후 약 30년 동안 평균적으로 제로성장에 가까운 침체를 기록하고 있다. 비록 2019년 한국경제의 일인당 국민소득이 3만 달러를 넘어선 상태라 할지라고 아직까지 그 순위는 세계 27위에 그치고 있다. 디지털기술혁명으로 인해 세계화가 지속적으로 진행되고 경제 생태계가 급변하는 4차 산업 환경 하에서는 그 어떤 시기보다 국제적 경쟁은 격화되고 있기 때문에 일인당 국민소득 4만 달러 달성에는 많은 장애요인과 우발적 위험요인들이 잠재되어 있다. 국민소득 2만 달러 도달 이후 경제성장이 정체되고 있는 그리스, 포르투갈, 뉴질랜드, 대만 등 선진국 진입을 목전에 둔 많은 중진국가들이 1만 달러와 3만 달러 사이에서 외환위기를 겪은 사실은 시사하는 바가 크다. 1980년대 후반에 일인당 국민소득 1만 달러를 달성한 후 현재 이미 6~7만 달러에 도달해 있는 국가로는 아일랜드, 싱가포르 등이 있다. 비록 이 국가들은 인구가 1천만 명 이하의 작은 국가라는 점에서 인구가 5천만 명을 초과하고 경제규모도 세계 13위 수준이며 남북한 분단의 변수까지 있는 한국의 경우와는 크게 다르다고 할 수 있지만, 이들 국가들은 기본적으로 과감한 규제개혁과 경제적 개방을 통해 외국인투자를 적극적으로 유치하는 성장전략을 성공적으로 활용했다는 사실은 우리에게도 시사하는 바가 적지 않다고 하겠다.

선도국가를 위한 두 번째 전략: 경제적·사회적 포용성 확대

양극화 현상은 전 세계적인 현상이다. 양극화의 원인으로는 기술혁신과 세계화 그리고 고령화가 지목되고 있다. 세계화와 SNS 등을 통해서 소비시장이 국경 없이 전 세계로 확산된 21세기에 소득의 창출이 제조업보다는 혁신 IT기업과 대형 금융기관에 의해서 주도되는 상황에서 소득이 특정 계층에 집중되는 현상이 심화되고 있다. 한국도 예외는 아닌데 특히 최상위 10%의 소득을 최하위 10% 소득으로 나눈 소득십분위배율은 소득불평등이 심한 미국보다도 높은 수준에 있다. 불평등은 인적자본 축적 기회, 정치적 불안정 등을 통해 경제적 성장 및 사회적 안정에 영향을 준다. 물론 불평등을 줄이는 조세정책이나 정부의 이전지출 그리고 사회서비스의 제공 등과 같은 재분배정책이 어느 국가에서나 시행되고 있지만 반드시 성장에 도움이 된다고 확정적으로 말할 수는 없다. 그럼에도 불구하고 신중하고 사려깊은 재분배정책은 여전히 효율성과 평등 모두를 높일 수 있는 방법 중 하나이다.

선진복지국가가 되기 위해서는 경제의 양적 성장뿐만 아니라 성장의 과실이 국가 구성원들의 삶의 질 향상으로 연결되는 포용적 성장이 되어야 할 것이다.[4] 공동체 구성원의 삶의 질 제고를 위해서는 장애인, 아동, 여성 및 고령인구, 저임금 근로자 등 사회취약계층을 위한 사회보장제도의 확립은 물론이고 질적으로 수준 높은 교육기회의 형평성 있는 제공과 주택·문화·오락시설의 확충, 그리고 맑은 물과 공기 등 깨끗한 환경을 향유할 수 있는 제도적 여건의 구축, 효율적인 사회서비스의 제공이 필요하다.[5] 이와 더불어 고도의 개방사회로 나아가는 과정에서 증가하리라 예상되는 외국인 노동자나 이민자, 다문화 가정 그리

---

4) 50년대 독일의 에르하르트장관에 의해서 주도된 사회적 시장경제(social market economy) 체제는 독일의 질서자유주의의 철학적 배경 하에 경제활동에 있어 개인의 자유를 법적·제도적 틀 내에서 최대한 보장하면서 부의 생산을 극대화함과 아울러 사회복지정책으로 부를 적절하게 분배하여 소외계층을 극소화하는 데 목표를 두고 있다(이종규(1999) 참조). 여기서 논의된 포용적 성장은 경제적 자유를 최대한 보장한다는 점에서는 사회적 시장경제체제와 유사하다. 그러나 복지정책과 관련해서는 부의 분배와 같은 적극적인 재분배정책보다는 사회소외계층에 대한 지원과 연금, 보험 등을 이용하여 일반 국민들에 대한 삶의 질을 제고하는 사회보장제도를 확대하는 복지정책에 주안점을 두고 있다.

5) 한국의 GDP대비 사회복지 지출규모는 2000년에는 4.5% 수준이었으나 2018년에는 11.1%로 큰 폭의 증가세를 보였으나 여전히 멕시코와 칠레에 이어 OECD 국가 중 가장 낮은 수준에 머물고 있다.

고 탈북자 등에 대한 불합리한 차별을 없애고 복지차원의 지원이 강화되어야 한다.

국내 포용 정책의 강화와 더불어 대외적인 원조나 지원의 강화도 요구된다. 북한에 대한 지원은 북한이 군사적 위협, 통일방식의 차이 그리고 인도적 관점에서 다양한 입장이 존재한다. 그럼에도 불구하고 인도적 차원에서의 지원은 국제기구의 지원 절차 및 대상에 대한 확실한 검증을 전제로 지속적으로 확대되어야 한다. 이러한 인도적 차원의 지원은 민족적 입장에서 당연한 사항임은 물론 향후 통일의 과정에서 긍정적인 역할을 할 것으로 기대된다. 한편 한국은 2010년 OECD의 DAC(개발원조위원회)에 가입하고 적극적으로 대외원조를 확대하고 있다. 2018년 약 24.2억 달러의 대외원조를 기록했는데 GNI대비 0.14%에 해당된다. OECD DAC 회원국의 GNI 대비 원조액은 평균 0.3%이고 이 중 스웨덴은 1.04%로 가장 높다. 한국은 그 비율이 아직은 낮은 수준이지만 OECD 회원국 중 가장 빠르게 지원금액을 늘려가고 있다. 그동안 원조를 받는 국가에서 세계의 저개발국가들을 위한 원조를 확대함으로써 대외적으로도 명실상부한 포용적 국가로의 위상을 확립해야 할 것이다.

한편 선진복지국가를 지속적으로 유지하기 위해서는 정부는 장기적인 재정 건전성을 염두에 두고 지속적으로 성장이 가능하도록 재분배정책을 설계해야 할 것이다. 국민들이 삶의 질을 높이고 복지수준을 지속적으로 높이기 위한 재원 마련을 위해서는 양적 성장이 반드시 필요하기 때문이다. 특히 한국경제와 같이 대외의존도가 높은 국가의 경우 국가재정 건전성은 국가신용등급과 거시 건전성 평가 등에 직결되고 해외투자자들의 국내투자 결정에 영향을 미친다.

선도국가를 위한 세 번째 전략: 공정성 강화

공정성은 계층, 성별, 나이 그리고 기득권 보유 여부에 관계없이 누구에게나 기회가 공평하게 제공되는 것을 의미한다.[6] 일부에서는 결과의 평등 없이는 실질적인 기회의 평등이 보장될 수 없다고 주장하지만 결과의 평등을 지나치게 강조하다 보면 사회구성원 모두의 인센티브가 왜곡되고 공동체 구성원 모두가 하향 평준화되는 네거티브섬의 결과가 초래될 가능성이 크다. 이러한 결과는 공산주의와 사회주의 국가 국민들의 경제적 어려움과 종국적으로 1990년대 계획주

---

6) 개인적 자유 보장이 공정성을 위한 가장 근원적인 조건이라는 주장도 있다.

의 경제의 붕괴를 통해 실증적으로 확인되고 있다. 기회의 평등이 가능하기 위해서는 앞에서 제시한 포용적 성장이 기반이 되어야 한다.

한국경제의 공정한 경쟁을 확보할 수 있도록 불공정한 행위에 대한 법적 제재는 물론 사회적, 문화적, 윤리적 감시가 효율적으로 작동되어야 한다. 현실적으로 풀뿌리 중소기업이 성장해 나갈 수 있는 환경을 조성하고, 또 불공정 금융행위나 부동산투기를 통한 불로소득의 여지를 원천적으로 줄일 수 있도록 감시감독을 강화하여야 한다. 이런 면에서 선진화된 사회로 진입하기 위해서는 자발적이고 독립적인 시민공동체의 역할이 매우 중요하다. 또한 공정성을 공고히 하기 위해서는 객관적이고 합리적인 법의 적용과 준수, 즉 법치주의가 일관되고 투명하게 집행되는 체제가 구축되어야 한다. 정부정책의 경우 공정성을 유지하기 위해서 정책의 내용과 규정이 투명하고 일관성이 있어야 하며 불필요하고 관료적인 행정절차는 폐지 또는 간소화되어야 한다.

이상과 같이 21세기 한국경제의 비전은 대내적으로는 지속적인 성장기반하에 모든 국민들이 생애 내내 안정적인 삶을 영위할 수 있는 시스템을 확립하고 대외적으로는 세계의 질서와 번영 그리고 안정에 공헌하는 포용적 선도국가를 건설하는 것이다. 포용적 선도국가의 비전은 특정한 경제주체만의 노력만으로 달성될 수는 없고 자유롭고 공정한 시장과 정부 그리고 시민공동체간의 상호 협동과 견제로 이루어질 수 있다.[7] 이러한 목표는 하루아침에 달성되기는 어렵지만 그동안 성공적으로 산업화와 민주화를 이룩한 저력을 감안할 때 대한민국은 선진국가로 거듭 발전하리라 기대된다.

---

7) R. Rajan, *The Third Pillar*, Penguin Press, 2019 참조

[그림 14-1] 한국경제의 비전, 기본전략과 정책과제

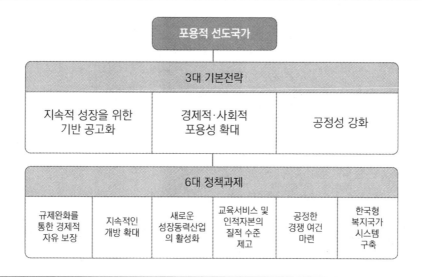

3. 한국경제의 비전실현을 위한 정책과제

이 절에서는 포용적 선도국가로 가기 위한 3가지 전략을 구체화하기 위한 방안으로 <그림 14-1>에서 요약된 바와 같이 6가지 정책과제를 제시한다.

첫째, 규제완화를 통한 경제적 자유 보장

선진화를 위한 지속적 성장을 뒷받침하기 위한 기본적인 정책방향은 경제적 자유를 최대한 보장해서 경제주체들이 자유롭게 경제활동을 영위하도록 하여야 한다. 이를 위해서는 대내적으로 관료적 이해관계와 기득권층의 이익 유지를 위한 각종 규제를 과감하게 철폐, 혁신해야 한다.

규제완화는 효율적 자원배분과 창의성의 발휘가 지속적 성장을 위한 핵심 요소이다. 미국의 헤리티지재단이 매년 발표하는 경제자유화지수를 참고하면 <그림 14-2>에서 보는 바와 같이 한국의 경제자유화지수는 1997년 외환위기 직후 가장 높게 나타난 후 하향추세로 전환했다가 2005년 경부터 점차적으로 자유화가 확대되면서 2018년에 가장 높게 나타났다.[8] 이러한 추세적 개선에도

〈그림 14-2〉 한국의 경제자유화지수 추이(헤리티지재단 추정)

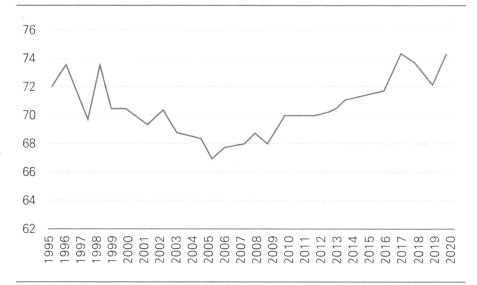

자료: 헤리티지재단(http://www.heritage.org/research/features/index)

〈표 14-1〉 주요국의 경제자유화지수(2020년 기준)

국가	싱가포르	홍콩	뉴질랜드	호주	그리스	아일랜드	영국
지수	89.4	89.1	84.1	82.6	82.0	80.9	79.3
국가	캐나다	대만	칠레	미국	핀란드	스웨덴	한국
지수	78.2	77.1	76.8	76.6	75.7	74.9	74.0

자료: 헤리티지재단(http://www.heritage.org/research/features/index)

불구하고 2020년 한국의 경제자유화지수는 25위로 나타났는데 다른 선진국은 물론이고 심지어는 대만, 홍콩 등에 비해서도 낮은 수준이다(<표 14-1> 참조).

제2차 세계대전 이후 줄곧 세계경제를 주도하고 있는 미국이나, 1960년대 중반까지만 해도 중진국에 머물러 있었으나, 1990년대 선진국으로 도약한 싱가포르와 아일랜드 등의 사례를 보더라도 경제활동의 자율성 보장과 이를 뒷받침하는 경쟁체제의 구축이 선진국으로의 도약에 매우 중요한 기반을 제공했음을 알 수 있다. 또한, 한국경제가 1997년 외환위기를 겪으면서 얻은 가장 큰 교훈 중의 하나도 바로 공정경쟁의 원칙이 경제운용의 근간이 되어야 한다는 것이다.

8) 헤리티지 경제자유화지수는 발표연도에서 1년~1년 반 전의 상황을 나타낸다.

즉 기업, 금융, 정부, 노동 등 모든 부문에서 구조적 취약성을 제거하고 경쟁제한적 제도를 과감히 철폐하여 경쟁원리에 따라 시장의 자원배분이 이루어질 때, 비로소 지속적인 성장을 위한 기초여건이 마련되는 것이다.

경쟁을 촉진하기 위해서는 무엇보다도 불필요한 규제를 철폐·완화하는 개혁이 선행되어야 한다. 규제완화를 통해 공정하고 실질적인 경쟁이 이루어질 수 있는 시장환경을 조성하고 시장에서 진정한 경쟁자가 승리할 수 있는 시스템을 확립해야 한다. 이는 경제의 모든 분야에서 경쟁을 제한하는 각종 규제를 철폐함으로써 경제주체들의 자율성이 최대한 발현될 수 있는 환경을 조성하는 것을 의미한다. 지금까지 역대 정부들이 규제완화의 기치를 내걸고 다양한 노력을 기울였으나, 기업들이 체감하는 경제활동에 관한 각종 규제들은 크게 완화되지 못했다. 특히, 외환위기 이후 크게 늘어난 외국인직접투자(FDI)와 함께 국내에 진출한 많은 외국계기업들에게 한국은 여전히 규제가 많은 국가로 인식되고 있다. 한국경제가 새로운 성장동력을 확충하여 지속적인 경제성장을 확보하기 위해서는 투자자의 국적을 불문하고 투자활성화를 위한 여건이 마련되어야 한다. 이를 위해서도 획기적인 규제완화, 즉 제로베이스 규제철폐가 실현되어야 한다.

규제완화와 함께, 꼭 필요한 규제라고 하더라도 투자자들이 중장기적인 관점에서 안심하고 투자할 수 있도록 규제의 투명성을 제고하는 것도 매우 필요하다. 특히, 외국투자자의 관점에서 한국경제는 시장예측이 어렵고 새로운 규제가 갑자기 생겨나는 등 불확실성이 상대적으로 높은 것으로 인식되고 있다. 이를 해결하기 위해서는 경제활동과 관련한 각종 법규들을 자의적으로 해석하지 않고 투명하고 일관성 있게 집행함으로써 투자자들이 체감하는 불확실성을 축소할 필요가 있다. 법과 질서의 엄격한 확립과 이에 의거한 경제주체들의 이해관계 조정이야말로 민주화된 사회에서 정부가 실천해야 할 핵심 역할이라 하겠다. 즉, 정부는 시장참여자 들에게 게임의 룰을 엄격하게 적용함으로써 예측가능성을 높이고, 자율적인 환경 하에서 각 경제주체들이 자신들의 능력을 최대한 발휘할 수 있는 여건을 마련하여야 한다.

둘째, 지속적인 개방 확대

지속적 성장을 위해서는 기존 산업에 대한 유치산업 보호적 정책보다는 개방과 경쟁을 통한 경쟁력 확보 및 좀비기업의 퇴출을 통한 경제구조조정이 바람직하다. 한국경제는 1980년대 중반부터 대외개방을 본격적으로 확대하기 시작했지만 주로 재화부분에 국한되었고 1994년에 매우 제한적으로 자본시장을 개방하기 시작하였다. 즉 1997년 외환위기 이전까지는 재화시장에 대한 대외개방은 상당 수준 이루어졌지만 외국자본 및 투자에 대해 개방은 여전히 낮은 수준에 머물러 있었다. 그러나 외환위기 이후 경제의 대대적인 구조조정과 더불어 자본시장에 대해서도 빅뱅수준의 개방이 이루어졌다. 환율제도도 변형된 고정환율제도에서 자유변동환율제도로 전환하였다. 물론 이러한 대외개방은 여러 가지 위험요소를 내포하고 있다. 따라서 개방에 따른 위험을 인식해서 그것에 대비하는 제도나 장치를 마련해야 한다. 특히 한국과 같이 자국통화가 국제통화가 아니면서 대외거래를 통한 경제활동이 주를 이루는 국가일수록 외환유동성을 확보하기 위한 외환제도 및 국가간 협력 그리고 경상수지 흑자 유지와 효율적인 외화자산운영 방안을 확보해야 한다. 세계화된 국제경제환경 하에서 수출주도로 경제가 운영되는 세계 13대 규모의 국가로서는 대외개방은 필연적이다. 4차 산업의 큰 축을 형성히는 IT산업의 경우는 제조업과는 매우 다른 양상으로 전개되지만 기본적으로는 기술이나 인적 자본, 소비 등 모든 면에서 개방을 전제로 한다.

선진국의 역사를 살펴볼 때 오랜 기간 선진국으로 남은 국가들의 특징 중 하나는 개방성이다. 영원히 무적의 세계적 제국으로 유지될 것 같은 국가들이 패망에 이르게 되는 결정적인 요인은 국가운영의 폐쇄성이다. 미국이 현재와 같은 세계 최고의 국가로서 우뚝 설 수 있는 핵심요소는 광대한 자연자원이나 성공적인 사회적 갈등해소 등의 요인과 더불어 자유무역질서의 유지와 세계에서 가장 자유로운 개방적인 경제사회를 이루어냈다는 점이다. 그러나 최근 미중갈등에서 보는 바와 같이 기술혁명에 의해 세계화 추세는 지속적으로 확산되고 있지만 주요국의 국제통상관련 정책과 제도는 자국우선의 보호주의가 강화되는 상황이다. 그럼에도 불구하고 한국과 같은 대외의존도가 높은 국가는 개방의 원칙을 유지하되 개방에 따른 갈등과 충격을 최소화하는 정책이 필요하다.

셋째, 새로운 성장동력산업의 활성화

과거 한국경제의 고도성장을 뒷받침해 왔던 다수의 주력산업에서 한국은 중국, 인도 및 동남아국가들로부터 빠른 속도로 추격을 받고 있으며, 대부분의 고기술·고급제품시장에서는 선진국의 벽에 가로막혀 국제경쟁력을 확보하기가 어려운 상황에 봉착해 있다. 특히, 반도체, 자동차, 일부 전자기기 등 대기업 주도의 일부 제조업 부문에서만이 국제경쟁력을 확보하고 있으나, 새로운 기술의 도입 및 개발이 없이는 동 분야에서마저 세계시장 점유율을 잠식당할 수 있는 매우 위태로운 상황에 처해 있다. 한국경제가 새로운 성장동력산업을 발굴해야 할 근본적인 이유이다.

새로운 성장동력산업은 기본적으로 경쟁력 있는 기술과 인력을 확보한 기업의 창의적인 혁신활동에 의해 창출되는 것이다. 이미 한국의 주력산업으로 성장한 정보통신산업에서도 더 높은 부가가치를 창출할 수 있는 신기술이 개발되어야 함은 물론이다. 또한 미래의 첨단산업으로 불리는 생명공학이나 나노기술 등의 신기술을 습득하기 위한 연구개발에 대한 투자가 최대한 확충되어야 한다. 2020년 세계를 강타한 코로나19의 팬데믹 현상 와중에서 일부 한국의 중견기업들이 경쟁력 있는 진단키트의 대량생산 및 보급을 통해 보여준 눈부신 활약도 이러한 앞을 내다보는 과감한 연구개발투자의 중요한 결실이라고 할 수 있다. 특히 이는 대기업 위주로 성장해 온 한국경제가 기술집약적 중소기업의 육성을 통해 기술·지식기반경제로 이행할 수도 있음을 상징적으로 보여준 중요한 성과라고 하겠다.

한편, 새로운 성장동력산업이 반드시 제조업에 국한되는 것은 아니다. 한국경제가 일부 제조업에서 국제경쟁력의 확보에 성공하기는 했지만, 대부분의 서비스산업에서는 아직도 선진국에 턱없이 못 미치는 생산성 수준을 보이고 있는 바, 이를 과감하게 탈피하는 전략적 사고가 필요하다. 왜냐하면, 거의 모든 선진국들이 제조업보다는 서비스산업에서 보다 많은 부가가치를 창출하고 있으며, 많은 서비스산업이 제조업의 경쟁력을 뒷받침하는 역할을 담당하고 있기도 하기 때문이다. 즉, 선진경제의 경쟁력 확보나 성장동력의 확충은 서비스산업의 발전 없이는 불가능하며, 서비스산업의 혁신적 발전은 고용창출·흡수를 위해서도, 그리고 경제전반의 생산성 제고를 위해서도 필수 불가결한 요소이다. 그러나 한국경제는 서비스산업이 전체 국내총생산(GDP)에서 차지하는 비중이 상당한 수준임에도 불구하고 서비스산업의 노동생산성은 미국, 일본, 독일의 절반 수준에 불과한 상황이다. 즉, 서비스 산업의 혁신이 없이는 추가적인 성장에는 한계가 있을 수밖에 없는 것이다. 제조업과 서비스산업 사이의 상호보완 및 지원 관계가 점차 심화되는 산업구조적 환경변화 속에서 시스템 통합, 컨설팅, 엔지니어링, 디자인, 법률, 회계, 교육 등 지식집약형 서비스산업의 고도화는 한국경제의 성장잠재력을 확충하는 데 있어서 필수적으로 추진되어야 할 정책방향이라고 할 수 있다. 특히 한국을 비롯한 일본, 프랑스, 영국, 독일, 중국 등 세계 주요국들의 고령화 추세가 빠르게 진행되고 있는 상황에서 실버 및 의료산업은 주요 수출 및 내수산업으로 발전할 가능성이 큰 성장동력 서비스산업이다.

최근에는 환경을 도외시한 경제성장은 의미가 없다는 인식이 확산됨에 따라 경제성장과 환경보존을 동시에 달성하기 위한 그린딜 관련 신재생에너지산업이나 온실가스 배출감축산업이 새로운 성장동력산업으로 대두되고 있다. 그리고 코로나사태로 인하여 기업이나 학교 등에서 업무처리나 회의, 교육 등이 대폭 비대면으로 전환되었는데 이러한 양상은 코로나 이후에도 상당 수준 지속, 확대될 것으로 예상된다. 따라서 비대면 기업경영이나 교육 등 언택트관련 기술산업이 새로운 성장동력산업으로 부상되고 있다.

넷째 교육서비스 및 인적자본의 질적 수준 제고

지식기반경제하의 4차 산업사회에서 한국경제가 경쟁력을 확고히 하기 위해서는 인적자본의 축적, 숙련기술인력 양성, 신기술도입과 적용이 핵심적인 전제조건이며, 이를 위해서는 교육서비스의 경쟁력제고가 필수적으로 요구된다. 대학의 경쟁력을 국제적 수준으로 제고하기 위해서는 국내 연구대학들의 연구력 강화, 교육중심대학의 학부생에 대해 AI와 같은 디지털 기술을 접목한 맞춤형 교육 강화 그리고 평생교육과 직업교육을 위한 전문대학의 질적 수준 향상이 필요하다. 더욱이 저출산으로 인해 2020년대부터 학령인구가 대학정원에 훨씬 못 미치게 됨으로써 대학의 구조조정이 시급히 시행되어서 부실 대학을 과감히 퇴출해야 한다.

한편 교육기관의 질적 수준을 높이기 위해서는 대내적으로 경쟁을 촉진하는 것과 동시에 교육서비스시장을 개방하여 세계유수의 교육기관들을 유치할 필요가 있다. 그러나 교육의 공공성에 입각한 국내교육의 기본 틀을 유지하는 데 급급한 정부는 교육서비스시장 개방에 대하여 매우 소극적이다. 한국은 단순히 교육서비스시장을 방어하는 입장에서 벗어나 싱가포르와 같이 한국을 동아시아의 교육중심으로 성장시킬 비전과 계획을 세워야 한다. 이때 개방의 갈등을 최소화하는 방안의 하나로 경영, 의료, 법률, 금융과 같은 전문고등교육시장의 개방을 우선적으로 추진하는 것을 고려할 수 있다. 교육서비스시장이 개방되고 실제로 외국 교육기관의 서비스제공이 활발하게 이루어지면 해외유학에 대한 수요가 줄어들게 되고 국내 교육기관들의 수요자위주 교육이 질적으로 강화될 것이다.

한편 고급인력의 경우에는 외국의 고급두뇌를 활용하려는 전략적 접근이 필요하다. 외국의 고급인력유치는 부족한 인적자원을 확충하고 혁신경제의 실현을 촉진하는 데 반드시 필요하다. 이를 위해서는 먼저 외국인력 유치제도를 조속히 정비하여야 한다. 현재와 같이 까다로운 제도와 절차 하에서 개도국의 저임금 노동인력은 어느 정도 유치할 수 있을지 몰라도, 과학기술 등 전문고급인력을 유치하기는 어렵기 때문이다. 즉 고급인력에 대한 우대제도는 물론 외국 고급인력 유치와 관련된 제도와 절차를 개선하는 것이 필요하다. 특히 영주권제도는 외국노동력 유입에 대한 규제를 완화하면서도 우리경제의 수요에 맞추어 이를 조정할 수 있는 수단으로 활용할 수 있다는 점에서 전향적인 재검토가 필요하다. 한국은 선진국 기술의 모방이 더 이상 쉽지 않은 단계에 와 있어 기술개발이 지속적 성장의 관건이다. 한편, 기술의 대형화와 상품수명주기의 단축 등으로 연구개발의 위험성은 점점 증대하고 있어 최근의 공동연구 추세에 적극적으로 대응할 필요가 있다. 특히, 산학연 공동연구를 활성화시켜 국내 연구거점을 마련해 나가는 동시에 국제 공동연구에 능동적으로 참여할 수 있도록 인센티브를 마련하여야 할 것이다. 다국적 기업의 연구개발 기능을 보다 적극적으로 유치하는 것도 효과적인 수단이 될 수 있을 것이다.

다섯째 공정한 경쟁 여건 마련

한국경제와 사회에서 실질적인 경쟁여건과 기회가 보다 평등하게 보장될 수 있는 제도적 노력과 투자가 필요하다. 이와 관련해서 먼저 대기업과 중소기업간의 상생을 위한 공정한 경쟁여건의 마련되어야 한다. 한국경제는 지난 수십 년 간 놀라운 발전을 이루어 왔다. 그리고 이와 같은 한국의 경제성장은 재벌그룹에 속한 대기업 주도로 이루어져 왔다고 해도 과언이 아니다. 재벌의 긍정적 역할을 부정할 수 없는 대목이다. 반면, 재벌의 성장과정에서 발생한 정경유착에 따른 특혜와 비리는 부의 축적과정의 정당성 문제를 제기하고 있으며, 재벌기업의 골목상권 침해, 편법적인 경영 세습, 부의 불평등한 분배에 따른 사회적 불평등 등의 부작용을 낳고 있는 것도 사실이다. 그동안 한국경제의 성장이 대기업 중심으로 이루어져왔다고 하지만, 국가경제 차원에서 중소기업은 매우 중요하다. 그럼에도 불구하고 중소기업은 현재 많은 어려움에 봉착해 있다. 대기업에 비해 매출액 증가도 낮고, 이익률도 낮은 반면, 부채비율은 높게 나타났기 때문이다. 중소기업이 어려운 이유는 근본적으로 경쟁력 부족에 기인하겠지만, 이밖에도 과잉 경쟁, 인력부족도 중요한 요인으로 지적되고 있다. 따라서 재벌의 불공정한 거래 관행 및 편법 경영권 세습 그리고 비효율적인 중소기업에 대한 지원 등과 같은 문제를 해결하고 보다 공정하게 경쟁이 이루어지도록 제도적 개선 및 효과적인 지원이 필요하다. 즉 공정거래법은 물론 상법, 증권거래법 등 다양한 법·제도를 현실 경제 상황에 맞게 개선해야 한다. 그러나 이 과정에서 지나치게 대기업의 경영권을 위협하는 과도한 조치나 비합리적인 중소기업 지원정책은 국내기업의 전반적인 경쟁력을 훼손할 우려가 있으므로 단계적으로 그리고 신중하게 추진해야 한다. 동시에 기업의 인식과 관행을 자율적으로 바꾸기 위한 인센티브를 마련해야 할 것이다.

한편 노동시장에서 공정성이 확보되기 위해서는 국제적인 기준에 맞게 비정규직 및 중소기업 근로자에 대한 보호를 강화하는 동시에 정규직에 대한 고용보호 수준을 일정부분 완화하는 정책이 필요하다. 호봉제와 같은 장기근속자 우대 임금체계를 성과급과 같은 인센티브 요소를 강화하고 기업연금제도를 활용해서 퇴직금제도를 합리화하는 등 임금체계의 유연성을 확대해서 청년층의 노동시장 진입을 촉진해야 한다. 또한 유리천장과 같은 직장의 남녀차별을 억제하는 정책을 통해서 여성인력이 지속적으로 고용시장에 참여할 수 있는 여건을 강화해야 한다. 궁극적으로는 고용의 형태보다 동일노동-동일임금 원칙이 적용될 수 있는 여건이 마련되어야 한다.

공정한 경쟁을 담보하기 위한 실질적 사항 중 하나는 사회취약계층에게 안정적 주거공간을 제공하는 일이다. 따라서 이를 위해 전체 주택재고의 2%에 불과한 영구임대주택과 장기임대주택 비율을 상당한 수준으로 끌어올리고 정부의 재정부담금 비율도 높이는 등 공공부문을 통해 저소득층의 주거문제해결에 공공부문에서 더 관심과 재원을 집중할 필요가 있다. 그리고 저소득층과 중산층의 주거비용에 대한 소득공제 등 세제혜택을 대폭 확대해야 한다.

여섯째, 한국형 복지국가시스템 구축

한국경제는 지난 60년간 지속적인 성장과 발전을 성취하였으나, 1990년대 말부터 여러 분야에서 양극화 현상의 확대라는 새로운 도전에 직면해 있다. 이러한 양극화 현상은 소득과 부의 분배에서 불평등 확대, 기업부문에서의 대기업과 중소기업 사이의 격차 확대 등 다양한 분야에서 나타나고 있다. 한국경제가 이런 불평등을 슬기롭게 해결하지 못할 경우 지속적 성장 및 발전을 통한 선진화라는 비전을 달성하기 어렵게 되고 사회적 분열과 갈등이 심화될 수 있음을 인식해야 한다. 경제성장의 과실이 모든 경제주체들에게 균형있게 분배될 수 있는 제도적 장치를 구축하는 작업이 무엇보다도 시급하다. 즉 분배구조의 개선이나 사회안전망의 확충 없이는 사회통합을 이룰 수 없으며, 사회적인 분열은 성장잠재력을 크게 잠식하는 요인으로 작용할 수 있다.

1997년 외환위기 이후, 특히 참여정부 출범 이후 사회복지 분야에 대한 정부와 일반국민의 관심도가 현저하게 높아졌고, 이러한 인식은 최근 들어 보다 강화된 형태로 발현되고 있다. 최저임금 목표의 설정과 이를 성취하기 위한 급속한 인상, 소득주도성장 정책의 추진 등과 같은 다양한 정책들이 양극화 해소라는 기본적인 목표를 추구하고 있는 것으로 평가된다. 이러한 정책방향은 2020년 상반기 나타난 코로나19 사태와 함께 일부에서 논의되고 있는 '국민기본소득'에 의해 다시 한 번 조명을 받게 되었다. 이러한 일련의 정책의 추진에 있어서는 아직도 한국의 복지인프라는 매우 취약한 상태이며, 부동산가격 불안정, 공교육의 부실화 등 한국사회의 빈부격차 확대를 야기하는 추가적인 다양한 요인들이 존재하며, 이러한 요인들이 때로는 사회적 갈등의 요인이 되고 있다는 인식이 자리하고 있다고 하겠다. 또한, 노동시장에서도 임시·일용직 및 시간제 노동자와 같은 취약노동자들이 실질적으로 사회보험 적용의 사각지대에 놓여있으며, 여성, 장애인 및 노인 등에 대한 차별적 제도와 관행도 사회 곳곳에 여전히 남아 있는 등, 국민소득 3만 달러를 달성한 한국사회가 실질적인 선진국으로 도약하기 위해 넘어야 할 암초들이 곳곳에 산재해 있어 이들을 슬기롭게 해결할 필요가 있다.

경제정책의 포용성 확대는 경제성장의 과실이 모든 경제주체들에게 되도록 골고루 돌아갈 수 있는 제도를 구축하는 것을 의미한다. 이의 중요성에도 불구하고 여전히 어떤 방식으로 이를 성취하느냐는 매우 민감한 문제이다. 즉, 포용성의 확대를 생산 및 분배의 단계에서 추진하느냐 아니면 재분배의 단계에서 추진하느냐는 매우 중요한 차이를 의미한다. 생산 및 분배 단계에서 포용성을 강조하고자 할 경우 급속한 최저임금인상 등을 통해 임금격차 축소라는 목표는 비교적 용이하게 달성할 수 있으나, 기업의 생산 및 투자의욕을 위축시킴으로써 고용감축 및 실업확대라는 부작용으로 귀결되기도 한다. 따라서 포용성의 확대를 재분배 단계에서 실시함으로써 이러한 부작용을 해결하자는 방향으로 많은 전문가들의 의견이 모아지고 있다. 즉, 사회복지인프라의 확충과 누진적 세금구조의 강화, 장기할부주택금융제도의 정착을 통한 안정적인 주거의 제공 등 다양한 정책수단들을 통해 포용성을 확대하고, 이를 통해 사회갈등의 요인을 축소하는 한편, 한국경제의 지속성장을 위한 안정적 기반을 구축할 필요가 있는 것이다.

북구권 국가들과 다수의 중부 유럽국가들은 제2차 세계대전 이후 1970년대 초반까지의 높은 경제성장을 기반으로 사회복지서비스를 꾸준히 확대하였다는 공통점을 갖는다. 그러나 한국의 경우 복지확충이 필요하다는 폭넓은 공감대가 형성되어 있음에도 불구하고 조만간 초고령사회로 진입하면서 저성장기조가 정착될 것으로 전망되기 때문에 보다 신중하게 복지확대를 해야 한다. 즉, 사회적 양극화 현상이 확산되면서 이를 해소하기 위한 방편으로서 복지의 확대 또한 피할 수 없는 과제이기는 하나, 지나친 복지확대는 다음 세대에 부담을 주고 경제활동의 침체를 초래할 수 있다는 점을 고려해야 한다. 이러한 현실적 제약을 감안할 때 충분한 사회적 논의와 합의를 통해서 중부담-중복지 형태를 기본으로 하는 한국형 복지국가시스템을 지향하는 것이 바람직하다.

앞에서 제시한 여섯 가지의 정책과제들은 한국경제가 지속적으로 성장을 유지하고 이를 통해 선진복지국가를 실현하는 데 있어서 빼놓을 수 없는 중요한 과제들이다. 이러한 정책들은 중장기적인 관점에서 긍정적 시너지 효과를 발휘해서 한국경제의 성장잠재력 비율을 확충하는 데 기여할 것이다. 한국경제는 무한한 잠재력과 가능성을 지니고 있다. 지난 60년간, 특히 외환위기 및 글로벌금융위기 등 다양한 위기상황을 겪으면서 한국인들이 보여준 재능과 슬기, 근면

함, 어려움을 헤쳐 나가는 불굴의 용기는 한국의 소중한 자산으로서 앞으로도 선진복지국가의 실현을 보장해주는 원동력으로 작용할 것이다.

용어설명

3저 현상	1980년대 중반 국제금리하락, 원유가 하락 및 엔화 대비 원화 가치 하락으로 한국 경제는 수출 증가와 경상수지흑자 및 투자 활성화 경험
DTI(총부채상환비율)	주택담보대출 차주의 원리금상환능력을 감안하여 주택담보대출 한도를 설정하기 위해 도입된 규제 비율
LTV(담보인정비율)	주택가격에 대한 대출 비율과 같이 자산의 담보가치에 대한 대출 비율
P2P(peer-to-peer)펀딩	온라인상에서 자금공급자(투자자)와 자금수요자(차입자) 간 전통적인 금융회사의 중개 없이 자금중개가 이뤄지는 금융활동
가처분소득	개인소득에서 개인의 세금과 세외부담, 즉 이자지급 등 비소비 지출을 공제하고 여기에 이전소득을 보탠 것으로 실제로 자유롭게 소비 또는 저축으로 처분할 수 있는 소득
개인연금제도	근로자가 공적연금이나 기업연금 이상의 연금을 지급받기 위해 개인 차원에서 적립하는 연금제도
경기대응적 완충자본	경기변동 위험에 효과적으로 대처하기 위해서 기본자본금 이외에 추가적으로 적립하는 자본
경쟁법	독점금지법, 반트러스트법, 공정거래법 등 다양한 이름으로 불리는 독과점 규제법
경제적 수요심사제도	금융기관이나 기업이 시장에 진입하는 것이 경제적 기반에 비추어 볼 때 정당한지 여부를 심사하는 제도
공시지가	대표성을 지닌 전국의 45만 필지의 표준지를 대상으로 2인 이상의 감정평가사가 산정하여 평균한 지가
공정거래법	독점에 의해 발생되는 부당한 거래의 제한과 독점 그 자체를 배제 또는 규제하기 위한 법류
관계적 금융	자금 공급자와 수요자간의 밀접한 관계를 바탕으로 이루어지는 금융

국내저축률	국민가처분소득 중 소비되지 않고 저축된 부분의 비율. 해외저축률은 해외차입을 국민총가처분소득으로 나눈 값으로 정의
국민부담률	조세총액에 사회보장기여금을 합친 금액이 GDP에서 차지하는 비율
국민소득	일정기간 발생한 한 나라의 생산물 가치, 즉 부가가치의 총합
BIS 자기자본비율	은행시스템의 건전성과 안정성을 확보하고 은행간 경쟁조건상의 형평을 기하기 위해 국제결제은행(BIS)의 은행감독규제 위원회에서 정한 기준
규모의 경제	생산요소 투입량의 증대에 따른 생산비 절약 또는 수익 향상의 이익
규제 샌드박스	핀테크 기업이 현행 규제를 적용받지 않으면서 혁신적인 금융상품과 비즈니스모델을 시험할 수 있는 공간이나 제도
글로벌 가치사슬	기업 활동에서 부가가치 창출에 직접적 또는 간접적으로 관련된 모든 활동의 국제적 연계
글로벌 공급망	원재료의 조달에서부터 완제품의 최종 소비에 이르기까지 재화와 서비스 및 정보의 흐름이 국제적으로 이루어지는 연결망
기업공개	증권거래법 등의 규정에 따라 주식회사가 발행한 주식을 일반투자자에게 균일한 조건으로 공모하거나 이미 발행된 대주주가 소유하고 있는 주식을 분산하는 것
기업어음(CP)	신용상태가 양호한 기업이 상거래와 관계없이 운전자금 등 단기자금을 조달하기 위하여 자기신용을 바탕으로 발행하는 융통어음
기업연금제도	기업이 독자적으로 또는 근로자와 함께 갹출, 적립한 기금을 바탕으로 퇴직 이후 근로자에게 일종의 연금을 지급하는 제도
기준시가	투기가 우려되는 특정지역의 아파트, 각종 회원권, 자가용 등을 대상으로 국세청이 고시하는 가격
기펜재	가격이 오를수록 수요가 증가하고 가격이 내릴수록 수요가 감소하는 재화

기회비용	여러 가능성 중 하나를 선택했을 때 그 선택으로 인해 포기해야 하는 최대 가치
내부지분율	동일인 및 특수관계인, 계열회사, 자사주의 지분을 합한 지분율로서 사실상 총수 일가가 주주권을 행사할 수 있는 지분율을 의미
네거티브시스템	수출입 자유화하에서 예외적으로 특수한 품목의 수풀입을 제한 또는 금지하는 제도
노동시장의 유연성	기업의 수요변동에 따라 신축적으로 고용 수준을 조절할 수 있는 정도
뉴노멀	2008년 글로벌 금융위기이후 전세계적으로 나타난 "저성장, 저금리, 저물가"의 새로운 경제기조를 지칭. 중국에서는 신창타이(新常態)로 번역하여 고도성장시대의 종식을 강조. COVID-19 이후 재조명됨.
대마불사	"큰 말은 마침내 살길이 생겨서 죽지 않는다."라는 바둑 격언에서 유래된 말로서 기업규모가 클수록 망하지 않는다는 속설을 의미
대손상각	회수 불가능한 채권을 일정 기간 동안 분할하여 소멸시키는 것
대체출산력	사회의 전체 인구수가 동일한 수준으로 유지되기 위해서 결혼한 부부가 출산해야 할 평균 자녀수. 성장기 동안 사망하는 평균 유아수, 미혼 성인 등을 감하면 대체 출산력은 2를 약간 상회.
대표소송제도	이해 관계인 모두가 소송에 참여할 경우의 단점을 극복하기 위하여 대표자를 선정하여 소송을 수행토록 하는 제도
도덕적 해이	경제주체가 빠져나갈 구멍을 믿고 최선의 의무를 다하지 않는 상태로서 시장질서의 위협요소로 작용
디지털화폐	금전적 가치를 디지털 정보로 바꾸고 암호화하여 컴퓨터에 보관하고 네트워크상으로 사용하는 화폐
로봇어드바이저	컴퓨터 프로그램이 투자결정 및 자산배분을 하는 행위 또는 해당 프로그램
리스회사	각종 기계, 시설 등을 기업에 수수료를 받고 대여해 주거나 할부 판매하여 줌으로써 기업의 설비자금 부담을 덜어주는 설비금융지원 기관

무형자산	물리적 존재형태가 없는 자산으로 영업권, 광업권, 특허권, 실용신안권 등을 지칭
반덤핑관세	국제경쟁에서 우위를 점하기 위하여 국내 판매 가격이나 생산비보다 낮은 가격으로 상품을 수출하는 경우, 수입국에서 그 차액(덤핑)만큼 부과하는 관세
벤처기업	새로운 첨단기술이나 창의적인 아이디어를 개발하여 새로운 사업에 도전하는 중소기업으로 위험은 높지만 일단 성공하면 높은 수익을 올릴 수 있는 기업을 지칭
보통주	특별한 권리내용이 정해지지 않은 기본적인 형태의 의결권을 보유한 주식
본원통화	중앙은행의 부채로서 민간이 보유한 현금과 시중은행의 지급준비금을 합한 금액
부채비율	총부채를 자기자본으로 나눈 값으로 기업의 재무구조를 나타내는 중요한 비율
비관세 장벽	국경조정세나 수입과징금, 수량제한 등 관세 이외의 방법으로 정부가 외국 상품을 차별하는 규제
비교우위	국제 무역에서 한 나라가 생산하는 특정한 상품이 상대국에 비해 더 낮은 비용으로 생산되어 생산 효율성 면에서 우위를 차지하는 경우
빈곤선	육체적 능률을 유지하는 데 필요한 최소한도의 생활 수준을 의미
사모펀드	소수 투자자로부터 돈을 모아 주식과 채권 그리고 기업이나 부동산 등에 투자하는 펀드
사회보장기여금	연금, 건강보험, 산재보상보험기금, 고용보험기금을 합한 개념
상대적 빈곤율	소득의 중간값(median), 즉 중위소득의 50% 이하에 해당하는 가구 비율. OECD에서 빈곤율을 정의할 때 권장하는 지표.
산업 공동화	해외직접투자로 어떤 산업이 다른 지역이나 국가로 이주함으로써 원래 지역의 산업이 점차적으로 소멸하게 되는 현상

산업내 무역	국가 간 상품무역에서 각국이 동일 산업 내에 속하는 제품을 동시에 수출하고 수입하는 무역 형태
상계관세	수출국 정부가 수출 보조금이나 장려금을 지급하여 수출가격을 부당하게 낮추는 경우, 수입국이 그 효과를 상쇄하기 위한 목적으로 정규 관세에 추가하여 부과하는 관세
상호출자제한제도	일정규모 이상의 기업집단에 대해 계열사간 상호출자를 금지하는 제도
생산가능인구	15세 이상 65세 미만의 인구를 지칭
생산성	재화 생산의 투입량과 산출량의 비율로서 생산을 위하여 사용한 생산요소의 양과 최종생산물 양의 비율
선물거래	장래의 일정시점에 수량, 규격, 품질 등이 표준화되어 있는 특정 대상물을 미리 정한 가격(선물가격)으로 인도·인수할 것을 약속하는 거래
선적전 검사	수입국 정부가 지정한 검사 기관이 물품을 배에 싣기 전에 수출국 현지에서 품질, 수량, 수입 거래 가격의 적정성 여부 따위를 검사하고 결과에 따라 수입국 도착 후 통관 처분 및 관세를 부과하는 제도
성장 잠재력	한 나라에 존재하는 모든 생산 자원을 최대한 활용했을 때 달성이 가능한 GDP 또는 GNP의 수준, 또는 성장률을 의미
세이프가드	특정 물품의 수입이 증가하여 자국 산업에 심각한 피해가 발생하는 경우 그 품목의 수입을 제한하는 조치
소득대체율	연금 가입기간 중 평균소득을 현재가치로 환산한 금액대비 연금지급액의 비율
소사장제	기업체의 일부파트를 별도의 회사로 독립시켜 운영하는 제도
수권자본	주식회사가 정관에 기록된 대로 최대한 발행할 수 있는 주식의 수
수입대체 산업정책	기존에 수입하여 사용하던 각종 제품을 국내에서 생산하기 시작함으로써 수입품을 국산으로 대체하기 위한 정책

수확체증의 법칙	노동 또는 자본이 추가되면 될수록 산출량이 기하급수적으로 증가하는 경험적 법칙
스왑	포트폴리오에 포함돼 있는 자산을 매각해 그 자금으로 다른 자산을 구입, 포트폴리오를 재구성하는 것을 의미
스트레스 테스트 (위기상황분석)	예외적이지만 발생가능한 위기 상황을 상정하여 개별 금융기관, 금융부문 및 금융시스템 전체의 취약성과 복원력을 평가하는 기법
시가총액	주식수 X 가격(주가)
시계열 분석	과거의 추세를 이용하여 변수들간의 연관성을 분석하거나 미래 움직임을 예측하는 수학적 기법
시너지 효과	하나의 기능이 다중으로 이용될 때 생성되는 효과, 즉, "1+1"이 2 이상의 효과를 낼 경우를 지칭
시스템적으로 중요한 금융회사(SIFIs; Systemically Important Financial Institutions)	규모가 크고 금융시스템 내 상호연계성이 높아 부실화 또는 도산시 금융시스템에 광범위하고 중대한 영향을 미칠 수 있는 은행, 보험사 및 여타 금융기관을 의미
신주인수권부 사채(BW)	사채의 만기가 돌아오기 전에 발행회사가 유상증자를 실시할 경우에 주주에게 배정하는 신주의 일부를 사채권자에게 우선적으로 배정하는 조건부 사채
실행관세율	각 국가가 유지하고 있는 명목 관세율의 범위 내에서 수입품에 대해 실제로 적용하는 관세율
아웃소싱	기업 내부의 프로젝트를 제3자에게 위탁해 처리하거나, 외부 전산 전문업체가 고객의 정보처리 업무의 일부 또는 전부를 장기간 운영 관리하는 것
약속어음	발행인이 일정금액을 일정 시기, 장소에서 지불할 것을 약속한 어음
양도성예금증서(CD)	은행의 정기예금증서에 양도성을 부여한 증서
에너지 믹스(energy mix)	전력을 어떤 방법(원천)으로 생산하는지를 나타내는 비율. 최근에는 석유, 석탄 등 화석연료의 사용량 비중이 줄어드는 반면 원자력, 태

양열 등과 같은 신재생 에너지의 사용 비중이 증가하고 있음.

엘니뇨	태평양 중앙부터 남아메리카 대륙 서쪽 해안에 이르는 동태평양 적도 지역의 넓은 범위에서 해수면 온도가 지속적으로 높아지는 현상. 엘니뇨가 최고조로 발달하는 겨울철에 북반구에서는 유라시아 중·동부와 알래스카 지역을 포함하는 북미 서북부에서 평상시보다 높은 기온을 보이고, 남반구에서는 아프리카 남서부 지역과 호주 서쪽, 그리고 남미 북부 지역이 상대적으로 높은 기온을 보이며, 강수량은 열대 서·중태평양에서 증가하고 인도네시아 부근과 호주 북부에서 평상시보다 감소
여수신금리	여신금리는 은행이 자금을 대출할 때 받는 이자, 수신금리는 은행이 자금을 차입할 때 주는 이자를 지칭
연결재무제표	모기업과 자회사를 단일기업으로 간주하여 작성한 재무제표
예수금	금융기관이 일반 대중 또는 기업, 공공기간 등 불특정 다수로부터 일정한 이자지급 등의 조건으로 보관, 위탁을 받아 운용할 수 있는 자금
오버슈팅	환율, 주가, 금리 등의 가격변수가 장기균형치보다 일시적으로 급등 또는 급락하는 현상
요구불예금	예금 후 언제든지 일부 또는 전부를 예금자의 청구에 의해 지급받을 수 있는 예금의 종류
원산지 규정	원산지를 확인하는 방법이나 절차 따위를 규정한 모든 법률과 규칙, 행정 절차 등 상품의 원산지를 결정하기 위하여 마련한 규정
유니콘 기업	기업가치가 10억 달러가 넘는 스타트업 기업
유동성	자산을 필요한 시기에 손실 없이 화폐로 바꿀 수 있는 용이성
유형자산	영업활동에 사용할 목적으로 취득한 물리적 실체가 있는 자산으로 토지, 건물, 구축물, 기계자치, 선박, 차량운반구 등을 포함
이전소득	정부기관에 의한 연금, 유족원호금과 개인이 회사에서 받는 치료비 등의 사회보장 급부나 기업의 개인에 대한 증여, 기부등과 같이 무상으로 행해지는 지급으로 발생하는 소득

이표채	액면가로 채권을 발행하고 이자를 일정기간마다 지불하며 만기에 원금을 상환하는 채권
임금피크제	일정한 연령 이후 업무능력이 떨어지는 장기근속 직원에 대해 임금을 줄여서 고용을 유지하는 능력급제의 일종으로 일본과 미국, 유럽의 일부 국가에서 공무원과 일반 기업 직원을 대상으로 시행
자본보전 완충자본	주주들에 대한 이익배분을 제한함으로써 자본충실도가 악화되는 것을 막기 위한 자본
자본스톡증가율	한 나라가 보유하는 재생산이 가능한 유형자산(건물, 기계장치, 재료, 자재) 등의 증가율
자본자유화	직접, 간접 투자를 포함하여 국가 간 자본거래에 대한 각종 제약의 철폐
자본집약도	자본/노동 비율로서 자본장비율이라고도 함. 노동자 1인당의 자본량, 즉 자본집약도가 커지면 한 사람의 노동자가 만들어내는 산출량의 크기가 증가
자연 실업률	예상 인플레이션률과 실제 인플레이션률이 같아지는 장기균형에 대응하는 실업률. 즉, 해당 경제의 경기변동이 아닌 구조적 특성에 의해 결정되는 실업률
자유무역협정	국가간 상품의 자유로운 이동을 위해 모든 무역장벽을 철폐하는 협정
재무제표	기업이 일정기간 동안 얼마나 이익을 남겼는지 또는 손해를 보았는지와 일정 시점에서 기업의 자산, 부채 및 자본 등 재무상태가 어떤가를 나타내는 표
재정증권	국고금의 출납과 금융통화에 관한 정책을 효율적으로 수행하기 위해 정부가 발행하는 증권
전환사채(CB)	일정기간 경과후 소유자의 청구에 의하여 주식으로 전환할 수 있는 사채
정부조달	정부기관이 필요로 하는 물자나 기자재를 민간업자로부터 구입하는 경제행위

조세부담률	GDP에 대한 조세총액의 비율
조세열거주의	법에 과제대상과 과세요건을 명시하여 과세하는 방식
조세포괄주의	법에 규정되어 있지 않더라도 비슷한 행위에 대해 세금을 부과할 수 있는 방식
종합금융회사	중장기 설비금융의 기능을 혼합하여 국내 현실에 맞도록 업무 범위를 조정한 일종의 장기금융기관
준칙주의	경제정책을 시행할 때 재량보다는 공개된 준칙을 정하고 일관되게 이를 따르는 방식
지니계수	소득불평등도를 나타내는 대표적 지표. 지니계수는 0에서 1 사이의 수치로 표시되는데 소득분배가 완전평등한 경우 0, 완전불평등한 경우 1의 값을 가짐.
지속가능한 개발 (sustainable development)	현 세대가 누리는 생활수준을 미래세대도 누릴 수 있도록 경제, 환경, 사회를 유지, 보전, 발전시켜야 한다는 개념
차환발행	이미 발행한 채권의 원금을 상환하기 위하여 새로이 채권을 발행하는 것
초고령사회	65세 이상 고령인구가 전체 인구에서 차지하는 비율이 20% 이상인 사회
총요소생산성	기술진보(technological progress)를 포함하여 생산요소의 효율적 사용을 나타내는 광의의 개념으로서, 노동과 자본투입의 증가에 의해 설명되지 않은 생산물의 잔여 부분으로 추정함
콜(call)시장	금융기관들이 일시적인 자금 과부족을 조절하기 위하여 상호간에 초단기로 자금을 차입하거나 대여하는 시장
쿼터	무역이나 외환거래에 있어 총량 또는 총액을 제한하는 제도로서 통상적으로 수입할당제를 의미
크라우드펀딩	온라인 플랫폼(중개업자)을 통해 다수의 개인들로부터 자금을 조달하는 금융서비스

특별인출권(SDR)	1960년대 들어서 발생한 국제유동성 딜레마를 해결하기 위하여 IMF가 도입한 국제준비자산
특혜 관세	특정한 나라의 생산물이나 선박에 대하여 비교적 낮은 세율로 부과하는 관세
파생 상품	환율이나 금리, 주가 등의 시세변동에 따른 손실위험을 줄이기 위해 미래 일정시점에 정해진 가격에 거래하기로 한 금융 상품
포용적 금융	소외계층의 금융접근성 문제를 완화하고 경제활동을 지원하기 위한 금융
표지어음	금융기관이 할인, 보유하고 있는 상업어음이나 무역어음 등을 근거로 별도의 자체 어음으로 재구성해 새롭게 발행한 어음
포트폴리오	경제주체가 보유하고 있는 금융자산 등 각종 자산들의 구성
핀테크	'금융'(finance)과 '기술'(technology)의 합성어로 기존 디지털 기술혁신을 통해 금융서비스를 획기적으로 효율화하거나 새 금융서비스를 출시하는 방식
통화안정증권	한국은행이 유동성 조절을 목적으로 발행하는 채무증서
환경의 자정능력	환경은 인간이 배출하는 각종 오염물질을 정화해 주는 서비스를 제공하는데 이를 환경의 자정능력이라고 함. 생산자와 소비자가 생산행위를 하면서 오염물질을 배출하는 것은 다른 시각에서 보면 환경자원이 제공하는 정화 서비스를 사용하는 것과 같음. 오염물질이 환경의 자정능력을 넘어서 배출되면 환경오염문제가 발생하게 됨
환매조건부매매(RP/Repo)	미래의 특정 시점에 특정 가격으로 동일한 증권을 반대방향으로 매수 및 매도할 것을 약정하고 이루어지는 증권의 매매거래
회사채	기업이 시설 자금이나 운영자금을 조달하기 위해 발행하는 채권
회색지대조치	GATT 체제하에서 불공정행위로 구제받지 않는 수입제한조치
헷지(hedge)	예상치 못한 가격변동으로부터 야기되는 위험을 회피하기 위한 행위

참고문헌

1장

유진수 외(2006), "선진통상국가 실현을 위한 중장기 통상전략 연구: 선진경제의 통상정책과 시사점", 대외경제정책연구원, 연구자료 06－05.

프레스토위츠(2006), "부와 권력의 대이동", 클라이드 프레스토위츠 지음, 이문희 옮김, 지식의 숲.

한국무역협회 국제무역연구원(2019), "세계 속의 대한민국 2019".

OECD(2020), 「2020년 OECD 한국경제보고서」, 국문요약본. 기획재정부 번역.

UNCTAD(2019), "World Investment Report 2019", Geneva.

2장

권규호(2019), "글로벌 금융위기이후 우리 경제의 성장률 둔화와 장기전망," 한국개발연구원, 『KDI 경제전망 2019 상반기』.

권지호, 김도완, 지정구, 김건, 노경서(2019), "우리나라 잠재성장률 추정," 한국은행, 『조사통계월보』 8월호.

박진근(2000), 『세계경제속의 한국경제』, 박영사.

신장섭(2017), 『경제민주화…일그러진 시대의 화두』, 나남.

이정동 외(2015), 『축적의 시간』, 지식노마드.

이제민(2017), 『외환위기와 그 후의 한국경제』, 한울.

조순(1996), 『한국경제개조론』, 다산출판사.

한진희, 최경수, 김동석, 임경무(2002), "한국경제의 잠재성장률 전망: 2003~2012," 한국경제연구원.

Acemoglu, Daron and James A. Robinson(2012), *Why Nations Fail*, Crown Business.

Glaeser, Edward, Rafael La Porta, Florenci Lopez－de－Silanes, and Andrei Shleifer (2004), "Do Institutions Cause Growth?" *Journal of Economic Growth* 9.

Institute for Management Development(2020), *Global Competitiveness Report.*

Krugman, Paul(1994), "The Myth of Asia' Miracle," *Foreign Affairs*, November/December.

World Bank(1993), *The East Asian miracle : economic growth and public policy*, Oxford University Press.

4장 ────────────────────────────

국회예산정책처(2020), 『2020 NABO 장기재정 전망』

_____(2020), 『2020 대한민국 재정』

기획재정부(2019), 『2019 나라살림 예산개요』

_____(2019), 『월간 재정동향』

재정경제부(2019), 『조세개요』

한국개발연구원, 『재정통계자료집』, 각년호

한국경제연구원(2020), "우리나라 적정 국가채무비율은 40%," 보도자료(2020. 7. 23)

5장 ────────────────────────────

김기영(2018), 『이토록 쉬운 블록체인 & 암호화폐』

김대식 · 김태준(2003), "우리나라 금융산업의 발전방향," 『글로벌시대의 한국금융: 금융그룹화의 영향과 과제』, 한국은행 금융경제연구원

김인준(1998), "금융 · 외환위기의 특징과 IMF,"

김태준 · 유재원(2003), "한국의 자본자유화 정책: 평가 및 과제," 2003년도 경제학 공동학술대회 발표자료

대외경제정책연구원(2004), 『외환위기 이후 한국의 금융국제화 진전과 향후 과제』, 연구보고서

성대규(2015), 『그림자 금융규제』

손상호 · 정지만(2001), "국내 금융산업의 과거 · 현재 · 미래," 『한국 금융산업의 과거· 현재 · 미래』, 한국금융연구원

신인석 외(2000), 『한국의 IMF 프로그램 3년』, 대외경제정책연구원

이동걸 · 김대식(2001), "은행산업의 과거 · 현재 · 미래," 『한국 금융산업의 과거· 현재 · 미

래』, 한국금융연구원

장형수 · 왕윤종(1998), 『IMF체제하의 한국경제(Ⅰ): 종합심층보고』, KIEP

조순(1996), 『한국경제개조론』, 다산출판사

한국개발연구원(1995), 『한국경제반세기 정책자료집』, pp.511－514

한국은행(2016), 『한국의 외환제도와 외환시장』

_____(2016), 『한국의 금융시장』

_____(2018), 『한국의 금융제도』

Johnston B, S, M. Darbar and C. Echeverria(1997), "Sequencing Capital Account Liberalization: Lessons from the Experience in Chile, Indonesia, Korea and Thailand," WP/97/157, IMF

6장

강인수 외(2018), 국제통상론, 박영사

서진교 외(2019), WTO 체제 개혁과 한국의 다자통상정책 방향, 대외경제정책연구원

_____(2019. 5), 최근 WTO 개도국지위에 관한 논의 동향과 정책 시사점, 대외경제정책연구원

_____(2019. 5), 최근 WTO 체제 개편 논의와 정책 시사점, 대외경제정책연구원

신꽃비 외(2018. 9), 미·중 통상분쟁의 영향: 301조에 따른 상호 추가관세 부과를 중심으로, 대외경제정책연구원

연원호 외(2019. 12), 미·중 무역협상 1단계 합의와 향후 전망, 대외경제정책연구원

오수현 외(2019. 11), 역내포괄적경제동반자협정(RCEP) 잠정 타결: 의미와 시사점, 대외경제정책연구원

이천기 외(2019. 12), WTO 상소기구 기능 정지: 의미와 배경, 향후 전망, 대외경제정책연구원

_____(2020. 2), 미·EU·일 공동성명에 나타난 WTO 산업보조금 규제 강화 방향: 평가와 시사점, 대외경제정책연구원

조문희 외(2018. 10), NAFTA 재협상(USMCA) 결과: 평가와 시사점 , 대외경제정책연구원

채욱(2018), 한미FTA와 통상문제, 현대한미관계의 이해, 명인문화사

통계청, 국가통계포털, http://kosis.kr/index/index.do

한국무역협회(2020.1), 글로벌 가치사슬(GVC)의 패러다임 변화와 한국무역의 미래

한국무역협회, 무역통계, http://stat.kita.net

KDI(2011), 2010 Modularization of Korea's Development Experience: Trade Liberalization, 2011, Ministry of Strategy and Finance and Korea Development Institute

Kim, C. K(2019), Economic Development of Korea, World Scientific

Sung, K. J. and et, al(2010), Development Experience of the Korean Economy, Kyung Hee University Press

World Trade Organization(2017.6), Trade Policy Review, Report by the Secretariat, WT/TPR/S/346/Rev.1

7장

공정거래위원회, 기업집단포털

연합뉴스, "공정거래위원장, '대·중소기업 상생은 시혜 아닌 생존'," 2019. 12. 13

중소벤처기업부(2018), '2018년 벤처기업 정밀 실태조사'

_____, 보도자료, 2019. 12. 10.

한국은행(2019), 『2018년 기업경영분석』

9장

강신욱(2018), "소득불평등의 변화와 재분배정책의 과제," 한국보건사회연구원.

김승택(2002), "사회안전망체계의 국제비교연구(I) 영국," 한국노동연구원.

김안나(2006), "선진형 사회안전망의 확충," 한국보건사회연구원.

김태성·성경륭(2000), 『복지국가론』, 개정판, 나남출판.

박종규(2017), "우리나라 소득 불평등의 추이와 원인 및 정책목표," KIF연구보고서.

이철승(2020), 『불평등의 세대』, 문학과 지성사.

조권중, 최상미, 장동열(2017), "기본소득의 쟁점과 제도연구," 서울연구원.

조귀동(2020), 『세습 중산층 사회』, 생각의 힘.

홍민기(2020), "최상위소득비중(~2018)," 한국노동연구원, 『노동리뷰』, 2월호.

IMF(2017), "Fostering Inclusive Growth," Prepared for the G-20 Leader's Summit.

OECD(2017), Going for Growth 2017: Policies for Growth To Benefit All.

_____(2019), Under Pressure: The Squeezed Middle Class.

_____(2020), Income inequality(indicator). doi: 10.1787/459aa7f1−en.

Piketty, Thomas(2014), *Capital in the 21th Century*, Harvard University.

10장

김태동·이근식(1989)『땅 투기의 대상인가, 삶의 터전인가』, <경실련> 문고1, 비봉출판사

국토교통부(2019), 2018년도 국토의 계획 및 이용에 관한 연차보고서.

11장

국회 예산정책처(2018),『2019~2050년 NABO 장기 재정전망』

_____(2020),『2020 NABO 장기 재정전망』

송지연(2019), "일본 연금개혁의 정치경제",『국제·지역연구』

이재준(2016),『고령화의 거시경제적 영향과 정책시사점』

저출산·고령사회 위원회(2017),『제3차 저출산·고령사회 기본계획』

통계청(2019),『고령자 통계』

한국개발연구원(2015), "고령화사회, 고령사회, 초고령사회," click 경제교육, 2015년 1월호.

한국보건사회연구원(2012),『주요국의 사회보장제도』

_____(2015),『2015년 전국 출산력 및 가족보건 복지실태조사』

_____(2018a),『2018년 전국 출산력 및 가족보건 복지실태조사』

_____(2018b),『저출산·고령사회 대응 국제비교 공동연구:(4) 주요국의 가
족정책 – 스웨덴, 프랑스, 독일, 일본을 중심으로』

_____(2018c),『주요국 사회보장제도 6: 영국의 사회보장제도』

OECD(2018), "Economic Outlook: Long−term Baseline Projections".

UN(2019), *World Population Prospects 2019*.

World Bank(2019), World Development Indicators

12장

감사원(2018), "4대강 살리기 사업 추진실태 점검 및 성과분석", 보도자료

강광규·추장민·정회성·한화진·유난미(2004), 「동북아지역의 황사피해 분석 및 피해저감을 위한 지역협력방안 II」, 한국환경정책평가연구원

관계부처 합동(2019), "미세먼지 관리 종합계획 2020~2024", 미세먼지특별대책위원회

관계부처 합동(2019), "제2차 기후변화 대응계획"

국회예산정책처(2020), 「지속성장을 위한 기후변화 대응전략」

신영철(2005), "황사로 인한 피해비용 추정", 『자원환경경제연구』 제14권 제3호

환경부(2014), 「쓰레기 수수료 20년: 종량제 성과평가 및 개선방안 마련 연구」

_____(2016), 「파리협정 길라잡이」

_____(2019), 「환경백서 2019」

_____(2019), "동북아 장거리이동 대기오염물질 국제공동연구(LTP) 요약 보고서", 보도자료

환경부(2019), "국가 온실가스 인벤토리 보고서 2019(1990~2017)"

환경정책평가연구원 환경가치연구단(2018), 「환경·경제 통합분석을 위한 환경가치 종합연구: 2018 국민환경의식조사」

IEA(2019), *World Energy Balances* 2019

___(2019), *CO2 Emissions from Fuel Combustion*

OECD(2016), *The Economic Consequence of Outdoor Air Pollution*

_____(2017), "대한민국 환경성과평가 2017, 요약본"

_____(2019), *Environmental Indicators at a Glance*

_____(2020), "OECD 한국경제보고서: 개요"

World Bank(2020), *State and Trend of Carbon Pricing 2020*

World Commission on Environment and Development(1987), *Our Common Future*

13장

국방연구원(2018) 2018 국방사회조사통계사업 정기조사 보고서.

e-나라지표

통계청 북한경제 포털

통일부 대북지원정보시스템(http://hairo.unikorea.go.kr)

통일연구원(2018), 2019 북한 이해.

한국무역협회 북한무역통계, 남북반출입통계

한국은행 경제통계시스템(https://ecos.bok.or.kr/)

FAO and WFP(2019). "Democratic People's Republic of Korea(DPRK) FAO/WFP Joint Rapid Food Security Assessment."

UN Resident Coordinator for DPR Korea(2019), "2019 DPR Korea Needs and Priorities."

VOA Korea(2019), 북한, UN 기구에 긴급 식량 지원 요청,"

14장 ———————————————————————————————

김태준 · 유재원(2007), "한국경제의 패러다임변화와 신성장전략의 모색: 제3의 길은 있는가?" 2007년 경제학 공동학술대회 발표 논문

이종규(1999), "새로운 경제정책 패러다임에 관한 검토: 경제정책 운용방식에 관한 신제도학파적 접근," 한국은행, 조사연구자료 99-6

최진석(2018), 『탁월한 사유의 시선』, 21세기북스

한국개발연구원(2004), 『역동과 기회의 한국』

Heritage Fundation(2020), 2020 Index of Economic Freeedom

OECD(2020), 기획재정부역, 한국경제부 고서

Rajan, R.(2019), 『The Third Pillar』, Pengun Press

색인

공저자 약력

강문성(姜文盛)	고려대학교 경제학과 졸업 University of Wisconsin, Madison 경제학 박사 현 고려대학교 국제학부 교수
강인수(康仁洙)	서울대학교 경제학과 졸업 U.C.L.A 경제학 박사 현 숙명여자대학교 경제학부 교수
김태준(金泰俊)	연세대학교 경제학과 졸업 Columbia University 경제학 박사 현 동덕여자대학교 국제경영학과
박성훈(朴成勳)	서울대학교 경영학과 졸업 독일 Berlin공대 경제학 박사 현 고려대학교 국제대학원 교수
박태호(朴泰鎬)	서울대학교 경제학과 졸업 University of Wisconsin, Madison 경제학 박사 현 서울대학교 국제대학원 명예교수
송백훈(宋栢勳)	연세대학교 경제학과 졸업 Pennsylvania State University 경제학 박사 현 동국대학교 국제통상학과 교수
송유철(宋有哲)	서울대학교 경제학과 졸업 Indiana University 경제학 박사 현 동덕여자대학교 국제경영학과 교수
유재원(柳在元)	서울대학교 경제학과 졸업 Yale University 경제학 박사 현 건국대학교 경제학과 교수
유진수(兪鎭守)	서울대학교 경제학과 졸업 University of California, Berkeley 경제학 박사 현 숙명여자대학교 경제학부 교수
이호생(李鎬生)	서울대학교 경제학과 졸업 University of Michigan 경제학 박사 현 명지대학교 경제학과 교수
채 욱(蔡 旭)	고려대학교 졸업 University of Michigan 경제학 박사 현 경희대학교 국제대학원 명예특임교수
한홍열(韓弘烈)	한양대학교 경제학과 졸업 University of Pittsburgh 경제학 박사 현 한양대학교 경제학부 교수

한국경제의 이해

초판발행	2021년 2월 28일
중판발행	2024년 1월 31일
지은이	강문성·강인수·김태준·박성훈·박태호·송백훈 송유철·유재원·유진수·이호생·채 욱·한홍열
펴낸이	안종만·안상준
편 집	전채린
기획/마케팅	정성혁
표지디자인	박현정
제 작	고철민·조영환
펴낸곳	(주) 박영사 서울특별시 금천구 가산디지털2로 53, 210호(가산동, 한라시그마밸리) 등록 1959. 3. 11. 제300-1959-1호(倫)
전 화	02)733-6771
f a x	02)736-4818
e-mail	pys@pybook.co.kr
homepage	www.pybook.co.kr
ISBN	979-11-303-1172-2 93320

정 가   22,000원